पुस्तकालय प्रशासन एवं प्रबन्ध

पुस्तकालय प्रशासन एवं प्रबन्ध

सीमा एम. काले

इशिका पब्लिशिंग हाउस
जयपुर दिल्ली

इशिका पब्लिशिंग हाउस
ए –25, ''गणेश सदन'', गली न. 4, आदर्श बस्ती,
बी.एल. हाउस के पास, टोंक फाटक,
जयपुर–302018 (राजस्थान) भारत
फोन : 0141-2761280, Mob. 9887532741
Email: ishikapublishinghouse@yahoo.in

दिल्ली कार्यालय : 102, प्रथम मंजिल, 'सत्यम हाउस'
4324 / 3, अंसारी रोड़, दरियागंज, नई दिल्ली – 110 002
फोन : 011–45652440

ISBN: 9788189471606

Price: ₹ 1750.00

टाइपसेटिंग : बी.एस. कम्प्यूटर्स, जयपुर

मुद्रक : थॉमसन प्रेस, नई दिल्ली

प्रस्तावना

वर्तमान समय में ग्रंथालय को विशेष महत्त्व दिया जा रहा है। ग्रंथालय की सहायता से जटिल से जटिल विषयों की पुस्तकें एक ही जगह उपलब्ध होने से वाचक को अपने विषय की सामग्री उपलब्ध होती है। अंग्रेजी भाषा में पुस्तकालय व प्रशासन एवं प्रबन्ध की कई पुस्तकें मिल जाती हैं। लेकिन हिन्दी भाषा में इनका अभाव है। इसी उद्देश्य से प्रस्तुत पुस्तक की रचना की गयी है। प्रस्तुत पुस्तक को 23 अध्यायों में विभाजित किया गंया है। जिनमें ग्रंथालय प्रबंध, सिद्धांत, व्यवस्था, सूचीकरण, पुस्तक वर्गीकरण, दशमलव वर्गीकरण, पद्धति ग्रंथालय समिति, एवं ग्रंथालय सहयोग के बारे में जानकारी प्रदान की गयी है। पुस्तक में हिन्दी के कठिन शब्दों के साथ अंग्रेजी शब्दों का भी प्रयोग किया गया है, जिससे समझने में कठिनाई ना हो। इस पुस्तक की रचना अधिकांश विश्वविद्यालयों में चलाये जा रहे पुस्तकालय विज्ञान एवं स्नातक एवं स्नातकोत्तर पाठ्यक्रम के अनुसार की गयी है। प्रस्तुत पुस्तक अमरावती एवं नागपुर विश्वविद्यालय के अंतर्गत चलाये जा रहे पाठयक्रम के अनुसार पाठकों को उपयोगी होगी।

पुस्तक लिखने में हमारे संस्था के मुख्य कार्यकारी अधिकारी डॉ. आय. यु.खान एवं पी.आर.ओ. ए. यू. खान तथा मेरे पति श्री रवी साखरे का विशेष मार्गदर्शन व सहयोग से मैं यह किताब आपके सामने प्रस्तुत कर रही हूँ।

सीमा एम. काले

अनुक्रमणिका

	प्रस्तावना	*v*
1.	पुस्तकालय प्रशासन एवं प्रबन्ध के सिद्धान्त	1
2.	पुस्तकालयः संचालन और व्यवस्था	9
3.	ग्रन्थालय कर्मचारी	20
4.	ग्रन्थालय भवन (Library Building)	28
5.	प्रतिवेदन	38
6.	पुस्तक-चयन और प्रस्तुतिकरण	43
7.	पुस्तक-वर्गीकरण	55
8.	सूचीकरण	64
9.	प्राप्ति-क्रमांकन	95
10.	दशमलव वर्गीकरण पद्धति	99
11.	द्विबिन्दु-पद्धति	110
12.	ग्रन्थालय सुरक्षा एवं ग्रन्थालय अभिलेख	117
13.	ग्रन्थालय समिति	130
14.	ग्रन्थालय सांख्यिकी	138
15.	परिसंचरण कार्य	147
16.	जिल्दबन्दी (जिल्दसाजी) के तत्त्व	163
17.	पत्र-पत्रिका विभाग एवं त्रिपत्रक प्रणाली	171
18.	ग्रन्थालय सहयोग (Library Co-operation)	176
19.	संग्रह सत्यापन	183
20.	वर्गीकरण की आवश्यकता एवं उद्देश्य	189
21.	ग्रन्थालय सूचीः परिभाषा, उद्देश्य, कार्य एवं भौतिक स्वरूप	194
22.	ग्रन्थालय सूची के प्रकार	202
23.	वाङ्मय सूची (ग्रन्थ सन्दर्भ सूची) : आवश्यकता एवं प्रकार	214
	सन्दर्भ सेवा एवं प्रमुख सन्दर्भ स्रोत	222

1

पुस्तकालय प्रशासन एवं प्रबन्ध के सिद्धांत

मानव ने अपनी विभिन्न आवश्यकताओं की पूर्ति के लिए अनेक संस्थाओं का निर्माण किया है। उन संस्थाओं के सुनियोजित संचालन एवं समृद्धि के लिए कुशल प्रबन्ध की आवश्यकता महसूस की गई है। आज चाहे खेत हो या कारखाना, व्यवसाय हो या उद्योग अथवा अन्य कोई सेवा प्रधान संस्थायें जैसे-अस्पताल, स्कूल, विश्वविद्यालय आदि में जब व्यक्तियों का समूह कोई कार्य करता है, तो उनके काम की प्रभावशीलता या उत्पादकता उन लोगों पर निर्भरक रती है, जो उन समूहों से कार्य करवाते हैं। इस प्रकार व्यक्तियों से कार्य कारवाना एक कला है। काम करने. वालों के कार्य को पूरा करवाना ही 'प्रबन्ध' (Management) का कार्य माना जाता है। जब कोई कार्य व्यक्तियों के एक समूह द्वारा सम्पन्न किया जाता है, तभी कार्य करवाने की समस्या पैदा होती है, जिसका निदान प्रबन्ध द्वारा किया जाता है। ग्रन्थालय भी एक सामाजिक संस्था है। प्रबन्ध के सभी सिद्धान्त ग्रन्थालय के सुनियोजित एवं सफल संचालन के लिए अत्यन्त अनिवार्य है।

प्रशासन एवं प्रबन्ध (Administration and Management)

प्रशासन एवं प्रबन्ध के सम्बन्ध में अनेक शंकाएँ एवं परस्पर विरोधी धारणाएँ प्रचलित हैं। अमेरिकन विद्वानों के अनुसार प्रशासन शब्द से तात्पर्य नीतियों के निर्माण से तथा प्रबन्ध का अर्थ नीतियों के क्रियान्वयन से सम्बन्धित कार्यों से लगाया जाता है। दूसरी और यूरोपयी देशों तथा इंग्लैण्ड में प्रबन्ध से तात्पर्य नीतियों का निर्धारण करना तथा प्रशासन से तात्पर्य नीतियों के क्रियान्वयन से लगाया जाता है। विद्वानों का एक वर्ग ऐसी भी है जो इन दोनों शब्दों को समानार्थी या पर्यायवाची (Synonmous) समझते हैं। इन विद्वानों में न्यूमेन, कूंज, टेरी, पीटर ड्रकर आदि कि नाम उल्लेखनीय है। मेरी समझ में भी यह दोनों शब्द पर्यावाची ही हैं।

प्रबन्ध की परिभाषा
(Def.nition of Management)

अभी तक प्रबन्ध की कोई सर्वमान्य परिभाषा नहीं दी जा सकी हैं। विभिन्न विद्वानों ने भिन्न-भिन्न तरह से इसे परिभाषित किया है:

टेलर (F.W. Taylor) के अनुसार, "प्रबन्ध यह जानने की कला है कि आप क्या करना चाहते है और इसके बाद यह सुनिश्चित करना कि वह कार्य सर्वोत्तम एवं मितव्ययितापूर्ण विधि से किया जाता है।"

"Management is the art of knowing what you want to do and then seeing that it is done in the best chepest way"

हेनरी फेओल (Henri Fayol) के अनुसार "प्रबन्ध का आशय पूर्वोनुमान लगाना एवं योजना बनाना, संगठित करना, निर्देश देना, समन्वय करना तथा नियन्त्रण करना है।"

"To manage is to forecast and to plan, to organise, to command, to coordinate and to control"

ग्लुक W.F. Glueek के शब्दों में, "संस्था के उद्देश्यों की प्राप्ति के लिए मानवीय एवं भौतिक साधनों का प्रभावकारी उपयोग ही प्रबन्ध है।"

"Management is effective utilisation of human and material resources to achieve the enterprise s objectives."

मेरी पार्कर फोलोट (Marry Parker Follet) ने सर्वप्रथम ऐसी ही परिभाषा दी थी। उनके अनुसार "प्रबन्ध लोगों के माध्यम से कार्य करवाने की कला है।"

"Management is the art of getting things done though people."

रोम मूरे (Ross Moore) के मतानुसार, "प्रबन्ध का तात्पर्य निर्णय लेना है।"

"Management means decision-making"

स्टोनर तथा वेंकल (Stoner and Wankel) के अनुसार, "प्रबन्ध संगठन के सदस्य के प्रयासों के नियोजन, संगठन, नेतृत्व एवं नियन्त्रण करने तथा पूर्वनिर्धारित संगठनात्मक उद्देश्यों को प्राप्त करने हेतु अन्य सभी संगठनात्मक संसाधनों के उपयोग करने की प्रक्रिया है।"

"Management is the process of planning, leading and controlling the efforts of organisation member and of using all other organisational resoirces to achieves to achieve stated organisational goals."

कूंच तथा व्हीरिच (Koontz and Weihrich) के अनुसार "प्रबन्ध किसी वातावरण के निर्माण एवं अनुरक्षण की एक प्रक्रिया है जिसमें व्यक्ति एक समूह में कार्य करते हुए निर्धारित उद्देश्यों को दक्षतापूर्वक पूरा करते हैं।"

"Management is the process of designing and maintaining environme nt in which endividuals, accomplish efficievtly selected aims."

प्रबन्ध की विभिन्न परिभाषाओं के अध्ययन के आधार पर यह कहा जा सकता है कि "प्रबन्ध नियोजन संगठन, निदेशन तथा नियन्त्रण की एक ऐसी प्रक्रिया है जिसके द्वारा संस्था के भौतिक संसाधनों एवं मानवीय प्रयासों में इस प्रकार समन्वय स्थापित किया जाता है, जिससे कि संस्था के लक्ष्यों तथा वातावरण की अपेक्षाओं को दक्षतापूर्ण एवं प्रभावकारी ढंग से पूरा किया जा सके।"

वैज्ञानिक प्रबन्ध के सिद्धान्त (Principles of Scientific Management)

प्रबन्ध शास्त्र के विचारकों एवं विद्वानों द्वारा प्रबन्ध के निम्नलिखित वैज्ञानिक सिद्धान्त निर्धारित किये गए हैं, जिनका प्रयोग कर ग्रन्थालय का संचालन सफलतापूर्वक किया जा सकता है।

1. कार्य (श्रम) विभाजन (Division of work) इस सिद्धान्त कहना है कि संस्था के सभी कार्यों को अनेक भागों में विभाजित करना चाहिए तथा कार्य के प्रत्येक भाग को एक विशिष्ट ज्ञान योग्यता वाले व्यक्ति को सौंपना चाहिए जो कि दक्षतापूर्वक उस कार्य को पूरा कर सके। क्योंकि, प्रत्येक व्यक्ति कार्य में दक्ष नहीं होता है। इसके अलावा प्रत्येक व्यक्ति के पास सीमित समय होता है। अतः वह सभी कार्यों को कर भी नहीं सकता है। अतः ग्रन्थालय के कार्यों का विभाजन कर योग्य कर्मचारियों को सौंप देना चाहिए।

2. अधिकार एवं दायित्व सिद्धान्त (Principle of Authority and Responsibility) इस सिद्धान्त का सन्देश है कि अधिकारों एवं दायित्वों में पर्याप्त सुन्तलन होना चाहिए। सगठन में प्रत्येक प्रबन्ध को दायित्वों के अनुपात में ही अधिकार भी दिये जाने चाहिए जिससे कि वे संस्था अथवा संगठन के सफलतापूर्वक संचालन में महत्वपूर्ण भूमिका निभा सके। इस सिद्धान्त के अनुसार अधिकार एवं दायित्व साथ-साथ होंने चाहिए। एक व्यक्ति को किसी कार्य के परिणामों का उत्तरदायी ठहराया जाना चाहिए जबकि उनको उसके परिणामों की प्राप्ति के पर्याप्त अधिकार किये गए हैं। ग्रन्थालय के एक विभाग का दायित्व उस विभाग के प्रभारी के ऊपर पूर्ण रूपेण छोड़ देना चाहिए।

3. अनुशासन का सिद्धान्त (Princple of Disciptine) प्रबन्ध यह सिद्धान्त इस बात पर बल देता है कि संस्था की सफलता के लिए अनुशासन अत्यन्त आवश्यक है। इस सिद्धान्त का निर्देश है कि सभी कर्मचारियों को स्वेच्छा से अपने अधिकारियों के आदेश का पालन करना चाहिए। अनुशासन स्थापित करने के लिए निम्नलिखित बातों पर ध्यान दिया जाना चाहिए।

(1) प्रत्येक स्तर पर अच्छे अधिकारी होने चाहिए।

(2) कर्मचारियों को कार्य-नीतियों की स्पष्ट जानकारी दी जानी चाहिए।
(3) अनुशासन की अवहेलना करने वाले पर दंड की व्यवस्था होनी चाहिए।

4. आदेश की एक का सिद्धान्त (Principle of unity of command) इस सिद्धान्त का सन्देश है कि एक कर्मचारियों को केवल एक ही अधिकारी से आदेश प्राप्त होने चाहिए। एक कर्मचारी को एक से अधिक अधिकारियों से आदेश प्राप्त होने पर भ्रम एवं विवाद उत्पन्न हो सकते है। यह सिद्धान्तों इस मान्यतर पर आधारित है कि "कोई भी व्यक्ति एक ही समय में दो अधिकारियों की सेवा नहीं कर सकता है। इसके अतिरिक्त एक कर्मचारी को एक समय में एक ही अधिकारी के प्रति जवाबदेह या उत्तरदायी होना चाहिए। "ग्रन्थालय के एक विभाग के कर्मचारी को उस विभाग के प्रभारी के आदेश पर की कार्य चाहिए। दूसरे विभाग के प्रभारी से आदेश नहीं लेना चाहिए।

5. निर्देशन की एकता (Unity of Direction) इस सिद्धान्त का कहना है कि सभी समान अधिकार के उद्दश्यों वाले कार्यों का एक ही प्रमुख (Head) अधिकारी होना चाहिए तथा उन सभी समान कार्यों की एक ही योजना बनायी जानी चाहिए। इससे कार्यों में एकरूपता बनी रहती है तथा सभी कर्मचारियों के कार्यों में समन्वयन (Coordination) करना सरल हो जाता है। ग्रन्थालय प्रबन्ध के क्षेत्र में एक ग्रन्थालय का प्रधन ग्रन्थालयों (Librarian) होना चाहिए जो ग्रन्थालय के सभी विभागों के अधिकारियों को ग्रन्थालय विकास की योजना के अनुसार कार्य सम्पादन हेतु निदान दिया रहे।

6. व्यक्तिगत हित के स्थान पर सामान्य हित की वरीयता का सिद्धान्त (Principle of Suborination of individal interest to the genral interest) इस सिद्धान्त का सन्देश है कि प्रत्येक कर्मचारी को अपने व्यक्तिगत हितों की तुलना में सामान्य हितों को प्राथमिकता देनी चाहिए। यदि व्यक्तिगत हितों तथा सामान्य हितों में संघर्ष हो तो व्यक्तिगत हितों का त्याग कर देना चाहिए। इस सिद्धान्त की सफलता के लिए निम्न बातें आवश्यक समझी जाती हैं:

(1) प्रबन्धकों तथा कर्मचारियों के बीच न्यायपूर्ण एवं स्पष्ट समझौते किये जाने चाहिए।
(2) प्रबन्धकों को अपने आचरण के अच्छे उदाहरण प्रस्तुत करने चाहिए।
(3) अधीन्थों (Subordinates) का नियमित निरीक्षण करने चाहिए।

7. कर्मचारियों के प्रारिश्रमिक का सिद्धान्त (Principle of remuneration of Personnel) इस सिद्धान्त का कहना है कि कर्मचारियों को उचित प्रारिश्रमिक दिया जाना चाहिए। निर्धारित किया गया पारिश्रमिक कर्मचारियों की दृष्टि से ही नहीं; बल्कि संस्था की दृष्टि से भी उचित होना चाहिए। पारिश्रमिक का भुगतान समयानुसार किया जाना चाहिए।

8. केन्द्रीयकरण के सिद्धान्त (Principle of Centralisation) जब किसी संस्था में निर्णय लेने के सभी अधिकार एक उच्च अधिकारी के हाथों में केन्द्रित रहते हैं तब संस्था में केन्द्रीकरण की स्थिति होती है। इसके विपरीत जब निर्णय लेने के अधिकार अधीनस्थों को सौंप दिये जाते हैं तो वह विकेन्द्रीकरण (decentraisation) की स्थिति कहलाती है। फेओले के अनुसार "संस्था में न तो अधिकारों का अधिक केन्द्रीकरण होना चाहिए और न अधिक विकेन्द्रीकरण ही। प्रत्येक प्रबन्धक को अधिकारों में केन्द्रीकरण तथा विकेन्द्रीकरण में सन्तुलन स्थापित करना चाहिए। सन्तुलन संस्था के कार्यों एवं परिस्थितियों को ध्यान में रखकर करना चाहिए।"

9. सोपान श्रृंखला या पदानुक्रमता का सिद्धान्त (Principle of Scolar chain or hierarchy) इस सिद्धान्त का कहना है कि उच्च अधिकारियों से आदेश-निर्देशन का आदर्श प्रदान अधीनस्थ अधिकारियों के बीच सीधी श्रृंखला में होना चाहिए। श्रृंखला के बीच के किसी अधिकारी की उपेक्षा करके दो भिन्न स्तर के अधिकारियों को सन्देशों का आदान-प्रदान नहीं करना चाहिए। केवल असामान्य परिस्थितियों में ही ऐसा होना चाहिए, किन्तु उच्च अधिकारियों को इस सम्बन्ध में आवश्यक सूचना अथवा दी जानी चाहिए।

इसे निम्नांकित चित्र के द्वारा स्पष्ट किया जा सकता है।

चित्र में स्पष्ट रूप से समझाया गया है कि 'A' सर्वोत्तम अधिकारी है जिसके नीचे दी विभाग के अधिकारियों के अनेक पदानुक्रम स्तर हैं। अतः सामान्य परिस्थितियों में सर्वोच्च प्रबन्धक 'A' को सन्देश 'E' तक पहुँचाना है तो उसे क्रमशः B, C, तथा D के माध्यम से ही पहुँचाना चाहिए। A को सीधे ही C या E को सन्देश नहीं देना चाहिए और न ही E को ही सीधे B या A को सन्देश देने चाहिए। इसी प्रकार पहले विभाग का D दूसरे विभाग के H से सन्देशों का आदान-प्रदान करना चाहता है तो उसे भी क्रमशः C, B, A, F, G से होते हुए सन्देशों का आदान-प्रदान करना होगा। किन्तु असामान्य परिस्थितियों में D तथा H के बीच प्रत्यक्ष रूप से सन्देशों का आदान-प्रदान भी हो सकता है जैसा कि चित्र में बिन्दु रेखा (Dotted line) से दिखाया गया है। प्रत्यक्ष रूप से सन्देशों का आदान-प्रदान करने के लिए अनौपचारिक सम्प्रेषण व्यवस्था विकसित करनी चाहिए।

10. व्यवस्था का सिद्धान्त (Principle of Order) इस सिद्धान्त का यह सन्देश है कि संस्था में प्रत्येक व्यक्ति या वस्तु की उपयुक्त करनी चाहिए। प्रत्येक व्यक्ति को सही स्थान पर लगाया जाना चाहिए तथा उसका एक स्थान निर्धारित कर देना चाहिए। ग्रन्थालय में जो कर्मचारी जिस कार्य के योग्य है उससे वहीं काम लेना चाहिए।

11. न्याय या निष्पक्षता का सिद्धान्त (Principle of equity) प्रबन्ध के इस सिद्धान्त का सन्देश है कि प्रबन्धकों को अपने अधीनस्थ कर्मचारियों के साथ्ज्ञ

उचित, निष्पक्ष, समता एवं दयालुता का व्यवहार करना चाहिए। इससे प्रबन्धकों एवं अन्य कर्मचारियों के बीच मधुर सम्बन्धों का सूत्रपात होगा।

12. कार्यकाल में स्थायित्वता का सिद्धान्त (Principle of Stability of tenure) इस सिद्धान्त का कहना है कि कर्मचारियों का कार्यकाल स्थायी होना चाहिए। कोई कर्मचारियों जब किसी नये काम पर लगाया जाता है तो उसे उस काम को सीखने एवं समझने में कुछ समय लगता है। जिसका अगर बार-बार स्थानान्तरण किया गया तो वह कोई न ठीक से सीख सकता है और न किसी काम में उसे कुशलता ही प्राप्त हो सकती है।

13. पहलपन का सिद्धान्त (Principle of initiative) इस सिद्धान्त का सन्देश है कि प्रत्येक प्रबन्धक को अपने अधीनस्थ कर्मचारियों को उनके कार्यों की योजनाएँ बनाने तथा उन्हें क्रियान्वित करने की कुछ स्वतन्त्रता देनी चाहिए। इससे उनकी सृजनात्मक क्षमता का विकास होगा, तथा उन्हें मानसिक सन्तुष्टि प्राप्त होगी।

14. समूह भावना का सिद्धान्त (Principle of espirit de corp) इस सिद्धान्त का कहना है कि प्रबन्ध की सफलता के लिए प्रबन्धकों को अपने कर्मचारियों में समूह भावना तथा एकता की भावना का विकास करना चाहिए। इसके लिए प्रबन्धकों को कर्मचारियों के साथ प्रत्यक्ष सम्पर्क बनाए रखना चाहिए। प्रबन्धकोंको कर्मचारियों की व्यक्तिगत समस्याओं का समाधान तुरत करना चाहिए।

15. सरलता का सिद्धान्त (Principle of Simplicity) इस सिद्धान्त का सन्देश है कि संस्था की संगठन संरचना, कार्य विधियाँ, नियम, योजनाएँ आदि सभी सरल हो। इनमें किसी प्रकार की जटिलता एवं अनावश्यक औपचारिकता न हो। इनमें सरलता होगी तो कार्यों में सरसता उत्पन्न होगी। फलतः विभिन्न कार्यों में अनावश्यक विलम्ब नहीं होगा तथा लाल फीताशाही जन्म नहीं ले सकेगी।

उपर्युक्त वर्णित प्रबन्ध के सभी सिद्धान्त अत्यन्त महत्वपूर्ण हैं। इन सिद्धान्तों का उपयोग किसी भी संगठन तथा संस्था के प्रबन्ध हेतु किया जा सकता है। ग्रन्थालय एक सेवा प्रधान संस्था है। इसके विभिन्न कार्यों के सम्पादन में इन सिद्धान्तों की महत्वपूर्ण भूमिका है।

प्रबन्ध के कार्य
(Functions of Management)

प्रबन्ध के अनेक कार्य हैं जिन्हें भिन्न-भिन्न विद्वानों ने विभिन्न प्रकार से वर्गीकृत किया है। आधुनिक प्रबन्ध के जन्मदाता हैनरी फेयोल (Henri Fayol) के अनुसार प्रबन्ध के निम्नलिखित कार्य निर्धारित किए गए हैं।

1. पूर्वानुमान एवं नियोजन (Forecasting and Planning)
2. संगठन (Organising)

3. निर्देशन (Commanding)
4. समन्वय (Coordinating)
5. नियन्त्रण (Controlling)

पोस्डकोर्ब (POSDCORB)

प्रमुख प्रबन्ध वैज्ञानिक लूथर गुलिक (Luther Gulick) ने प्रबन्ध के कार्यों के अंग्रेजी के प्रथम अक्षरों से एक सूत्र बनाया है जिसे पोस्डकोर्ब (POSDCORB) कके नाम से जाना जाता है ये आठ अक्षर प्रबन्ध के निम्नलिखित सात कार्यों को प्रकट करते हैं:

1. नियोजन करना (Planning = P)
2. संगठन करना (Organising = O)
3. नियुक्ति करना (Staffing = S)
4. निर्देश करना (Directing = D)
5. समन्वय करना (Coordinating = CO)
6. प्रतिवेदन देना (Raporting = R)
7. बजट बनाना (Budgeting) = B)

1. नियोजन (Planning): नियोजन प्रबन्ध का एक प्रभावशील एवं प्रमुख कार्य है। यह प्रबन्ध का वह कार्य है जिसके द्वार भविष्य के कार्यों को अग्रिम रूप से वर्तमान में तय किया जाता है। ग्रन्थालय सेवा की योजना बनाते समय पाठकों की अध्ययन अभिरुचि, शैक्षणिक स्तर, उनकी संख्या, जिस स्थान पर ग्रन्थालय है वहाँ की आबादी आदि का अध्ययन किया जाना चाहिए।

2. संगठन करना (Organising): संगठन वह कार्य है जिसके द्वारा प्रबन्धक संस्था के सभी भौतिक तथा मानवीय साधनों का उपयोग करता है तथा न्यूनतम लागत पर अधिकतम कुशलता साथ संस्था के उद्देश्यों को प्राप्त करता है। संगठन एक ऐसी प्रक्रिया है जिसमें संस्था के सदस्यों बीच अधिकारों एवं दायित्वों का विभाजन किया जाता है तथा उनमें आपसी सम्बन्धी का निर्माण किया जाता है। इसके फलस्वरूप संगठन संरचना का निर्माण होता है जिससे संस्था में अधिकार के अधीनस्थ कर्मियों का जन्म होता है। ग्रन्थालय भी एक सेवा प्रधान सामाजिक संस्था है। अतः इसके सफल संचालन हेतु भी संगठन की अत्यन्त आवश्यकता है।

3. नियुक्ति करना (Staffing): संस्था का कुशलता पूर्वक संचालन सुयोग्य कर्मचारियों के अभाव में अत्यन्त कठिन है। नियुक्ति करना प्रबन्ध का एक महत्वपूर्ण कार्य माना जाता है। प्रबन्ध द्वारा कर्मचारियों को नियुक्ति करना, पदोन्नति करना, प्रशिक्षण देना, मूल्यांकन करना, पारिश्रमिक देना आदि कार्य किये जाते हैं।

4. निर्देशन करना (directing): प्रबन्ध के इस कार्य को अनेक नामों से

सम्बोधित किया जाता है जैसे अभिप्रेरण (Motivation), नेतृत्व (Leadership), प्रभावीकरण Influencing आदि। निर्देशन प्रबन्ध का वह कार्य है जिसके अन्तर्गत कर्मचारियों का पर्यवेक्षण (Supervision), सम्प्रेषण (Communication) अभिप्रेरण (Motivation) एवं मार्ग दर्शन किया जाता है। इससे कर्मचारियों की कार्य कुशलता बढ़ती है तथा संस्था का विकास होता है।

5. समन्वय करना (Coordinating): यह प्रबन्ध का अत्यन्त महत्वपूर्ण कार्य माना जाता है। संस्था की सफलता के लिए सभी प्रकार के समन्वय आवश्यक है। अतः गुलिक महोदय का कहना है कि "यदि प्रबन्ध में कार्य विभाजन के बिना कार्य नहीं चल सकता है तो समन्वय आवश्यक हो जाता है। समन्वय के द्वारा किसी कार्य में लगे विभिन्न व्यक्तियों के प्रयासों को एक सूत्र में बाँध कर क्रमानुसार संयोजित किया जाता है ताकि उस कार्य को पूर्ण कुशलता तथा प्रभावशीलता के साथ पूरा किया जा सके।"

6. प्रतिवेदन देना (Reporting): संस्था के विभिन्न कार्यों के सम्बन्ध में प्रतिवेदन प्रस्तुत करना भी प्रबन्ध का एक महत्वपूर्ण कार्य माना जाता है। इससे संस्था की सफलता एवं असफलता का आभास मिलता है। ग्रन्थालय पदाधिकारी द्वारा इसी हेतु ग्रन्थालय समिति के सामने वार्षिक प्रतिवेदन प्रस्तुत किया जाता है। प्रतिवेदन के आधार पर आगे की योजना बनाने में मदद मिलती है।

7. बजट तैयार करना (Budgeting): बिना बजट के संस्था कुशलतापूर्वक संचालन कठिन है। अतः बजट तैयार करना प्रबन्ध का एक अनिवार्य का कार्य माना जाता है। बजट के द्वारा ही संस्था के विभिन्न विभागों में होने वाले व्यय को समन्वित किया जाता है। प्रबन्ध के इसी कार्य के अन्तर्गत ग्रन्थालय हेतु प्रतिवर्ष बजट तैयार किया जाता है। ग्रन्थालय का बजट काफी छानबीन के बाद तैयार करना चाहिए।

अतः लूथर गुलिक द्वारा प्रतिपादित प्रबन्ध के सात कार्य सभी तरह की संस्थाओं के लिए अनिवार्य है। ग्रन्थालय भी एक सामाजिक संस्था है। इसकी भी सफलता एवं कार्य कुशलता सातों कार्यों के क्रियान्वयन पर निर्भर करती है।

2

पुस्तकालयः संचालन और व्यवस्था

पुस्तक के आविर्भाव के साथ-साथ 'पुस्तकालय' शब्द का आविष्कार हुआ है। प्रारम्भिक काल में पुस्तकें ताल पत्र, भोजपत्र आदि पर लिखी जाती थी। जब इनकी संख्या बढ़ गई इन्हें एक स्थान पर संग्रहीत करने की आवश्यकता महसूस हुई तो 'पुस्तकालय' शब्द की उत्पत्ति हुई। प्राचीन काल में जिस स्थान पर पुस्तकें संग्रहीत की जाती थी। उसे पुस्तकालय की संज्ञा दी जाती थी। उस समय पुस्तकालयों का उपयोग एक छोटे से उच्चतरीय वर्ग तक ही समिति. था तथा पुस्तकालय का मुख्य कार्य संग्रहीत पुस्तकों की आग, पानी, कीड़ों तथा मनुष्यों से सुरक्षा करना ही समझा जाता था। पुस्तकों में जमा करने तथा अव्यवहृत रखने की यह प्रवृत्ति 16वीं सदी के उत्तरार्द्ध आने तक शिक्षा का क्रमिक प्रचार हुआ तो धीरे-धीरे लोगों में चेतना आई और पुस्तकालय मात्र संग्रहीत पुस्तकों की रक्षा करने वाला ही नहीं, बल्कि जनसामान्य के लिए पुस्तक सुलभ बना देनेवाला सार्वजनिक प्रतिष्ठान समझा जाने लगा।

शिक्षा एवं सभ्यता के प्रसार के साथ-साथ पुस्तकालय की परिभाषा एवं उपयोगिता का भी विस्तार होता था। आधुनिक युग में पुस्तकालय के कर्त्तव्य और उद्देश्य काफी बदल गए हैं। आज का पुस्तकालय संचित पुस्तकों का मात्र कोष-गृह ही नहीं, बल्कि यह सामाजिक जीवन के साथ हर सम्भव सम्बन्ध स्थापित करने वाला बहुसूत्री संस्थान है, जो नयी आवश्यकताओं को अपने साधनों द्वारा पूर्ण करने की युक्ति एवं सामग्रियों से सम्पन्न होता है।

आधुनिक पुस्तकालय का कार्य मात्र पाठकों को इच्छित पुस्तकें देना नहीं है, बल्कि समाज के व्यक्ति-व्यक्ति में ज्ञान-प्राप्ति की आकांक्षा पैदा करना और विभिन्न कार्यक्रमों द्वारा उसकी पूर्ति करना है। आधुनिक पुस्तकालय एक शैक्षणिक और सामाजिक केन्द्र हो गया है। ऐसे पुस्तकालयों को सार्वजनिक पुस्तकालयों की संज्ञा दी गई है।

संयुक्त राष्ट्र संघ के शैक्षणिक, वैज्ञानिक और सांस्कृतिक संगठन (Unesco) के घोषणपत्र के अनुसार आधुनिक सार्वजनिक पुस्तकालय की परिभाषा इस प्रकार की जा सकती है

(क) सार्वजनिक पुस्तकालय जनता का, जनता के लिए, जनता द्वारा संचालित होने वाला ज्ञान-भण्डार है।

(ख) सार्वजनिक पुस्तकालय एक ऐसा निर्बोध विश्वविद्यालय है, जहाँ जनता बिना किसी प्रतिबन्ध के ज्ञान प्राप्त करती है।

(ग) सार्वजनिक पुस्तकालय की सेवाएँ समाज का हर व्यक्ति बिना किसी प्रतिबँध के समान रूप से प्राप्त कर सकता है।

हमारे देश में अभी तक सार्वजनिक पुस्तकालय का अर्थ एवं प्रयोग बड़ा ही अस्पष्ट है। इसका प्रयोग ऐसे पुस्तकालय के संकेत देने के लिए होता है, जो अपने सामान्य सदस्यों को निर्धारित शुक्ल अदा करने पर अपनी सामग्रियों का उपयोग करने की अनुमति देता है।

अन्तराष्ट्रीय रूप से स्वीकृत पुस्तकालय की परिभाषा के अनुसार सार्वजनिक या लोक पुस्तकालय वह हैः

1. जिसे अधिकांश आर्थिक समर्थ सार्वजनिक कोष (सरकारी कोष) से मिलता है।

2. जो पाठकों के लिए निःशुल्क तथा जाति, धर्म, योनि आदि का बिना अन्तर किये, पूर्ण रूप से सार्वजनिक उपयोग के लिए खुला रहता है।

3. जो अनन्त स्वशिक्षा का माध्यम प्रस्तुत करने वाला सहायक शैक्षिक संस्थान समझा जाता है।

4. जो मुक्त रूप से बिना किसी पक्षपात और पूर्वाग्रह के, पाठकों को बहुबिध रुचियों को परितुष्ट करने वाले विविध विषयों की विश्वसनीय जानकारी देने वाली शिक्षा-सम्बन्धी सामग्रियों से सम्पन्न हो।

स्वतन्त्रता-प्राप्ति के बाद भारत में ऐसे सार्वजनिक पुस्तकालयों की आवश्यकता तीव्रता से महसूस की जाने लगी है। यह ध्यान देने योग्य है कि सभी राष्ट्रीय नेता एकमत हैं कि पुस्तक पढ़ने की सुविधाएँ सभी नागारिकों की साधन-सीमा के अन्तर्गत अवश्य पहुँचायी जानी चाहिए। लोकतन्त्र में सभी को अपने सत्ता का उपयोग करने का अधिकार है और बुद्धिमत्ता से इसका उपयोग करने के लिए आवश्यक है कि प्रत्येक व्यक्ति को समुचित जानकार तथा चतुर होगा चाहिए ताकि वह गलत और सही ढंग का निर्णय कर सके। पुस्तकों का अध्ययन मस्तिष्क के वातायन खोल देता है और पाठकों को समग्रता में समस्याओं की देखने तथा दृढ़ता से उन पर विचार करने की क्षमता प्रदान करती है। आज के राजनीतिज्ञ अच्छी तरह जानते हैं कि सरकारी नीतियों की विशेषताओं के विवेचन पर आधृत जनता का समर्थन कानून

के मजबूत पंजों से प्राप्त किये गए समर्थन की अपेक्षा अधिक स्थायी होता है। साक्षरता-प्राप्ति इस समुचित जानकारी से युक्त समर्थन के पूर्व की आवश्यकता है। अतः इसमें कोई आश्चर्य नहीं कि हमारी लोकप्रिय सरकार की पुननिर्माण सम्बन्धी योजनाओं में निरक्षता के उन्मूलन की समस्या प्रमुखता से उपस्थित हुई हैं। निरक्षरता भारत के पुननिर्माण में बहुत बड़ा बाधक तत्त्व है। हमारे देश की कुल जन संख्या लगभग 102 करोड़ है, जिसका लगभग 35 प्रतिशत अशिक्षित है। राष्ट्र के पुननिर्माण के लिए उन्हें साक्षर बनाना अनिवार्य है। पुस्तकालय साक्षरता-प्रसार में महत्वपूर्ण योग देता है। कुछ लोगों की धारणा है। पुस्तकालय केवल शिक्षितों के बीच ही प्रभावशाली सिद्ध हो सकता है। अतः बहुजन के अध्ययन और लेखन की क्षमता के अभाव में पुस्तकालयों की स्थापना तो अन्धों के नगर में रोशनी जलाने के समान होगी। यह कथन पूर्णतः भ्रामक है। यह भी प्रायः कहा जाता है कि साक्षरता लाभप्रद पेशे की प्रासंगिक उपज है। लोगों को जब तक यह विश्वास नहीं हो जताा कि विज्ञान विकास का नया द्वार उन्मुक्त करेगा तबतक वे पढ़ने-लिखने की तरफ पूरी रुचि लेने के लिए विवश नहीं किए जा सकते। इसके विपरीत पुस्तकालय के समर्थकों तथा प्रचारकों का कथन है कि पुस्तकालय लोगों में ज्ञान-प्राप्ति की आकांक्षा पैदा करता है। आधुनिक पुस्तकालयों के साधन पुस्तकों तक ही समिति नहीं है। अब इसे अपने साधनों के रूप में चलचित्र, तस्वीर, रेडियो तथा टेलीविजन आदि उपलब्ध है। इंन वैज्ञानिक सामग्रियों से अशिक्षित दिमाग पर भी गम्भीर प्रभाव पड़ता है। इनके द्वारा आज यह सम्भव हो गया है कि अशिक्षित जनसमुदाय के आगे सभ्यता के विकास-रूपों के प्रेरणा-दायक दृश्य सुविधापूर्वक प्रदर्शित किये जा सकते हैं। इन प्रदर्शनों से जब वे महसूस करेंगे कि यह चित्रगत या दृश्यगत विस्तार इस आश्यर्चजनक प्रगति का एक अंश मात्र है, जो पुस्तकों के अक्षरों में निहित है, तो वे सचमुच पुस्तकीय-सन्देशों के संचय के लिए प्ररित होंगे। अतः यह तथ्य ग्रहण किया जा सकता है कि निरक्षता-निवारण के अभियान में पुस्तकालय एक महत्वपूर्ण भूमिका अदा करता है और यह आवश्यक नहीं कि पहले से साक्षर लोगों के बीच हो पुस्तकालय का प्रसार हो सकता है।

संगठन

उपर्युक्त उद्देश्यों की पूर्ति करने के लिए पुस्तकालय का इस तरह से संचालन किया जाना चाहिए कि समाज का हरेक सदस्य समान तथा व्यापक रूप से पुस्तकालय की सेवाएँ प्राप्त कर जीवन में प्रेरणा एवं प्रोत्साहन पा सके और वह

—विश्व की दैनन्दिन प्रगति से अपने को परिचित रख सके।

—ज्ञान-विज्ञान के विषय क्षेत्रों की अनवरत प्रगति का परिचय पा सके।

—वाक्-स्वतन्त्रता की बहुमूल्य विरासत का निर्वाह कर सके।

—सार्वजनिक समस्याओं के प्रति सृजनात्मक आलोचनपा की प्रवृत्ति अपना सके।

—उपयोगी पेशे तथा व्यावहारिक क्षेत्र में कुशल कर्मठता प्राप्त करने के लिए अपने को साधन-सम्पन्न बना सके।

—सांस्कृतिक क्षेत्र में गुण-दोष-विवेचन तथा निर्माण-क्षमता को समृद्ध कर सके।

—अपने अवकाश के क्षणों का उपयोग अपनी व्यक्तिगत प्रसन्नता ओर सामाजिक हित के लिए कर सके।

अतः पुस्तकालय की स्थापना एक निश्चित योजना के अनुसार होनी चाहिए। पुस्तकालयस की स्थापना के पूर्व ही पुस्तकालय की सेवाएँ प्राप्त करने वाले समुदाय का सर्वेक्षण कर लेना चाहिए। अगर पुस्तकालय स्थापित हो भी गया हो तो उसके सेवा क्षेत्र का सर्वेक्षण अवश्य कर लेना चाहिए।

सर्वेक्षण में निम्नांकित बातों पर ध्यान देना चाहिएः

(क) भौगोलिक सीमाएँ (1) क्षेत्र-ग्रामीण या शही, (2) नदी-माले, पहाड़, (3) यातायात की सुविधा-असुविधा (4) डाकघर।

(ख) जनसंख्या(1) उम्र के अनुपात से....प्रौढ़ा (मर्द-औरत), युवा, बच्चे (2) शिक्षा-साक्षर-निरक्षर (3) पेशा (4) भाषा।

(ग) आर्थिक स्थिति....(1) औसतन आय (2) आय के साधन।

(घ) शैक्षणिक एवं सांस्कृतिक...स्तर...विद्यालय, पंचायत या अन्य सांस्कृतिक संस्थाएँ हैं या नहीं हैं, तो किस स्तर की?

सर्वेक्षण के आधार पर इस बात की कल्पना एवं योजना कर ली जा सकती है कि इस क्षेत्र के लिए किस स्तर के पुस्तकालय की आवश्यकता है एवं पुस्तकालय में शिक्षा-प्रसार के किन-किन साधनों की व्याख्या करनी होगी।

संचालन : व्यवस्था

आवश्यकताएँ.....सफल पुस्तकालय-सेवा प्रदान के लिए निम्नलिखित चार आवश्यकताओं की समुचित व्यवस्था करनी पड़ती हैः...

(1) उत्तम पुस्तकें, अन्य अध्ययन सामग्री एवं ज्ञान प्रसार के अन्य आधुनिकतम साधन जैसे....शिक्षाप्रद फिल्म, रेडियो, टेपरेकार्ड आदि।

(2) संकलित सामग्रियों का वैज्ञानिक ढंग से व्यवस्थापन यानी वर्गीकरण।

(3) संकलित सामग्रियों की उपर्युक्त सूची।

(4) उन सामग्रियों का उत्तम रीति से उपयोग करने के लिए प्रशिक्षित कर्मचारी।

इन सभी आवश्यकताओं पर अगले अध्यायों में क्रमशः प्रकाश डाला गया है।

निःशुल्क सदस्यता

आधुनिक पुस्तकालय संचालन की दो आवश्यक शर्ते हैंः...

(1) निःशुल्क सदस्यता और (2) निर्बोध प्रणाली।

अभी तक पुस्तकालय की सेवा प्राप्ति करने के इच्छुक व्यक्ति को सदस्यता शुल्क, प्रवेश-शुल्क, जमानत-शुल्क आदि के रूप में प्राप्त-सेवा का मूल्य चुकाना पड़ता है, जो आधुनिक पुस्तकालय-संचालन सिद्धान्त के बिल्कुल विपरीत है। हमारे देश की आर्थिक स्थिति भी इतनी कमजोर है कि बहुत से इच्छुक व्यक्ति शुल्कादि देने की स्थिति में नहीं रहने के कारण पुस्तकालय की सेवाएँ नहीं प्राप्त कर सकते हैं। अतः पुस्तकालय की सदस्यता पूर्णतया निःशुल्क होनी चाहिए। भारत सरकार द्वारा नियुक्त पुस्तकालय-सलाहकार-समिति ने भी जोरदार शब्दों में सिफारिश को है....''भारत के प्रत्येक नागारिक को निःशुल्क पुस्तकालय-सेवा प्राप्त होनी चाहिए।''

ऐसी स्थिति में प्रश्न उठता है कि पुस्तकालय की आर्थिक आवश्यकताओं की पूर्ति कहाँ से हो। उसके लिए हमें सरकारी करों एवं साहाय्यों तथा साधन-सम्पन्न दानशील व्यक्तियों द्वारा दान स्वरूप प्राप्त राशि पर निर्भर करना होगा।

पुस्तकालय-सलाहकार-समिति ने भी सिफारिश की है...''पुस्तकालय-व्यय की पूर्ति के लिए...

1. सरकार की पुस्तकालय-विधेयक स्वीकृत कर स्वायत्त-संस्थाओं तथा पंचायतों द्वारा वसूल किए गए करों में प्रति 6 नये पैसे की दर से पुस्तकालय-कर (Library-cess) लगाना चाहिए।

2. वसूल किये गए पुस्तकालय-कर के बराबर ही राज्य सरकार की अनुदान देना चाहिए और धीरे-धीरे अगले 25 वर्षों में अनुदान की रकम पुस्तकालय-कर की तिगुनी कर दी जानी चाहिए।

3. भारत सरकार को, राज्य सरकार द्वारा वसूल किए गए पुस्तकायल-कर के बराबर ही राज्यों को अनुदान देना चाहिए।''

वर्तमान स्थिति में, जबतक पुस्तकालय-विधेयक स्वीकृत नहीं हो जाता, तब तक के लिए समिति ने सिफारिश की है...

''चन्दा लेने वाले सुव्यवस्थित पुस्तकालयों की राज्य सरकार से अनुदान मिलते रहना चाहिए, पर शर्ते यह रहनी चाहिए कि अनुदान प्राप्त पुस्तकालयों में 25 प्रतिशत सदस्य निःशुल्क हो, जिसमें निम्नस्तरीय आय वाले लोग अधिक हो। वर्तमान चन्दा लेने वाले पुस्तकालयों की निःशुल्क सेवा देने की और क्रमशः प्रवृत्त करना चाहिए।''

कुछ पुस्तकाध्यक्षों का अनुभव है कि पुस्तकें घर ले जाने वाले पाठकों से, नहीं लौटाने के भय से जो जमानत-शुल्क लिया जाता है, वह भी अनावश्यक है। किसी जबावदेह नागारिक का प्रमाण ही इसके लिए पर्याप्त जाना चाहिए।

निर्बोध प्रणाली

निर्बोध प्रणाली आधुनिक पुस्तकालय-सेवा की अनिवार्य आवश्यकता है। किसी पुस्तकायल की अपने पुस्तकालय में घूमने की, आलमारियों से पुस्तक निकालने की, समुचित रूप से जाँचकर पुस्तकें चुनने की, जितनी छूट है, उतना ही छूट सभी सामान्य पाठकों की मिलनी चाहिए। यही निर्बोध प्रणाली है।

(1) इस प्रणाली से पुस्तकालय या पुस्तकालय के अन्य कर्मचारी प्रत्येक पाठक के साथ जाकर आलमारी खोलने की मिहमत से बच जाता है। इस तरह कर्मचारियों के समय की भी बचत होती है। (2) इसके द्वारा पाठकों का स्वयं आलमारियों से चुनकर पुस्तकें निकालने को पूरा आजादा रहती है। यह सर्वमान्य अनुभव है कि प्रतिवर्ष प्रणाली की अपेक्षा निर्बोध प्रणाली से पाठकों अधिक लाभ होता है। (3) पाठकों में पुस्तकालय को सम्पत्ति का निजी सम्पत्ति समझने की भावना जमती है। (4) पाठकों की दृष्टि से सबसे बड़ा लाभ इस प्रणाली से यह है कि उन्हें अनिशिचित काल तक के लिए पुस्तकें चुनन के निमित्त काउंन्टर पर खड़ा नहीं रहना पड़ता है।

इस प्रणाली में क्षति का भी कुछ खतरा रहता है, लेकिन इसके बदले मं प्राप्त बहुत बड़े लाभ को देखते हुए इसे नजर अन्दाज किया जा सकता है परन्तु पुस्तकालय के द्वार पर सुरक्षा की समुचित व्यवस्था रखना आवश्यक होता है। भीतर-बाहर आने-जाने के रास्तों पर कड़ी निगरानी रहनी चाहिए। सबको निश्चित राह से ही आने जाने देना चाहिए जहाँ पुस्तकालय के कर्मचारी देखभाल करते रहें। अन्य सभी दरवाजे, खिड़कियाँ, वातायन आदि तार के महीन जालों से बन्द कर दिया जाना चाहिए।

आय-व्यय का विवरण

पुस्तकालय की आय का विभाजन पुस्तकालय के विभिन्न खर्च के लिए निम्न अनुपात में किया जाना चाहिए...

कर्म्मचारियों का वेतन....	50 प्रतिशत
पुस्तकें, पत्रिकाएँ तथा बँधाई....	24 प्रतिशत
अन्याय....	25 प्रतिशत

आय-व्यय का ब्यौरा बिलकुल सही और आधुनिक होनी चाहिए। आय-व्यय को वार्षिक निरीक्षण किसी मान्यता प्राप्त लेखपाल द्वारा होनी चाहिए। लेखपाल ऐसा व्यक्ति होना चाहिए जो पुस्तकालय के अधिकारी वर्ग से किसी प्रकार सम्बद्ध नहीं हो। आर्थिक ब्यौरे का प्रामाणिक विवरण स्थानीय राज्याधिकारी एवं सदस्यों कके लिए बराबर सुलभ रहे, इसका पूरा ध्यान रखना चाहिए।

आय-व्यय का ब्यौरा

आय	व्यय
1. करों द्वारा प्राप्त	1. भवन
2. राजकीय अनुदान द्वारा	2. पाठ्य-सामग्री
3. स्थानीय निकायों द्वारा	3. उपस्कर
4. दान द्वारा	4. कर्मचारियों का वेतन आदि
5. अन्याय	5. स्टेशनरी
	6. व्यवस्था
	7. अन्याय

लेखा....पुस्तकालय के लिए सभी खर्च प्रबन्ध-समिति की पूर्व-स्वीकृति से एवं स्वीकृति आय-व्यय की सीमा के अन्दर ही किया जाना चाहिए। प्रत्येक खर्च के लिए आवश्यक 'प्रमाणक' या 'देयक' विधिवत् रखा जाना चाहिए। भुगतान के पूर्व सभी देयकों या प्रमाणकों पर पुस्तकालय का प्रमाणपत्र एवं हस्ताक्षर होना चाहिए। देयक समुचित ढंग से एवं आदेश क्रम से रखे जाए।

कोष....कोष निश्चिरूपेण किसी प्रसिद्ध बैंक में रखा जाए, जिसकी निवासी कोषाध्यक्ष एवं समिति के किसी एक निश्चित सदस्य के संयुक्त हस्ताक्षर से ही की जा सके, ऐसी व्यवस्था रहनी चाहिए।

खुदरा खर्च....पुस्तकालय की छोटे-छोटे देयकों के भुगतान का अधिकार होना चाहिए। इस प्रकार की व्यवस्था सामान्य कोष से आवश्यकतानुसार 10 या 25 रुपये निकालकर की जा सकती है।

प्रबन्ध समिति

पुस्तकालय के प्रशासन के लिए एक प्रबन्ध समिति का गठन किया जाना चाहिए, जिसमें आवयकतानुसार 5 से 6 सदस्य रह सकते हैं। समिति में एक सभापति, एक मन्त्री, एक कोषाध्यक्ष तथा बाकी सदस्य रहेंगे। पुस्तकालय पदेन इस समिति का सदस्य एवं विशेष सलाहकार होगा। समिति पुस्तकालय-संचालन सम्बन्धी नीति निर्धारित करेगी और उसके कार्यान्वयन के लिए उत्तरदायी होगी। पुस्तकालय-संचालन के लिए वार्षिक आय-व्ययक स्वीकृत करना, आवश्यक अर्थ संग्रह करना एवं मन्त्री द्वारा किये गए व्यय की अन्तिम स्वीकृति देना समिति का दायित्व है। दैनन्दिन प्रशासन का भार पुस्तकालय को देना चाहिए, इसमें समिति को हस्तक्षेप नहीं करना चाहिए। पुस्तकालय के लिए कर्मचारियों की नियुक्ति, पुस्तकों एवं अन्य सामग्रियों का क्रय आदि कार्य पुस्तकालय की सिफारिश के अन ुसार ही होना चाहिए। समितियों के सदस्यों का निर्वाचन करते वक्त इस बात का ध्यान रखना चाहिए कि उन्हें व्यावहारिक जीवन का अनुभव हो, वे शिक्षा-प्रेमी एवं पुस्तकालय से रुचि रखने वाले हों, समाज में उनका गौरवपूर्ण स्थान हो और

हरेक सामाजिक समस्या के प्रति वे जागरूक हों। जहाँ तक सम्भव हो, प्रबन्ध समिति में आर्थिक एवं सांस्कृतिक समस्याओं के एक-एक विशेषज्ञ रखे जाए।

प्रबन्ध समिति की नियमावली

(क) प्रबन्ध समिति 6 सदस्यों की होगी, जिसमें तीन पदाधिकारी—एक अध्यक्ष, एक मस्त्री, एक कोषाध्यक्ष और बाकी सदस्य रहेंगे।

(ख) प्रबन्ध समिति की नियमित बैठक प्रति मास निश्चित तारीख। पुस्तकालय-भवन में हुआ करेगी।

पुस्तकालय : संचालन और व्यवस्था

(ग) प्रबन्ध समिति की दिसम्बर मास की नियमित बैठक के दिन पुस्तकायल के साधारण सदस्यों की बैठक होगी, जिसमें प्रबन्ध समिति पुन-गठित की जाएगी।

(ध) सभापति आवश्यकतानुसार विशेष बैठक बुला सकते हैं अथवा चार सदस्यों के लिखित अनुरोध पर भी विशेष बैठक बुलाई जा सकती है।

(ड) बैठकों की सूचना कम-से-कम पाँच दिन पूर्व सभी सदस्यों के पास भेज दी जाएगी।

अध्यक्ष—बैठक की अध्यक्षता करना, उपसमिति का गठन करना आदि इनकेअ धिकार होंगे। अध्यक्ष की अनुपस्थिति में सदस्यगण हो आपस में किसी की सभापति चुन लेंगे।

मन्त्री—बैठक की सूचना देना, बैठक की कार्यवाही रखना, आय-व्यय का लेखा-जोखा, पुस्तकालय की व्यवस्था, पुस्तकालय के सभी कागजात तथा सामग्रियों का संरक्षण करना आदि मन्त्री के कार्य होंगे।

कोषाध्यक्ष-पुस्तकालय का कोष रखना इनका कार्य होगा।

कार्य-पूरक संख्या (कोरम)-एक तिहाई सदस्यों की संख्या कार्य-पूरक संख्या होगी। कम-से-कम तिहाई सदस्यों की उपस्थिति के बिना बैठक नहीं हो सकेगी।

विचारार्थ विषय-विचारार्थ विषय सभी सदस्यों के पास बैठक की सूचना के साथ भेज दिया जाना चाहिएह।

उपसमिति-प्रबन्ध समिति आवश्यकतानुसार उपसमितियों का गठन कर सकती है। जैसे-अर्थ-समिति, पुस्तक-चयन-समिति, प्रचार-समिति, सांस्कृति-समिति आदि। इन उपसमितियों में ऐसे भी सदस्य मनोनीत किए जा सकते हैं जो प्रबन्ध-समिति के सदस्य नहीं हो। इन उपसमितियों में यथासम्भव, उन विषयों के विशेषज्ञों को ही मनोनीत किया जाना चाहिए।

सदस्यता-पुस्तकालय-सेवा-क्षेत्र का कोई भी वयस्क निवासी, जो विकृत मस्तिष्क का नहीं ही एवं जो पुस्तकालय के नियमों को पालन करने का प्रतिज्ञा पत्र भर चुका

हो तथा पुस्तकालय का एक वर्ष सदस्य रह चुका हो, प्रबन्ध-समिति का सदस्य निर्वाचित हो सकता है।

शपथ-ग्रहण-प्रबन्ध-समिति के सभी निर्वाचित सदस्यों एवं पदाधिकारियों को साधारण सदस्यों के समक्ष बिना भेद-भाव तथा राजनैतिक छल-प्रपंचों से दूर रहकर निःस्वार्थ भाव से पुस्तकालय की सेवा करने की शपथ लेनी पड़ेगी।

ग्रंथालय

पुस्तकाध्यक्ष पुस्तकालय का कार्यपालक अधिकारी होता है, अतः दैनिक प्रशासन आदि का सारा भार उसी पर रहना चाहिए। हाँ, निर्देशन तथा निरीक्षण के लिए एक समिति अवश्य होनी चाहिए। पुस्तकालय-भवन, उसके सामान की सुरक्षा, कर्मचारियों की नियुक्ति तथा निर्देशन और जनता के उपयोग के लिए पुस्तकालय की अधिक से अधिक क्षमता बढ़ना, आदि का सारा उत्तरदायित्व पुस्तकालय पर ही रहता है। पुस्तकालय को सभी प्रकार की उपसमितियों का पदेन सदस्य होना चाहिए। पुस्तकालय प्रबन्ध समिति का प्राविधिक सलाहकार होता है तथा प्रबन्ध समिति द्वारा अभिगृहीत नीतियों को कार्यान्वियत करने की जिम्मेदारी भी उसी पर रहती है।

जीवन के हर क्षेत्र में व्यक्तिगत सम्पर्क बहुत महत्वपूर्ण होता है। पुस्तकाध्यक्ष पाठकों से जितना अधिक व्यक्तिगत सम्पर्क स्थापित करेगा उतना ही अधिक व्यक्तिगत सहायता वह अपने पाठकों को पहुँचा सकेगा और पुस्तकायल की आवश्यकताओं भी आसानी से समझा सकेगा। हमारे देश में दुर्भाग्यवश पुस्तकाध्यक्ष कतई इस ओर ध्वनि नहीं देते। बड़े पुस्तकालयों में सहायक पुस्तकाध्यक्ष रहते हैं, जिनका प्रधान काम पुस्तकाध्यक्ष को विभिन्न प्रकार के कामों में सहायता पहुँचाना है। उन्हें पुस्तकाध्यक्ष को अपना अधिक समय व्यक्तिगत सम्पर्क स्थापित करने में लगाना चाहिए। उसे अपने सहायकों के करने योग्य कामों में दखल नहीं देना चाहिए। इस तरह के कार्यों से वह अपना तथा संस्था दोनों का ही अहित करता है।

ग्रंथपाल (Libraian) के कर्तव्य

1. समिति के प्रति...समिति द्वारा निर्धारित नीतियों एवं कार्यक्रमों को कार्यान्वियत करना, प्राविधिक सलाह देना, कार्य की प्रगति का नियमित विवरण उपस्थित करना, कर्मचारियों की नियुक्ति में समिति की सहायता करना आदि।

2. कर्मचारियों के प्रति...उनमें वफादारी और जवाब हो की भावना भरना। सन्तोषजनक कार्यक्रम प्रस्तुत करना और प्राविधिक तथा कार्यालय सम्बन्धी कार्मों में निर्देश करना और उनका निरीक्षण करना।

3. समाज के प्रति...सामाजिक आवश्यकता के अनुसार पुस्तकों अन्य पाठ्य-सामग्रियों का चयन एवं संग्रह कर उन्हें अच्छी दशा में पुस्तक-चयन में पाठकों

की सहायता तथा निर्देश देना, ताकि वे पुस्तकायल का उचित उपयोग कर सके।

लिपिकोचित कार्यों से पुस्तकाध्यक्ष को मुक्त रहना चाहिए। अपने पेशे से सम्बद्ध सम्मेलनों में उपस्थित होने के लिए पुस्तकाध्यक्ष को छुट्टी तथा खर्च मिलना चाहिए।

पुस्तकाध्यक्ष की जिम्मेदारियों एवं कार्यों की उपर्युक्त तालिका को देखते हुए उसमें निम्नलिखित योग्यताएँ होनी चाहिए

(1) पुस्तकाध्यक्ष पुस्तकालय का मुख्य प्रबन्धक होता है, अतः उसमें प्रशासक के सभी गुण आवश्यक है। उसे जन-प्रशासन के सिद्धान्तों तथा व्यवहारों से पूर्णतः परिचित होना चाहिए।

(2) अपने विशेष कार्य-क्षेत्र का विशेष प्रशिक्षण तथा अनुभव होना चाहिए।

(3) अपने समुदाय के सामाजिक, शैक्षणिक, सांस्कृतिक स्तर का उसे पूर्ण ज्ञान होना चाहिए।

वैयक्तिक योग्यताएँ

1. विश्वविद्यालय सम्बन्धी सन्तुलित शिक्षा।
2. पुस्तकालय विज्ञान में प्रशिक्षित।
3. किसी सुसंगठित पुस्तकालय में कार्य करने का अनुभव।
4. स्थानीय बोलियों एवं राजकीय भाषा का सम्यक् ज्ञान।
5. व्यावसायिक कार्यों के अतिरिक्त आय-व्यय प्रणालीस का ज्ञान।
6. सूचीकरण एवं वर्गीकरण का व्यावहारिक ज्ञान1
7. पुस्तक-चयन, पुस्तक-बँधाई, संरक्षण आदि के आधुनितम तरीकों का ज्ञान।
8. सम-साामयिक एवं नवीन प्रकाशित होने वाले साहित्य का ज्ञान रखने की क्षमता एवं आकांक्षा।
9. भाषण देने की क्षमता।
10. आकर्षक व्यक्तित्व, विनयशील एवं सूक्ष्म विचार शक्ति।
11. मनोविज्ञान का संक्षिप्त ज्ञान।
12. पुस्तकालय द्वारा अपनाये गए कार्य-क्रमों की आवश्यकता के अनुसार सभी सामग्रियों का संग्रह, संघटन एवं व्याख्या करने की सामान्य योग्यता।

अमेरिकन पुस्तकालय संघ के 78वें वार्षिक अधिवेशन के सभापति ने अपने अध्यक्षीय भाषण में पुस्तकाध्यक्षों के कर्त्तव्यों एवं जिम्मेदारियों का जिक्र निम्न शब्दों में किया है "आज पुस्तकाध्यक्षों का कार्य न तो मात्र पुस्तकें एकत्रित करना रह गया है, न यह कि वह पाठकों की प्रतीक्षा करें कि वे आयें और पुस्तकें पड़ने को ले जाए। आज उसे यह भी सोचना विचारना पड़ता है कि पुस्तकालय का भवन कैसा हो, तथा उसे और अच्छा कैसा बनाया जा सकता है। क्योंकि अब यह भी उसके कार्य का एक मूलभूत अंग है। वह इसे अपना कर्त्तव्य मानता है कि अच्छी पुस्तकें और पाठक एक

दूसरे के निकटतम आए। वह अपने समुदाय के लिए बौद्धिक सामग्री की सजा संवार कर जुटाने वाला और उन तक पहुँचाने वाला बन गया है। पुस्तकाध्यक्ष अब एक ऐसा व्यक्ति समझा जाने लगा है जो समुदाय की बौद्धिक उन्नति के सम्बन्ध में अपना एक निश्चित मत रखता है, जिस मत के आधार पर वह शिक्षक को, लेखक को, प्रकाशक को, अनुसंधान करने वाले को दिशा-दृष्टि दे सकता है और समाज की उत्तरोत्तर बढ़ती हुई बौद्धिक जिज्ञासा को सन्तुष्ट करने के उपकरण एकत्र कर उन्हें एक नयी प्रेरणा दे सकता है। आज के युग में पुस्तकाध्यक्ष का उत्तरदायित्व बढ़ गया है। निरन्तर बढ़ते प्रकाशनों की संख्या, पाठकों की संख्या, अनुसंधान का प्रगतिशील पथ और तत्सम्बन्धी समस्याओं ने पुस्तकाध्यक्ष के कार्य को एक नया स्वरूप दे दिया है। जब तक प्रकाशनों को भली प्रकार, वैज्ञानिक और प्रामाणिक ढंग से वर्गीकृत कर सूचीबद्ध नहीं किया जाएगा, तब तक प्रकाशनों के बढ़ते हुए कदम बेकार से ही हैं क्योंकि उनका सम्पूर्ण और सही उपयोग बिना वर्गीकृत सूचीकरण के, और पाठकों की जानकारी में आए हो ही नहीं सकता। इस दृष्टि से पुस्तकालय का कार्य पुस्तकालयों मं मात्र पुस्तकें जमा कर लेने तक ही नहीं रह गया है। बल्कि उनका मुख्य कार्य यह हो गया है कि उनके पास तुरन्त देखने के लिए एक ऐसी वर्गीकृत सूची प्रणाली हो जो कम से कम समय में अधिक से अधिक जानकारी प्रदान कर सके।''

हमारे देश में भी पुस्तकाध्यक्षों के लिए यह अत्यन्त आवश्यक है कि वह देश की समस्याओं को ध्यान में रखकर संघबद्ध होकर निर्णय करें, नवोन्मेष करें, दिशा-दृष्टि दें कि किस प्रकार पाठक और पुस्तकों के बीच रागात्मक सम्बन्ध को और भी घनिष्ट किया जा सकता है।

3

ग्रन्थालय कर्मचारी

ग्रन्थालय संगठन के तीन प्रमुख तत्व माने जाते हैं, पाठक, पाठ्य-सामग्री एवं कर्मचारी। इन तीनों में से किसी एक के बिना ग्रन्थालय की कल्पना नहीं की जा सकती है। इन तीनों तत्त्वों पर ग्रन्थालय की लोकप्रियता एवं सफलता निर्भर करती है परन्तु इनमं से ग्रन्थालय कर्मचारियों द्वारा दी जाने वाली सेवा का अपना एक अलग महत्त्व है। ग्रन्थालय कर्मचारी ही पाठक एवं पाठ्य सामग्री के बीच सम्बन्ध स्थापित करने में सहायक होते हैं। अतः कर्मचारियों की योग्यता कार्यकुशलता एवं सेवा की भावना ही किसी ग्रन्थालय को लोकप्रिय एवं सफल बना सकती है।

ग्रन्थालय कर्मचारी के प्रकार (Types of Library Staff):

अध्ययन की सुविधा की दृष्टि से ग्रन्थालय कर्मचारियों को मुख्य तौर पर तीन श्रेणी में विभाजित किया जा सकता है।

1. **प्रशिक्षित कर्मचारी**...ग्रन्थालय के वैसे कर्मचारी, जिनकी नियुक्ति ग्रन्थालय विज्ञान में एक वर्ष के प्रशिक्षण के बाद प्राप्त उपाधि के आधार पर होता है, प्रशिक्षित कर्मचारी कहलाते हैं ऐसे कर्मचारियों को ग्रन्थालय का तकनीकी कार्य सौंपा जाता है।

2. **अर्द्ध प्रशिक्षित कर्मचारी**...ग्रन्थालय के कुछ ऐसे कर्मचारी जिन्हें ग्रन्थालय विज्ञान का प्रारम्भिक प्रमाण-पत्र प्राप्त होता है एवं तकनीकी कार्यों में जो प्रशिक्षित कर्मचारी को सहायता करते है अर्द्ध प्रशिक्षित कर्मचारी के श्रेणी में आता है।

3. **अप्रशिक्षित कर्मचारी**....ऐसे कर्मचारी, जो प्रशासनिक कार्यों में ग्रन्थालय एवं अन्य तकनीकी कर्मचारियों को सहयोग करते हैं, प्रशिक्षित कर्मचारी कहलाते हैं। इस श्रेणी में लिपिक वर्गीय कर्मचारी, दफ्तरी, चौकीदार, चपरासी आदि आते हैं।

ग्रन्थालयाध्यक्ष के गुण (Qualities of Libraian)

डॉ. रंगनाथ महोदय ने अपने ग्रन्थ 'Five laws of library science' में ग्रन्थालय

कर्मचारियां के नियुक्ति किये जाने के सम्बन्ध में अनेक उदाहरण के द्वारा शारीरिक रूप से अशक्त बूढ़े, हक्ले तथा ऐसे व्यक्ति जो किसी भी कार्य के लिए उपयुक्त साबित न हो चर्चा किया है। प्राचीन एवं मध्यकाल में विद्वानों तथा ग्रन्थ प्रेम व्यक्तियों को ग्रन्थालय नियुक्त करने का प्रचलन था। जीन बेबटाइस्ट कॉटन डेस हाउसेस (Jean Cotton des Houssayes) ने 1870 ई. में विचार दिया था कि "ग्रन्थालय एक विद्वान तथा प्रकाण्ड धर्म मर्मज्ञ अथवा आध्यात्मवादी (Thelogian) होना चाहिए इस योग्यता के साथ-साथ विस्तृत साहित्य ज्ञान, समस्त कलाओं तथ विज्ञानों को यथा तथा परिशुद्ध ज्ञान अभिव्यक्ति का महान वरदान और अततः वह विशिष्ट विन्रमता प्राप्त होना चाहिए जो उसको उसके आगन्तुकों का स्नेह, जबकि उसके गुण उनका आदर प्राप्त करा सके" दुर्भाग्यवश भारत में ग्रन्थालयाध्यक्ष कार्य कुछ खास सम्मानजनक नहीं माना जाता रहा है।

श्रेष्ठ ग्रथालयाध्यक्ष में निम्नलिखित गुणों का होना आवश्यक माना जाता है

1. ग्रन्थों एवं जन समुदाय के प्रति प्रेम एवं विशिष्ट जानकारी।
2. समुदाय के प्रति ग्रथालय के कर्त्तव्य का समुचित ज्ञान
3. ग्रन्थालय सेवा क्षेत्र के समुदाय की आवश्यकताओं एवं माँगों के अनुसार पाठ्य सामग्री को संग्रह एवं आपूर्ति हेतु जागरूक
4. ग्रन्थालय-कर्मचारियों तथा पाठकों के साथ मिल-जुलकर काम करने तथा करने की क्षमता।
5. ग्रन्थालय सेवा में सुधार हेतु तैयार करने एवं क्रियान्वित करने की क्षमता।
6. उच्चाधिकारियों से प्राप्त निर्देशानुसार कार्य करने को तत्पर।
7. प्रबुद्ध, प्रतिष्ठित तथा बुद्धिजीवी वर्ग के लोगों से सम्पर्क स्थापित करना।
8. व्यवसाय के प्रति निष्ठा एवं प्रेम
9. तीक्ष्ण बुद्धि
10. तीव्र स्मरण शक्ति
11. निष्पक्ष आचरण एवं परिपक्व मस्तिष्क
12. वाक पटुता
13. अधीनस्थ कर्मचारियों के प्रति विश्वास

व्यवसायिक कार्यों को सफलतापूर्वक सम्पादित करने के लिए ग्रन्थालयाध्यक्ष में निम्न गुण रहना चाहिए।

1. ग्रन्थालय विकास हेतु समिति द्वारा स्वीकृत योजना को क्रियान्वित करने की क्षमता।
2. सन्तुलित बजट बनाने की क्षमता।
3. ग्रन्थालय से सम्बन्धित समस्त अभिलेखों को पूर्ण एवं अद्यतन बनाए रखना।

4. निश्चि समय पर वार्षिक प्रतिवेदन तैयार कर समिति के समक्ष प्रस्तुत करना।
5. ग्रन्थालय-कर्मचारियों को कुशल कार्य के लिए प्रोत्साहन एवं निर्देश।
6. कर्मचारियों की नियुक्ति एवं सेवा-शर्तों की अद्यतन जानकारी।
7. वाङ्मय-सेवा, संदसेवा बाइंडिगःअन्य कार्यों की पूर्ण जानकारी।
8. वर्गीकरण एवं सूचीकरण के वैज्ञानिक पद्धति की जानकारी।
9. पाठक एवं पाठ्य-सामग्री के बीच सम्पर्क स्थपित करने के लिए जागरूक।
10. ग्रन्थालय के अन्दर एवं बाहर नायक के रूप में कार्य करना।
11. ग्रन्थ चयन के विभिन्न साधनों और सिद्धान्तों की विस्तृत जानकारी।
12. ग्रन्थालय-विज्ञान सम्बन्धी पत्रिकाओं एवं ग्रन्थों का नियमित अध्ययन।
13. ज्ञान-विज्ञान के प्रगति की अद्यतन जानकारी।
14. सन्दर्भ विभागों में पूछे गए प्रश्नों के उत्तर देने के लिएि साधनों को ज्ञान।
15. अन्य क्षमता।

ग्रन्थालय कर्मचारियों के कर्त्तव्य (Duties of Library Staff)

ग्रन्थालयाध्यक्षों एवं ग्रन्थालय के कार्यरत अन्य व्यक्तियों को ग्रन्थालय की मर्यादा के अनुरूप आचरण करना चाहिए, जिससे अपने प्रशासकीय अधिकारी समुदाय, कर्मचारी मण्डल तथा अन्य ग्रन्थालयों के व्यावसायिक व्यक्तियों के साथ उनका अच्छा सम्बन्ध बना रहे।

ग्रन्थालयाध्यक्ष एवं शासकीय-निकाय के सम्बन्ध

1. ग्रन्थालयाध्यक्ष को हमेशा ध्यान रखना चाहिए कि ग्रन्थालय के प्रबन् ध एवं प्रशासन-सम्बन्धी अन्तिम अधिकार प्रशासकीयस निकाय (समिति या बोर्ड) को है जो किसी एक व्यक्ति को भी यह अधिकार सौंप सकता है।
2. ग्रन्थालयाध्यक्ष द्वारा समय-समय पर ग्रन्थालय समिति को व्यावसायिक गतिविधियों की जानकारी देते रहना चाहिएह और आवश्यक कार्यवाही के लिए योजना प्रस्तुत करना चाहिए।
3. ग्रन्थालयाध्यक्ष को हमेशा समिति एवं कर्मचारी मण्डल के बीच सम्पर्क के लिए मध्यस्थता बनाए रखना चाहिए जिससे संस्था का उत्तरोत्तर विकास हो सके एवं कर्मचारियों को अपेक्षित सुविधा प्राप्त हो सके।
4. ग्रन्थालय कर्मचारियों की नियुक्ति सम्बन्धी अनुशंसा समिति के समक्ष ग्रन्थालय के माध्यम से भेजना चाहिए जिसमें आवेदकों के वैयक्तिक, शैक्षणिक एवं व्यावसायिक योग्यता आदि की जानकारी सही-सही दिये हो। कर्मचारियों की सेवा का स्थायित्व एवं प्रोन्नति का आधार उनके द्वारा प्रदत्त

सन्तोष प्रद सेवा होगा यदि अपेक्षित कार्य-सम्पादन में व्यवधान उत्पन्न हो तो सेवा-शर्तों के अनुसार उन पर कार्यवाही करनी चाहिए।

5. कर्मचारियों को आवेदन अथवा निवेदन ग्रन्थालयाध्यक्ष के द्वारा सचिव अथवा शासकीय-निकाय को देना चाहिए। यदि कर्मचारियों एवं ग्रन्थालयाध्यक्ष के मत में भिन्नता हो या टकराव की स्थिति हो तो इसके निपटारे के लिए शासकीय-निकाय के सचिव के पास जाना चाहिए।

कर्मचारियों के प्रति ग्रन्थालयाध्यक्ष के कर्त्तव्य

1. कुशलतापूर्वक कार्यों को सम्पन्न कराने के लिए ग्रन्थालयाध्यक्ष को अपने सहयोगियों के बीच आवश्यकतानुसार कार्यों को बाँट देना चाहिए।
2. समय-समय पर कर्मचारियों को उनके कार्यों तथा ग्रन्थालय के समस्याओं की जानकारी देते रहना चाहिए।
3. ग्रथालय की लोकप्रियता एवं कार्यकुशलता के लिए विभागों तथा कर्मचारियों के बीच आपसी सहयोग तथा मधुर सम्बन्ध बनाए रखना चाहिए।
4. कर्मचारियों द्वारा अधिकारियों की अनुपस्थिति में प्रशासन की आलोचना नहीं करनी चाहिए। यदि ग्रन्थालय के नीति, नियम अथवा अन्य बातों में संशोधन की आवश्यकता हो तो कर्मचारियों के द्वारा उपयुक्त अधिकारी का ध्यान आकृष्ट करना चाहिए।
5. ग्रन्थालय में नियुक्त कर्मचारियों को सदैव संस्था, व्यवसाय एवं समुदाय के प्रति विश्वसनीय ढंग कार्य करना चाहिए।
6. व्यक्तिगत लाभ के लिए ग्रन्थालयाध्यक्ष को ग्रन्थालय के माध्यम से किसी प्रकार व्यवसाय नहीं करना चाहिए।
7. पाठकों की सेवा के लिए उपलब्ध ग्रन्थालय के साधनों का उपयोग ग्रन्थालयाध्यक्ष को निजी कार्यों के लिए नहीं करना चाहिए।
8. यदि कर्मचारी त्यागपत्र देना चाहे तो इसके लिए ग्रन्थालयाध्यक्ष को पर्याप्त समय मिलना चाहिए जिससे कि उपयुक्त व्यवस्था की जा सके और ग्रन्थालय सेवा पर किसी प्रकार का गतिरोध उत्पन्न नहीं हो सके।

समाज के प्रति ग्रन्थालयाध्यक्ष के कर्त्तव्य

1. सामाजिक एवं सामुदायिक सम्मेलनों एवं बैठकों में भाग लेकर गन्थालयाध्यक्ष को ग्रन्थालय का प्रतिनिधित्व करना चाहिए।
2. ग्रन्थयाध्यक्ष समाज एवं ग्रन्थालय के बीच कड़ी का काम करता है अतः सामाजिक जागृति, सामाजिक शिक्षा आदि से सम्बन्धित बातों-की जानकारी ग्रन्थालयाध्यक्ष द्वारा देते रहना चाहिए जिससे ग्रथालय समाज का केन्द्र स्थल बन सके।

३. ग्रन्थालयाध्यक्ष को ग्रन्थालय सेवा की उपयोगिता की और अन्य ऐसी संस्थाओं, जो शिक्षा प्रचार के लिए कार्य करती हो का ध्यान आकृष्ट करना चाहिए।

अपने व्यवसाय के प्रति ग्रन्थालयाध्यक्ष के कर्त्तव्य

1. ग्रन्थालयाध्यक्ष की व्यवस्था एक बौद्धिक व्यवस्था है इसकी जानकारी ग्रन्थालयाध्यक्ष को होना चाहिए।
2. ग्रन्थालयाध्यक्ष द्वारा नये कर्मचारियों को दक्षता एवं योग्यता के आधार पर प्रोत्साहित करना चाहिए। अयोग्य कर्मचारियों को किसी प्रकार का प्रश्रय नहीं देना चाहिए।
3. ग्रन्थालयाध्यक्ष को ग्रन्थालय कर्मचारियों के कल्याण के लिए सदैव आगे रहना चाहिए
4. ग्रन्थालयाध्यक्ष में अपने व्यवसाय के प्रति विश्वास होना चाहिए।
5. ग्रथालयाध्यक्ष को व्यावसायिक संघों का सदस्य होना चाहिए तथा संघ द्वारा आयोजित सम्मेलनों एवं गोष्ठियों में भी भाग लेना चाहिए।
6. नियुक्ति प्रोन्नति अथवा सेवा से सम्बन्धित अन्य अनुशंसायें बिना भेद-भाव के गोपनीय रखना चाहिए।

पाठकों के प्रति ग्रन्थालयाध्यक्ष के कर्त्तव्य

1. ग्रन्थालयाध्यक्ष को पाठकों की आवश्यकतानुसार ही पाठ्य सामग्री का चयन एवं संग्रह करना चाहिए। पाठकों की माँग की अधिकाधिक पूर्ति के लिए तथा अद्यतन पाठ्य-सामग्री के क्रय के लिए पर्याप्त धन राशि जुटाने के लिए ग्रन्थालयाध्यक्ष को सचेष्ट रहना चाहिए।
2. ग्रन्थालयाध्यक्ष द्वारा पाठकों को बिना भेद-भाव के ग्रन्थालय द्वारा दी जाने वाली सेवाओं की जानकारी मिलनी चाहिए।
3. पाठकों द्वारा किसी प्रकार की गोपनीय सूचना मिलने पर उसकी मर्यादा का पालन करना चाहिए।
4. ग्रन्थालयाध्यक्ष द्वारा यह निरन्तर प्रयास होना चाहिए कि पाठक समझ सके कि ग्रन्थालय की सम्पत्ति राष्ट्र समुदाय और पाठकों की सम्पत्ति है किसी प्रकार की क्षति उनकी ही क्षति होगी।

ग्रन्थालयाध्यक्ष की योग्यताएँ (Qualification of Librarian):

ग्रन्थालय संगठन एवं संचालन के लिए ग्रन्थालयाध्यक्ष का योग्य, सुशिक्षित एवं प्रशिक्षित होना आवश्यक है। उन्हें तकनीकी प्रक्रियाओं का पर्याप्त तथा व्यावसायिक

ज्ञान भी होना चाहिए भारत में ग्रन्थालाध्यक्षों के लिए छ:प्रकार के प्रशिक्षण कार्यक्रम उपलब्ध है:

1. प्रमाण पत्र (Certificate) कार्यक्रम।
2. उपाधि पत्र (Diploma) कार्यक्रम।
3. स्नातक उपाधि (Bachelor in Library Sciense) कार्यक्रम
4. स्नातकोत्तर उपाधि (Master in Library Science) कार्यक्रम
5. शोध उपाधि (Ph.D.) कार्यक्रम
6. विशिष्ट ग्रन्थालयीनता तथा प्रलेखन में प्रशिक्षण कार्यक्रम

ग्रन्थालयाध्यक्ष तथा अन्य कर्मचारियों की नियुक्ति

ग्रन्थलयाध्यक्ष पर ग्रन्थालय के संगठन एवं संचालन का पूर्ण उत्तरदायित्व रहता है। अतएव उनकी नियुक्ति के समय विशेष देना चाहिए कि वह व्यक्ति जिन्हें ग्रन्थालयाध्यक्ष पद के लिए चुनने का विचार किया जा रहा है, योग्यता एवं अनुभव की दृष्टि से ग्रन्थालय विशेष के लिए उपयुक्त है अथवा नहीं। तकनीकी कर्मचारी जैसे सहायक ग्रन्थालयाध्यक्ष, कैटेलॉगर क्लासीफायर आदि पद भरते समय ग्रन्थालय के स्तर के अनुसार तकनीकी यासेग्यता प्राप्त कर्मचारी का चुनाव करना चाहिए। अन्य कर्मचारियों नियुक्ति ग्रन्थालय के आवश्यकतानुसार करना चाहिए।

कर्मचारियों की संख्या निर्धारण

ग्रन्थालय के संचालन में अनेक प्रकार के कर्मचारियों की आवश्यकता पड़ता है। ग्रन्थालय में कर्मचारियों की संख्या ग्रन्थालय सेवा क्षेत्रों की विशिष्टता एवं जटिलता के साथ-साथ ग्रन्थालय के आकार-प्रकार पर भी निर्भर करती है कर्मचारियों की संख्या के निर्धारण के सम्बन्ध में विभिन्न ग्रन्थालय विद्वानों एवं समितियों ने भिन्न-भिन्न सिद्धान्त प्रतिपादित किये हैं।

डॉ. रंगनाथन ने कर्मचारियों की संख्या के निर्धारण के लिए सूत्र दिया है जिसके आधार पर किसी भी ग्रन्थालय के लिए कर्मचारियों की संख्या के निर्धारण किया जा सकता है। अपने सिद्धान्त को सूत्रबद्ध करने की दृष्टि से इन्होंने निम्न वर्णाक्षरों का प्रयोग संकेत के रूप में किया है।

A. प्रतिवर्ष ग्रन्थालय में नवीन ग्रन्थों के पंजीकरण की संख्या,
B. वार्षिक बजट रुपयों में,
D. प्रलेखित पत्रिकाओं की संख्या
G. प्रतिवर्ष मुख द्वार खुले रहने के घण्टे (ग्रन्थालय मुख्य द्वार तथा आदान-प्रदान कक्ष के द्वारा को सामना महत्व दिया जाए)
H. प्रतिदिन ग्रन्थाय खुलने के घण्टे

P. वर्तमान वर्ष में क्रय की जाने वाले पत्रिकाओं की संख्या

R. प्रतिदिन पाठकों की संख्या

S. पाठकों के बैठने हेतु स्थान की क्षमता (अध्ययन कक्ष में एक साथ कितने पाठक बैठ सकते हैं)

V. ग्रन्थालय में ग्रन्थों की संख्या,

W. ग्रन्थालय में ग्रन्थों की संख्या

SB. ग्रन्थ विभाग में कर्मचारियों की संख्या (ग्रन्थ विभाग में यहाँ ग्रंन्थ चयन तथा आदेश विभाग का तात्पर्य है)

SC. ग्रन्थ निर्गम विभाग में कर्मचारियों की संख्या

L. ग्रन्थालयाध्यक्ष तथा उपग्रन्थायाध्यक्षों की संख्या

SM. व्यवस्थापन विभाग में कार्यरत कर्मचारियों की संख्या

SR. सन्दर्भ कक्ष में कार्यरत कर्मचारियों की संख्या

ST. वर्गीकरण तथा सूचीकरण विभाग में कार्यरत तकनीकी कर्मचारियों की संख्या सूत्रानुसार विभिन्न विभागों का विवरण।

SB A/6,00 ग्रन्थ विभाग के लिए प्रतिवर्ष ग्रन्थालय में नवीन के पंजीकरण के लिए प्रति 6,00 ग्रन्थ पर एक कर्मचारी।

SC G/1,500 निर्गमन विभाग प्रति 1,500 घण्टे खुला रखने के लिए एक कर्मचारी

SL HW/1,500 ग्रन्थालाध्यक्ष तथा उपग्रन्थालयाध्यक्ष वर्ष में प्रति 1,500 कार्य घण्टे लिए एक

SM S/3,00 व्यवस्था विभाग प्रति 3,000 ग्रन्थों को व्यवस्थित रखने तथ मरम्मत लिए एक कर्मचारी

SP P/500 पत्रिका विभाग प्रति 500 पत्रिकाओं की अवाप्ति तथा अभिलेखन के लिए एक व्यक्ति

SR (R/50)W/250 सन्दर्भ कक्ष प्रतिदिन प्रति 50 पाठकों के लिए कर्मचारी

ST (A+40D)/22-तकनीकी विभाग प्रति आठ ग्रन्थों अथवा लेखों के प्रतिदिन वर्गीकरण, सूचीकरण तथा प्रलेखन के लिए एक तकनीकी कर्मचारी

कुल तकनीकी कर्मचारी संख्या=SB+SC+SL+SM+SP+SR+ST=[3 (A+20D)+2 (G+3P)+2W (H+6) [R/50]]/3000

अतकनीकी कर्मचारियों की संख्या=/30,000+(S/00)

इस प्रकार डॉ. रंगनाथन के जन ग्रन्थालय के लिए निम्न सूत्र बताए हैं

तकनीकी कर्मचारी

1. ग्रन्थ विभाग-प्रतिवर्ष ग्रन्थालय में नये ग्रन्थों के पंजीकरण हेतु प्रति 6,000 ग्रन्थों पर एक कर्मचारी।

2. पत्रिकाएँ कक्ष-प्रति 1000 पत्रिकाओं का पंजीकरण एवं अभिलेखनों के लिए एक व्यक्ति
3. वर्गीकरण तथा सूचीकरण विभाग-प्रतिवर्ष क्रय की जाने वाली 2,000 ग्रन्थों के वर्गीकरण के लिए एक कर्मचारी
4. व्यवस्थां विभाग-प्रति 50,000 ग्रन्थों की व्यवस्था के लिए कर्मचारी
5. प्रचार विभाग-कम से कम एक
6. प्रशासनिक विभाग-कम से कम एक लेखापाल, आशुलिपिक तथा पत्राकार के लिए एक व्यक्ति
7. सन्दर्भ कक्ष-इस कक्ष में प्रतिदिन 50 पाठकों के लिए एक कर्मचारी
8. ग्रन्थ निर्गम विभाग-प्रति 1500 घण्टे निर्गमन कक्ष का द्वार खोले रहने के लिए एक कर्मचारी।
9. निरीक्षण कक्ष-एक ग्रन्थालयाध्यक्ष तथा एक सहायक ग्रन्थालयाध्यक्ष।

4

ग्रन्थालय भवन (Library Building)

आधुनिक युग मं ग्रन्थालय के उद्देश्यों में आमूल परिवर्तन हुआ है। मध्यकाल तक ग्रन्थालय का मुख्य उद्देश्य ग्रन्थों की सुरक्षा था, परन्तु प्रजातन्त्र के विकास ने ग्रन्थालय का द्वार समाज के सभी वर्गों, जातियों एवं लिगों के लोगों के लिए खोल दिया है। ग्रन्थालय विज्ञान के पंचम सिद्धान्त अनुसार किसी भी प्रकार के ग्रन्थालयों में पाठकों, पाठ्य सामग्रियों एवं कर्मचारियों में सतत वृद्धि हो रही है। अतः ग्रन्थालय भवन का निर्माण वृद्धि के समस्त पहलुओं पर ध्यान रखकर करना अनिवार्य हो गया है। भवन निर्माण की योजना एवं उनके क्रियान्वयन में ग्रन्थालयाध्यक्ष एवं (Librarian) वस्तुविद् (architechture) का समान रूप से महत्व है।

भवन निर्माण में ग्रन्थालयाध्यक्ष एवं वास्तुविद की भूमिका

ग्रन्थालय भवन का निर्माण एक तकनीकी कार्य है। इसका निर्माण ग्रन्थालयों के कार्यों के सफततापूर्वक एवं सुचारू रूप से सम्पन्न करने हेतु किया जाता है। वास्तृविद ग्रन्थालय के विभिन्न क्रियाकलापों से प्रायः अपरिचित रहता है। वह भवन के कलात्मक पक्ष पर विशेष ध्यान देना चाहता है। यद्यपि यह जरूरी है कि ग्रन्थालय भवन आकर्षण हो जिससे कि वह अधिक से अधिक पाठकों को अपनी और आकर्षित कर सके, परन्तु भवन का आकर्षण उसके उद्दश्यों की पूर्ति बाधक न बने इस बात पर ध्यान देना ग्रन्थालयाध्यक्ष का कार्य है। ग्रन्थालय के विभिन्न विभागों कार्यों एवं उनके पारस्परिक सम्बन्धों का ज्ञान ग्रन्थलयाध्यक्ष को रहता है। अतः ग्रन्थालय भवन निर्माण ग्रन्थालयाध्यक्ष की दूरदर्शिता एवं वास्तुविद की कला के सहयोग से होना चाहिए।

भवन निर्माण में ग्रन्थालयाध्यक्ष की भूमिका

किसी भी ग्रन्थालय के कार्यों का वास्तविक एवं व्यावहारिक ज्ञान ग्रन्थालयाध्यक्ष

को होता है। वास्तुविद वास्तुकला में निपुण होते हैं। अतः ग्रन्थालयाध्यक्ष का ग्रन्थालय के विभिन्न विभागों क्रियाकलापों को ध्यान में रखकर वास्तुविद (architecture) से प्राकृतिक प्रकाश, ग्रन्थालय है सूर्य के सीधे प्रकाश प्रवेश पर प्रतिरोध, कृत्रिम प्रकाश की व्यवस्था, आने जाने के यान्त्रिक साधन तथा आन्तरिक सजा-सज्जा के प्रावधानों को समझना चाहिए। ग्रन्थालय भवन के आन्तरिक रूपक (design) के पूर्ण हो जाने पर उसके बाह्य रूप का निर्धारण हो सकता है। वस्तुतः ग्रन्थालयाध्यक्ष ग्रन्थालय भवन का रूपांकनकार है। अतः वास्तुविद को ग्रन्थालयाध्यक्ष के विचारों को मूर्त्त रूप देना चाहिए।

ग्रन्थालय भवन के रूपांकन (designing) के समय ग्रन्थालयाध्यक्ष को निम्न बिन्दुओं पर विचार करना।

1. ग्रन्थालय द्वारा सम्पादित किये जाने वाले कार्य जिनके लिए भवन निर्मित किया जा रहा है।
2. अनुमानित ग्रन्थों की संख्या, जो भविष्य में उस ग्रन्थालय में हो सकता है।
3. ग्रन्थालय की शैक्षिक संरचना से सम्बन्ध
4. ग्रन्थालय के अनुमानित उपयोगकर्ताओं की संख्या
5. उपयोग कर्त्ताओं की अध्ययन अभिरुचि
6. ग्रन्थालय, कर्मचारियों की अनुमानित संख्या

अतः ग्रन्थालय भवन के निर्माण में ग्रन्थालयाध्यक्ष की भूमिका महत्वपूर्ण है। वह वास्तुविद को एक क्रियाशील भवन के निर्माण में सहायता प्रदान करता है।

ग्रन्थालय भवन के निर्माण में वास्तुविद (architect) की भूमिका

वास्तुविद को ग्रन्थालय के विभिन्न कार्यों तथा उन कार्यों में भविष्य में होने वाले परिवर्तन से परिचित होना सहायक सिद्ध होता है। उसे एक समन्वयकार (Co-ordinator) की भूमिका निभानी चाहिए । वास्तुविद को भवन के रूपांकन के आधारभूत सिद्धान्त, ग्रन्थालय सेवा के आधुनिक सिद्धान्त तथा स्थानिक (Spatial) सम्बन्ध से सुपरिचित होना चाहिए।

प्रो. श्याम सुन्दर अग्रवाल ने वास्तुविद के कार्य निम्नांकित तीन अवस्थायें निर्धारित की हैं–

1. "ग्रन्थालयों के द्वारा बताए गए वृतान्त के आधार पर प्रारम्भिक रेखाकृति तथा रेखाचित्र (Sketches and drawings) का निर्माण",

2. रेखाचित्र (drawings) तथा विनिर्देश (Specifications) बनाना; इनमें वास्तुकला संरचनाओं (architure structure), नलकार्य (plumbing), विद्युत संयोजन (Connections) संवातन (Ventilation) तथा स्थल दिक्स्थापन (Sita orientation) सम्मिलित है;

3. सामग्री के उपयोग में तकनीकी विनिर्देश (Specifications) तथा निरीक्षण, निर्माण विधियाँ तथा निरीक्षण कार्य को दर्शात हुई तकनीकी सूचना।

डॉ. रंगनाथन के पंचम् सिद्धान्त एवं ग्रन्थालय भवन

ग्रन्थालय भवन के निर्माण के समय ग्रन्थालय विज्ञान के पंचम् सिद्धान्त "ग्रन्थालय एक विकासशील संस्था है (Library is a growing organism)" इसे ध्यान में रखना चाहिए। समय के अन्तराल के साथ उसमें पाठ्य सामग्रियों, पाठ्कों एवं कर्मचारियों में वृद्धि होती रहती है। इन तीनों अवयवों में वृद्धि से भविष्य में अधिक की आवश्यकता पड़ती है। अतः इसके लिए अधिक से अधिक स्थान की व्यवस्था करनी चाहिए। ग्रन्थालय की भविष्य में होनेवाली वृद्धि उसके प्रकार एवं स्तर से भी प्रभावित होती है। ग्रन्थालय का विकास भी मनुष्य के विकास की तरह ही होता है। शुरू में सभी प्रकार के ग्रन्थालय बाल विकास की स्थिति में रहते हैं, उसके बाद वयस्क अवस्था को प्राप्त हो जाते है। ग्रन्थालय के जीवन में भी ऐसा समय आता है जब बहुत अधिक स्थान की आवश्यकता नहीं पड़ती है।"

ग्रन्थालय भवन का स्थान निर्धारण

ग्रन्थालय भवन के निर्माण स्थल का चयन ग्रन्थालय समिति को ग्रन्थालयाध्यक्ष के परामर्श एवं सुझाव के आधार पर करना चाहिए। अधिकांश विद्वानों एवं शिक्षा शास्त्रियों की धारणा है कि ग्रन्थालय भवन एकान्त स्थान में निर्मित किया जाना चाहिए, जहाँ शान्ति पूर्वक अध्ययन किया जा सके। यह सिद्धान्त भ्रान्तिपूर्ण है। ग्रन्थालय विज्ञान के सभी सिद्धान्तों का एक मात्र उद्देश्य है कि उचित पाठक को उचित समय पर उपलब्ध पाठ्य सामग्रियाँ अध्ययन, अध्यापन एवं अनुसंधान हेतु प्रदान की जाएँ। अगर सम्बन्धित ग्रन्थालय में पाठक द्वारा माँग की गई सामग्री उपलब्ध नहीं हो तो उसे ग्रन्थालय सहयोग के आधार पर दूसरी ग्रन्थालयों से भी मँगवाने की व्यवस्था की जाए।

अतः जन ग्रन्थालय को नगर के बीचोंबीच स्थापित किया जाए जहाँ अधिक से अधिक पाठक सुविधापूर्वक अपना कम से कम समय नष्ट किए पहुँच सकें। वहाँ पहुँचने के लिए यातायात साधनों की समुचित व्यवस्था होनी चाहिए। आज ग्रन्थालय की स्थिति एक व्यापारिक संस्थान को तरह हो चुकी है। कोई भी व्यापारी अपनी दुकान एकान्त स्थान में स्थापित नहीं करना चाहता, उसी प्रकार होई भी जनग्रन्थालय निर्जन स्थान में स्थापित नहीं किया जाना चाहिए।

विश्वविद्यालय ग्रन्थालय भी ऐसे केन्द्रीय स्थान पर स्थापित किया जाना चाहिए जो समस्त महाविद्यालयों, अध्ययनशालाओं अनुसंधान केन्द्रों तथा छात्रावासों से समान दूरी पर हो। महाविद्यालय एवं विद्यालय ग्रन्थालय को भी उनके भवनों के केन्द्रीय

स्थान पर स्थापित करना चाहिए। इसी तरह अन्य प्रतिष्ठानों के ग्रन्थालयों का भी निर्माण उन प्रतिष्ठिनों के केन्द्रीय स्थल किया जाना चाहिए।

कार्यशील भवन (Functional building)

आधुनिक ग्रन्थालय का उद्देश्य सिर्फ पाठ्य सामग्रियों का संग्रह ही नहीं है, बल्कि उनका अधिक से अधिक उपयोग सुनिश्चित करना है। अतः उसके लिए एक कार्यशील भवन की आवश्यकता पड़ती है। ग्रन्थालय भवन इस तरह से होना चाहिए जिसमें उससे अपेक्षित कार्य सुगमता पूर्वक सक्षम रूप से सम्पन्न हो सकें। यद्यपि ग्रन्थालय का कार्य उसके प्रकार पर निर्भर करता है। परन्तु निम्नांकित कार्य भी सभी ग्रन्थालयों द्वारा सम्पादित किये जाते हैं।

1. प्रलेखों (documents) का अर्जन (acquisition) तथा उनका प्रस्तुतकरण (Processing)
2. प्राप्त प्रलेखों का संग्रहण (Storing) एवं व्यवस्थापन (arrangement)
3. सन्दर्भ सेवा प्रदान करना
4. पाठ्य सामग्रियों का परिसंचरण (Circutation
5. सामयिक प्रकाशनों (Periodical Publication) के अर्जन, प्रस्तुतीकरण, व्यवस्थापन एवं परिसंचरण का प्रावधान करना।
6. पाठकों को पाठ्य सामग्रियों के अवलोकन तथा चयन की पूर्ण सुविधा प्रदान करना।
7. पाठकों के उपयोग के लिए सूची का निर्माण तथा प्रदर्शन करना
8. पाठकों के उपयोग हेतु ग्रन्थ सन्दर्भ सूची का निर्माण करना।
9. पाठक का पंजीकरण (Registration) करना।
10. रिप्रोग्राफी की व्यवस्था करना।
11. अध्ययन कक्ष की व्यवस्था करना।

अतः किसी भी ग्रन्थालय में उपयुक्त कार्यों के सफलतापूर्वक सम्पादन हेतु आवश्यक स्थान की जरूरत पड़ती है जिसे भवन निर्माण की योजना बनाते समय ध्यान में रखा जाना चाहिए।

ग्रन्थालय-भवन निर्माण के सिद्धान्त

ग्रन्थालय विज्ञान के विशेषज्ञों द्वारा ग्रन्थालय भवन आयोजन के निम्नांकित सिद्धान्त निर्धारित किए गए हैं।

1. भवन निर्माण ग्रन्थालय के विविध कार्यों को ध्यान में रखकर किया जाए।
2. ग्रन्थालय सेवा के संचालन और प्रशासन में मितव्ययिता को ध्यान में रखकर भवन निर्मित किया जाना चाहिए।

3. भवन का रूपांकन (disigning) भावी विस्तार को ध्यान में रखकर किया जाना चाहिए।
4. भवन आकर्षक एवं सादगीपूर्ण होना चाहिए।
5. मुख्य अध्ययन कक्ष ग्रन्थ फलकों (shelf) के समीप होना चाहिए।
6. उपयोगकर्ताओं (Users) की संख्या तथा स्वभाव के अनुपात में भवन में भौतिक सुविधाओं की व्यवस्था होनी चाहिए 17. भौतिक सुविधाओं में कर्मचारियों की सुविधाओं को भी शमिल करना चाहिए।
7. पाठ्य सामग्री की सुरक्षा की दृष्टि से भवन में प्रवेश एवं निकास हेतु एक ही द्वार की व्यवस्था होनी चाहिए।
8. भवन के अन्दर कम से कम स्थायी दीवारें होनी चाहिए।

अतः ग्रन्थालय भवन योजना तैयार करते समय ग्रन्थालय समिति के सदस्य, ग्रन्थालयाध्यक्ष, वास्तुविद, ग्रन्थालय भवन के विशेषज्ञ एवं साज-सज्जा के ज्ञाता की एक समिति गाठित कर लेनी चाहिए। एक उत्तम ग्रन्थालय भवन की निर्माण योजना में वर्तमान तथा भविष्य की समस्त आवश्यकताओं पर ध्यान दिया जाना चाहिए जिससे सभी प्रशासनिक एवं उपयोग कर्त्ताओं की सेवा का कार्य सुगमता पूर्वक संचालित हो सकें।

ग्रन्थालय भवन निर्माण योजना में प्राधिकरण (authority) की भूमिका

ग्रन्थालय प्राधिकरण द्वारा भवन योजना के निर्माण में निम्नांकित महत्वपूर्ण भूमिका निभायी जाती है।

1. भवन हेतु स्थान का चयन करना।
2. ग्रन्थालयाध्यक्ष, वास्तुविद एवं साज-सज्जा के ज्ञाता एवं ग्रन्थालय विज्ञान के विशेषज्ञों की समिति का निर्माया करना।
3. भवन निर्माण हेतु आवश्यक वित्त की व्यवस्था करना।
4. भवन-निर्माण के कार्यों का समय-समय पर निरीक्षण करना।
5. ग्रन्थालय भवन में दर्शक कक्ष (autitorium), श्रव्य-दृश्य क्षेत्र, तकनीकी सूचना क्षेत्र, रिप्रोग्राफ क्षेत्र आदि पर विचार करना।
6. उपयोग. कर्त्ताओं की भौतिक सुविधाओं पर विचार कर निर्णय देना।
7. ग्रन्थालय के भावी विस्तार की सम्भावना का अध्ययन करना।
8. भावी विस्तार को ध्यान में रखकर क्षेत्र तथा आकार की दृष्टि से निर्माण स्थल का परीक्षण करना।
9. ग्रन्थालय भवन सम्बन्धित प्रत्येक मुख्य मुद्दों पर अनुशंसाएँ प्रदान करना।
10. वास्तुविद तथा संस्था के मार्गदर्शन हेतु रूपांकन के आधारभूत सिद्धान्तों, प्राथमिक तत्वों का एक लिखित विवरण तैयार करना।

11. भवन के प्रत्येक क्षेत्र के लिए उपस्कार तथा अन्य सामग्रियाँ निश्चित करना।

उपरोक्त कार्यों का निष्पादन ग्रन्थालय प्राधिकरण (authorit) ग्रन्थालयाध्यक्ष के माध्यम से कर सकता है।

ग्रन्थालय भवन के कार्य (Functions of Library building)

ग्रन्थालयों के कार्यों का प्रतिनिधित्व ग्रन्थालय भवन ही करता है। पी.एन.कौल. के अनुसार "ग्रन्थालय भवन ग्रन्थालय के कार्यों की विशिष्ट, स्पष्ट और प्रत्यक्ष अभिव्यक्ति है।"

मुख्यतः ग्रन्थालय भवन के निम्नांकित कार्य हैं...

1. प्रलेखों का संकलन तथा संरक्षण।
2. पाठकों को पाठ्य सामग्री को उपलब्ध कराने में सुगमता।
3. पाठकों के अध्ययन हेतु शान्त और सुखदायी वातावरण की व्यवस्था।
4. अनुसंधानकर्ताओं के अध्ययन हेतु उचित वातावरण तथा स्थान की व्यस्था करना।
5. प्रलेखों के प्रस्तुतीकरण हेतु स्थान का प्रावधान।
6. आवश्यकता पड़ने पर प्रलेखों की तत्काल उपलब्धि।
7. कर्मचारियों को सही तकनीकी तथा अतकनीकी कार्य करने की सुगमता एवं कार्य करने के उचित वातावरण की व्यवस्था।

प्रो. पी.एन.कौल है के अनुसार, "भवन के आन्तरिक विस्तृत वर्णन के लिए निम्नांकित क्रिया-कलापों विचारणीय हैं...

(1) ग्रन्थ-प्रस्तुतीकरण क्रिया-कलापः
(2) ग्रन्थ-संग्रहण क्रिया-कलाप तथा
(3) ग्रन्थ-सेवा क्रिया-कलाप।

अतः ग्रन्थालय भवन का स्वरूप उसके कार्यों पर आधारित होना चाहिए जिससे कि सुगमता पूर्वक पाठक एवं कर्मचारी अपने-अपने दायित्वों का निर्वाह कर सकें। ग्रन्थालय भवन के रूपांकन में मुख्यतः उसके कार्यों की व्याख्या करनी चाहिए और उसके बाद उसके स्वरूप पर विचार करना चाहिए।

ग्रन्थालय भवन में विभिन्न विभागों की स्थिति

ग्रन्थालय भवन में समस्त विभागों के लिए उचित व्यवस्था होनी चाहिए। विभागों की स्थिति उनकी उपयोगिता, पाठकों एवं प्रलेखों के प्रकार आदि तत्वों पर निर्भर करती है। किस विभाग को कितना क्षेत्र दिया जाए यह ग्रन्थालय के प्रकार तथा उसकी सेवाओं की प्रकृति पर निर्भर करता है। ग्रन्थालयों के विभागों की स्थिति

निम्नांकित तरह से निर्धारित करना पाठकों एवं कर्मचारियों के लिए सुगम समझा जाता है।

1. प्रवेश स्थान
2. ग्रन्थ-निर्गम विभाग
3. आगम-निगम पटल
4. सूची-कक्ष
5. संग्रह-कक्ष
6. अध्ययन-कक्ष
7. बाल-विभाग
8. सन्दर्भ-विभाग
9. अनुसंधान-कक्ष
10. दुर्लभ पाठ्य-सामग्री कक्ष
11. प्रशासकीय विभाग-इस विभाग के अन्तर्गत निम्नांकित कक्ष का होना आवश्यक है...
    (क) ग्रन्थालयाध्यक्ष कक्ष,
    (ख) सहायक ग्रन्थालयाध्यक्ष कक्ष
    (ग) समिति कक्ष,
    (घ) तकनीकी कक्ष,
    (ड़) प्रशासकीय कक्ष

(12) कर्मचारी विश्राम-कक्ष
(13) शौचालय
(14) ग्रन्थ-प्रदर्शनी स्थल
(15) रिप्रोग्राफी कक्ष

उपरोक्त कक्षों के अतिरिक्त आवश्यकतानुसार अन्य कक्षों की निम्नांकित व्यवस्था होनी चाहिए जैसे...आगन्तुक कक्ष, जिल्दसाजी कक्ष, जलपान-गृह कक्ष आदि।

आज के वैज्ञानिक युग में दुर्लभ पाठ्य सामग्रियों एवं यान्त्रिक उपकरणों को सुरिक्षत रखने के लिए वातानुकूल-कक्ष की आवश्यकता महसूस की जा रही है। अतः कम-से-कम आधुनिक ग्रन्थालय में एक कक्ष वातानुकूलित होना चाहिए।

पुस्तकालय-भवन

पुस्तकालय 'पुस्तकों के संचय-गृह' से बदलते-बदलते अब एक शक्तिशाली सामाजिक संस्थान के रूप में परिणत हो गया है अतः आधुनिक पुस्तकालय-भवन का निर्माण नयी सेवाओं तथा उसके सम्भावित विस्तार को मद्देनजर रखती हुए किया जाना चाहिए।

स्वतन्त्रता-प्राप्ति के पश्चात् हमारे देश में पुस्तकालयों का संगठन योजनाबद्ध

ढंग से किये जाने का प्रयास हो रहा है, अतः अब किसी भी पुस्तकालय की आयोजना स्वतन्त्र इकाई के रूप में नहीं होनी चाहिए। बल्कि योजना करते वक्त निम्नलिखित प्रश्नों पर अवश्य विचार कर लेना चाहिए।

(क) क्या यह पुस्तकालय किसी क्षेत्रीय संगठन का अंग होगा? यदि हाँ, तो क्या कहाँ वितरक केन्द्र रहेगा या पुस्तकालय-प्रसार-सेवा के अन्य माध्यमों द्वारा यहाँ से पुस्तकालय-सेवा प्रसारित की जाएगी।

(ख) क्या पुस्तकालय भविष्य में नगर पुस्तकालय, शाखा पुस्तकालय या प्रखण्ड पुस्तकालय का रूप ले सकता है?

(ग) अन्य प्रमुख विचारणीय प्रश्न हैं...सेवाक्षेत्र एवं आर्थिक स्थिति। प्रत्येक पुस्तकालय की स्थिति दूसरे से भिन्न होती है। अतः पुस्तकालय-भवन की कोई एक योजना सभी पुस्तकालयों के लिए उपयुक्त नहीं हो सकती। भवन की योजना सेवा क्षेत्रों एवं सेवा-उपकरणों के विस्तार की सम्भावना को मद्देनजर रखते हुए की जानी चाहिए। उदाहरणार्थ...

राज्य केन्द्रीय पुस्तकालय...का भवन अपनी बनावट में अत्याधुनिकक हो, साथ ही, कम-से-कम आगामी चार दर्शकों तक समाज की आवश्यकताओं और विकास के अनुकूल विस्तृत या परिवर्द्धित किये जा सकने की सम्भावना से युक्त हो।

नगर या शाखा पुस्तकालयों...को ऐसे स्थानों में अवस्थित होना चाहिए। जहाँ जनसाधारण आसानी से पहुँच सके। इसकी बाह्य बनावट आकर्षक एवं आन्तरिक सजा सुघड़ हो। वाचनालय में पाठकों के बैठने की समुचित व्यवस्था अपेक्षित है। प्रखण्ड या ग्राम्य पुस्तकालयों के लिए विशाल आकार के भवन आवश्यकता नहीं है, उसे सरल और आकर्षक होना चाहिए।

हाँ, सभी स्तर के पुस्तकालयों के भवन में कम-से-कम पाठक, पुस्तक, लिया और गोष्ठियों तथा सामूहिक विचार-विमर्श के लिए समुचित स्थान की संस्था होनी ही चाहिए।

भवन के स्वरूप तथा उसके अन्तर्गत विभिन्न विभागों के लिए आवश्यक स्थान का निर्णय करने के लिए निम्नलिखित निर्देश हैं...

1. सेवा क्षेत्र की कुछ शिक्षित-अशिक्षित जनसंख्या; उसके अनुपात में पाठ्य-सामग्री की अनुमानित संख्या। इन सामग्रियों एवं इसके पाठकों के लिए यथेष्ट स्थान की व्यवस्था।

2. इन वैज्ञानिक युग में आधुनिक पुस्तकालय पाठ्य-सामग्री के अतिरिक्त शिक्षा-प्रचार के अन्य साधनों का भी उपयोग करता है...जैसे चलचित्र, व्याख्यान, वाद-विवाद-प्रतियोगिता, रेडियो आदि। भवन-निर्माण के समय इस महत्वपूर्ण तथ्य को निगाह में रखना चाहिए।

3. भविष्य में सेवा-क्षेत्रों एवं सेवित जनसंख्या के विस्तार की सम्भावनाओं के अनुकूल भवन-निर्माण होना चाहिए।

पुस्तकालय एक विकासोन्मुख संस्था है। अतः पुस्तकालय-भवन की निर्माण-योजना कुछ ऐसी होनी चाहिए कि मुख्य भवन को बिना क्षति पहुँचाये उसका विस्तार किया जा सके।

''भविष्य और वर्त्तमान दोनों के लिए योजना बनाओ''...यह सिद्धान्त है।

स्थान

यथासम्भव, पुस्तकालय का भवन नगर या शहर के बीचोंबीच ऐसे स्थान पर होना चाहिए, जहाँ हर व्यक्ति आसानी से पहुँच सके। शहर से दूर एकान्त स्थान के बजाय, व्यापार के केन्द्र-स्थल या साधारण बाजार में पुस्तकालय होने से पाठकों को अधिक सुविधा होती है। हाँ, भवन को रूपरेखा इस प्रकार तैयार की जाए कि व्यापारिक केन्द्र में होते हुए भी वहाँ शान्ति रहे।

पुस्तकालय-भवन के लिए उत्तर और पूर्व से खुली आयताकार भूमि अच्छी होती है, क्योंकि इससे भवन में प्राकृतिक प्रकाश अधिक मिलता है। गोल या त्रिकोण भूमि सुविधाजनक नहीं होती। पुस्तकालय के लिए भूमि का चुनाव करते वक्त इस बात पर भी ध्यान रखना आवश्यक होता है कि वह पुस्तकालय न वर्त्तमान आवश्यकताओं की पूर्ति करने के साथ-साथ भविष्य में संभावित विस्तार के लिए भी यथेष्ट हो।

भवन

भवन की रूपरेखा प्रस्तुत करते वक्त सर्वप्रथम विचार करना पड़ता है कि...

(1) अभी तत्काल कितने कमरों की आवश्यकता होगी तथा आगामी दो-तीन दशकों में कितने अधिक कमरे की आवश्यकता होगी?

(2) कितने व्यक्तियों के बैठने की व्यवस्था करनी है?

(3) कितनी आलमारियों के लिए व्यवस्था करनी है?

(4) किस हद निर्बन्ध-प्रणाली का अनुमान किया जाएगा?

(5) भाषण कक्ष या नाट्यकक्ष में कितने दर्शकों के बैठने की व्यवस्था करनी है?

इन समस्याओं का समाधान हम सेवित होने वाले क्षेत्र के सर्वेक्षण द्वारा प्राप्त आँकड़ों से कर सकते हैं।

श्री.सी.जी. विश्वनाथन् ने अपनी पुस्तक A lntroduction to Public Librar Organisation में पुस्तकालय भवन की योजना प्रस्तुत करते हुए कहा है....

आधुनिक पुस्तकालय की सेवाएँ बहुमुखी होती है और उनके दायित्व भी

विशाल है। अतः इन उत्तरदायित्वों को सफलतापूर्वक निबाहने के लिए आधुनिक पुस्तकालय भवन में निम्नलिखित कक्षों का होना आवश्यक है....

1. लेन-देन, 2. बाल कक्ष, 3. पत्र-पत्रिकाएँ-कक्ष, 4. विशेष-संग्रह-कक्ष, 5. अध्ययन-कक्ष, 6. सन्दर्भ-कक्ष, 7. मानचित्र-कक्ष, 8. व्याख्यान-कश, 9. श्रव्य-उपकरण कक्ष, 10. सूची-पत्र कक्ष, 11. प्रसार कक्ष।

इनके अतिरिक्त पुस्तकालय-प्रशासन से सम्बन्धित निम्नलिखित कक्ष होने चाहिए...

1. चयन कक्ष, 2. पुस्तकालय कक्ष, 3. प्रबन्ध-समिति कक्ष, 4. का.´लिय 5. जिल्दबन्दी 6. कर्मचारी कक्ष, 7. विश्राम कक्ष, 8. भण्डार घर, 9. स्नानघर तथा शौचलाय।

इन कक्षों का विभाजन अस्थायी और लोचदरा पार्टीशन द्वारा होना चाहिए ताकि आवश्यकतानुसार कम परिश्रम एवं बिना परीशानी के उन्हें घटाया-बढ़ाया जा सके।

अन्य व्यवस्थाएँ

भवन की रूपरेखा तैयार करते वक्त निम्नलिखित बातों पर अवश्य विचार किया जाना चाहिए...

(1) भवन की सतह बिलकुल समतल हो।

(2) छत न तो बहुत ऊँची हो, न बहुत नीची।

(3) खिड़कियाँ 3 फीट×5 फीट तथा सतह से 2 फीट ऊँची हो। खिड़कियों में महीन जाली लगायी जाए। खिड़कियों का स्थान एवं बनावट इस तरह का हो कि चयन कक्ष एवं अध्ययन कक्ष में प्राकृति रोशनी एवं हवा यथेष्ट मात्रा में पहुँचे। सूर्य की सीधी किरणें कमरे में नहीं आ सके, इसका ध्यान रखा जाए। इसलिए अच्छा यह होता है कि चयन-कक्ष लम्बाई में पूरब-पश्चिम का बनाया जाए ताकि सभी खिड़कियाँ स्वतः उत्तरी और दक्षिणी दीवाल में हो जाएगी।

(4) कृत्रिम रोशनी की ऐसी व्यवस्था होनी चाहिए कि उसका सीधा प्रकाश पाठकों या कर्मचारियों के मुँह पर नहीं पड़े। साथ ही उसकी छाया भी नहीं पड़नी चाहिए।

(5) यथासम्भव वाचनालय, चयन-कक्ष, लेन-देन विभाग आदि निचले भाग में बनाया जाना चाहिए ताकि पाठक आसानी से वहाँ पहुँच सके।

(6) कमरों का विभाजन यथासम्भव ठोस दीवाल से नहीं किया जाना चाहिए। विभाजन आलमारियाँ या साधारण लड़की की बनी-दीवारों से किया जाए ताकि आवश्यकतानुसार उन्हें आगे-पीछे हटाकर कमरे को छोटा या बड़ा बनाया जा सके।

5

प्रतिवेदन

किसी भी संस्था के विभिन्न विभागों द्वारा सम्पादित उस विगत वर्ष के वास्तविक कार्यों के सर्वेक्षण को वार्षिक प्रतिवेदन की संज्ञा दी जाती है जिसमें उस संस्था के वित्तीय वर्ष का वास्तविक आय-व्यय तथा अन्य क्रिया कलापों का लेखा-जोखा रहता है। वार्षिक-प्रतिवेदन संस्था का एक महत्वपूर्ण अभिलेख है जिसके माध्यम से संस्था के समस्त क्रिया-कलापों की जानकारी मिल सकती है। ग्रन्थालय एक सेवा प्रधान संस्था है। अतैव इसकी सफलता एवं असफलता की झलक वार्षिक प्रतिवेदन से मिल सकती है। ग्रन्थालय के वार्षिक प्रतिवेदन ग्रन्थालय सेवा के प्रचार-प्रसार में भी सहायक होते हैं। यह ग्रन्थालय समिति और समुदाय के बीच सम्पर्क स्थापित करने का एक सीधा माध्यम है। ग्रन्थालय के वार्षिक प्रतिवेदन मं ग्रन्थालय द्वारा विगत वर्ष में किए गए खर्चों का लेखा-जोखा रहता है जिससे ग्रन्थालय की वित्तीय स्थिति का पता चलता है। एक ग्रन्थालयाध्यक्ष ग्रन्थालय की वास्तविकता से परिचित होता है। वित्त के अभाव में यदि ग्रन्थालय द्वारा प्रदत्त किसी सेवा में कमी महसूस होती है तो अगले बजट में उस सेवा को और अधिक सफल बनाने हेतु अतिरिक्त वित्त की व्यवस्था की जाती है। वार्षिक प्रतिवेदन से कर्मचारियों द्वारा विगत वर्ष में किए गए वास्तविक कार्यों का भी विवरण प्राप्त होता है जिससे ग्रन्थालय कर्मियों की कार्य-कुशलता एवं अकुशलता का पता च जाता है।

वार्षिक प्रतिवेदन की उपयोगिता

1. वार्षिक प्रतिवेदन के माध्यम से विगत वर्ष में ग्रन्थालय के विकास एवं ह्रास के बारे में प्राधिकरण (authority) की सूचना प्रदान की जाती है।
2. ग्रन्थालय के क्रिया-कलापों, उपलब्धियों एवं अफसलताओं के विभिन्न

कारकों से प्राधिकरण को परिचित कराया जाता है जिससे कि आनेवाले वित्तीय वर्ष में उन त्रुटियों पर समुचित ध्यान दिया जा सके।

3. ग्रन्थालय के संभावित पाठकों को वास्तविक पाठकों के रूप में परिणत करने में वार्षिक प्रतिवेदन प्रचार-सामग्री के रूप में भी प्रयोग किए जाते हैं। पाठकों को ग्रन्थालय सेवा की और आकर्षित करने का यह एक अच्छा उपकरण है। ग्रन्थालय द्वारा पाठकों को दी जाने वाली समस्त सेवाओं का इसमें उल्लेख रहता है। जिससे पाठक उन सेवाओं को प्राप्त करने के लिए इसकी और आकर्षित होते हैं।
4. वार्षिक प्रतिवेदन तैयार करने हेतु ग्रन्थालय के कार्यों के वास्तविक मूल्यांकन के बाद तथ्यों को उसमें संकलित किया जाता है। इससे ग्रन्थालय की त्रुटियों की झलक मिल जाती है जो कि ग्रन्थालयाध्यक्ष को उन त्रुटियों को परिमार्जित करने का अवसर प्रदान करता है जिससे आनेवाले वर्ष में पाठकों को उत्तम सेवाएँ प्रदान करने में सहायता मिलती है।
5. वार्षिक प्रतिवेदन से ग्रन्थालय की वित्तीय स्थिति, कर्मचारी की कार्यकुशलता, संग्रह की सम्पन्नता एवं विपन्नता की झलक मिलती है जिसके आलोक में आने वाले वर्ष के बजट के अतिरिक्त वित्त, कर्मचारी, भौतिक सुविधाएँ एवं पाठ्य-सामग्रियों की व्यवस्था की जाती है।
6. वार्षिक प्रतिवेदन किसी ग्रन्थालय का प्राथमिक सूचना स्रोत माना जाता है जिसके आधार पर ग्रन्थालय का इतिहास या ग्रन्थालय आन्दोलन का इतिहास लिखा जा सकता है। ग्रन्थालय एवं सूचना विज्ञान के क्षेत्र में शोधकर्त्ता को भी इससे काफी मदद मिलती है।

वार्षिक प्रतिवेदन के प्रस्तुतिकरण की रूपरेखा

वार्षिक प्रतिवेदन दो भागों में विभाजित होना चाहिए: विवरणात्मक एवं साख्यिकाकी। दोनों भाग इस तरह सम्मिलित होना चाहिए कि विवरण या तो आँकड़ें के पहले या बाद में दिया जाए। वार्षिक प्रतिवेदन में वर्णित विषय ग्रन्थालय के आकार-प्रकार पर निर्भर करता है। वार्षिक प्रतिवेदन में ग्रन्थालय के समस्त क्रिया-कलापों को प्रायः निम्नांकित शीर्षकों के अन्तर्गत सम्मिलित किया जाना चाहिए:

1. सामान्य समीक्षा (General review)
2. वित्त (Finance)
3. कर्मचारी (Staff)
4. ग्रन्थ संग्रह एवं उसका विकास (Collection and its development)
5. तकनीकी सेवाएँ (Technical Services)

6. पाठक सेवा (Users Services)
7. भवन एवं उपस्कर (Building and Equipment)
8. प्रकाशन कार्यक्रम (Publicstion programme)
9. अन्याय (Miscellaneous)

1. सामान्य समीक्षा...सर्वप्रथम प्रतिवेदन में सामान्य समीक्षा के अन्तर्गत गन्थालय की महत्वपूर्ण उपलब्धियों एवं त्रुटियों का संक्षिप्त विवरण देना चाहिए जिसके अन्तर्गत निम्नलिखित तथ्यों को सम्मिलित किया जाना चाहिए, ग्रन्थालय का नाम एवं स्वरूप, संक्षिप्त इतिहास, पाठक एवं क्षेत्रीय जनसंख्या का विवरण, कार्याविधि, छुट्टियों के दिन आदि।

2. वित्त...प्रतिवेदन के इस भाग में ग्रन्थालय के विगत तीन-चार वर्षों के बजट का ब्योरा प्रस्तुत करना उपयुक्त है। उपशीर्ष के अन्तर्गत विस्तार से ग्रन्थालय की आय के सम्बन्ध में उल्लेख किया जाना चाहिए। जैसे...ग्रन्थालय कर (Cess), सरकारी अनुदान, उपहार आदि। ग्रन्थालय सामग्री, कर्मचारी, जिल्दबाजी, भवन मरम्मत, टेलीफोन, स्टेशनरी, उपस्कार आदि के मद में किये गए व्यय की सूचना भी दी जानी चाहिए। वित्तीय विवरण के साथ अंकक्षित प्रतिवेदन की प्रतिलिपि को भी संलग्न कर देना चाहिए।

इससे निम्नलिखित प्रश्नों का उत्तर आसानी से दिया जा सकता है।

(1) संस्था, जिसके अन्तर्गत ग्रन्थालय संचालित हो रहा है, इस पर कितना व्यय करती है?

(2) क्या आनेवाले वर्षों में रुपये के अवमूल्यन को ध्यान में रखकर बजट तैयार किया गया है?

(3) क्या स्वीकृत Normes के अनुसार पाठ्य सामग्री, कर्मचारी एवं अन्याय मद में खर्च किये जाते हैं या नहीं?

इस तरह शीर्षक से ग्रन्थालय की वास्तविक वित्तीय स्थिति की जानकारी मलती है। इसकी मदद से अगले वर्ष के बजट में अन्याय मदों में व्यय को सन्तुलित किया जा सकता है।

3. कर्मचारी....इसके अन्तर्गत विभिन्न श्रेणियों के कर्मचारियों की संख्या, उनके वेतनमान, स्वीकृत पदों की संख्या, उनके वेतनमान, स्वीकृत पदों आदि से सम्बन्धित विवरणों को अंकित करना चाहिए। कर्मचारियों की पदोन्नति, उनके कल्याण एवं अन्य सुविधाओं से सम्बन्धित सुझाव एवं उनके द्वारा सम्मेलन में सम्मिलित होने की सूचना भी दी जानी चाहिए।

4. ग्रन्थ संग्रह एवं उसका विकास....इस शीर्षक के अन्तर्गत ग्रन्थालय में संग्रहित विविध विषयों की कुल ग्रन्थ संख्या एवं उनकी वार्षिक वृद्धि का विवरण देना चाहिए।

जिसमें प्रारम्भिक वर्ष में विभिन्न विषयों अथवा लेखानुसार ग्रन्थों की संख्या, वर्षात में उनकी संख्या को बतलाना चाहिए। ग्रन्थों की अद्यतन संख्या की जानकारी के लिए निष्कासित ग्रन्थों का भी विवरण प्रतिवेदन के इस भाग में देना चाहिए। इसके अलावा इस भाग में पत्र-पत्रिकाओं से सम्बन्धित सूचनाएँ जैसे-कुल संख्या, प्रकाशन स्थान आदि को भी दर्शाना चाहिए। यदि ग्रन्थों अथवा पत्र-पत्रिकाओं की खरीद में किसी प्रकार की कठिनाई हो तो उसका भी उल्लेख करना चाहिए।

5. तकीकी सेवाएँ...इसके अन्तर्गत निम्नलिखित सूचनाएँ अंकित करनी चाहिए।

(क) ग्रन्थालय सेवाएँ-इसके अन्तर्गत निम्नलिखित सूचनाएँ अंकित करनी चाहिए।

(ख) सूचीकरा जिस कोड के अनुसार होता है उस कोड का नाम एवं सूची के भौतिक स्वरूप का उल्लेख।

(ग) प्राप्त प्रलेखों की संख्या, उनमें की कुल प्रलेखों का तकनीकी कार्य सम्पन्न हो चुका है और कितने का होना है, इसका अलग-अलग विवरण देना चाहिए।

6. पाठक सेवा....इस भाग में पाठकों की कुल सदस्यता संख्या आदान-प्रदान का ब्योरा, सन्दर्भ सेवा एवं लेखन सेवा सम्बन्धी सूचना, नये सदस्यों की संख्या, कितने सदस्यों की सदस्ता समाप्त हो गया इसकी सूचना, ग्रन्थालय क्षेत्र की कुल आबादी के कितने प्रतिशत सदस्य हैं, इसकी सूचना आदि को अंकित करना चाहिए।

ग्रन्था आदान-प्रदान से सम्बन्धित निम्नलिखित सूचनाएँ देनी चाहिए। आदान-प्रदान विधि का नाम, ग्रन्थ आदान-प्रदान की संख्या प्रतिदिन Issue किये गए ग्रन्थों की संख्या, विषयानुसार आदान-प्रदान किए गए ग्रन्थों की संख्या, प्रतिदिन गन्थालय में आए पाठकों की संख्या आदि।

सन्दर्भ सेवा से सम्बन्धित निम्न आँकड़े सम्मिलित करना चाहिए। कितने लोगों ने वर्षभर में सन्दर्भ सेवा प्राप्त की? पूछे गए प्रश्नों की संख्या, प्रश्नों के दिए गए उत्तरों एवं अनुतररित प्रश्नों की संख्या आदि।

प्रलेख सेवा के अन्तर्गत पत्रिकाओं की संख्या, जिनका Index तैयार किया गया एवं प्रतिविशिष्टयाँ तैयार की गई, सारांश तैयार किऐ पत्रिकाओं की संख्या, अनुवाद किऐ पृष्ठों की संख्या, रिप्रोग्राफी सेवा द्वारा दिए गए पृष्ठों की संख्या इन सेवाओं से प्राप्त आदि की सूचनाएँ भी दी जाए।

7. भवन एवं उपस्कार...प्रतिवेदन के इस भाग में ग्रन्थालय भवन की वर्तमान स्थिति एवं उसके विभिन्न विभागों में पाठकों हेतु उपलब्ध स्थानों का विवरण, जैसे-अध्ययन कक्ष में एक साथ कितने पाठक बैठ सकते हैं? ग्रन्थालय भवन की मरम्मत एवं सफाई एवं प्रसार (Extcntion) सूचनाएँ अंकित करनी चाहिए। ग्रन्थालय उपस्करों एवं साज-सज्जा के बारे में इस भाग में उल्लेख करना चाहिए।

8. प्रकाशन कार्यक्रम....ग्रन्थालय प्रतिवेदन के इस भाग में ग्रन्थालय द्वारा

प्रकाशित सामग्रियों के बारे में सूची अंकित करनी चाहिए, अगले वर्ष प्रकातिश होने वाली पाठ्य सामग्रियों की सूचना भी सम्मिलित कर लेनी चाहिए।

9. अन्याय....अन्त में वे सभी सूचनाएँ जिन्हें उपरोक्त शीर्षकों के अधीन नहीं दी गई हो, अंकित कर देनी चाहिए, जैसे चल ग्रन्थालय सेवा, प्रान्त के विशिष्ट लोगों द्वारा ग्रन्थालय का निरीक्षण एवं ग्रन्थालय से सम्बन्धित उनके विचार आदि। ग्रन्थालय द्वारा वयस्क शिक्षा क्षेत्र में किए गए कार्य का उल्लेख तथा दिखाए गए फिल्म शो आदि का वर्णन इस भाग में करना चाहिए।

वार्षिक प्रतिवेदन का संकलन, प्रस्तुतिकरण एवं वितरण

प्रत्येक ग्रन्थालय को वार्षिक प्रतिवेदन तैयार करने के पूर्व उनमें अंकित शीर्षकों का निर्धारण कर लेना चाहिए। इसके बाद वरिष्ठ एवं जिम्मेदार कर्मचारी को आँकड़ा संकलन के प्रस्तुतिकरण का दायित्व देना चाहिए। इससे प्रतिवेदन की विश्वसनीयता बनी रहती है।

प्रतिवेदन प्रस्तुतिः वर्ष के अन्तिम महीने में प्रत्येक विभाग में एक फार्म भेज दिया जाता है। जिसमें उस विभाग से सम्बन्धित समस्त उपयोगों सूचनाएँ एकत्र कर दी जाती हैं सभी विभागों से सूचनाएँ एकत्र करने के बाद वरिष्ठ कर्मचारी द्वारा वार्षिक प्रतिवेदन के प्रारूप तैयार किए जाते हैं। जिस प्रारूप का ग्रन्थालयाध्यक्ष सावधानी पूर्वक अध्यन करते हैं और उसमें पायी गई त्रुटियों का परिमार्जन करते हैं और तब वार्षिक प्रतिवेदन को अन्तिम रूप दिया जाता है।

वार्षिक प्रतिवेदन तैयार करने के समय ग्रन्थालयाध्यक्ष को इस बात का ध्यान रखना चाहिए कि वह पढ़ने एवं समझने में आसान हो। आँकड़ों का प्रस्तुतिकरण इस तरह होना चाहिए कि सामान्य पाठक भी इसे भली-भाँति समझ सकें और लाभान्वित हो सकें। ग्रन्थालय की वित्तीय स्थिति अगर अच्छी है तो इसे मुद्रित करवा लेना चाहिए। प्रतिवेदन की प्रति ग्रन्थालय से सम्बन्धित अधिकारियों, दानकर्त्ताओं एवं विभिन्न शोध-संस्थाओं की उपलब्ध्य करवाने की व्यवस्था होनी चाहिए।

6

पुस्तक-चयन और प्रस्तुतिकरण

पुस्तक-पुस्तकालय की आधुनिशिला है। पुस्तकालय का प्रमुख कार्य पुस्तकें एकत्र करना तथा उन्हें सुरिक्षत रूप में इस प्रकार रखना है कि पाठक उनका अधिकाधि उपयोग कर सकें।

युनेस्कों के घोषणपत्र में कहा गया है–'सर्वांगपूर्ण सार्वजनिक पुस्तकालय को पुस्तकों, पत्रिकाओं, समाचार-पत्रों, चित्रों, फिल्मों, रिकार्डों आदि का संग्रह करना चाहिए और उनका उपयोग करने में पाठकों का मार्ग-दर्शन करना चाहिए।'

आज के इस मुद्रण-कला युग में प्रति वर्ष विभिन्न भाषाओं में करोड़ों की संख्या में पुस्तकें प्रकाशित होती है अतः समुद्र-से समुद्र पुस्तकालय के लिए भी सभी नयी पुस्तकों का संग्रह एवं व्यवस्था करना सम्भव नहीं हो सकता। साथ ही यह भी निश्चित हैं कि सभी प्रकाशित पुस्तकें संग्रहणीय नहीं होती। आज के इस प्रचारवादी युग में सस्ती लोकप्रियता और अर्थलिप्सा से भरी, रंगीन कलात्मक अवरण युक्त पुस्तकें धड़ल्ले से लिखी जा रही हैं और प्रकाशित हो रही है। ऐसी पुस्तकों से समाज का कल्याण नहीं हो रहा है, क्योंकि इनमें जीवनोत्कर्ष का कोई सिद्धान्त नहीं रहता, लोक-कल्याण की भावनाएँ नहीं रहती। किसी वस्तु को सम्पूर्ण रूप से ग्रहण नहीं करके आंशिक रूप से लेने की जहाँ बात आती है, वही चयन की आवश्यकता होती है।

किसी भी पुस्तकालय के लिए इन सभी प्रस्तुकों (10 से 12 हजार की संख्या) को क्रय करना सम्भव तथा उपयोग नहीं हो सकता, अतः अपनी-अपनी आवश्यकता, भाषा और आय के अनुसार पुस्तकों का चयन करना पढ़ता है।

वास्तव में पुस्तकालयों के कार्यों में पुस्तक-चयन सर्वाधिक जटिल एवं महत्वपूर्ण कार्य है। श्री बेरिबक सेयर्स ने कहा है...'पुस्तकाध्यक्ष के कार्यों में पुस्तक-चयन बहुत हो उत्तरदायित्वपूर्ण और जटिल कार्य है। इसमें गम्भीर अवलोकन तथा निरन्तर प्रयास से ही प्रवोणता आती है।'

दूसरे पुस्तकालाध्यक्ष श्री डब्लू. का कथन है.....''पुस्तक-चयन की समस्या पाठकों की अधिकतम संख्या के लिए कम मूल्य पर सबसे उपयुक्त पुस्तकों के अधिकतम संग्रह करने की है और संग्रह का काम हमेशा अत्यन्त सावधानी से किया जाना चाहिए। इस कार्य के लिए चयनकर्त्ता को साहित्य का सम्यक् ज्ञान एवं पुस्तक-चयन सम्बन्धी विविध उपादानों का व्यावहारिक ज्ञान होना चाहिए तथा उसे अपने पाठकों की विशेष आवश्यकताओं से परिचित तथा सहिष्णु और अनुभवी होना चाहिए।''

अतः पुस्तक-चयन का कार्य, कम मूल्य पर अधिकाधिक पाठकों के लिए पाठ्य-सामग्री प्रस्तुत करने के ठोस सिद्धान्तों पर आधारित होना चाहिए।

चयन कैसे?

उपर्युक्त सिद्धान्त के अनुसार पुस्तक-चयन के तीन अवयव हमारे सम्मुख आते हैं..(क) पाठक (ख) पाठ्य-सामग्री (ग) धन।

पाठक

पाठकों को हम चार श्रेणियों में विभाजित कर सकते हैं। एक तो वे, जो पुस्तकालय का उपयोग करते हैं, दूसरे वे, जिनमें पढ़ने को अभिरुचि नहीं है और पुस्तकालय का उपयोग भी नहीं करते हैं, तीसरे वे, जो नव साझर हैं, चौथे वे, जो निरक्षर हैं।

आधुनिक पुस्तकालयों में इन चारों श्रेणियों के लिए पाठ्य-सामग्री की व्यवस्था करती कैसी है। पुस्तकाध्यक्ष का कर्त्तव्य होता है कि निरक्षरों को अक्षर ज्ञान

नवसाक्षरों की श्रेणी में ला उनके लिए पाठ्य-सामग्री की व्यवस्था जाएँ, जो स्थायी से पढ़े-लिखे व्यक्तियों को, जिन्हें मैंने दूसरी श्रेणी में रखा है, ऐसी पुस्तकों का सठक बना उसमें पढ़ने की अभिरुचि पैदा करें।

पुस्तक

पुस्तकालय के लिए पुस्तकों का चुनाव करते वक्त निम्नलिखित बातों का ध्यान रखना चाहिए.....

(1) **पुस्तेकें उपयोगी होः**....उपयोगी पुस्तकों के समुचित संग्रह द्वारा ही पुस्तकालय लोकप्रिय और जनोपयोगी बन सकता है।

श्रीमती फेयर चाइल्ड का कथन है....''पुस्तकालय का कार्य सम्पूर्ण समाज के प्रत्येक मनुष्य के पास उपयोगी पुस्तकें पहुँचाकर मानजीवन को समृद्धिशाली एवं विकसित बनाना है।'' साधारणतया आज की प्रकाशित पुस्तकों का हम उपयोगी और अनुयागी, दो रूपों में विभाजित कर सकते हैं। उपयोगी वह-जिसके पठन-पाठन

से मनुष्य ज्ञान अर्जित करें, उसकी बृद्धि विकसित हो और उसका मानसिक धरातल उन्नत हो। और, जिसमें मनुष्य के हृदय और चरित्र को प्रेरणा नहीं मिले, पाठकों में मानवीय विचारों का संचरण नहीं हो, बल्कि कुसंस्कारों का बीज वपन हो, उसे हम अनुपयोगी कह सकते हैं।

अतः यह कहा जा सकता है कि वैसी ही पुस्तकों का चुनाव किया जाए जो

(क) जीवन को विकासशील एवं उन्नतिशील बनाने में सहायक हो।

(ख) समाज के हर वर्ग के लिए समान रूप से लाभदायक हो। जहाँ तक सम्भव हो, उनमें समाज के प्रचलित रीति-रस्म, व्यवहार, धर्म, संस्कृति आदि पर आक्षप नहीं हो बल्कि सुधार की भावनाएँ हो।

(ग) जिसमें समाज के हर सदस्य की स्वाभाविक अभिरुचि हो।

इनके अतिरिक्त पुस्तकों का चयन करते वक्त चयनकर्त्ता का पुस्तक विशेष्ज्ञ के सम्बन्ध में भी निम्नलिखित बातों का ध्यान रखना चाहिए

(क) क्या इस पुस्तक में कुछ उत्तम रचनात्मक सामग्री है।

(ख) क्या इसका लेखक अपने विषय का विशेषज्ञ है?

(ग) क्या इसका संस्करण आधुनितम है?

(ध) क्या इसकी छपाई-सफाई सुन्दर और कागज तथा जिल्द

(ड) क्या इसका प्रकाशक प्रकाशन क्षेत्र में विख्यात है? से 12 हजारे की

(च) क्या पुस्तक के आरम्भ में विषय सूची और अनुक्रम अतः अपनी-अपनी करना पड़ता है।

2. पाठकों की अभिरुचि....चयनकर्त्ता को केवल अपनी रुचि के अनुसार ही पुस्तकों का चुनाव नहीं करना चाहिए, बल्कि अपने समग्र पाठकों की रुचि का ख्याल रखना चाहिए। इस सम्बन्ध में यह सिद्धान्त है कि पुस्तकाध्यक्ष को अपने पाठकों के सामाजिक रीति-रिवाजों, मनोरंजनात्मक प्रवृत्तियों की रुचि के अनुसार पुस्तकें संग्रह कर अपने पुस्तकालय की नींव दृढ़ कर सकता है।

पाठकों की अभिरुचि का सही अन्दाजा निम्नलिखित आँकड़ों से लगाया जा सकता है...

(1) प्रति वर्ष जितनी पुस्तकें पढ़ने के उपयोग में आई है उनके विषयवार वर्गीकरण से जाना जा सकता है कि किस विषय की पुस्तकों की कितनी माँग है।

(2) पुस्तक के तिथि पत्रक (Date-slip) से यह ज्ञात हो सकता है कि कौन-सी पुस्तकें कितनी बार तथा कितने समय के अन्तर से उपयोग में आई है। इनसे भी पुस्तकों का सही अनुमान किया जा सकता है।

(3) पुस्तकों का उपयोग करनेवाले पाठकों से व्यक्तिगत सम्पर्क स्थापित कर उनकी अभिरुचि की जानकारी प्राप्त की जा सकती है।

(3) **क्षेत्रीय-आवश्यकता**.....पुस्तकालय जिस क्षेत्र में अवस्थित हो उस क्षेत्र की आवयकता को, पुस्तक-चयन करते वक्त मद्देनजर रखना चाहिए। उदाहरण के लिए, ग्रामीण पुस्तकालय में ग्रामीण साहित्य को महत्वत मिलना चाहिए। ...... में अधिकतर किसान बसते हैं, अतः अगर खेती में सुधार के सम्बन्धों को पुस्तकें हो तो जनता का अधिक कल्याण होगा। उन पुस्तकालय में गहन-गम्भीर पुस्तकों का संग्रह साधारणतया जनोपयोगी नहीं हो सकता।

(4) **क्षेत्रीय-साहित्य**.....पुस्तकालय जिस क्षेत्र में अवस्थित ही उस अब से सम्बन्धित साहित्य, जैसे मानचित्र, इतिहास, जनसंख्या, वाणिज्य-व्यवसाय आदि के सम्बन्ध में ज्ञान करानेवाली पुस्तकों को प्रमुखता दी जानी चाहिए।

(5) **स्थायी साहित्य**....पुस्तकालय में कुछ ऐसी भी पुस्तकें अवश्य रखी जाए, जो स्थायी महत्व रखती हैं और जिनपर समय का प्रभाव नहीं पड़ता है। ऐसी पुस्तकों का संग्रह पुस्तकालय के कोष के अनुसार अवश्य किया जाना चाहिए। उनका अधिक उपयोग हो सकेगा या नहीं, यह नहीं सोचना चाहिए। ऐसी पुस्तकों से पुस्तकालय की प्रतिष्ठा तथा मर्यादा बढ़ती है और समाज की सम्मान पुस्तकालय को प्राप्त होता है।

(6) **आवश्यक साहित्य**....ऐसी पुस्तकों का संग्रह भी आवश्यक है, जो समाज एवं पुस्तकालय के लिए आवश्यक है, जैसे पचांग, शब्दकोश, विश्वकोश, भाषाकोश आदि।

(7) **सामयिक साहित्य**....सामायिक हलचलों का ज्ञान कराने वाली पुस्तकें प्रत्येक पुस्तकालय के लिए आवश्यक है। उदाहरणस्वरूप हम स्पुटनिक को ले सकते हैं। जिस वक्त रूप ने प्रथम बार स्पुटिन छोड़ा था उस वक्त इसके सम्बन्ध के साहित्य की खोज हरके पुस्तकालयों में होने लगी थी।

(8) **अप्राप्य पुस्तकें**....मुद्रित अप्राप्य पुस्तकों तथा हस्तलिखित प्राचनी पुस्तकों का संग्रह एवं सरंक्षण करना पुस्तकालय की जिम्मेदारी है। यद्यपि यह अनिवार्य नहीं, परन्तु महत्व की वस्तु अवश्य हैं। अतः आवश्यक पुस्तकों के संग्रह से बची रकम का इसमें लगाना चाहिए।

अन्त में, यही कहा जा सकता है (और जो कि सर्वमान्य सिद्धान्त भी है) कि प्रत्येक पाठक के लिए पुस्तकें हो तथा प्रत्येक पुस्तक के लिए पाठक हों।

धन

पुस्तक-खरीद के लिए निर्धारित रकम को मद्देनजर रखते हुए ही पुस्तकों की उपयोगिता और पाठकों की माँग के अनुसार पुस्तक सूची तैयार की जानी चाहिए। वचयनकर्त्ता को पूरा सर्तक रखना चाहिए कि उसे अपने सीमित बाट के अन्दर ही उसे उपुर्यक्त शर्तों का ख्याल रखते हुए उत्तम एवं आवश्यक ..... का सन्तुलित

संग्रह करना है। ऐसा नहीं हो कि दो चार विषयों की पुस्तकें खरीदने में ही उनका बजट समाप्तम हो जाए और बाकी विषयों की पुस्तकें खरीदी ही नहीं जा सके।

अतः पुस्तक-चयन प्रारम्भ करने के पूर्व ही बजट का विभाजन कर लेना चाहिए कि किस विषय की पुस्तकें खरीदने में कितनी राशि खर्च की जा सकतीह । पुस्तक-सूची तैयार करने के बाद भी चयनकर्त्ता को कुछ रकम सुरक्षित रखना चाहिए क्योंकि कितनी भी सावधानी से सूची तैयार की जाए, कुछ-न-कुछ दृष्टिचूक हो ही जाती है। पुस्तकें का संग्रह सन्तुलित रहे, सूची तैयार करते वक्त ली इसका पूरा ध्यान रखा जाना चाहिए।

कथा साहित्य

पुस्तकालय-विज्ञान के एक विद्वान श्री ब्राउन, कथा साहित्य को अधिक महत्व नहीं देते। वे प्रत्येक पाठकों को गम्भीर तथा अध्ययनशील बनाना चाहते हैं; इसलिए वे पुस्तकालय में ऐसे ही विषयों की पुस्तकें रखने के पक्ष में है जिनमें पाठकों को बुद्धि का विकास हो। परन्तु पुस्तकालय को जन अभिरुचि का ध्यान रखना पड़ता है, पाठकों पर कोई विषय लादा नहीं जा सकता। हमारे देश में कथा साहित्य को उपेक्षा कर पुस्तकालय लोकप्रिय नहीं बन सकता। अतः कथा साहित्य को प्रमुख स्थान देना होगा। अभी हाल में दिल्ली पब्लिक लाइब्रेरी की ओर से पुस्तकों के सम्बन्ध में लोगों की अभिरुचियों के सर्वेक्षण के आधार पर निष्कर्ष निकाला गया है कि पाठकों की मुख्य दिलचस्पी उपन्यास और कहानियाँ की ओर होती है। 1643-54 में दिल्ली पब्लिक लाइब्रेरी की कुल पढ़ी गई पुस्तकों में 26 प्रतिशत एवं 1654 से 1658 तक 70 प्रतिशत कथा साहित्य की पुस्तकें है। कथा साहित्य के अतिरिक्त अन्य विषयों की कुल जितनी पुस्तकें पढ़ी गई है। उनमें लगभग आधी साहित्य, प्रविधि ज्ञान और जीवनी सम्बन्धी पुस्तकें है। विभिन्न भाषाओं और विषयों के अनुसार तैयार किए गए आँकड़ों से स्पष्ट चित्र सामने आता है कि नया पाठक वर्ग कल्पना मूलक साहित्य को सबसे ज्यादा पसन्द करता है। अब प्राविधिक विषयों की पुस्तकों का भी महत्व बढ़ता जा रहा है। प्राविधिक विषयों में चिकित्सा, बिजली इंजीनियरिंग, स्वास्थ्य विज्ञान, रेडियो तथा सामान्य इंजीनियरिंग की अधिक माँग है।

पुस्तकें पसन्द करने में केवल पुस्तकों के विषय का ही नहीं बल्कि उनको भाषा, शैली और आकार का भी बहुत असर पड़ता है और पुस्तकों का चुनाव करते वक्त इन सभी बातों को ध्यान में रखा जाना चाहिए।

एक पुस्तकें की अनेक प्रतियाँ....एक पुस्तक को एक से अधिक प्रतियाँ रखने का प्रश्न कठिन है। यह निश्चित मत है कि पुस्तकालय का संग्रह आनुपातिक एवं सन्तुलित हो, पर पुस्तकालय का सबसे बड़ा उत्तरदायित्व पाठकों को माँगों की पूर्ति करना है। पाठकों की माँगों और रुचि का निरन्तर अध्ययन करने वाले पुस्तकाध्यक्ष को पता रहता है कि किस पुस्तक की अधिक माँग है और तदनुसार

उक्त पुस्तक की एक से अधिक प्रति खरीदी जा सकती है। उदाहरण के लिए हम आज के कुछ श्रेष्ठ उपन्यासों को लें। जैसे बलचनमा, मैला आँचल, परती-परिकथा आदि। अधिकांश पाठकों की माँग इस पुस्तकों के लिए होती है। जिन पुस्तकों को अधिक माँग होती है, उनकी एक ही प्रति रखना पाठकों के साथ अन्याय होगा। साधरणतया यह नियम प्रचलित है कि जिस पुस्तक की अधिक माँग हो, उसकी 'सौ पाठक के लिए एक प्रति'' होनी चाहिए। लेकिन अनावश्यक प्रतियाँ नहीं खरीदी जाए, इसके लिए पुस्तकाध्यक्ष को सदैव सर्तक रहना चाहिए।

पुस्तकों की स्थान-पूर्त्ति....(क) नष्ट पुस्तकों के स्थान पर नयी पुस्तकें खरीदकर रखने में भी पुस्तकालयों को बहुत खर्च उठाना पड़ता है। इसलिए प्रत्येक नष्ट पुस्तक के स्थान पर नयी पुस्तकें खरीदी जाए, यह कोई आवश्यक नहीं। हाँ, जिन पुस्तकों की माँग रहे, उन्हें खरीद कर रखा जा सकता है।

(ख) गम्भीर पाठक पुस्तकों का नये से नया संस्करण खोजते हैं। आज की दुनिया की प्राविधिक गतिविधि जितनी तेजी से आगे बढ़ती जा रही है, उसे देखते हुए यह मानना पड़ता है कि वैज्ञानिक एवं प्राविधिक पुस्तकें बहुत जल्द पुराना पड़ जाती है। अतः उनका नये से नया संस्करण पुस्तकालय में रहना चाहिए।

परन्तु ''नया संस्करण'' खरीदते वक्त इस बात का पूरा ख्याल रखना चाहिए कि वस्तुतः वह पुनमुर्द्रण है या संस्कारण। हमारे यहाँ प्रकाशक पुनमुर्द्रण को भी संस्करण लिखते हैं।

(ग) अप्राप्य पुस्तकों की स्थानपूर्त्ति के लिए पुस्तकाध्यक्ष को अधिक परेशान नहीं होना चाहिए क्योंकि अप्राप्य पुस्तकों के लिए विक्रेता तो अधिक कीमत माँगने लगते हैं। जिस पुस्तकें की पाठकों द्वारा अधिक माँग होगी, वह पुस्तक अप्राप्य (Out of print) रहेगी हो नहीं। हाँ, अप्राप्य पुस्तकों में से भी कुछ ऐसी पुस्तकें होती हैं, जिनका साहित्य में स्थायी महत्व होता है, अगर वैसी पुस्तक नष्ट हो गई हो या खो गई हो, तो उसकी स्थानपूर्त्ति के लिए पुस्तकाध्यक्ष को सचेष्ट रहना चाहिए।

यौन साहित्य....आज यह विवादग्रस्त प्रश्न है कि पुस्तकालयों में यौन साहित्य को किस हद तक स्थान दिया जाए। यौन साहित्य को स्वस्थ्य साहित्य का संज्ञा दी जाए या नहीं? यह भी एक गम्भीर प्रश्न है। हमारे देश के प्रायः पुस्तकालय-विज्ञान-वेत्ता इस ओर से चुप्पी साध लेते हैं पर यह विचारणीय प्रश्न है। मेरे विचार से, युवक-युवतियाँ को यौन सम्बन्धों ज्ञान देना आवश्यक माना जाता है, तो पु स्तकालय में भी यौन साहित्य को स्थान मिलना ही चाहिए, पर हाँ, इतना बन्धन अवश्य रहे कि उनका उपयोग अन्य पुस्तकों की तरह पाठक स्वेच्छा से नहीं कर सकें।

अमेरिका तथा यूरोप के देशों में ऐसी पुस्तकें एक निश्चित आलमारी में बन्द रहती है। और साधारणतया उपयोग में नहीं आती। श्री जोर्ज आर. बोल्टन के निर्देशानुसार ऐसी पुस्तकों खास आलमारियों में बन्द रहनी चाहिए और उसका ''डमी'' (Dunmy) खुली आलमारियों में रहे जिसके पुश्त पर लेखक तथा पुस्तक का नाम

लिया रहे तथा प्रथम क्वर पर 'केवल वयस्कों' के लिए, पुस्तकें बाहर नहीं जा सकती, पुस्तक पढ़ने के इच्छुक पुस्तकाध्यक्ष से आवेदन-पत्र देकर प्राप्त कर सकते हैं" लिखी रहे।

शीर्षक लेखक	केवल वयस्कों के लिए पुस्तक पुस्तकालय से बाहर नहीं जा सकती। पुस्तक पुस्ताध्यक्ष से आवेदन पत्र द्वारा प्राप्त की जा सकती है।

पुस्तक-चयन की सहायक सामग्रियाँ

अंग्रेजो पुस्तकों के चयन के लिए ब्रिटेन के प्रमुख पुस्ताध्यक्षों द्वारा सम्पादित साप्ताहिक "पब्लिसर्स सकुर्लर" जिसका वार्षिक संकलन "इंगालिश कैटलग आफ बुक्स" कहलााता है तथा संयुक्त राज्य अमेरिका का "विर्ल्सस केटलाग" सर्वोत्तम साधन है। वैज्ञानिक एवं टेकनिकल पुस्तकों के लिए ब्रिटेन के 'एसलीब" (Association of Special Library and Information Bureau) द्वारा प्रकाशित त्रैमासिक "बुकलिस्ट", कथा साहित्य के लिए "बेकर्स गाइड टू दो बेस्ट फिनशन', बाल साहित्य के लिए स्टोवेन्सन का "दी चाइल्ड बुक शेल्फ" तथा अमेरिका से प्रकाशित "गाइड टू लिटरेचर फोर चिल्डरन' से सहायता ली जा सकती है। अमेरिकन लाइब्रेरी असोसियेशन द्वारा प्रकाशित मासिक "ए.एल.ए. बुल लिस्ट" उत्तम सामग्री है।

इसके अतिरिक्त ब्रिटेन और अमेरिका के विभिन्न प्रकाशकों एवं विक्रेताओं द्वारा प्रकाशित सूचीपत्र एवं विभिन्न पत्र-पत्रिकाओं के समीक्षा स्तम्भ से सहायकता ली जा सकती है।

भारतीय पुस्तकों के लिए कोलकात्ता स्थित राष्ट्रीय पुस्तकालय द्वारा प्रकाशित "इण्डियन नेशनल बिब्लियोग्राफी" एवं प्रकाशकों द्वारा प्रकाशित पुस्तक-सूची के अतिरिक्त दैनिक पत्रों के साप्ताहिक अंकों तथा मासिक पत्रिकाओं के समीक्षा-स्तम्भ से सहायता ली जा सकती है। हिन्दी भाषा की पुस्तकों की सूचना देनेवाली पत्रिकाएँ भी अब निकलने लगी है, जिनमें 'हिन्दी-प्रचारक' 'प्रकाशन समाचार' 'पुस्तक-जगत' प्रमुख है। बिहार के शिक्षा विभाग द्वारा प्रकाशक "हिन्दी-ग्रन्थ-सूची" सर्वश्रेष्ठ साधन है। प्रमुख पुस्तकालयों के कैटलाग भी अच्छे साधन हैं।

पाठकों के सुझाव

इस कार्य में पाठकों के सुझाव बहुत महत्व रखते हैं। प्रत्येक पुस्तकालय को एक सुझाव-पत्रक या सुझाव-पुस्तिका निश्चित स्थान पर रखनी चाहिए। "पाठकों से निवेदन" शीर्षक सूचना रहे कि जो पुस्तकें उनकी दृष्टि में महत्वपूर्ण हो और पुस्ताकलय में प्राप्त न हो, उनका नाम तथा विवरण सुझाव-पत्रक में लिख दें।

सुझाव-पत्रक का नमूना

सर्वाजनिक पुस्तकालय, केन्दुआर (पाठकों के लिए सुझाव-पत्रक)
महोदय निम्नलिखित पुस्तक इस पुस्तकालय में नहीं है, यह पुस्तक यहाँ अवश्य होनी चाहिए।
लेखक..
शीर्षक..
प्रकाशक...............................मूल्य................................
सुझावदाता का नाम एवं पता..
पुस्तक-निर्वाचन-समिति का निर्णय..................................

प्रत्येक पुस्तकालय मं एक पुस्तक-चुनाव समिति का रहना आवश्यक है जिसमें पुस्तकालय में रुचि रखनेवाले प्रत्येक विषय के स्थानीय विद्वानों की सम्मिलित करना चाहिए। इससे भी सन्तुलित पुस्तक-सूची बनाने में बहुत सहायता मिलती है।

प्रस्तुतिकरण

प्रत्येक कार्य को अपनी-अपनी प्रणाली होती है। पुस्तकालय-प्रशासन में भी कुछ निश्चित प्रणाली अपनाई जाती है। पुस्तक-चयन के बाद, उनकी सूची प्रस्तुत करना, आदेश-पत्रक तैयार करना, विक्रेताओं को आदेश देना एवं खरीद कर आने के बाद पुस्तकों को पाठकों के लिए प्रस्तुत करने तक कुछ निश्चित प्रक्रियायें होती है, जिन्हें पुस्तकालय-प्रशासन में 'प्रस्तुतिकरण' की सज्ञा दी गई है।

पुस्तकों का चुनाव कर लेने के बाद पुस्तकाध्यक्ष को अपने बजट के अनुसार पुस्तकों की सूची बना लेता चाहिए। सूची 5''×6'' माप के पत्रक या साधारण कागज पर बनाया जाता है। पत्रक में सूची तैयार करने से अधिक सुविधा होती है। इस सूची में पुस्तक की साधारण जानकारियाँ....शीर्षक, लेखक, संस्करण, पृष्ठ, मूल्य, प्रकाशक का नाम, पता लिखा जाता है ताकि अस्वीकृत होने पर उन्हें आसानी से निकालों जा सके या नयी पुस्तकों के सुझाव आने पर उसका नया पत्रक आसानी से अपने उचित स्थान पर रखा जा सके। सूची तैयार कर पुस्तकाध्यक्ष को पुस्तक-चयन समिति या पुस्तकालय के अधिकारियों की स्वीकृति प्राप्त करनी पड़ती है। समिति का निर्णय हो जाने पर स्वीकृत पुस्तकों के पत्रकों को एक जगह एकत्रित कर उसकी तरह जाँचकर लेनी चाहिए कि उनमें से कोई पुस्तक पुस्तकालय में तो नहीं है। तत्पश्चात् एक आदेश पत्र तैयार कर किसी अच्छे पुस्तक-विक्रेता को पुस्तक की आपूर्त्ति करने का आदेश देना चाहिए।

अर्जन...प्रायः सभी पुस्तकालयों में पुस्तकों की खरीद का अपना-अपना तरीका होता है। साधारणतया सभी सरकारी पुस्तकालयों में टेंडर द्वारा पुस्तक खरीदने का रिवाज प्रचलित है जिसके अनुसार पुस्तकों की सूची स्वीकृत होने पर विभिन्न पुस्तक-विक्रेताओं से टेंडर माँगे जाते हैं और सबसे अधिक कमीशन देने वाले विक्रेता को आदेश दिया जाता है। पुस्तक खरीद की यह प्रणाली बहुत ही अवैज्ञानिक एवं गलत है। सूची की जिन पुस्तकों पर प्रकाशक से कम कमीशन मिलता है विक्रेता तो उन पुस्तकों को नहीं देते हैं। अतः अच्छा तो यह होता है कि प्रतिवर्ष विभिन्न विक्रेताओं से सम्पर्क स्थापित कर कमीशन की एक सुविधा-जनक दय तय कर लिया जाए और पुस्तकाध्यक्ष उसी के अनुसार वर्ष भर या अधिक समय तक निश्चित या किसी भी अन्य विक्रेता से पुस्तक खरीदते रहें।

आदेश पत्र...आदेश तैयार करने से तीन तरीके हैं...(1) खुदरे कागज पर (2) पत्रक पर (3) पुस्तक-विक्रेताओं द्वारा प्रस्तुत आदेश पत्र पर। अधिकांश पुस्तकालयों में पुस्तकाध्यक्ष स्वीकृत पुस्तकों के लिए स्वतः आदेश पत्रक तैयार करते हैं, उसमें पुस्तक सम्बन्धी सारी सूचनाएँ-लेखक, शीर्षक, कीमत, संस्करण, प्रकाशक-रहती है। इसकी दो प्रतिमाँ तैयार की जाती हैं, जिनमे से एक पुस्तक विक्रेताओं को भेजी जाती है और दूसरी पुस्तकालय में रहती है। पुस्तक विक्रेताओं के यहाँ से पुस्तकें आ जाने पर इसी दूसरी प्रति से उनका मिलान किया जाता है।

आदेश पत्र का नमूना

सर्वोदय पुस्तकालय, केन्दुआर

श्री व्यवस्थापक,
लोक भारती, भागलपुर-2

महोदय,

कृपया निम्नलिखित पुस्तकें उचित कमीशन काट कर देयक की दो प्रतियों के साथ दिनांक...तक भेजने की कृपा करें। पुस्तक नवीनवतम संस्करण की हो।

क्रम संख्या	लेखक	शीर्षक	संस्करण	प्रकाशक	मूल्य
1	2	3	4	5	6

कुछ पुस्तकालयों में स्वीकृत पुस्तकों के पत्रकों की नकल-प्रति ही पुस्तक-विक्रेता के पास भेजी जाती है। पत्रक द्वारा आदेश देना अधिक सुविधाजनक होता है और आधुनिक पुस्तकालयों में यही प्रणाली प्रचलित है। इसमें पुस्तक प्राप्त होने पर उनकी जाँच करने में सुविधा होती है।

पुस्तक-विक्रेता...पुस्तकालय को चाहिए कि वह स्थानीय पुस्तक-विक्रेताओं में से ही किसी एक अच्छे पुस्तक-विक्रेता को नियत कर ले। अच्छे पुस्तक-विक्रेता का चुनाव करते वक्त निम्नलिखित बातों पर ध्यान देना चाहिए...

(1) उसके पास भरपूर स्टॉक हो तथा पुस्तक-व्यवसायी-जगत में उसके सम्मान हो। (2) वह पत्र-व्यवहार एवं आदेश पूर्त्ति में शीघ्रता करने वाले हो। (3) जो पुस्तकें उसके पास नहीं हो उससे भी खोज कर देने की उसमें प्रवृत्ति हो। (4) वह ईमानदार एवं व्यवहार कुशल हो तो तथा (5) उसे पुस्तक-व्यापार की पवित्रता का ख्याल है।

पुस्तक-प्राप्ति और उसकी जाँच...पुस्तक-विक्रेता के यहाँ से पुस्तकें प्राप्त होने पर सर्वप्रथम जाँच करनी पड़ती है कि पुस्तक विक्रेता के देयकानुसार प्राप्त हुई हैं या नहीं। साथ ही यह भी देखना पड़ता है कि वे सभी आदेश पत्र के अनुकूल है या नहीं। अतः विक्रेता के यहाँ से आई पुस्तकों को देयक के क्रमानुसार अलग आलमारी में रखकर जाँच करने में सुविधा होती है।

(1) आदेश-पत्र एवं देयक को सामने रखकर प्राप्त हुई पुस्तकों का नाम, लेखक, संस्करण, मूल्यादि की जाँच कर लेनी चाहिए और जो ठीक हो उन पर निशान बना देना चाहिए। ऐसा करने से जो पुस्तकें प्राप्त नहीं हुई हैं उनका पता चल जाता है।

(2) कभी-कभी दूसरे लेखक की उसी शीर्षक की पुस्तकों आ जाती है जिसका पता भी इस तरह हो जाता है।

(3) देयक में कभी-कभी किसी पुस्तक के मूल्य में उलट-फेर या घट-बढ़ हो जाता है, इसका पता आसानी से चल जाता है।

(4) प्रत्येक पुस्तक की जाँच अच्छी तरह कर लेनी चाहिए। उनके जिल्द ठीक हो, पृष्ठ पूरे फटे हो, सिलाई मजबूत हो, आदि। फर्मे की सिलाई ठीक हुई है अथवा नहीं, इसको जाँ चर लेनी चाहिए। डबल क्राउन या डबल डिमाई साइज में 16 पृष्ठों का फर्मा होता है। अतः साधारणतया 17-66-46-65 और इसी क्रम के पृष्ठों की जाँच कर लेनी चाहिए। पृष्ठ फटे नहीं हो तो उसे अच्छी तरह चाकू से फाड़ देना चाहिए। फटे नहीं रहने पर पाठक उन्हें अँगुली या पेन्सिल से फाड़ देते है फलस्वरूप पृष्ठ असुन्दर दीखने लगता है।

नामपत्र (लेबिल) लगाना

1. पुस्तक-पट्ट (Book-Plate)—पुस्तकों की जाँच के बाद पुस्तक के मुख्य आवरण पृष्ठ (कबर) के भीतरी भाग में पुस्तकालय का पुस्तक-पट्ट लगाया जाता है, जिस पर, पुस्तकालय का नाम एवं प्रतीक-चिह्न मुद्रित रहता है। कुछ पुस्तकालयों मे इस पर प्राप्ति क्रमांक (Accession Number) भी लिख दिया जाता है। कुछ पुस्तकालय, पुस्तक-पट्ट की जगह छेदमरी अक्षरों का मुद्रांक (पर्फोरटिग स्टाम्प) पुस्तक

के प्रथम पृष्ठ पर लगाते हैं। साधारणतया अब अच्छे-अच्छे पुस्तकालयों में पुस्तक-चिह्न प्रणाली ही अपनायी जाती है, जिस पर केवल पुस्तकालय का नाम आकर्षक एवं सुन्दर ढंग से मुद्रित रहता है। जैसे—

2. पुस्तक-लेबिल (Book-Label)...प्रत्येक पुस्तक के पुश्त पर निचले भाग से डेढ़ इंच ऊपर, चौकोर या अन्डाकार कागज का लेबिल साटा जाता है, जिस पर वर्गीकरण के पश्चात् पुस्तक का क्रमक समंक (Call No.) (वर्गांक+पुस्तकांक) लिखा जाता है। पुस्तक का जैकेट (रैपर) उतार कर पुस्तक के मूल पुस्त पर लेबिल लगाया जाता है।

3. तिथि-पत्र (Dete-slip)...पुस्तक के अन्तिम आवरण के भीतरी भाग के सामने वाले सादे पृष्ठ पर तिथि पत्र लगाया जाता है जिसमें पुस्तक की निर्गम या आगम तिथि लिखी जाती है।

4. पुस्तक-पाकेट (Book-Pocket)...पुस्तक के अन्तिम आवरण पृष्ठ के भीतरी भाग (जिल्द) पर एक थैलानुमा या त्रिकोणाकार लिफाफा लगाया जाता है। इसमें पुस्तक-पत्रक रखा जाता है। पाठकों को जब पुस्तकों दी जाती है तो पुस्तक-पत्र के स्थान पर इसमें सदस्य-पत्रक रखा दिया जाता है।

पुस्तक पाकेट पर पुस्तक का प्राप्ति-क्रमांक (Accession No.) एवं क्रामक समंक (Call No.), लेखक एवं शीर्षक अंकित रहता है। कुछ पुस्तकालय उस पर अपने पुस्तकालय के लेन-देन विभाग के साधारण नियम भी मुद्रित करा देते हैं, तो कुछ केवल क्रामक-समंक ही अंकित कराते हैं।

5. पुस्तक-पत्रक (Book-Card)...प्रत्येक पुस्तक के लिए 5"×6" माप का एक पुस्तक-पत्रक तैयार किया जाता है, जो पुस्तक पाकेट में रखा जाता है। इस पत्रक में पुस्तक के सम्बन्ध में आवश्यक विवरण...क्रामक सर्मक (Call No.), लेखक का नाम और शीर्षक लिखा रहता है। पुस्तक निगमित करने समय इस पत्रक के एक स्तम्भ में पुस्तक उधार लेने सदस्य की सदस्य-संख्या तथा दूसरे स्तम्भ में देय-तिथि या निर्गत तिथि अंकित की जाती है।

पुस्तकों में लगी 'पुस्तक-पाकेट' में 'पुस्तक-पत्रक' तथा 'तिथि-पत्र'

6. सन्दर्भ पुस्तकों में प्रथम सादे पृष्ठ पर लाल स्याही से मुद्रित सन्दर्भ-पुस्तक का लेबिल लगाया जाता है।

7. जिस पुस्तक में बहुमूल्य फोटो, चित्र आदि रहते हैं उनमें भी लाल स्याही से मुद्रित, कर्मचारियों के लिए, निर्देश रहता है..'पुस्तक लौटते वक्त इस पुस्त की जाँच कर लें।

मुद्रांक लगाना (Stamping)

लेबिल चिपकाने के बाद पुस्तक पर मुद्रांक लगाया जाता है। मुद्रांक लगने में सावधानी बरतने की आवश्यकता होती है।

(क) प्राप्ति-मुद्रांक—प्रथम पृष्ठ पर लेखक और प्रकाशक के नाम के बीच में प्राप्ति-मुद्रांक (Accession-Stamp) लगाया जाता है, जिस पर पुस्तक का प्राप्ति क्रमांक और तिथि लिखी जाती है।

(ख) प्रत्येक पुस्तक में कम-से-कम तीन जगह-प्रारम्भ, मध्य और अन्त में पुस्तकालय के नाम का सादा मुद्रांक ऐसे स्थान पर लगाना चाहिए जहाँ लगाने से छपी पंक्तियाँ खराब नहीं हो।

(ग) पुस्तकालय को अपने पुस्तकालय की पुस्तकों के लिए एक गुप्त पृष्ठ निर्धारित कर लेना चाहिए, उस पृष्ठ पर पंक्तियों के बीच या बाँयी और होशिये पर पुस्तकालय का सांकेतिक मुद्रांक लगा देना चाहिए। उदाहरण के लिए—भगवान पुस्तकालय, भागलपुर का 'भापुभा'। कहीं-कहीं गुप्त पृष्ठ पर प्राप्ति-क्रमांक लिखने की भी प्रथा है।

सांकेतिक मुद्रांक लगाने से लाभ यह होता है कि अगर किसी तरह पुस्तक गायब हो जाए या चोरी हो जाए और चोर प्रथम पृष्ठ या क्रमांक वाले सभी पृष्ठकों को गायब कर दे तो उसी सांकेतिक मुद्रांक के आधार पर उसे मुजरिम करार दिया जा सकता है।

गुप्त पृष्ठ पर प्राप्ति-क्रमांक लिखने से लाभ यह होता है कि अगर किसी तरह प्रथम पृष्ठ नष्ट हो जाए तो उसी पृष्ठ पर लिखे प्राप्ति-क्रमांक के आधार पर उस पुस्तक के उचित स्थान का निर्धारिण किया जा सकता।

(घ) पुस्तक के सभी चित्रों, चार्ट्स आदि पर पुस्तकालय का मुद्रांक लगा देना चाहिए।

7

पुस्तक-वर्गीकरण

किसी पुस्तकालय की सफलता इस बात पर निर्भर करती है कि उसकी संगृहीत पुस्तकें एक ऐसे क्रम से व्यवस्थित रखी जाए कि पाठक द्वारा किसी खास पुस्तक की माँग होते ही न्यूनतम समय में वह उनके समक्ष रख दी जाए। पुस्तकालय में हजारों की संख्या में पुस्तकें संगृहीत रहती है, अतः यदि वे पुस्तकें किसी वैज्ञानिकों रीति से व्यवस्थित न रखी जाए, तो किसी के लिए भी उनमें से अपनी आवश्यकता अथवा रुचि की पुस्तकें आसानी से ढूँढ़ निकालना सम्भव नहीं हो सकता। अतः पुस्तकालय की संगृहीत पुस्तकों की, विषय की अनुरूपता अथवा किसी अन्य सामान्य गुण के आधार पर, एक प्रकार की पुस्तकों को दूसरे प्रकार की पुस्तकों से अलग करके, एक विशेष स्थान पर व्यवस्थित किया जाता है, ताकि पाठकों की उनकी अभीष्ट पुस्तकें सरलतापूर्वक, बिना समय बर्बादा किऐ उपलब्ध हो सके। पुस्तकों को उपुर्यक्त ढंग से व्यवस्थित करने की प्राविाधिक प्रक्रिया को पुस्तकालय-विज्ञान में 'वर्गीकरण' की संज्ञा दी गई है।

साधारणतया पारस्परिक सामंजस्य अथवा समानधर्मी सामग्रियों को विभिन्न धर्मो सामग्रियों से अलग कर एक स्थान पर एकत्रित करना 'वर्गीकरण' कहलाता है।

उपुर्यक्त परिभाषा के अनुसार विषय वस्तु की समानता के आधार पर एक विषय या सम्बन्धित उपविषयों की पुस्तकों को एक वर्ग तथा तत्ससम्बधित उपवर्गों में क्रमबद्ध रूप में व्यवस्थित करना एवं उन्हें दूसरे विषय या वर्ग की पुस्तकों से विलग करना 'पुस्तक-वर्गीकरण' है।

पुस्तक वर्गीकरण प्राचीन काल से ही किसी-किसी रूप में प्रचलित है। प्रारम्भिक क़ाल से पुस्तकें जिल्द के रंग, आकार लेखक, प्राप्तिक्रम, आकारादि क्रम आदि के अनुसार व्यवस्थित होती रही हैं। कालक्रमानुसार, सभ्यता एवं ज्ञान के विस्तार के साथ-साथ पुस्तकों की संख्या में जिस क्रम में वृद्धि होती गई, उसी क्रम में पाठकों

की रुचि एवं आवश्यकताएँ भी क्रमशः परिष्कृत एवं विस्तृत होती गई और उसी क्रम में वर्गीकरण की पुरानी परम्पराएँ अनुपयोगी प्रमाणित होती गई।

पाठकों की परित्कृष रुचि के अनुसार पुस्तक-सेवा प्रदान करने के क्रम में इस बात को आवश्यकता महसूस की जाने लगी कि पुरानी अनुपयोगी परम्पराओं की त्याग नये ढंग से पुस्तकालय की पुस्तकों की इस भाँति व्यवस्थित किया जाए कि पुस्तकों का उपयोग भलीभाँति एवं सुविधापूवर्क किया जा सके। अनुभवों के आधार पर तीव्रता से यह महसूस किया जा रहा था कि अधिकांश पुस्तकें लेखक या शीर्षक के वनस्वित अपने प्रतिपाद्य विषय के अनुसार ही माँगा जाती है। अतः नयी आवश्यकताओं की पूर्ति के उद्देश्य से विषय के अनुसार पुस्तकों को क्रमबद्ध करने की माँग हुई। फलस्वरूप, आधुनिक पुस्तक-वर्गीकरण का मुख्य लक्ष्य पुस्तकों को उनके प्रतिपाद्य विषय के आधार पर ही वर्गों में व्यवस्थित करना हो गया है। यद्यपि यह भी निश्चित है कि मात्र 60 प्रतिशत पुस्तकें हो शुद्ध रूप से विषयानुसार वर्गीकृत हो सकती है, तो भी विषयानुसार वर्गीकरण ही आधुनिक पुस्तकालयों में वर्गीकरण की आधारशिला है। लेखक और शीर्षकानुसार माँगों की भी पूर्ति हो सके, इस उद्देश्य से, आलमारियों में व्यवस्थित करते समय एवं सूची के माध्यम से, पुस्तकों को विषयों के अन्तर्गत लेखक और शीर्षक क्रम से भी विशेष रूप से क्रमबद्ध कर दिया जाता है।

चार्ल्स एमी कटर का कथन है..'एक विषय या समान विषय पर लिखी गई पुस्तकों को एक स्थान पर एकत्रित करना, पुस्तक-वर्गीकरण है।'

डॉ. रंगनाथन के अनुसार..एक निश्चित योजना के अनुसार विशिष्ट विषयों को क्रम संख्या की कृत्रिम (सांकेतिक) भाषा में परिणत करना हो पुस्तक-विर्गीकरण है।

पुस्तक-वर्गीकरण से वर्गीकृत के दो रूप स्पष्ट होते हैं...

(1) किसी पद्धति की छपी हुई सारिणी के अनुसार सूची में विभिन्न संलेखों का क्रमबद्ध रूप में व्यवस्थापन, एवं

(2) इन सारणियों के अनुसार पुस्तकों का स्थान-निर्धारिण एवं पुस्तकों तथा संलेखों का क्रमबद्ध व्यवस्थापन। यह स्मरणीय है कि भौतिक रूप से एक पुस्तक आलमारी में एक ही स्थान पर रखी जा सकती है, चाहे उसमें जितने भी विषय पर प्रकाश डाला गया हो। अतः सूची में विभिन्न संलेखों द्वारा उनका विश्लेषण किया जाता है।

वर्गीकरण पाठ्य-सामग्रियों की विषयानुसार आलमारियों और सूची में व्यवस्थित कर देता है तदनुसार एक विषय की सभी पुस्तकें एक स्थान पर एकत्रित हो जाती है। और एक दूसरे से निकटतम सम्बधित विषयों की पुस्तक भी स्वतः एक दूसरे

के बाद क्रमानुसार यथासम्भव आ जाती है। इससे पाठकों और कर्मचारियों को अभीष्ट पुस्तक ढूँढ़ने में काफी सुविधा और समय की बचत होती है। साथ ही पुस्तकालय को हर वक्त अपने संग्रह के गुण-दोषों का, कमी-बेशो का पता चलता रहता है, जिससे वह उन्हें सन्तुलित रखने के लिए सदैव प्रयत्नशील रहता है।

वैज्ञानिक ढंग से किया गया पुस्तक-वर्गीकरण

—पुस्तक-संग्रह को पाठकों के समक्ष-अच्छे ढंग से प्रदशित करता है।

—पुस्तकाध्यक्ष को संग्रह के विभिन्न विभागों, उपविभागों की स्थिति का सही पता बदलाता है।

—पुस्तकों के चुनाव, संग्रह की जाँच और संग्रह से पुस्तकें वापस निकलाने और छाँटने आदि में सहायक होता है।

—पुस्तकों को एक ऐसे क्रम से व्यवस्थित कर देता है, जिससे प्रत्येक पुस्तक का आना स्थान निश्चित ही जाता है और उससे पाठकों और कर्मचारियों को पाठ्य-सामग्री के आदान-प्रदान एवं तत्ससम्बन्धों लेखा-जोखा रखने में सुविधा होती है।

—पुस्तकालय-कर्मचारियों और पाठकों के समय की बचत करता है।

पुस्तक वर्गीकरण योजना के विशेष तत्व

वर्गीकरण की किसी योजना को उत्तम पुस्तक-वर्गीकरण का रूप देने के लिए उसमें निम्नलिखित पाँच तत्वों का होना आवश्यक है...

1. सामान्य वर्ग
2. रूप वर्ग
3. रूप विभाजन
4. प्रतीक
5. अनुक्रमाणिका

सामान्य वर्ग

सामान्य वर्ग में ऐसी कृतियों को स्थान दिया जाता है, जो ज्ञान की सामान्य रूप में विभाजित करती है। दूसरे शब्दों में यह कहा जा सकता है कि इस वर्ग में सामान्यतया ऐसी पाठ्य-सामग्रियों रखी जाती है, जिनमें विभिन्न विषयों पर चर्चा रहने के कारण उन्हें सारिणयों के किसी भी मुख्य शीर्षक या वर्ग के अन्तर्गत रखना सम्भव नहीं है। उदाहरणार्थ विश्वकोश लें। विश्वकोश में प्रायः सभी विषयों पर कुछ-न-कुछ चर्चाएँ रहती है। अतः इसका उल्लेख किसी निश्चित विषय में नहीं किया जा सकता। विश्वकोश के अतिरिक्त कोश, समाचार पत्र, पत्रिकाओं आदि पाठ्य-सामग्रियाँ इसी कोटि में आती है।

रूप वर्ग

रूप वर्ग में ऐसी पुस्तकें व्यवस्थित होती है, जो अपने प्रतिपाद्य विषय के दृष्टिकोण से नहीं, बल्कि अपने रूप के दृष्टिकोश से व्यवहृत होती है। रूप वर्ग में मुख्यतया साहित्यिक कृतियाँ आती है, जो विषय के अनुसार नहीं बल्कि अपने रूप जैसे-पद्य, नाटक, उपन्यास, आदि के अनुसार महत्वपूर्ण है। इस वर्ग का स्थान-निर्धारिण विभिन्न वर्गीकरण-पद्धतियों में विभिन्न ढंग से किया जाता है। दशमलव पद्धति में इस वर्ग व्यवस्था क्रमशः भाषा, रूप और कालक्रम के अनुसार की गई है। साहित्य का विभाजन क्रमशः भाषा के अनुसार, जैसे पद्य, नाटक, उपन्यास आदि। तृतीया, कालक्रम के अनुसार, जैसे पूर्वकालीन अंग्रेजी (1066-1400), पूर्व एजिजाबेथ काल (1401-1448) आदि किया गया है।

रूप विभाजन

कुछ पुस्तकें ऐसी भी होती है, जो किसी विषय पर विभिन्न दृष्टिकोणों या विभिन्न रूपों में प्रकाश डालती है, जैसे किसी विषय का इतिहास, काश, सिद्धान्त या रूपरेखा। इसमें से कुछ भी सभी विषयों के लिए समान ढंग के होते हैं।

इस प्रकार की पुस्तकों के लिए प्रत्येक वर्गीकरण पद्धति में जिस तत्व से वर्गीकरण की व्यवस्था की गई है, उसे रूव विभाजन की संज्ञा प्रदान की गई है।

रूप विभाजन का प्रयोग किसी भी विषय की विशेषता को प्रकट करने के लिए किया जाता है एवं जिनमें सुविधाजनक रीति से पुस्तकों का विस्तृत वर्गीकरण किया जा सकता है। अतः रूप विभाजन पुस्तक वर्गीकरण के लिए आवश्यक तत्व है।

चूँकि रूप विभाजन का उपयोग किसी भी विशेष वर्ग या शीर्षक के सामान्य विभाजन के लिए किया जाता है अतः इसे सामान्य उपवर्ग की संज्ञा दी गई है। प्रत्येक उपवर्ग के लिए वर्गीकरण पद्धति में अलग-अलग अंक निर्धारित कर दिया गया है, जिनको किसी भी वर्ग-संख्या के साथ उनका रूप या दृष्टिकोण स्पष्ट करने के लिए, संयुक्त किया जा सकता है।

दशमलव पद्धति एवं कटर के विस्तारशील पद्धति में इन उपवर्गों के लिए 1 से 6 अंक नियत किया है जिनका प्रयोग निम्नलिखित तरीके से होता है।

दशमलव	विस्तारशील
01 दर्शन, सिद्धान्त	.1 दर्शन, सिद्धान्त
20 रूपरेखा	.2 वाङ् मयसूची
03 कोश	.3 जीवनी
04 निबन्ध, व्याख्यान आदि	.4 जीवनी
05 पत्रिकाएँ	.5 इतिहास

06 सभा-समितियाँ	.6 वार्षिकी, डाइरेक्टरीज
07 शिक्षा, अध्ययन-परिषद् आदि	.7 पत्रिकाएँ
08 संग्रह, ग्रन्थावली	08 सभा समितियाँ
09 इतिहास	.9 संग्रह, ग्रन्थावली

सामान्य उपवर्ग का प्रयोग किसी भी वर्ग संख्या के साथ किया जाए, उसका रूप एक-सा रहेगा। जैसे (दशमलव पद्धति के अनुसार)

200 धर्म	300 समाज विज्ञान
201 धर्म के सिद्धान्त	301 समाज विज्ञान के सिद्धान्त
202 धर्म की रूपरेखा	302 समाज विज्ञान की रूपरेखा
206 धर्म का इतिहास	306 समाज विज्ञान का इतिहास

प्रतीक

वर्गीकरण की प्रत्येक पद्धति में एक ऐसी भाषा की आवश्यकता होती है, जो संक्षिप्त रूप में या सांकेतिक रूप में पुस्तक में वर्णित विषय की विशिष्टतया को व्यक्त कर सके। अतः वर्गीकरण की प्रत्येक प्रणाली में इसके लिए एक निश्चित कृत्रिम भाषा का प्रयोग होता है जिसे पुस्तकालय-विज्ञान में प्रतीक की संज्ञा दी गई है। इसके अनुसार प्रत्यके विशिष्ट विषय के लिए एक निश्चित प्रतीक लघु चिह्न या लघु संकेत के रूप में निर्धारित कर दिया जाता है, जिन्हें वर्ग संख्या या वर्गीकरण कहा जाता है। वर्गीकरण की व्यवहारिकता में यही वर्गों के हो वर्ग या उसके उपवर्गों के स्थान पर व्यवहृत होता है और वर्गीकृत पुस्तकों के व्यवस्थापन में उपर्युक्त माध्यम का कार्य करता है। व्यावहारिक वर्गीकरण के लिए प्रतीक नितान्त आवश्यक होता है, क्योंकि इसके अभाव में वर्गीकरण पद्धति न तो पुस्तकें पर लागू की जा सकती है; न क्रमबद्ध रह सकती है। प्रत्येक वर्गीकरण पद्धति का एक सहायक साधन मात्र है। एक अच्छा प्रतीक किसी अधूरी या अव्यवस्थित पद्धति को व्यवस्थित नहीं बना सकता, बल्कि यह सत्य है कि गलत प्रतीक किसी भी अच्छी से अच्छी पद्धति की उपयोगिता को विशिष्ट कर दे सकता है।

प्रतीक की उपयोगिता

—वर्गीकरण की सारिणी में यह उल्लखित सभी पदों यानी वर्गों, उपवर्गों के स्थान पर आता है और यह सदैव अपरिचि होता है। फलस्वरूप प्रतीकों से ही उन वर्गों का स्पष्ट ज्ञान होता है। उदारणार्थ, दशमलव पद्धति में 320 से राजनीति विज्ञान, तो 720 से स्थापत्य कला का बोध होता है।

—सारिणी की क्रम-व्यवस्था में सभी पदों का स्थान निर्धारित कर देता है और प्रत्येक का पारस्परिक सम्बन्ध भी स्पष्ट करता है।

—प्रतीक वर्गों या उपवर्गों के नामों से संक्षिप्त होता है, अतः पुस्तक के विभिन्न अंगों-रीढ़, मुखपृष्ट, पुस्तक-लेखक या पत्रकों पर इसे लिखने में सरलता एवं सुविधा होती है। प्रतीक की सहायता से पुस्तकों की आलमारी में व्यवस्थित करने या उनके लेन-देन कार्य में भी सुविधा होती है।

—प्रतीक विषयों का अनुक्रम प्रदशित करता है।

—प्रतीक पाठकों को संलेखों से पुस्तक तक जाने का यथा शीघ्र हवाला देता है।

प्रतीक के अपेक्षित गुण...

(1) यथा सम्भव सरल और संक्षिप्त हो।

(2) कहने, लिखने और स्मरण रखने में सरल हो।

(3) नमनीय हो ताकि बिना क्रम भंग किये नये आविष्कृत विषयों या उप-विषयों का उसमें समावेश किया जा सके।

संक्षेप में, अच्छे प्रतीक में विस्तारशील और समाधेयता (Flexibility and adjustability) होनी चाहिए। इनके अतिरिक्त स्मरणीयशीलता सफल प्रतीक की प्रथम आवश्यकता है। उदाहरणार्थ...दशमलव पद्धति में रूप विभाजन कहीं पर व्यवहृत हो, एक ही रूप रहता है। उन्हें याद कर लेने से आवश्यकता सभी शीर्षकों के साथ प्रयोग किया जा सकता है।

जैसे...06 इतिहास के लिए प्रयोग होता है तो 706 कला का इतिहास, तो 306 समाजशास्त्र का इतिहास।

इसी तरह 'साहित्य' के रूप का उदाहरण लें...

(1) काव्य

(2) नाटक

(3) कथा साहित्य

(4) निबन्ध

820 अंग्रेजी साहित्य	830 जर्मन साहित्य	86506 जपानी साहित्य
821 अंग्रेजी काव्य	831 जर्मन काव्य	865.61 जापानी काव्य
822 अंग्रेजी नाटक	832 जर्मन नाटक	865.62 जापानी नाटक

प्रतीक के प्रकार..

प्रतीक अंक, अक्षर या किसी खास चिह्न की सहायता से बनाए जा सकते है। प्रतीक साधारणतया दो प्रकार के होते हैं।

(1) मिश्रित (2) शुद्ध।

मिश्रित...जो दो या दो अधिक प्रकार के संकेतों से मिलकर बना हो, जैसे-द्विबिन्दु पद्धति के प्रतीक। इनके अनुसार श्रम की प्रतीक-संख्या है...X:9

शुद्ध...जो केवल एक प्रकार के संकेतों से बना हो। जैसे दशमलव पद्धति। इसमें केवल अंकों के प्रतीकों का ही प्रयोग होता है। इसके अनुसार श्रम की प्रतीक संख्या है....661।

अनुक्रमणिका

वर्गीकरण-योजना में उल्लिखित सभी पदों की, अपने प्रतीकों सहित, आकारादि क्रम से बनी हुई सूची की अनुक्रमणिका की संज्ञा दी गई है। अनुक्रमणिका में यथासम्भव सभी विषयों के सूक्ष्मतम विभाागें का उल्लेख होना चाहिए। इसका मुख्य गुण यह विश्वास दिलाना है कि योजना में उल्लिखित सभी विषयों का स्थान यथानिर्धारित है। ऐसे नवीन आविष्कृत विषयों के लिए, जिनका स्थान योजना में निर्धारित नहीं हो, यदि स्थान या वर्गीक निर्धारित किया जाए, तो वर्गकार की अपनी पद्धति को योजना में उसे अंकित कर लेना चाहिए, ताकि भविष्य में उस विषय की पुस्तकें वर्गीकृत करने वक्त किसी तरह की अव्यवस्था उत्पन्न न हो।

अनुक्रमणिका दो प्रकार की होती है—विशिष्ट और सापेक्ष। विशिष्ट अनुक्रमणिकामें योजना में दिए गए प्रत्येक विषय के लिए केवल एक संलेख पर्याय सहित दिया जाता है। यह एक विषय से दूसरे विषयों के आपसी सम्बन्ध पर प्रकाश नहीं डालती। दूसरी और सापेक्ष अनुमणिका में योजना में उल्लिखित विषयों के सभी पर्यायों सहित, उनके आपसी सम्बन्धों का भी दिग्दर्शन रहता है।

उदाहरणार्थ....दशमलव पद्धति में सापेक्ष एवं विषय पद्धति में विशिष्ट अनुक्रमणिका रहती है।

वर्गकार को सदैव इस बात का ध्यान रखना चाहिए कि अनुक्रमणिका वर्गीकरण का साध्य नहीं, बल्कि एक साधन है, अतः पुस्तकों का स्थान-निर्धारण करते वक्त उसके विषय की जाँच या खोज करने में, अनुक्रमणिका का मात्र सहारा लेना चाहिए।

उत्तम पुस्तक-वर्गीकरण पद्धति का माप दण्ड

1. इसे सामान्य से विशेष की और क्रमबद्ध होना चाहिए।
2. इसे यथासम्भव परिपूर्ण होना चाहिए ताकि इसमें ज्ञान का सम्पूर्ण क्षेत्र समाविष्ट हो जाए।
3. इसे युक्तिपूर्ण एवं संक्षिप्त होना चाहिए।
4. इसकी योजना व्यापक और प्रतीक में विस्तारशीलता होनी चाहिए।
5. इसे सरल एवं सुबोध प्रतीक से युक्त होना चाहिए ताकि लिखने एवं स्मरण में सुविधा हो।

6. इसमें सामान्य वर्ग, रूप वर्ग, भौगोलिक विभाजन, अनुक्रमणिका आदि सभी की व्यवस्था होनी चाहिए, ताकि प्रत्येक प्रकार की पुस्तक के लिए स्थान निर्धारित करने की गुंजाइश हो।
7. इसे इस रूप में छपा होना चाहिए, जिसे सरलतापूर्वक उपयोग में लाया जा सके।
8. इसमें मुख्य तथा उसके विभागों, उपविभागों का सुव्यवस्थित क्रम होना चाहिए।
9. समय-समय पर इसका संशोधन और परिबर्द्धन होते रहना चाहिए, जिससे कि यह सदैव आधुनिक रहे।

वर्गीकरण के कुछ आधारभूत सिद्धान्त

(क) पुस्तकें....

पुस्तकें सर्वप्रथम प्रतिपाद्य विषय के अनुसार; फिर बाद में रूप के अनुसार वर्गीकृत की जाती है। अतः वर्गीकरण प्रारम्भ करते वक्त सर्वप्रथम उसके प्रतिपाद्य विषय का निर्धारण करना पड़ता है।

पुस्तक का विषय निर्धारित करने के लिए पुस्तक के निम्नलिखित अंगों का सावधानीपूर्वक अध्ययन किया जाना चाहिए....

1. पुस्तक का नाम
2. पुस्तक की विषय-सूची
3. अध्यायों के शीर्षक
4. भूमिका, प्राकथन
5. अनुक्रमणिका
6. पुस्तक में दी गई सहायक पुस्तकों की सूची
7. पुस्तक का प्रतिपाद्य विषय
8. लेखक किस विषय का विशेषज्ञ है
9. यदि इनसे विषय का स्पष्टीकरण न हो सके, तो विशेषज्ञों से सहायता लेनी चाहिए।

अन्त में, कहा जा सकता है कि पुस्तक के प्रतिपाद्य विषय का निर्धारिण करते वक्त पुस्तक के विशिष्ट उद्देश्य तथा उसके लेखक की भावना को दृष्टिगत रखना चाहिए।

(ख) वर्गांक....

1. पुस्तक के विषय के अनुसार सर्वप्रथम उसका मुख्य वर्ग एवं उपवर्ग

तय किया जाए एवं तदनुसार सारिणी की सहायता से उसका प्रतीक या अंक निर्धारित किया जाए।

2. आवश्यकतानुसार रूप विभाग की संख्या बनाई जाए।

(ग) अन्य नियम....

1. अपने मूल विषय के अनुसार पुस्तक जिस स्थान पर सबसे अधिक उपयोगी सिद्ध हो, वहाँ रखी जाए।
2. यदि किसी पुस्तक में दो या दो से अधिक विषयों का वर्णन हो, तो उसे प्रथम या प्रतिपाद्य विषयों के तुलनात्मक दृष्टि से महत्वपूर्ण विषय के अन्दर रखना चाहिए।
3. यदि किसी पुस्तक में एक ही विषय के कई उपविभागों पर विचार किया गया हो तो उसको उसके मुख्य विषय के अन्तर्गत ही वर्गबद्ध किया जाना चाहिए।
4. यदि पुस्तक का विषय कुछ ऐसा हो जिसका सारिणी में कोई स्थान नहीं हो तो उसे अधिक निकटतम शीर्षक के अन्तर्गत रखा जाए एवं तदनुसार सारिणी में संकेत दे दिया जाए।
5. अन्त में पुस्तक उस वर्ग में रखी जाए जहाँ उसका अधिक उपयोग हो सके, किन्तु उस वर्ग में उसे रखने का (Reason) निर्णय युक्तिसंगत होना चाहिए।

वर्गीकरण की पद्धतियाँ

विश्व में पुस्तक-वर्गीकरण की अनेक पद्धतियाँ प्रचलित है। उनमें से निम्नलिखित छः पद्धतियाँ अधिक महत्वपूर्ण है।

पद्धति	आविष्कार	आविष्कार वर्ष	उद्भव देश
1. दशमलव	मेलविब ड्यूवी	1873	संयुक्त राष्ट्र अमेरिका
2. विस्तारशील	चार्ल्स एमी कटर	1862	संयुक्त राष्ट्र अमेरिका
3. कांग्रेस	लाईब्रेरी आफ कांग्रेस	1404	संयुक्त राष्ट्र अमेरिका
4. विषय	जेम्स डफ ब्राउन	1606	संयुक्त राष्ट्र अमेरिका
5. द्विबिन्दु	डा. रा. रंगनाथन	1633	भारतवर्ष
6. वांग्मय सूची विषय....एच.ए. ब्लिस1635			अमेरिका

भारतवर्ष में दशमलव और द्विबिन्दु पद्धति अपनाई जाती है।

8

सूचीकरण

पुस्तकालय में संग्रहीत हजारों पुस्तकों में से पाठक अपनी अभीष्ट पुस्तक आसानी से और कम-से-कम समय में प्राप्त कर सके, इसके लिए आवश्यक है कि पुस्तकालय में संग्रहीत पाठ्य-सामग्रियों का वैज्ञानिक ढंग से वर्गीकरण किया जाए एवं उनकी अधुनातन ढंग से सूची तैयार की जाए।

साधारणतया, सूची बनाने की प्रक्रिया की सूचीकरण की संज्ञा दी जा सकती है। परन्तु पुस्तकालय विज्ञान में सूचीकरण उस पद्धति को कहते हैं, जिसमें किसी निश्चित सिद्धान्त के अनुसार पुस्तकालय के सम्पूर्ण संग्रह की ऐसी विवरणात्मक सूचा तैयार की जाए जिससे पाठकों को अपनी अभीष्ट पुस्तकें न्यूनतम समय में प्राप्त हो जाए।

सूची पुस्तकालय रूपी भण्डार की कुँजी है जिसके द्वारा पाठकों की पुस्तकालय में संग्रहीत पाठ्य-सामग्रियों का पूर्ण विवरण तथा उनके व्यवस्थापन के उचित स्थान का पता सरलतापूर्वक मिल जाता है।

संक्षेप में, पुस्तकालय की सभी पाठ्य-सामग्रियों को समुचित रूप से प्रदर्शित करने वाले साधन को सूची की संज्ञा दी जा सकती है।

सूची का गठन

सूची का उद्देश्य पुस्तकालय की समस्त पुस्तकों की एक ऐसी पूर्ण तालिका तैयार करता है, जिससे पाठक अपनी अभीष्ट पुस्तक, लेखक के नाम या पुस्तकों के शीर्षक अथवा विषय-में से किसी एक के भी सहारे, आसानी से प्राप्त कर सके।

साधारणतया, पाठक पुस्तकाध्यक्ष से पुस्तक की माँग तो लेखक के नाम से करते थे। या शीर्षक विषय-वस्तु के आधार पर, जैसे...

(क) आपके यहाँ प्रेमचन्द का कोई उपन्यास है?

(ख) आपके यहाँ गोदान है?

(ग) आपके यहाँ छायावाद पर कौन-कौन सी पुस्तकें हैं?

चार्ल्स एमीकटर के शब्दों में, सूची के उद्देश्य को इस प्रकार और भी स्पष्ट किया जा सकता है...

सूची वह है जिसके द्वारा...

(1) कोई पाठक अभीष्ट पुस्तक पाने में सफल हो सके, जबकि उस पुस्तक के विषय में उसे...

(क) लेखक या

(ख) आख्या या

(ग) विषय का ज्ञान हो।

(2) यह ज्ञात हो सकेस कि पुस्तकालय में...

(क) किसी लेखक का,

(ख) किसी विषय पर, तथा

(ग) साहित्य के किसी अभीष्ट अंग के अन्तर्गत किसी कृतियाँ उपलब्ध है।

(3) पुस्तक-चयन में प्रस्तुम सम्बन्धी...

(क) संस्करण

(ख) गुण की सहायता मिल सके।

इन प्रश्नों का समाधान सर्वांगपूर्ण सूची से ही किया जा सकता है। सूची सर्वांगपूर्ण बनाने के लिए आवश्यक है कि...

(क) पुस्तकालय में प्राप्त सभी पुस्तकों का लेखक, सम्पादक, अनुवादक या ऐसे व्यक्ति या संस्था के नाम से लेखा रखा जाए, जिस नाम से पाठक द्वारा उस पुस्तक की खोज करने की सम्भावना हो।

(ख) इन लेखक-संलेख को इस तरह व्यवस्थित किया जाना चाहिए कि एक लेखक की समस्त रचनाएँ उनके नाम के अन्तर्गत मिल जाए।

(ग) पुस्तकालय की सभी पुस्तकों का, उसमें वर्णित विषय-वस्तु के अनुसार लेखा रखा जाए।

(ध) इन विषय-संलेखों को इस तरह व्यवस्थित किया जाना चाहिए कि समान विषय और विषयांश की पुस्तकें एक साथ आ जाए और उनसे सम्बद्धित विषयों की पुस्तकें भी समन्वित ढंग से व्यवस्थित हो जाए।

(ड) सूची में यथास्थान कुछ ऐसे अन्तनिर्देश भी दिए जाए जिनसे पाठकों को एक संलेखों से दूसरे तक जाने का सुझाव मिल सके।

(च) सभी पुस्तकों का एक विवरणात्मक लेखा भी रखा जाए जिसमें पुस्तक का नाम, प्रकाशक, प्रकाशन-स्थान, प्रकाशन वर्ष, पृष्ठ संख्या, आकार आदि का उल्लेख

रहे। यदि आवश्यकता ही तो पुस्तक के सम्बन्ध में कुछ संक्षिप्त टिप्पणी भी दी जाए।

(छ) पुस्तक के क्रमांक-समंक (Call No.) का भी उल्लेख सूची में रहे जिससे पुस्तकालय में उस पुस्तक का स्थान ज्ञात हो और उसके आधार पर उसे आसानी से प्राप्त किया जा सके।

डॉ. रंगनाथन का कथन है कि...पुस्तकालय-सूची इस प्रकार हो कि...

(1) प्रत्येक पाठक को पुस्तक मिल सके।

(2) प्रत्येक पुस्तक के लिए पाठक उपलब्ध हो सके।

(3) पाठक के समय की बचत हो।

(4) पाठकों की अधिकाधिक सेवा के लिए पुस्तकालय के कर्मचारियों का समय बच सके।

सूची का भौतिक रूप
(Physical Form of the Catalogue)

सूची तैयार करने के पूर्व सर्वप्रथम यह निश्चित करना पड़ता है कि सूची का भौतिक रूप क्या हो? रूप का निर्णय करते वक्त पुस्तकाध्यक्ष को सूचीकरण के निम्नलिखित सिद्धान्तों पर विचार करना पड़ता है....

1. सूची नमनीय हो ताकि उसमें, पुस्तकालय में प्राप्त नयी पुस्तकों का संलेख, नियमित रूप से समविष्ट किया जा सके।
2. सूची सदैव अद्यतन रहे।
3. वापस ली गई पुस्तकों का संलेख, सूची से, सुविधापूर्वक हटाया जा सके।
4. पाठक तथा पुस्तकालय-कर्मचारी सरलता से उसका उपयोग कर सके।
5. सूची पाठकों को पुस्तक तक पहुँचाने में पूर्णरूप से समर्थ हो।
6. समान संलेख एक साथ रखे जा सके।

सूची के तीन भौतिक रूप प्रचलित हैं...(1) पंजिका-सूची, (2) मुद्रित-सूची, (3) पत्रक-सूची।

पंजिका-सूची...

पुस्तकालय-विकास के प्राथमिक काल में, एक बँधी-बंधाई पंजिका में पुस्तकों की सूची तैयार की जाती थी। इसके लिखने में काफी श्रम एवं समय की आवश्यकता होती थी। चूँकि इस प्रणाली में पुस्तकों की संख्या बढ़ने पर उनकी सूची यथास्थान संलग्न करना सम्भव नहीं होता था, अतः यह प्रणाली सूचीकरण के सिद्धान्त के अनुकूल नहीं थी। यह प्रणाली अब समाप्त-प्राय है। हमारे देश में छोटे-छोटे ग्रामीण पुस्तकालयों में अभी भी कुछ हद तक इसका प्रचलन है।

मुद्रित सूची.....

कुछ पुस्तकालय अपनी सूची को मुद्रित करा लेते थे। इससे यह सुविधा तो अवश्य थी कि पुस्तकालय के हर सदस्य को इसकी एक प्रति मिल जाती थी, जिससे वे घर बैठे ही इसका उपयोग कर सकते थे परन्तु इसमें सबसे बड़ी कठिनाई यह होती थी कि ऐसी सूची सदैव अधूरी ही रह जाती थी। क्योंकि नई आई पुस्तकों की सूची मुद्रित सूची में देना सम्भव नहीं होता था। साथ ही, श्रमसाध्य एवं व्यय साध्य होने के कारण इसे बराबर मुद्रित कराना किसी भी पुस्तकालय के लिए सम्भव नहीं था।

अतः इस बात को आवश्यकता महसूस की गई कि सूचीकरण की कोई ऐसी वैज्ञानिक प्रणाली अपनाई जाए जिसके अनुसार तैयार की गई सूची सरल, सन्तोषजनक, अद्यतन और पूर्ण रूप से उपयोगी हो।

पत्रक-सूची (Card-Catalogue)

सूचीकरण का सबसे आधुनिक एवं लोकप्रिय रूप पत्रक-सूची है। इसमें प्रत्येक पुस्तक का विवरण अलग-अलग पत्रकों पर दर्ज किया जाता है। पत्रक आसानी से व्यवस्थित किऐ जा सकते है, गुम्फित किये जा सकते हैं, हटाए जा सकते हैं। अतः इस सूची में नये संलेखों का समावेश या पुराने संलेखों का संशोधन आसानी से किया जा सकता है।

पत्रक-सूची के लिए 5"×3" माप का पत्रक प्रामाणिक माना जाता है। पत्रक सादा एवं हलकी स्याही के रूलदार, दोनों तरह के मिलते हैं।

पत्रक पर–ऊपरी सिरे पर आधा इंच जगह छोड़कर एक लाल आड़ी रेखा तथा बायीं और एक इंच जगह छोड़कर दो खड़ी उन्नत रेखा रहती है। पत्रक में नीचे एक गोल छेद होता है। इसी छेद के सहारे, एक लोहे की सलाख में पत्रकों को पिरोकर केबिनेट में रखा जाता है।

एक विषय या शीर्षक के पत्रकों को दूसरे विषय या शीर्षक के पत्रकों से अलग करने के लिए दर्शक-पत्रक (Duide Card) की आवश्यकता होती है जो इसी माप का होता है परन्तु वह दूसरे रंग का होता है। और उनके बीच का एक शिरा उन्नत होता है, जिस पर वर्गों या लेखक या शीर्षक का प्रथम वर्ण लिखा जाता है।

सूची के भेद

पाठकों को अपनी अभीष्ट पुस्तकों की जानकारी प्रत्येक दृष्टिकोण से हो सके। इसलिए प्रत्येक पुस्तकों की सूची विभिन्न सम्भव दृष्टिकोणों से तैयार की जाती

है। ऐसे पाठक बहुत कम होते है, जिन्हें पुस्तक के सम्बन्ध की सारी जानकारी होती है। कुछ पाठक केवल आख्या से, कुछ विषय-क्रम से, तो कुछ लेखक के नाम से पुस्तकों की माँग करते हैं। अतः इन दृष्टिकोण से सूचितयाँ तैयार की जाती है। साधारणतया प्रत्येक पुस्तक के लिए तीन प्रकार की सूची तैयार की जाती है–

(1) लेखक-सूची (Aithor Catalogue)
(2) आख्या-सूची (Title Catalogue)
(3) विषय-सूची (Subiject Catalogue)

लेखक-सूची

लेखक-सूची पुस्तक के लेखक या सम्पादक या संग्राहक या अनुवादक के नाम पर बनाई जाती है और यह उनके नाम से अनुसार अनुवर्णक्रम से व्यवस्थित की जाती है। इससे लाभ यह होता है कि एक लेखक की सभी पुस्तकों की सूची एक स्थान पर एकत्रित हो जाती है। यदि कोई पाठक किसी खास लेखक की सभी रचनाओं को पढ़ना चाहता है तो उसे इस सूची से बड़ी सुविधा होती है। इस सूची से यह भी आसानी से पता चल जाता है कि किस लेखक की कौन-कौन9 सी पुस्तकें पुस्तकालय में है अथवा नहीं है। प्रत्येक पुस्तकालय में किसी-न-किसी रूप में लेखक-सूची का होना बहुत आवश्यकत होता है। लेकिन इस सूची की जबर्दस्त कमी यह है कि यह सूची विषय और पुस्तक के नाम से सम्बन्धित प्रश्नों का उत्तर नहीं दे पाती। इसी कमी को दूर करने के लिए आख्या-सूची एवं विषय-सूची बनाई जाती है।

आख्या-सूची

इस सूची में पुस्तक का संलेख पुस्तक के नाम के अनुसार तैयार किया जाता है एवं अनुवर्णक्रम में व्यवस्थित किया जाता है। इस सूची से मात्र ऐसे पाठकों को लाभ होता है, जिन्हें पुस्तक का नाम ज्ञात रहता है।

विषय-सूची

यह सूची पुस्तक के प्रतिपाद्य विषय को शीर्षक मानकर बनाई जाती है। विषय-सूची में प्रत्येक पुस्तक का विवरण लेखक-सूची की ही भाँति पूर्ण रूप से लिखा जाता है। इस सूची से एक विषय की सारी पुस्तकों की सूची एक स्थान पर आ जाती है। इस सूची की सर्वप्रथम विषय के अनुवर्णक्रम क्रम में, पुनः विषय के अन्तर्गत लेखकों के अनुवर्णक्रम में व्यवस्थित किया जाता है। यदि एक ही लेखक की एक विषय पर कई पुस्तकें हो तो उन्हें भी उनके नामों (आख्या) के अनुसार अनुवर्णक्रम क्रम में व्यवस्थित किया जाता है।

यदि कोई पाठक किसी विशिष्ट विषय पर पुस्तकें देखना चाहता है तो उसे इस सूची से बहुत सहायता मिलती है।

इस तरह हम देखते हैं कि किसी भी सुगठित पुस्कालय-सूची के लिए उपर्युक्त तीनों प्रकार से सूची तैयार करना आवश्यक होता है। क्योंकि स्वतन्त्र रूप से इनमें से कोई भी सूची पाठकों की आवश्यकता की पूर्ति नहीं कर सकती।

सूची की व्यवस्था.....

आधुनिक पुस्तकालयों में इन सूची-पत्रकों को अलग-अलग व्यवस्थित नहीं किया जाता बल्कि इन्हें अनुवर्ण क्रम या अनुवर्ण क्रम में व्यवस्थित किया जाता है, जिसे क्रमशः अनुवर्ग सूची और अनुवर्ण सूची की संज्ञा दी गई है।

अनुवर्ग सूची (Classified Catalogue)

पुस्तकालय में जिस वर्गीकरण पद्धति का प्रयोग किया जाता है उसकी सारिणी कें अनुसार एक निर्धारित क्रम से पत्रकों को वर्गीक के अन्तर्गत लेखकों के अनुवर्ण क्रम से व्यवस्थित किया जाता है। परन्तु इस सूची में मुख्य संलेख पुस्तक के विषय के अन्तर्गत बनाया जाता है। उसी में पुस्तक सम्बन्धों पूर्ण सूचना दी जाती है। यह मुख्य संलेख पाठकों को एक ही वर्ग में रखी हुई अन्य पुस्तकों के बीच में उनकी अभीष्ट पुस्तकों का स्थिति-स्थान बतला देता है। इस सूची में, विषय-क्रम से व्यवस्थित सम्पूर्ण ज्ञान भण्डार में पाठकों को उनके अभीष्ट विषय तक पहुँचने के लिए भी उपाय कर दिया जाता है। इसके लिए विषय भाग के अन्त में लेखक, पुस्तक और विषयों के नामों का संलेख बनाकर एक अनुवर्ण अनुक्रमणिका लगा दी जाती है, जो पाठकों को मात्र इतना बता देती है कि उसकी अभीष्ट पुस्तक अनुवर्ग सूची के किस वर्ग के अन्तर्गत मिल सकेगी। इस प्रकार यह विषय के मुख्य भाग में जाने का सुझाव देती है। अनुवर्ग सूची अनुसंधान पुस्तकालयों के लिए अधिक उपयोगी सिद्ध होती है।

अनुवर्ण-सूची (Dictionary Catalogue)

इस प्रणाली में सूची-पत्रकों के सभी संलेखों (लेखक, आख्या, विषय, अन्त-निर्देशों) की कोश की भाँति ही अनुवर्ण क्रम में व्यवस्थित किया जाता है। इस तरह लेखक, पुस्तक का नाम या विषय, इन तीनों में से कुछ भी मालूम रहने पर इस एक ही सूची को देखने से पाठकों की अभीष्ट पुस्तक का पता लग जाता है!

इस सूची में मुख्य संलेख लेखक का होता है। उसमें पुस्तक सम्बन्धी पूर्णह सूचना दी जाती है। इसके आधार पर आवश्यकतानुसार अतिरिक्त संलेख एवं

अन्तर्निर्देशी संलेख बनाए जाते हैं एवं इस सब को अनुवर्ण क्रम से व्यवस्थित किया जाता है।

अनुवर्ण सूची उत्तम कार्य पद्धति है एवं आधुनिक सार्वजनिक पुस्तकालयों में व्यापक रूप से प्रचलित है।

फलक-क्रम सूची या फलक-सूची (Shelf-List)

उपर्युक्त दोनों सूची-व्यवस्था में किसी भी एक व्यवस्था को अपनाया जा सकता है। उक्त सूची के अतिरिक्त प्रत्येक पुस्तक के लिए सर्वांगीण एवं विस्तृत विवरण (क्रामक-समंक, प्राप्ति-क्रमांक, लेखक, आख्या, संस्करण, प्रकाशक, प्रकाशन-काल, पृष्ठ संख्या आदि) की सूचनाएँ देने वाला एक पत्रक तैयार किया जाता है। इन पत्रकों को सूची-प्रमंजूषा में, उसी क्रम में व्यवस्थित किया जाता है, जिस क्रम में पुस्तकें फलकों में व्यवस्थित रहती है। दूसरे शब्दों में कहा जा सकता है कि इन पत्रकों को वर्ग के अन्तर्गत लेखक-क्रम से व्यवस्थित किया जाता है। अतः इन पत्रकों को फलक-सूची-पत्रक और व्यवस्थित पत्रकों को फलक-सूची की संज्ञा दी गई है।

फलक-सूची की मुख्य उपयोगिता कर्मचारियों के लिए है। इसकी सहायता से वे प्रतिवर्ष पुस्तकों की वार्षिक जाँच करती है। इसके अतिरिक्त फलक-सूची का उपयोग कुछ हद तक वर्गीकृत सूची के रूप में भी किया जा सकता है।

फलक-सूची-पत्रक के संलेख मुख्य संलेख की ही भाँति बनाए जाते हैं। मात्र इतना ही अन्तर रहता है कि इसमें टिप्पणी, विषय-सूची एंव अतिरिक्त पत्रकों की संख्या का उल्लेख नहीं रहता है। परन्तु इस सूची-पत्रक में पुस्तक का प्राप्ति-क्रमांक भी उल्लिखित रहता है। प्राप्ति-क्रमांक उल्लिखित करते वक्त इस बात का ध्यान

फलक-सूची-पत्रक

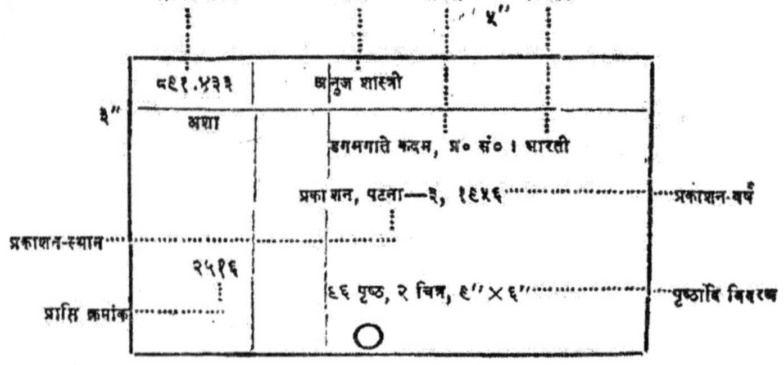

रखना पड़ता है कि यदि एक पुस्तक को दो या दो से अधिक प्रतियाँ हो या एक ही पुस्तक के कई खण्ड हो तो उन सभी के लिए एक ही पत्रक बनाया जाता है एवं उन सभी का प्राप्ति क्रमांक, क्रमानुसार ऊपर से नीचे उसी पत्रक में लिखा दिया जाता है। प्राप्ति-क्रमांकन के सामने लेखकानुच्छेद में खण्ड संख्या या अतिरिक्त प्रर्तियों की संख्या का उल्लेख कर दिया जाता है।

फलक-सूची तैयार करते समय निम्नांकित प्रक्रिया अपनाई जाती है...

1. पत्रक के बाएँ कोने पर आड़ी रेखा के ऊपर (वर्गांक अनुच्छेद में) वर्गोंक एवं ठीक नीचे पुस्तकांक (यानी क्रमांक-समंक) लिखा जाता है।
2. प्रथम लाल आड़ी रेखा के ऊपर लेखकानुच्छेद से लेखक का नाम लिखा जाता है।
3. द्वितीय पंक्ति पर आख्यानुच्छेद से पुस्तक का नाम एवं संस्करण, 1/4 इंच जगह छोड़कर प्रकाशक नाम तथा स्थान एवं प्रकाशक वर्ष या कौपी राइट वर्ष लिखा जाता है। यदि पुस्तकों में प्रकाशन वर्ष का उल्लेख नहीं ही तो ति. न. यानी 'तिथि' नहीं लिखा जाता है कापी राइट तिथि लिखते वक्त C लिखा जाता है।
4. नीचे की पंक्ति में, आख्यानुच्छेद से पुस्तक का पृष्ठादि विवरण (पृष्ठ, भी शीर्षक से पाठक पुस्तक की खोज कर सकता है, उसके लिए अतिरिक्त संलेख बनाए जाते है। जिस शीर्षक के अ्न्तर्गत यह संलेख बनाया जाता है, उसी नाम से यह पुकारा जाता है। जैसे...आख्या का अतिरिक्त संलेख, माला का अतिरिक्त संलेख शीर्षक की आवश्यकता के अनुसार, मुख्य संलेख से अत्यावश्यक सूचनाएँ लेकर बनाया जाता है।

अन्तनिर्देशी संलेख

यह संलेख एक शीर्षक से दूसरे शीर्षक तक जाने का निर्देशक है। चाहे वह शीर्षक विषय का हो, आख्या का हो लेखक का हो। इसमें 'देखिए' (See) तथा 'और भी देखिए' (See also) शब्दों से निर्देश दिया जाता है। निर्देश के अतिरिक्त इसमें पुस्तक सम्बन्धी अन्य कुछ भी विवरण नहीं दिया जाता है।

उपर्युक्त संलेखों के अनुसार अनुवर्ण-सूची को सांगोपांग बनाने के लिए प्रत्येक पुस्तक के लिए फलक-सूची-पत्रक के अतिरिक्त साधारणतया चार तरह के पत्रक तैयार करने की आवश्यकता होती है...

[1] लेखक-पत्रक या मुख्य संलेख

[2] आख्या-पत्रक

अतिरिक्त संलेख

[3] विषय-पत्रक

[4] अन्तनिर्देशी पत्रक या 'देखिए' और भी 'देखिए'-पत्रक...अन्तनिर्देशी संलेख

प्रारम्भिक कार्यः संलेखों का निर्णय

सूची तैयार करते वक्त सर्वप्रथम सूचीकार को, जिस पुस्तक का सूचीकरण करना हो, उस पुस्तक के आख्या-पृष्ठ को ध्यान से पढ़ना चाहिए। आख्या-पृष्ठ से ही संलेख सम्बन्धी अधिकांश सूचनाएँ प्राप्त हो जाती हैं। प्रायः सभी पुस्तकों के मुख पृष्ठों पर शीर्षक, लेखक तथा प्रकाशक का नाम एवं उस पृष्ठ के भाग पर संस्करण, प्रकाशन वर्ष, मूल्य आदि मुद्रित रहते हैं। इसके अतिरिक्त पुस्तक की विषय-सूची, पृष्ठ संख्या और (आवश्यकता हो तो) भूमिका, प्रकथन आदि भी पढ़ लेना चाहिए। इन सबसे पुस्तक की सूची के लिए संलेखों के निर्णय और निर्माण में सहायता मिलती है।

अनुवर्ण सूची के अनुसार लेखक के नाम पर मुख्य संलेख तथा आख्या और विषय के अतिरिक्त संलेख साधारण रूप से बनाना चाहिए। आवश्यकतानुसार अन्तनिर्देशी संलेख बनाए जा सकते हैं।

अनुवर्ण सूची के मुख्य संलेख के निम्नलिखित 6 अंग होते हैं। साधारणयता मुख्य संलेख में इन सभी अंगों का उल्लेख किया जाता है।

1. क्रामक-समंक (Call No.)
2. लेखक (Author)
3. आख्या (Title)
4. मुदणांक (Imprint)
5. पत्रादि विवरण (Collation)
6. माला नोट (Series note)
7. टिप्पणी (Notes)
8. विषय-सूची (Contents)
9. संकेत (Tracing)

क्रामक-समंक

वर्गाकार पुस्तक का वर्गीकरण कर, आख्या पृष्ठ के पृष्ठ भाग पर क्रामक-समंक लिखा देता है, जो वर्गांक एवं पुस्तकांक (लेखक-प्रतीक) से मिलकर बनता है। क्रामक-समंक पुस्तकालय में पुस्तकों का उचित स्थान बतलाता है और चूँकि प्रत्येक संलेख का उद्देश्य पाठकों पुस्तकालय में उसकी अभीष्ठ पुस्तक का स्थिति ज्ञान कराना है अतः सूची-पत्रक रूप क्रामक-समंक को प्रथम स्थान दिया जाता है।

पत्रक पर सबसे ऊपर की पहली पड़ी रेखा शीर्षक रेखा कहलाती है। इस शीर्षक रेखा पर सबसे बायीं और, उपर में वर्गीकरण और उसके नीचे पुस्तकांक लिखा जाता है।

लेखक

लेखक का नाम पत्रक पर पहली पड़ी रेखा पर लेखकानुच्छेद (पहली पड़ी रेखा और बायें और की पहली खड़ी लाल रेखा के संगम स्थल) से प्रारम्भ कर लिखा जाता है। सूचीकरण के क्षेत्र में 'लेखक' शब्द का अर्थ बहुत व्यापक है। लेखक से तात्पर्य उस व्यक्ति, शासन या संस्था से है, जो पुस्तक की रचना के लिए उत्तरदायी हो। इस तरह हम देखते हैं कि लेखक दो प्रकार के होते हैं...

(1) व्यक्ति लेखक (l' ersonal Author)

(2) समष्टि लेखक (Corporate Body as Author)

लेखक का नाम

व्यक्ति-लेखक का नाम लेखक-पत्रक पर किस प्रकार लिखा जाए, यह एक विवादास्पद प्रश्न है।

पाश्चात्य देशों में सर्वप्रथम वंशानुगत नाम लिखकर एक अल्पविराम देकर मूल नाम या उसका नामाग्राक्षर लिखा जाता है। जैसे-Laski, H. J. हमारे देश के पुस्तकालयों में भी भारतीय लेखकों के नामों को लिखने में इसी का अनुकरण किया जा रहा है जैसे...

रंगनाथन, शि. रा.

सिंह, दिनेश प्रसाद

पाश्चात्य नामों की तरह भारतीय लेखकों के नामों में समानता नहीं होती। यहाँ के नामों पर प्रदेश, जाति, सम्प्रदाय, परम्परा आदि का गहरा प्रभाव है। अतः भारतीय लेखकों के नामों के संलेख की समस्या अधिक गम्भीर है।

उदाहरण के लिए...

पश्चिमी भारत में प्रत्येक व्यक्ति के नाम का पहला पद स्वयं का व्यक्तिगत नाम, दूसरा पिता का व्यक्तिगत नाम तथा तीसरा जातिसूचक होता है। जैसे...

मोहन दास+करमचन्द+गांधी

मुरारजी+रणछोड़जी+देसाई

बिहार, उत्तर प्रदेश और बंगाल में, व्यक्तिगत नाम के साथ जातिगत उपाधि लिखी जाती है। जैसे..

(1) मदन मोहन+मालवीय...उत्तर प्रदेश

(2) रामदयाल+पाण्डेय..बिहार

(3) राजेश्वर+प्रसाद नारायण सिंह...बिहार

(4) राममोहन+राय...बंगाल

दक्षिण भारत के नामों में प्रायः जाति को सूचित करने वाला पद व्यक्तिगत नाम की अपेक्षा गौण बना दिया जाता है। कुछ लोग जातिगत उपाधि का अब व्यवहार ही नहीं करते।

जैसे..(1) पी. नटराजन। इसमें नटराजन व्यक्तिग नाम है, पी. पिता के नाम का प्रथमाक्षर है।

(2) के. टी. थामस इसमें थामस व्यक्तिगत नाम है तथा के. वंशगत नाम तथा टी. पिता का नाम का प्रथमाक्षर है।

हिन्दी के लेखकों में नाम के साथ उपनाम (तखल्लुस) लगाने की प्रथा-सी चल पड़ी है। जैसे...

सूर्यकान्त त्रिपाठी 'निराला': रामधारी सिंह 'दिनकर': प्रेमचन्दः वैद्यनाथ मिश्र 'नागार्जुन' 'यात्री': 'विष्णु किशोर झा 'बेचन': केदारनाथ मिश्र 'प्रभात'

प्रस्तुत नामों में 'निराला', 'दिनकर', 'बेचन', 'प्रभात' आदि तखल्लुस हैं। नागार्जुन, वैद्यनाथ मिश्र का हिन्दी में छद्म नाम है और वैद्यनाथ मिश्र का सर्वाधिक प्रचलित नाम है। मैथिली भाषा में रचित पुस्तकों में वे अपने नाम के साथ 'यात्री' उपनाम की तरह लगाते हैं। प्रेमचन्द यद्यपि मुंशी धनपत राय का छद्म नाम है, परन्तु मुख्य नाम की तरह प्रचलित है।

प्राचीन और मध्यकालीन लेखकों के नाम प्रायः एक पद का ही मिलता है। जैसे.

(1) पार्तजलि (3) सूरदास

(2) कालिदास (4) तुलसीदास

उर्दू लेखकों में भी तखल्लुम लगाने की प्रथा है। पाश्चात्य प्रभाव में आए कुछ मुसलमान लेखक अपने नामां की संक्षिप्त कर लिखते हैं।

अतः ऐसी परिस्थितियों में मेरे विचार से....

(1) पाश्चात्य लेखकों के नाम, पाश्चात्य देशों की तरह ही, वंशानुगत नाम से प्रारम्भ कर बाद में व्यक्तिगत नाम या नामाग्राक्षर या नाम के संक्षिप्त रूप लिखे जाए।

(2) दक्षिण भारतीय लेखकों के व्युक्ति नाम से प्रारम्भ कर बाद में जाति-पद एवं पितृ-नाम का प्रथमाक्षर लिखा जाए।

(3) उत्तर भारतीय एवं हिन्दी लेखकों में ख्याति नाम के आधार पर ही मुख्य संलेख बनाए जाए, चाहे वह जाति सूचक हो, या मूल नाम हो या उपनाम। जैसे...

'निराला',	सूर्यकान्त त्रिपाठी
'दिनकर',	रामधारी सिंह

'रेणु' फणीश्वर नाथ
'आरसी', प्रसाद सिंह

मुख्य संलेख के लिए नामों का जो भी रूप एक बार अपना लिया जाए, उसी रूप का सदैव अनुसरण किया जाना चाहिंए, चाहे लेखक ने अन्य पुस्तकों में र्को अन्य रूप भी क्यों न अपनाया हो।

जैसे....'दिनकर' जी ने अपनी पुस्तकों में विभिन्न रूप अपनाया है....

रेणुका...लेखक.....रामधारी सिंह दिनकर

अर्द्धनारीश्वर....लेखक....रामधारी सिंह 'दिनकर'

दिल्ली.....लेखक....दिनकर

ऐसी स्थिति में यदि सूची में 'दिनकर', रामधारी सिंह के रूप में एक बार लिखा जा चुका है तो भविष्य में भी वही रूप रहना चाहिए।

नामों को लिखते वक्त श्री, सुश्री, मिस्टर, वी. ए., एम.ए. आदि को नहीं लिखना चाहिए।

अन्तनिर्देश

निाम के जिस रूप या पद के अनुसार मुख्य संलेख बनाए जाए, उससे सम्भव अन्य नाम रूप से अन्तनिर्देशों संलेख बना दिय जाए।

समष्टि लेखक

जब किसी सामान्य उद्देश्य की पूर्ति के लिए कुछ व्यक्ति सामूहिक रूप से दल बनाकर, किसी विधान के अनुसार कार्य करते हैं तो वह संस्था का रूप हो जाता है। एक से अधिक व्यक्तियों के होने के कारण उसे समष्टि कहा जाता है।

समष्टि के अन्तर्गत

(क) सब प्रकार की वैज्ञानिक, साहित्यिक, राजनैतिक, शैक्षणिक, धार्मिक परिषद एवं संस्थाएँ, जैसे....नागरी प्रचारिणी सभा, हिन्दी साहित्य सम्मेलन, विश्वविद्यालय आदि, (ख) राष्ट्र और प्रदेशों की सरकारें, (ग) कांफ्रेंस, कांग्रेस, स्वतन्त्र सभा-समितियाँ आदि-आती है।

सूचीकरण के नियमों के अनुसार इनका जो रूप मुख्य संलेख के लिए चुना जाता है, उसके अतिरिक्त न चुने गए रूप के लिए भी अन्तनिर्देशी संलेख बना दिए जाते हैं ताकि पाठकों की सुविधा हो।

आख्या

पुस्तक के नाम को आख्या कहा जाता है। पुस्तक में यदि 'उपाख्या' रहती है तो उसे भी आख्या के साथ ही संलग्न कर दिया जाता है। यदि आख्या-उपाख्या से

पुस्तक का उद्देश्य और लेखक का दृष्टिकोण स्पष्ट नहीं होता है तो उसमें पुस्तक का विशिष्ट विवरण भी दे दिया जाता है।

कुछ महत्वपूर्ण पुस्तकों में मूल के साथ-साथ अनुवाद या व्याख्या दी जाती है, ऐसी स्थिति में सूची-पत्रक पर आख्या या अनुवाद की चर्चा करते हुए व्याख्याकार, अनुवादक या सम्पादक के नामों की भी चर्चा कर दी जाती है।

जैसे....रामचरित मानस, ज्वाला दत्त शर्मा की व्याख्या।

पत्रक पर पुस्तक की आख्या दूसरी पड़ी रेखा पर आख्यानुच्छेद (पड़ी रेखा और दूसरी खड़ी लाल रेखा के संगम) से प्रारम्भ कर लिखी जाती है। स्थान कम पड़ने पर तीसरी पड़ी रेखा पर लेखक-रेखा से प्रारम्भ कर लिखी जाती है। आख्या की समाप्ति के बाद ही अर्धविराम देकर तीन स्पेस जगह छोड़कर संस्करण का संक्षेप में उल्लेख किया जाता है, जैसे.....प्र. सं.

संस्करण का उल्लेख प्रायः सभी पुस्तकों में प्रथम आख्यापृष्ठ के पृष्ठ भाग पर रहता है। यदि प्रथम या द्वितीय पृष्ठ पर संस्करण का उल्लेख नहीं हो तो भूमिका आदि पढ़कर पता लगा लेना चाहिए। वैसी स्थिति में ब्राइकेट -- के अन्दर संस्करण का उल्लेख करना चाहिए....[प्र. सं.]

मुद्रणांक

मुद्रणांक शीर्षक के अन्तर्गत प्रकाशक, प्रकाशन स्थान और प्रकाशन वर्ष या कापी राइट वर्ष आते हैं। संस्करण के पश्चात् पाँच स्पेश छोड़कर मुद्रणांक सम्बन्धी सूचनाएँ लिखी जाती है। जिनके बीच में अर्धविराम का प्रयोग किया जाता है।

यदि प्रकाशक ख्यातिप्राप्त प्रकाशकों में से हो तो उसके नाम का संक्षिप्त रूप ही लिखा जा सकता है तथा प्रकाशन स्थान को भी छोड़ दिया जा सकता है।

जैसे..आत्मराम एण्ड संस, नयी दिल्ली..का मात्र आत्मराम दिया जा सकता है। राजकमल प्रकाशन (प्राइवेट लि.) फैजाबाद, नयी दिल्ली के स्थान पर मात्र राजकमल दे देने से काम चल जा सकता है।

यदि पुस्तकों में कॉपीराइट तिथि और संस्करण-तिथि दोनों का उल्लेख हो तो कॉपीराइट तिथि को ही प्रमुखता दी जानी चाहिए। यदि संस्करण परिबर्धित किया गया हो तो उसका उल्लेख संस्करण में ही कर देना चाहिएह। यदि पुस्तक में किसी तिथि का उल्लेख नहीं किया गया हो तो पत्रक पर ति. नं. लिख देना चाहिए।

पत्रादि विवरण

इसके अन्तर्गत पृष्ठ संख्या चित्र, चित्र संख्या और पुस्तक का माप—उल्लिखित

किए जाते हैं। ये विवरण आख्या रेखा से सटाकर मुद्रणांक की समाप्ति से नीचे वाली पंक्ति पर लिखे जाते हैं।

210 पृष्ठ, 8''×5'', सचित्र

इसी के क्रम में पाँच स्पेस जगह छोड़कर माला सम्बन्धी नोट लिखा जाता है।

माला नोट

कुछ पुस्तकों ऐसी होती हैं, जो किसी प्रकाशन माला के अन्तर्गत प्रकाशित होती है। साधारणतया माला को तीन शीर्षकों के अन्तर्गत विभाजित किया जा सकता है–लेखक, विषय, शीर्षक। विभिन्न मालाओं में से कुछ तो बहुत ही प्रसिद्ध होती है। अतः पाठकों की सुविधा के लिए सूची में माला एवं माला-संख्या का उल्लेख कर दिया जाना चाहिए।

माला के अन्तर्गत प्रकाशित पुस्तकों के आवरण पृष्ठ के शीर्ष पर या आख्या-पृष्ठ के शीर्ष पर दो माला का नाम एवं माला के अन्तर्गत उक्त पुस्तक की माला-संख्या दी रहती है।

टिप्पणी

पुस्तक की आख्या से यदि कुछ भ्रम होने की सम्भावना हो या पुस्तक में कुछ खास ऐसी विषय सूचनाएँ हो, जिनका सूची में उल्लिखित होना आवश्यक जाँचता हो तो उसका उल्लेख एक छोटी टिप्पणी देकर कर दिया जाना चाहिए। टिप्पणी यथा सम्भव संक्षिप्त होनी चाहिए।

विषय-सूची

यदि आख्या से पाठकों को पुस्तक में वर्णित विषय-वस्तु का स्पष्ट एवं पूर्ण ज्ञान होने की सम्भावना न हो तो सूची में पुस्तक की विषय-सूची देना आवश्यक हो जाता है।

साधारणतया कई खण्डों में प्रकाशित होनेवाली पुस्तक या ऐसी पुस्तक जिसमें कई विषयों पर विवेचन किया गया हो जिसमें कई लेखकों की रचनाएँ हो या एक ही लेखक की विभिन्न रचनाएँ हो तो ऐसी पुस्तक के मुख्य संलेख में विषय-सूची देना आवश्यक होता है।

पत्रक पर आख्या रेखा से 'विषय-सूची' लिखकर पुस्तक की विषय-सूची का उल्लेख पुस्तक में दी गई सूच के क्रमानुसार किया जाता है। यदि पत्रक के मुख्य भाग पर जगह नहीं हो तो पत्रक की पीठ पर यह विवरण लिखा जाता हैं।

संकेत

अन्त में, इस मुख्य संलेख के आधार पर बनाए जाने वाले अतिरिक्त संलेखों और अन्तनिर्देशों संलेखों का संकेत पत्रक के छेद से ऊपरवाली रेखा पर दे दिया जाता हैं।

मुख्य संलेख या लेखक-पत्रक

क्रमांक समंक	लेखक. आख्या	....
	....	..............................संस्करण,............मुद्रणांक............ ....
		पत्रादि विवरण (माला..........................)
		टिप्पणी... विषय-सूची... संकेत..
		0

691.433	अनुज शास्त्री
अ 46वां	बंसरी बजती रही : आदिवासियों के अनगढ़ और अछूते जीवन पर आधारित उपन्यास; प्रथम संस्करण, पटना, भारती प्रकाशन, 1960 126 पृ., 66, सचित्र (हो भाषा के लोकगीत, पृ. 120-126 तक) 1 उपन्यास 2 आख्या 0

लेखक-पत्रक : प्रयोग पक्ष

पीछे लिखा जा चुका है कि मुख्य संलेख प्रायः पुस्तक के लेखक के नाम पर बनता है, परन्तु कुछ खास-खास स्थितियों में सम्पादक, अनुवादक, संकलनकर्त्ता या आख्या शीर्षक के अन्तर्गत भी मुख्य संलेख बनाए जाते हैं। चूँकि मुख्य संलेख में पत्रक की शीर्षस्थ पंक्ति पर लेखक का नाम अंकित किया जाता है, इसलिए इसे लेखक पत्रक की संज्ञा दी जाती है। लेखक-पत्रक में, पत्रक के बायें कोने पर पुस्तक का क्रामक-समंक लिखा जाता है। प्रथम पंक्ति पर लेखकानुच्छेद से लेखक का नाम लिखा जाता है। द्वितीय पंक्ति पर आख्यानुच्छेद से पुस्तक का नाम, संस्करण, मुद्रणांक, पत्रादि विवरण, संकेत आदि सूचनाएँ ठीक फलक-सूची की तरह लिखी जाती है। इसमें प्राप्ति-क्रमांक नहीं लिखी जाता है।

लेखक का नाम

कैसे लिखा जाए इस पर प्रकाश डाला जा चुका है। साधारणतया पुस्तक का एक लेखक रहने पर लेखक का नाम साधारण ढंग से मुख्य संलेख में लिखा जाता है। परन्तु कुछ पुस्तकों के एक से अधिक लेखक होते हैं कुछ में सम्पादक या अनुवादक का नाम रहता है। कुछ प्रकाशनों में लेखक का नाम ही नहीं रहता है। ऐसे प्रकाशनों के लिए मुख्य संलेख बनाने को अलग-अलग विधि है, जिनपर हमें यहाँ विचार करना है।

यदि पुस्तक के लेखक के रूप में...

(1) लेखक का छेद्‌म नाम हो या लेखक का नाम ज्ञात नहीं हो,

(2) दो या दो से अधिक व्यक्ति हो,

(3) सम्पादक, अनुवादक या संग्रहकर्त्ता हो।

तथा ऐसे प्रकाशनों, जिनमें प्रायः लेखक का नाम नहीं रहता, जैसे...

(4) सरकारी प्रकाशन तथा संस्थाओं के प्रकाशन

(5) धर्मग्रन्थ

(6) विश्वकोश, कोश

(7) पत्रिकाएँ

आदि के लिए मुख्य संलेख बनाने की विधि निम्न प्रकार है...

(1 क) लेखक ने यदि छद्‌मनाम या उपनाम का व्यवहार किया हो और यदि उनका मूल नाम अधिक ख्यात हो तो वैसी स्थिति में लेखक का मूल नाम लिखकर ब्राइकेट के अन्दर छद्‌नाम लिखकर 'छद्‌नाम' शब्द लिखा देना चाहिए तथा छेद्‌मनाम से भी एक अन्तनिर्देशी पत्रक तैयार कर देना चाहिए। जैसे...

श्री रवीन्द्रनाथ टैगोर 'भानु सिंह' के छद्‌मनाम से लिखा करते थे...उनका मूल नाम ही अधिक ख्यात था, अतः

		रवीन्द्र नाथ टैगोर (भानु सिंह, छद्मनाम)

(2)

		भानु सिंह, छद्मनाम, देखिए
		रवीन्द्र नाथ टैगोर

यदि लेखक का उपनाम या छद्मनाम ही अधिक ख्यात हो तो—

(1) उपनाम से ही मुख्य पत्रक तैयार किया जाए, जिसमें लेखकानुच्छेद से प्रारम्भ कर उपनाम लिखकर कोष्ठक में मूल नाम दे दिया जाए।

(2) मूल नाम से निर्देश-पत्रक तैयार किया जाए।

(3)

		बेचन, (विष्णुकिशोर झा)
		इन्सान की लाश

(4)

		विष्णुकिशोर झा, देखिये
		बेचन

(2 ख) यदि पुस्तक के लेखक का मूल नाम ज्ञात नहीं हो, तो प्रथम पंक्ति सादा छोड़कर द्वितीय पंक्ति में आख्यानुच्छेद से पुस्तक के नाम से प्रारम्भ किया जाए।

		आज की समस्याएँ: दक्षिण-पूर्व
		एशिया: लेखक-राजनीति का एक विद्यार्थी

(2 क) यदि किसी पुस्तक के दो लेखक हो तो पत्रक पर, आख्या-पृष्ठ पर उल्लिखित लेखक के नामों में से प्रथम लेखक का नाम लेखानुच्छेद से प्रारम्भ कर लिखा जाए। उसके बाद दूसरे का नाम 'और' लिखकर लिखा जाए। दूसरे लेखक के लिए पुनः एक अन्तनिर्देशी-पत्रक तैयार किया जाए, जिसमें दूसरे लेखक का नाम प्रथम पंक्ति पर आख्यानुच्छेद से प्रारम्भ लिखा जाए, अन्त में अर्ध विराम देकर 'संयुक्त लेखक' लिखकर 'देखिए' लिखा जाए।

		खगेन्द ठाकुर और मुरली
		नई कविता

		मुरली, सं. ले. देखिए
		खगेन्द्र ठाकुर और मुरली

(2 ख) यदि किसी पुस्तक के दो भी अधिक लेखक हो तो पत्रक पर आख्या पृष्ठ पर उल्लिखित लेखक-नामों के क्रमानुसार बीच में अर्ध विराम देकर लेखकों के नाम लिखो। अन्तिम लेखक के नाम के पूर्व 'तथा' लिखना आवश्यक है। प्रथम लेखक के अतिरिक्त जितने भी संयुक्त लेखक हो सभी के नाम से अलग-अलग अन्तनिर्देशों पत्रक बनाए जाए। ऐसे पत्रकों में संयुक्त लेखकों का नाम प्रथम पंक्ति में आख्यानुच्छेद से लिखा जाता है। नाम के बाद 'सह ले0' लिखकर अल्पविराम लगाकर 'देखिए' लिखा जाता है।

(3) यदि पुस्तक में लेखक के स्थान पर सम्पादक, अनुवादक या संकलन-कर्त्ता का नाम हो तो संलेख में लेखक के स्थान पर उन्हीं का नाम लिखकर, अल्पविराम दिया जाता है तथा थोड़ा-सा रिक्त स्थान छोड़कर 'सम्पा.' या 'अनु.' लिखा दिया जाता है।

		ऋषि कुमार झा, संपा.
		सीमान्त (कथा संकलन)

(4) सरकार, सभा-समितियों तथा संस्थाओं द्वारा प्रकाशित पुस्तकों पर प्रायः लेखक का नाम नहीं रहता है। अतः जिस विभाग या संस्था की और से पुस्तक प्रकाशित हुई हो, उसका नाम ही उस पुस्तक के लेखक के स्थान पर लिखा जाता है।

सरकारी प्रकाशनों के लिए लेखकानुच्छेद से प्रथम सरकार का नाम, तब विभाग का नाम लिखा जाता है। संस्थाओं के प्रकाशन के लिए पहले संस्था का नाम लिखकर अर्धविराम चिह्न तथा थोड़ा सा स्थान छोड़कर स्थान का नाम लिखा जाता है।

जैसे...भारत सरकार, शिक्षा विभाग

बिहार राज्य पुस्तकालय संघ, पटना

यदि इस प्रकार के प्रकाशनों में संकलनकर्त्ता या लेखक का नाम दिया गई हो तो उनके नाम से एक पृथक लेखक-पत्रक बनाया जा सकता है, जिसमें उनके नाम के बाद एक अर्धविराम चिह्न देकर कुछ रिक्त स्थान के बाद उनके वास्तविक पद का उल्लेख संक्षेप में कर देना चाहिए। उदाहरण के लिए...

(1) तृतीया पंचवर्षीय योजनाः संक्षिप्त रूपरेखा। प्रकाशक-योजना आयोग, भारत सरकार, 1661।

		भारत सरकारः योजना आयोग
		तृतीया पंचवर्षीय योजनााः संक्षिप्त रूपरेखा, 1660

(2) बिहार राज्य पुस्तकालय संघ का वार्षिक कार्य विवरण, 1660

		बिहार राज्य पुस्तकालय संघ
		वार्षिक कार्य-विवरण, 1660

(5) प्रायः धर्म ग्रन्थों और प्राचीन काव्य-ग्रन्थों में लेखक का नाम नहीं रहता है, जैसे—गीता, महाभारत, उपनिषद्। अतः ऐसी पुस्तकों के मुख्य संलेख में लेखक के स्थान पर इनका ही नाम लिखा जाता है।

		गीता
		श्रीमद्भागवत् गीताः हनुमान प्रसाद पोद्दार की टीका सहित

(6) विश्वकोश, कोश आदि सम्पादकों की अपेक्षा अपने नाम से ही अधिक माँगी जाती है, अतः लेखक-पंक्ति पर आख्यानुच्छेद से इन पुस्तकों का शीर्षक ही लिखा जाता है। यदि संयोग से सम्पादक अधिक महत्वपूर्ण और विख्यात हो तो मुख्य संलेख उनके नाम से ही बनाया जाता है।

		भारतीय विश्वकोष, 1660
		नागरी प्रचारिणी सभा, काशी द्वारा प्रकाशित

		रामचन्द्र वर्मा, सम्पा.
		संक्षिप्त हिन्दी शब्द सागर

(7) वार्षिक प्रकाशन, जैसे...शब्दकोश, वर्षबोध आदि के विभिन्न वर्षों के प्रकाशनों के लिए एक ही पत्रक पर लेखक तैयार करना उत्तम होता है। इससे पाठकों को इनके सभी पुराने और नवीनतम अंकों की सूचना एक ही पत्रक से मिल जाती है।

इसके पत्रक में सम्पादक, मुद्रणांक, पृष्ठादि विवरण का उल्लेख नहीं किया जाता है, क्योंकि प्रत्येक अंक में इनके बदलने की सम्भावना रहती है। पत्रक की शीर्षस्थ पंक्ति पर आख्या लिखकर,उसका प्रकाशन स्थान एवं प्रकाशन-क्रम लिखकर, पुस्तकालय में है लिखा जाता है।

		रामकमल वर्षबोध, दिल्ली
		वार्षिक पुस्तकालय में है 1656 1658 1656 1661

(8) सामायिक पत्र-पत्रिकाओं के अंकों को एक जिल्द में बँधाकर, उन्हें पुस्तक के रूप में ग्रहण कर लिया जाता है। इसका मुख्य संलेख बनाने के लिए पत्रक की शीर्षस्थ पंक्ति में लेखानुच्छेद से पत्रिका का नाम लिखा जाता है। फिर क्रमशः अर्धविराम चिह्न लगाकर और कुछ स्थान छोड़कर संपुट संख्या और वर्ष का उल्लेख किया जाता है। बिना बंधाई पत्र-पत्रिकाओं के लिए पत्रक निम्न तरीके से बनाए जाते हैं।

		कल्पना (मासिक)
		डॉ. आर्येन्द्र शर्मा, सम्पादक, हैदराबाद, कल्पना कार्यालय, 165 पुस्तकालय में है नहीं है खण्ड 8 अंक 1, 2, 3, 3, 6, 7 5, 7, 6

आख्या-संलेख

सर्वांगपूर्ण पत्रक-सूची के लिए दूसरा महत्वपूर्ण पत्रक 'पुस्तक के नाम' का यानी 'आख्या-पत्रक' है। प्रत्येक पुस्तक के आख्या-पृष्ठ पर उसका नाम लिखा रहता है। अतः आख्या-पत्रक में, पुस्तक का नाम पत्रक की शीर्षस्थ पंक्ति पर आख्यानुच्छेद से प्रारम्भ कर लिखा जाता है। यदि नाम लम्बा हो तो उसे दूसरी पंक्ति में लेखकानुच्छेद से लिखा जाता है। नाम ही समाप्ति के पश्चात् अर्ध विराम चिह्न देकर और थोड़ा-सा

रिक्त स्थान-सा रिक्त स्थान छोड़कर प्रकाशन वर्ष या कापीराइट वर्ष लिखा जाता है। अगली पंक्ति में लेखकानुच्छेद से लेखक का नाम लिखा जाता है।

		मैला आँचल, 1654
		रेणु फणीश्वर नाथ

		निशात, 1656
		आशुतोष झा

विषय संलेख

अनुवर्ण-सूची में तीसरा महत्वपूर्ण स्थान 'विषय-पत्रक' का होता है। प्रायः पाठक विषयों के आधार पर पुस्तकों की माँग करते हैं, ऐसे पाठकों के लिए विषय-पत्रक बहुत सहायक होता है।

विषयों के शीर्षक सरल एवं स्पष्ट होना चाहिए ताकि सामान्य पाठक भी उनको सरलतापूर्वक समझ सके। कुछ पुस्तकों के लिए एक ही विषय-पत्रक बनाना पर्याप्त होता है और कुछ पुस्तकों के लिए एक से अधिक पत्रक्र बनाना पड़ता है।

किसी पुस्तक के विषय का निर्णय सूचीकार की मात्र शीर्षक से ही नहीं करना चाहिए बल्कि विषय-सूची, अध्यायों के शीर्षक एवं भूमिका को भी एक सरसरी निगाह से देखकर करना चाहिए। विषय का निश्चय कर लेने के पश्चात् उसके लिए शीर्षक का निर्णय करने के लिए किसी प्रामाणिक 'विषय-शीर्षक-सूची' का उपयोग करना चाहिए।

विषय संलेख लिखते वक्त पत्रक की शीर्षस्थ पंक्ति पर आख्यानुच्छेद से प्रारम्भ कर विषय-शीर्षक लाल स्याही से लिखा जाता है। उसके बाद एक पंक्ति सादी छोड़ दी जाती है। बाद में लेखक-संलेख की तरह हो लेखक का नाम, आख्या, मुद्रणांक, पत्रादि विवरण लिखा जाता है। क्रामक-समंक, अन्य पत्रकों की तरह हीख निश्चित स्थान पर लिखा जाता है।

3301		अर्थ शास्त्र
न. सि/अ		नवल किशोर सिंह अर्थशास्त्र के सिद्धान्ति, प्रं. संस्करण पटना, भारती भवन, 1660 पृष्ठ 362, सचित्र 0

वैयक्तिक जीवन-चरित्रों का विषय-पत्रक उस व्यक्ति के नाम से बनता है जिसका जीवन सम्बद्धा पुस्तक में वर्णित रहता है।

पुस्तक में जिसके जीवन-चरित्र का वर्णन किया जाता है उसका नाम पत्रक की शीर्षस्थ पंक्ति पर लेखकानुच्छेद से लाल स्याही से लिखा जाता है। सम्भव हो तो उस पंक्ति में उनके जन्म तथा निधन-तिथि का उल्लेख कर दिया जाता है। फिर एक पंक्ति खाली छोड़कर जीवनी के लेखक का नाम और उससे आगे की पंक्ति में पुस्तक का नाम यथाक्रम लिखा जाता है।

		रवीन्द्र नाथ टैगोर, 1861-1641
		ऋषि कुमार झा महाकवि टैगोर/2 खण्डों में। 1661

अन्तनिर्देशी संलेख

अन्तनिर्देशी संलेख एक शीर्षक से दूसरे शीर्षक की और जाने का संकेत देते है जहाँ पाठकों को वाछंनीय सामग्री मिल सकती है

अन्तनिर्देशी संलेख के तीन भाग होते है...

1. शीर्षक, जिससे सन्दर्भ बताया जाए
2. सुझाव...'देखिए', 'और भी देखिए'
3. शीर्षक, जिसको सन्दर्भ बताया जाए।

इन निर्देशक-पत्रकों में निर्धारित शीर्षक, पत्रक की शीर्षस्थ पंक्ति पर आख्यानुच्छेद से लिखकर, कुछ स्थान रिक्त छोड़कर 'देखिए' या 'और' भी 'देखिए', लिखकर दूसरी पंक्ति में लेखकानुच्छेद से विषय का नाम मनोनीत शीर्षक लिखा जाता है।

इन पत्रकों में क्रामक-समंक तथा अन्य सूचनाएँ नहीं दी जाती क्योंकि जिनका पूरा विवरण उन स्थानों पर रहता हो है जहाँ पाठक को देखने का सुझाव दिया जाता है।

विषय का अन्तनिर्देशी संलेख

		जिल्दबंदी, देखिए
		पुस्तक-प्रकाशन

विश्लेषणात्मक संलेख (Analytic Entries)

विश्लेषणात्मक संलेख का उद्देश्य लेखक, शीर्षक और विषय का पृथक रूप के विश्लेषण करना होता है। इस संलेख में, पुस्तक के उन अंगों का, जिनको सामान्य पत्रक में चर्चा नहीं हुई हो विश्लेषण किया जाता है।

उदाहरण के लिए...मान लीजिए, किसी पुस्तक में कई भाग हैं और इनके रचयिता अलग-अलग हैं। साधरणतया इस पुस्तक के एक महत्वपूर्ण अंग या उसके किसी भी महत्वपूर्ण लेखक के नाम से मुख्य पत्रक बनाया जाता है। इससे उसके अन्य भागों या उसके अन्य लेखकों के बारे में पाठकों को कोई जानकारी नहीं मिल सकती। ऐसी स्थिति में, इस पुस्तक के विभिन्न भागों लेखकों और विषय-शीर्षक को पाठकों के सामने प्रस्तुत करने के लिए उसका विश्लेषण कर देना चाहिए। दूसरे शब्दों में, उसका विश्लेषण-संलेख तैयार कर देना चाहिए।

लेखक का विश्लेषणात्मक संलेख

जब किसी पुस्तक के अनेक खण्ड हो और उनके लेखक भी पृथक-पृथक हो तथा वे सब एक ही संपुट में संकलित हो तब उस पुस्तक के सम्बन्ध में लेखक का विश्लेषणात्मक-संलेख बनाने की आवश्यकता होती है।

इसी प्रकार यदि विभिन्न लेखकों की रचनाएँ पुस्तकाकार रूप में संकलित हो और उसका सम्पादन किसी अन्य व्यक्ति ने किया हो तो इस स्थिति में भी लेखक-विश्लेषणात्मक-संलेख तैयार किया जाता है।

		नवल किशोर गौड़
		छायावाद (ध. ब्र. शास्त्री द्वारा सम्पादित 'साहित्यिक निबन्धावली में पृष्ठ संख्या 128-30

शीर्षक और विक्य का विश्लेषणात्मक संलेख

इसी प्रकार, एक जिल्द में संकलित विविध शीर्षकों और विषयों को पाठकों के समक्ष लाने के लिए संलेख बनाने की आवश्यकता होती है।

विश्लेषणात्मक-पत्रकों का आकार-प्रकार सामान्य पत्रक जैसा ही होना चाहिए। इनके संलेखों में सम्बन्धित खण्ड पृष्ठ संख्या आदि का उल्लेख कर देना चाहिए।

शीर्षक-विश्लेषणात्मक

		छायावाद की शव परीक्षा
		नवल किशोर गौड़ (ध्र. ब्र. शास्त्री द्वारा सम्पादित 'साहित्यिक निबन्धावली में पृष्ठ संख्या 118-130)

विषय-विश्लेषणात्मक

		प्रगतिवाद
		शिव बालक राय प्रगतिवाद की रूपरेखा (ध. ब्र. शास्त्री द्वारा सम्पादित 'साहित्यिक निबन्धावली में, पृ. 130-145)

अनुवर्ण सूची

अनुवर्ण-सूची तीन भागों से मिलकर बनती है...

(1) विषय या वर्गीकृत भाग
(2) लेखक और आख्या भाग
(3) विषय का अनुक्रमाणिका भाग

(1) विषय या वर्गीकृत भाग...

यह भाग अनुवर्ण सूची का मुख्य भाग होता है। यह एक प्रकार से फलक सूची का व्याख्यात्मक एवं विशद रूप है। इसका व्यवस्थापन भी फलकों में पुस्तकों के व्यवस्थापन के क्रम में हो होता है।

इसका संलेख ठीक अनुवर्ण सूची के मुख्य संलेख की भाँति ही बनाया जाता है, परन्तु पत्रक की शीर्षक पंक्ति और के ऊपर रिक्त स्थान में पुस्तक का विषय लिखा दिया जाता है तथा इसमें 'संकेत' नहीं रहता है।

(2) लेखक और आख्या भाग

अनुवर्ण सूची या यह भाग बिल्कुल अनुवर्ण सूची की लेखक और आख्या सूची के समान होता है। इसके संलेख भी उन्हीं सूचियों की तरह होते हैं तथा आकरादि क्रम से व्यवस्थित होते हैं।

यद्यपि यह सूची अलग रखी जाती है तो भी यह अनुवर्ण सूची का अभिन्न अंग होता है और अनुवर्ग सूची में लेखक और आख्या से सम्बन्धित सूचनाएँ मात्र इसी भाग से मिलती है।

(3) विषय का अनुक्रमाणिका भाग

यह अनुक्रमाणिक बहुत ही आवश्यक होती है, क्योंकि यह अनुवर्ण क्रम से क्रमबद्ध विषय वर्गीकरण पद्धति की तालिका होती है जिसके अनुसार पत्रकें व्यवस्थित रहते हैं।

उदाहरण के लिए...मान लीजिए...एक पाठक स्थापन कला पर पुस्तकें चाहता है और उसे उसका वर्णांक ज्ञात नहीं है....तो वह इस अनुक्रमाणिका को देखकर उसका वर्गांक 7209 जान जाएगा। यह अनुक्रमाणिका अलग-अलग पत्रकों पर बनाई जाती है, अतः एक वर्गांक के लिए आवश्यकतानुसार संख्या बनाई जा सकते हैं।

डॉ. रंगनाथन का सूचीकरण सिद्धान्त

पुस्तकालय-विज्ञान के ख्यातिप्राप्त भारतीय विद्वान डॉ. श्री सि. रा. रंगनाथन ने द्विबिन्दु वर्गीकरण के साथ-साथ सूचीकरण के लिए भी एक नयी विधि का आविष्कार किया है। उनका कथन है कि अनुवर्ण सूची बहुत ही दोषपूर्ण है, क्योंकि पाठक पुस्तकों के प्रतिपाद्य विषयों में अधिक रुचि रखते हैं, न कि लेखक में। अतः सूचीकरण में विषय को ही अधिक प्रमुखता मिलनी चाहिए। अनुवर्ण-सूची में लेखक को प्रधानता दी जाती है और विषय गौण हो जाता है। साथ ही इसमें एक विषय के सूची-पत्रक एक स्थान पर एकत्रित होने के बजाय जगह-जगह बिखर जाते हैं तथा विषयों में सम्बद्धता भी नहीं रह पाती है। इस सूची के अन्तनिर्देशी संलेख तो पाठकों की और भी भटका देते हैं अतः यह सूची अधूरी है और इससे पाठकों को कभी सन्तोष नहीं हो सकता।

अतः यह आवश्यक कि सूची इस प्रकार की ही कि उसके प्रत्येक उपकरणों का उपयोग उसके उसी उद्देश्य तक समिति रखा जाए जिसके लिए उसकी रचना की गई है। फलतः पुस्तकालय की सूची अनुवर्ण क्रम से होनी चाहिए। साथ ही, यह भी व्यवस्था रहे कि पाठक उसमें अनुवर्ण द्वार से भी प्रवेश कर सकें। अतः अनुवर्ग और अनुवर्ण, इन दोनों भागों से मिलकर बनी हुई सूची ही एकमात्रर उपयोगी सूची है।

इस सूची में दो भाग होते हैं...

(1) अनुवर्ण भाग....वर्गों का अनुसरण करने वाली विषयों की सूची होती है।

(2) अनुवर्ण भाग....वर्गों का अनुसरण करने वाली सूची और विषय वर्गों का वर्णानुसारी निर्देशी होता है।

संलेख

सूची में किसी कृति के सम्बन्ध में जो लेख होता है उसे संलेख कहा जाता है। प्रत्येक कृति के लिए कम-से-कम एक संलेख तो बनाना ही पड़ता है। यह संलेख्वा प्रधान संलेख कहलाता है, किन्तु प्रत्येक कृति के किये एक से अधिक संलेखें की आवश्यकता हो सकती है। इस प्रकार के अधिक संख्या में बनाए हुए संलेख 'अतिरिक्त संलेख' कह जाते हैं। संलेख की अग्ररेखा में लिखित वस्तु से संलेखों का नाम निश्चित किया जाता है।

इस तरह संलेख चार प्रकार के होते हैं....

(1) प्रधान

(2) विषयान्तर

(3) विर्देशी

(4) नामान्तर निर्देशी।

इनमें विषयन्तर, निर्देशी और नामान्तर निर्देशी संलेख अतिरिक्त संलेख कहलाते हैं।

इन चारों संलेखों में प्रधान तथा विषयान्तर संलेख अनुवर्ग भाग में व्यवस्थिमत होते हैं और निर्देशी तथा नामान्तर निर्देशी संलेख अनुवर्ण भाग में व्यवस्थित होते हैं।

अनुवर्ग भाग के संलेखों में उनकी अपनी-अपनी अग्र रेखाओं पर विषय का नाम क्रामक-समंक से बनने वाली कृत्रिम सांकेतिक भाषा में लिखा रहता है जिसे वर्ग-समंक के नाम से पुकारा जाता है।

प्रधान संलेख

प्रत्येक कृति के लिए एक प्रधान संलेख होता है। इसमें कृति का संलेख प्रतिपादित विशिष्ट विषय के नाम से होता है। यह कृति का मूलभूत संलेखा होता है। प्रधान संलेख उस पुस्तक के सम्बन्ध में पूरी जानकारी प्रस्तुत करता है इौर इसके द्वारा यह भी ज्ञात होता है कि उस कृति के लिए और कौन-कौन से एवं कितने संलेख बनाए गए है।

(1) यह संलेखस में निर्धारित निमयों के अनुसार आख्या-पत्र के मुख पृष्ठ के अंशों का अनुकरण किया जाता है।

(2) उपाख्या-पत्र, आख्या पत्र के पृष्ठ भाग अथवा पुष्पिका आदि में वर्तमान सूचना का भी आवश्यकतानुसार अनुकरण किया जा सकता है।

(3) अधिसूचन अनुच्छेद में तो प्रारम्भिक पृष्ठों से बाहर की भी सूची दी जा सकती है।

अतिरिक्त संलेख

(1) यह प्रधान संलेख की अपेखा संक्षिप्त होता है।

(2) यह प्रधान संलेख की परिवर्तित तथा संक्षिप्त कर प्रस्तुत किया जाता है।

(3) अतिरिक्त संलेख में छोटी आख्या ग्रहण की जाती है।

(4) उपाख्या पत्र-मुख की आख्या योग्य हो तो ली जा सकते हैं।

(5) उपाख्या-पत्र-मुख के न होने पर प्रधान संलेख की आख्या को संक्षिप्त कर लघु-आख्या बना लेनी चाहिए।

(6) लघु-आख्या में सहाकार और संस्करण का उल्लेख नहीं करना चाहिए।

प्रधान संलेख

इन संलेख में पाँच अनुच्छेद होते हैं.....

(1) क्रामक समंक (Call No.)

(2) लेखक

(3) आख्या

(4) अधिसूचनः यदि हो

(5) प्राप्ति क्रमांक (Accessi No.)

जहाँ तक प्रकाशन-तिथि का प्रश्न है, द्विबिन्दु वर्गीकरण में यह चूँकि क्रामक समंक में ही दे दिया होता है अतः इस पद्धति में प्रकाशन-तिथि का प्रश्न नहीं उठता। हाँ, यदि कोई ऐसी दूसरी वर्गीकरण पद्धति अपनाई गई हो जिसमें क्रामक समंक में प्रकशन तिथि न दी जाती है तो संलेख के आख्या भाग के अन्त में, अतिरिक्त के रूप में, प्रकाशन-तिथि को जोड़ दिया जा सकता है।

पत्रादि विवरण के सम्बन्ध में डॉ. रंगनाथन का मत है कि पुस्तकों का ठीक-ठीक सम्पूर्ण पृष्ठांक बतलाना अधिक महत्वपूर्ण नहीं होता। इसके विपरीत प्रत्येक पाठक यह अवश्य जानना चाहता है कि उसकी इच्छित पुस्तक का आकार कैसा है?

इसकी जानकारी को व्यक्त करने के लिए मद्रास विश्वविद्यालय-पुस्तकालय में निम्न युक्ति काम में लाई जाती है....

(1) अल्पाकार पुस्तक...(जिसकी चौड़ाई 12 इंच से कम हो तथा मोटाई 2

इंच से अधिक न हो) इसे सूचित करने के लिए पत्रक पर पुस्तकांक (Book No.) के नीचे रेखा दे दी जाती है।

(2) महाकार पुस्तक...(जिसकी चौड़ाई 12 इंच से अधिक हो) इसके लिए पत्रक पर पुस्तकांक के ऊपर रेखा बनाई जाती है।

(3) सुरक्षणीय पुस्तक...(जिस पुस्तक में कम-से-कम 40 चित्र हों या प्रतिपाद्य विषय की विशेषता के कारण या अप्राप्त होने के कारण सन्दर्भ-विभाग में रखे गए हो) इसके लिए पत्रक पर पुस्तकांक के नीचे तथा ऊपर दोनों और रेखा बनाई जाती है।

क्रामक-समंक को प्रधान संलेख में प्रथम अनुच्छेद के रूप में प्रमुख स्थान दिया जाता है एवं पत्रक की शीर्षस्थ पंक्ति पर प्रथम उर्ध्व रेखा की बायी और लिखा जाता है। वर्गांक और पुस्तकांक के बीच में तीन अंकों का स्थान रिक्त छोड़ज्ञ जाता है।

प्राप्ति-क्रमांक (Acc. No.) पत्रक की निम्नतम रेखा पर बायीं और कोने में लिखा जाता है।

प्रधान संलेख

द 14 2, 4 ध 28, 5 ठ 2

243	अनुज शास्त्री डगमगाते कदम 51 0

किसी कृत में उनके मुख्य विशिष्ट विषय के अतिरिक्त अन्य जितने भी विषयों की चर्चा होगी उन विषयों के लिए विषयान्तर-संलेख लिखा जाता है। इस प्रकार के संलेख की आवश्यकता इसलिए पड़ती है कि अधिकतर पुस्तकें अनिवार्य रूप में समासित स्वरूप (Compound Nature) के होते हैं। बहुधा यह देखा जाता है कि कोई पुस्तक मुख्य रूप से जिस विषय की चर्चा करता है उसमें एक या दो अध्याय में किन्ही विषयान्तरों की चर्चा कर बैठता है। यह भी सम्भव है कि किसी पुस्तक में मुख्यतः कोई विशिष्ट विषय वर्णित रहता है, किन्तु उसी में कतिपय अन्य विषय के सम्बन्ध में भी जानकारी रहती है। यदि सूची में केवल मुख्य विषय ही उल्लेख हो और पूर्वोक्त प्रकार के गौण विषयों के लिए कोई व्यवस्था न की जाए तो पाठक उसका उपयोग नहीं कर पाएगा।

विषयान्तर संलेख में चार अनुच्छेद होते हैं....

(1) विशिष्ट विषयान्तर का वर्ग-समंक (वर्गांक),

जो विषयान्तर विषय के लिए वर्गीकरण की धाराओं के अनुसार वर्गकार द्वारा लगाया होता है। वही प्रथम अनुच्छेद में लिखा जाता है।

(2) 'और द्रष्टव्य'....देशक शब्द (Directing word)

(3) विषयान्तर की आधारभूत पुस्तक का क्रामक समंकख

प्रधान लेख का क्रामक-समंक तृतीय अनुच्छेद में लिखा जाता है।

(4) आधारभूत पुस्तक का शीर्षक, द्विबिन्दु, पुस्तक की लघु आख्या (Short Title), वर्ण विराम तथा अनुसंधान के अध्याय आदि, चतुर्थ अनुच्छेद में लिखे जाते हैं।

उदाहरण के लिए....एक महाकाव्य है....

महाकवि विव्हाण रचित 'विक्रमांक देव चरित' सम्पादक....श्री शास्त्री मुरारी लाल नगार। प्रकाश-सरस्वती भवन, बनारस, 1645। प्रस्तुत पुस्तक प्रिस ऑफ वेल्स, सरस्वती भवन ग्रन्थमाला का 28वां पुष्प है।

इस पुस्तक में निम्नलिखित विषयान्तर प्रसंग वर्णित है...

1. कल्याण चालुक्यों का इतिहास
2. महाकवि विव्हण का जीवन चरित्र...
3. कश्मीर देश का भौगोलिक वर्णन...

प्रधान संलेख

	दा	5, 1 ग 40,1 छ 5
		विल्हण विक्रमांक देव चरित, (प्रिन्सेस आफ वेल्स, सरस्वती भवन ग्रन्थमाला, 28)
	563	45

विषयान्तर संलेख

(1)

	ल 2	2 5 न क 1, 1, ग 6
		और द्रष्टव्य द 15, 1 ग 80, 1 छ 5 विल्हणः विक्रमांकदेव चति, सर्ग 1-17 तथा उपो. पृ. 1840

(2)

द	1	5, 1 ग 40, 6
		और द्रष्टव्य द 15, 1 ग 40, 6 छ 5 विल्हणः विक्रमांकदेव चरित, सर्ग 18 उपो पृ. 8-28

किसी कृति के लिए कितने विषयान्तर संलेख लिखे जा सकता है, यह मूल कृति के प्रतिपाद्य विषयों पर निर्भर करता है। विषयान्तर संलेखों की संख्या प्रतिपाद्य विषयों के अनुसार घटती बढ़ती है।

निर्देशी-संलेख (Index-Entry)

निदेशी-संलेख द्वारा पाठक को उसकी पुस्तक प्राप्त हो होती है, बशर्तो कि वह पुस्तक के विषय में कुछ-न-कुछ जानकारी रखता हो। क्योंकि निर्देशी-संलेख पुस्तक के लेखक, सम्पादक, अनुवादक या माला के नाम से तथा कभी-कभी आख्या से भी बनाई जाते हैं। निर्देशी-संलेख पाठक को अनुवर्ग भाग के उस स्थान में ले जाते हैं जहाँ वह अपनी इच्छित पाठ्य-सामग्री पा सकता है।

निर्देशी-संलेख दो प्रकार के होते हैं...

1. वर्ग-निर्देशी संलेख
2. पुस्तक-निर्देशी संलेख

केवल अनुवर्ग भाग में विद्यमान प्रत्येक प्रधान संलेख तथा विषयान्तर-संलेख के अग्रानुच्छेद (अग्रभाग) में उल्लिखित वर्ग-समंक द्वारा बोध वर्ग-नामों का निर्देशक-संलेख 'वर्ग-निर्देशी-संलेख' कहा जाता है।

केवल विशिष्ट पुस्तक का निर्देशक, उसके अपने-अपने प्रधान-संलेख के द्वितीय, तृतीय तथा चतुर्थ अनुच्छेदों (भागों)...[लेखक, आख्या, अधिसूचनपा] में विद्यमान कतिपय भावों का निर्देशक-संलेख 'पुस्तक-निर्देशी-संलेख' कहा जाता है।

नामान्तर-निर्देशी-संलेख

नामान्तर-निर्देशी-संलेख सूची के अनुवर्ग भाग में एक शीर्षक से दूसरे शीर्षक की ओर पाठक के ध्यान को आकृष्ट करता है।

नामान्तर-निर्देशी-संलेख में तीन अनुच्छेद होते हैं...

1. शीर्षक
2. द्रष्टव्य शब्द
3. द्रष्टव्य शीर्षक

		सिंह (मथुरा प्रसाद)
		द्रष्टव्य अनुज शास्त्री

निदेशों एवं नामातन्र-निर्देशी संलेखों के पत्रक, एक साथ अनुवर्ण क्रम में व्यवस्थित किए जाते हैं। अतः यदि दोनों के लिए अलग-अलग वर्ण के पत्रकों का व्यवहार किया जाए तो सुविधा होती है। उदाहरण के लिए—यदि वर्ग-निर्देशी संलेख श्वेत पत्रक पर; और पुस्तक-निर्देशी लाल पत्रक पर लिखे जाए। तो नामान्तर-निर्देशी-संलेख पीले पत्रक पर लिखे जाए। यदि केवल पत्रकों के सिरे के किनारे हो रंग दिये जाए तो भी काम चल सकता है।

संलेख-व्यवस्थापन

(1) अनुवर्ग भाग के संलेख उसके अग्रानुच्छेदों पर दिए हुए वर्ग-समंकों से व्यवस्थित किए जाए।

(2) अनुवर्ग भाग के संलेख, वर्णमाला का अनुसरण कर व्यवस्थित किए आए यदि कहीं एक नामी पदों या वाक्यांशों के कारण अव्यवस्था उत्पन्न होती हो तो उन्हें निम्न क्रम में व्यवस्थित करें...स्थान, विषय, पुस्तक, वस्तु, व्यक्ति।

9

प्राप्ति-क्रमांकन

नामपत्र साटने और मुद्रांक लगाने के पश्चात् पुस्तकों को पुस्तकालय की प्राप्ति-पंजिका में दर्ज किया जाता है। पुस्तकें जिस क्रम में प्राप्त होती हैं उसी क्रम में उनको अंकित कर उनका प्राप्ति-क्रामंक निर्धारित किया जाता है। अंकित करने की इस प्रक्रिया को पुस्तकालय विज्ञान में क्रमांकन (एक्सेशन) की संज्ञा दी गई है। प्राप्ति-क्रमांकन से प्रत्येक का पुस्तकालय में एक निश्चित स्थान और निश्चित संख्या निर्धारित हो जाती है।

प्राप्ति-क्रम अंकित करने की तीन प्रणालियाँ प्रचलित हैं....

1. पंजिका प्रणाल
2. पत्रक प्रणाली
3. देयक प्रणाली

इनमें से किसी भी प्रणाली की अपनाई जा सकती है, परन्तु उनमें प्राप्ति-तिथि, प्राप्ति-क्रम संख्या, लेखक, शीर्षक, प्रकाशक, प्रकाशन काल, प्राप्ति-साधन, मूल्य, पृष्ठ-संख्या आदि सूचनाएँ अवश्य रहे। क्योंकि प्राप्ति-क्रम सूची पुस्तकालय की पुस्तकों की मुख्य अन्वेषक-सूची यानी पुस्तकों के सम्बन्ध में सारी सूचनाएँ देने वाली निष्कासन तक का प्रामाणिक इतिहास कहा जा सकता है। अतः इसे लिखते या टंकित करते वक्त काफी सावधानों की आवश्यकता होती है। सुन्दर एवं स्पष्ट अक्षरों में गाढ़े रंग की स्याही से इसे लिखना चाहिए।

पंजिका प्रणाली

यह प्रणाली प्राचीनकाल से चली आ रही है। इनके लिए चिकने और मोटे कागजों की एक सुन्दर और मजबूत जिल्द बंधी पंजिका (रजिस्टर) की आवश्यकता होती है, जिसके लिए निर्धारित कालम इस प्रकार है...

1 प्राप्ति-तिथि 2 प्राप्ति-क्रमांक 3 लेखक 4 पुस्तक का नाम 5 प्रकाशन

स्थान और प्रकाशक 6 प्रकाशन वर्ष 7 संस्करण 8 पृष्ठ 9 मूल्य 10 प्राप्ति साधन 11 वर्गांक 12 प्रत्याहरण तिथि 13 विशेष।

इस तरह की छपी-छपाई पंजिता बहुत कम मूल्य पर मिलती है, उनका उपयोग किया जा सकता है। बड़े पुस्तकालयों को उपर्युक्त कालम वाली स्वतन्त्र पंजिका छपवा लेनी चाहिए, इसमें लेखक, पुस्तक का नाम, प्रकाशक और प्राप्ति-साधन का कालम बड़ा होना चाहिए।

प्राप्ति-क्रम-सूची (Accession Sheet)

टंकण यन्त्र के प्रचलन से बँधी-बंधाई पंजिका के स्थान पर खुले पृष्ठ वाली प्राप्ति-क्रम-सूची (Accession-Sheet) रखने का प्रचलन प्रारम्भ हो गया है। इन पृष्ठों पर पुस्तक की प्राप्ति टंकित कर, उन्हें एक नत्थी में रख दिया जाता है या 5-5 हजार प्राप्ति-क्रमांक तक एक साथ मोटे जिल्दों में बंधवा ली जाती है।

तिथि क्रमांक	प्राप्ति	लेखक	शीर्षक वर्ष	भाग	प्रकाशन साधन	प्रकाशक	प्राप्ति	मूल्य	विशेष
01									

बँधी-बंधाई पंजिका में हाथ से लिखना पड़ता है अतः उसके गन्दा होने या अधिक या कम स्याही फैलने का डर रहता है। इस दृष्टि से खुले पृष्ठ वाली सूची अच्छी होती है। टंकण यन्त्र से साफ-साफ टंकित कर उसे पंजिका के रूप में बंधवा लिया जा सकता है।

पत्रक प्रणाली

पंजिका प्रणाली बहुत पुरानी प्रणाली है। आधुनिक पुस्तकालय पत्रक प्रणाली की अधिक महत्व देते है। पंजिका में जिल्द बंधा रहता है अतः पुस्तकालय से वापस ली गई पुस्तकों के नाम इनसे हटाए नहीं जा सकते, परन्तु पत्रक (कार्ड) आसानी से अपने स्थान से हटा लिया जा सकता है। पंजिका प्रणाली में लाभ यह है कि इसमें एक बार जो लिख दिया जाता है वह स्थायी रह जाता है, उसे कोई मिटा नहीं सकता, परन्तु पत्रक आसानी से गायब किया जा सकता है। कोई भी व्यक्ति पुस्तक गायब करने के साथ-साथ पत्रक भी गायक कर दे सकता है। और पत्रक के गायब हो जाने के बाद पुस्तक के अस्तित्व का भी पता नहीं चल सकता है।

इस कार्य के लिए साधारणतया 5"×3" माप के पत्रक की आवश्यकता होती है, जिसमें निम्नलिखित सूचनाएँ लिखी जाती है।

प्राप्ति-क्रमांक ...		प्राप्ति तिथि...		...वर्गांक...	...
लेखक	...	...	...	... ...	...
शीर्षक...	...	...	...	... ...	...
प्रकाशन स्थान...		...	...प्रकाशक...	...	...
प्रकाशन वर्ष... ...		मूल्य...	प्राप्ति साधन... ...		...
प्रस्याहरण संख्या एवं तिथि...			...	विशेष..	...

देयक प्रणाली

कार्य को और भी आसान बनाने के लिए आधुनिक पुस्तकालयों में देयक प्रणाली अपनायी जा रही है। पुस्तक-विक्रेता से प्राप्त देयक (Invoice) की अतिरिक्त प्रति पर हो प्रत्येक पुस्तक के नाम के सामने क्रमानुसार प्राप्ति-क्रमांक लिख दिया जाता है और वही संख्या पुस्तक का प्राप्ति-क्रमांक हो जाती है।

इन देयकों को सुविधानुसार एक साथ बंधवा दिया जाता है ताकि वे इधर उधर गायब न हो जाए। यह आधुनितम प्रणाली है और इससे समय एवं श्रम, दोनों को बचत होती है।

अमेरिका के कुछ पुस्तकालयों ने तो एक कदम और आगे बढ़ाया है। एक देयक की सभी पुस्तकों की गिनती एवं मिलान कर उस पर एक ही जगह प्राप्ति-क्रमांक थोक रूप में लिखा दिया जाता है। उदाहरण के लिए 1500 पुस्तकें पुस्तकालय में पहले से हैं, उसके बाद 30 पुस्तकें खरीदी गई है, जिनके लिए एक ही देयक आया है तो उस पर एक ही बार प्राप्ति-क्रमांक 1571-1600 लिख दिया जाता है। पुस्तकों में देयक के क्रमानुसार प्राप्ति-क्रमांक लिखा जाता है। आवश्यकता होने पर विभिन्न पुस्तकों से सम्बन्धित विवरण प्राप्त करने के लिए देयक की सहायता ली जाती है।

प्रत्येक प्रणाली की अपनी-अपनी विशेषताएँ एवं कठिनाइयाँ है। अतः पुस्तकाध्यक्ष को अपनी एवं सेवित क्षेत्र की सुविधा का ख्याल रखते हुए हो किसी विशेष प्रणाली को अपनाना चाहिए।

प्राप्ति-क्रमांक (Accession Nuumber)

पुस्तकें जिस क्रम में पुस्तकालय में आती है, उनका नाम प्राप्ति-क्रम-सूची में उसी क्रम में अंकित किया जाता है और तदनुसार उनकी जो संख्या निर्धारित होती है वह उस पुस्तक का प्राप्ति-क्रमांक (Accession Number) होता है। प्राप्ति-क्रमांक निर्धारिण के सम्बन्ध में यह निश्चित मत है कि पुस्तकालय में प्राप्त सभी पुस्तकों के लिए अलग अलग संख्या निर्धारित की जानी चाहिए। एक पुस्तक के विभिन्न

भागों या खण्डों को भी अलग-अलग संख्या मिलनी चाहिए। इतना ही नहीं, पुस्तक की अतिरिक्त (Duplicata) प्रति के लिए भी अलग संख्या निर्धारित की जानी चाहिए। किसी खास प्राप्ति-क्रमांक से किसी खास पुस्तक का ही संकेत मिलना चाहिए।

कुछ पुस्तकाध्यक्षों का मत है कि एक बार एक पुस्तक के लिए व्यवहृत प्राप्ति-क्रमांक उक्त पुस्तक के नष्ट हो जाने या गुम हो जाने बावजूद भी दूसरों पुस्तक के लिए व्यवहृत नहीं होना चाहिए।

कुछ पुस्तकाध्यक्षों का मत है कि अगर पत्रक-प्रणाली अपनाई गई हो तो पुस्तकालय से वापस ली गई पुस्तकों या गुम हुई पुस्तकों का प्राप्ति-क्रमांक नई आई पुस्तकों के लिए निर्धारित करने में कोई आपत्ति नहीं होनी चाहिए। हाँ, पंजिका प्रणाली में यह सम्भव नहीं है।

10

दशमलव वर्गीकरण पद्धति

आविष्कारः श्री मेलविल डयुबी

श्री मेलविल ड्युबी (1651-1631) एम्हर्स्ट कालेज-पुस्तकालय (अमेरिका) के पुस्तकाध्यक्ष थे। आपके पूर्व वर्गीकरण की कोई सन्तोषजनक पद्धति प्रचलित नहीं थी। आप ने अपने कार्यकाल में इन कठिनाइयों को अनुभव कर 1673 ई. में इस वर्गीकरण पद्धति का आविष्कार किया। इस पद्धति द्वारा पुस्तक-पुस्तिकाओं आदि का उचित क्रम से वर्गीकरण और व्यवस्थापन किया जा सके, इसके लिए प्रयास किया गया है। अभी विश्व के अधिकतर पुस्तकालयों में इस पद्धति को अपनाया जा रहा है, इसके परवर्ती सभी वर्गीकरण पद्धतियों पर भी इस पद्धति का किसी-न-किसी रूप में प्रभाव पड़ा है।

संक्षिप्त रूपरेखा

इस पद्धति में चूँकि वर्गांक बनाने में तथा विषयों के सूक्ष्म भेद-प्रभेद करने में दशमलव का प्रयोग किया जाता है, इसलिए इसे दशमलव-पद्धति की संज्ञा दी गई है।

डेबी महोदय ने सर्वप्रथम समस्त ज्ञान भण्डार को 6 मुख्य वर्गों (1 से 6 तक) में विभक्त किया है एवं विश्वकोश, पत्र-पत्रिकाएँ, वार्षिकी आदि ऐसी सामान्य अध्ययन-सामग्री जो उपर्युक्त 6 वर्गों में से किसी भी वर्ग में नहीं रखी जा सकती, उनके लिए "सामान्य कृति" नामक एक अलग वर्ग शून्य से सूचित कर बनाया है, जो ज्ञान क्षेत्र का दशवाँ वर्ग हैं।

मुख्य वर्ग	वर्ग के अन्तर्गत विषय	प्रतीक
0 सामान्य कृतियाँ...	सूचीपत्र, विश्वकोण, पत्रिकाएँ, समाचारपत्र आदि	000
1 दर्शन...	दर्शन शास्त्र और उससे सम्बन्धित सभी विषय	100
2 धर्म....	विश्व के सभी धर्म तथा समुदाय आदि।	200
3 समाज विज्ञान...	राजनीति, अर्थशास्त्र, कानून, शासन, शिक्षा आदि।	300

4 भाषा विज्ञान.... विश्व की समस्त भाषाओं का इतिहास तथा उससे सम्बन्धित विषय। 400
5 शुद्ध विज्ञान... गणित, ज्योतिष, रसायन, जन्तु विज्ञान आदि। 500
6 उपयोगी कलाएँ.... चिकित्सा, खेती, यन्त्र विज्ञान, कला-कौशल आदि। 600
7 ललित कला... चित्रकला, मूर्तिकला, संगीत, मनोविनोद आदि 700
8 साहित्य.... विश्व की समस्त भाषाओं का साहित्य 800
9 इतिहास... भूगोल, यात्रा जीवन एवं इतिहास। 600

मुख्य वर्गों का विभाजन...इस पद्धति में मुख्य वर्गों को एक नियमित रीति से विभाजित करके उपवर्ग बनाए जाते हैं। सर्वप्रथम प्रत्येक मुख्य वर्ग 6 उपवर्गों में विभाजित किया जाता है, पुनः प्रत्येक उपवर्ग 6 विभागों में विभाजित किया जाता है। ये विभाग भी पुनः उपविभागों में विभाजित किए जाते हैं। आवश्यकतानुसार ये उपविभाग भी पुनः भागों में विभाजित किए जाते हैं...

उदाहरणार्थ...

300 समाज विज्ञान

310 संख्यातत्व
320 राजनीति
330 अर्थ शास्त्र
340 कानून
350 शासन
360 सामाजिक कल्याण
380 शिक्षा
370 वाणिज्य
360 प्रथा रीति

320 राजनीति विज्ञान

321 राज्य और सरकार के रूप
322 राज्य और सरकार के क्षेत्र
323 राष्ट्र का व्यक्तिगत समूहों से सम्बन्ध।
324 निर्वाचन, मताधिकार।

321 राज्य और सरकार के रूप

321.1 प्रभुराष्ट्र
321.2 मिश्रित
321.3 सामन्तवाद
321.4 विश्व राज्य
321.5 अन्तराष्ट्रीयता
321.6 एकतन्त्रवाद
321.7 वैधानिक तन्त्र
321.8 राष्ट्रीय सरकार।

321.8 राष्ट्रीय सरकार

321.82 प्रजातन्त्र
321.83 समाजवाद

321.94 साम्यवाद
321.85 फासिष्टवाद

उपर्युक्त उदाहरण से स्पष्ट है कि उपवर्गों को विभाजित करने में दशमलव का प्रयोग किया जाता है। परन्तु भाषा विज्ञान, साहित्य और इतिहास के उपवर्गों में कुछ विशेष फार्मूला अपनाया गया है।

भाषा विज्ञान

भाषा विज्ञान के उपवर्गों की विभाजित करने में निम्नलिखित सिद्धान्त का प्रयोग किया जाता है...

1 लिपि
2 व्युत्पत्तित
3 कोश
4 पर्यायवाची
5 व्याकरण
6 उपभाषाएँ
7 भाषा विशेष सीखने की पुस्तकें।

उदाहरण के लिए

820 अंग्रेजी भाषा	861.2 संस्कृत भाषा
821 अंग्रेजी लिपि	146.21 संस्कृत लिपि
422 अंग्रेजी व्युत्पत्ति	461.22 संस्कृत व्युत्पत्ति
423 अंग्रेजी कोश	461.23 संस्कृत कोश
424 अंग्रेजी पर्यायवाची कोश	461.24 संस्कृत पर्यायवाची कोश
425 अंग्रेजी व्याकरण	461.25 संस्कृत व्याकरण
427 अंग्रेजी उपभाषाएँ	461.27 संस्कृत उपभाषाएँ
827 अंग्रेजी की पुस्तकें	461.28 संस्कृत भाषा सीखने की पुस्तकें।

साहित्य

दशमलव पद्धति में 'साहित्य' वर्ग को पहले भाषा के द्वारा विभाजित किया गया है, पुनः उसके साहित्यिक रूपोंकाव्य, नाटक आदि द्वारा उसका विभाजन किया गया है, तत्पश्चात् काल क्रमानुसार उपविभाजन किया गया है।

भाषा के अनुसार

800 साहित्य
810 अमेरिकन साहित्य
820 अंग्रेजी साहित्य
830 जर्मन साहित्य
840 फ्रेंच साहित्य
850 इटैलियन साहित्य
860 स्पेनिश और पुर्तगाली साहित्य
870 लैटिन और अन्य इटैलिक साहित्य
770 ग्रीक और हेलेनिक समूह साहित्य
860 अन्य भाषाओं का साहित्य

रूप के अनुसार

1 काव्य
2 नाटक
3 कथा साहित्य
4 निबन्ध
5 वक्तृता
6 पत्र साहित्य
7 हास्य-विनोद
8 विविध

820 अंग्रेजी साहित्य	961.43 हिन्दी साहित्य
821 अंग्रेजी काव्य	831.431 हिन्दी काव्य
812 अंग्रेजी नाटक	861.432 हिन्दी नाटक
821 अंग्रेजी कथा साहित्य	861.433 हिन्दी कथा साहित्य
824 अंग्रेजी निबन्ध	861.434 हिन्दी निबन्ध
845 अंग्रेजी वक्तृता	861.435 हिन्दी वक्तृता
826 अंग्रेजी पत्र साहित्य	861.436 हिन्दी पत्र साहित्य
827 अग्रेंजी हास्य-व्यंग्य साहित्य	861.437 हिन्दी हास्य-व्यंग्य साहित्य
828 अंग्रेजी विविध	831.438 हिन्दी विविध
839 ऐंग्लो-सेक्सन साहित्य	831.436 हिन्दी उपभाषाओं का साहित्य

कालक्रमानुसार

821 अंग्रेजी काव्य	
821.1 पूर्व कालीन अंग्रेजी काव्य	(1066-1400)
821.2 पूर्व-एलिजाबेथ	(1401-1558)
821.3 एलिजाबेथ-काल	(1566-1625)
821.4 एलिजाबेयीत्तर काल	(1626-2702)
821.5 क्वीन एने काल	(1703-1702)
821.6 18वीं शताब्दी के बाद	(1789-1800)
821.7 उन्नीसवीं सदी का प्रारम्भ काल	(1801-1837)
821.8 विक्टोरिया काल	(1838-1600)
821.6 बीसवीं शताब्दी	(1601–)

दशमलव पद्धति के प्रतीक

इस पद्धति में वर्गोंक पुस्तक करने के लिए प्रतीक के रूप में अरेबिक अंकों

का प्रयोग किया गया है। यह प्रतीक लिखने एवं स्मरण रखने की दृष्टि से बड़ी सरल होती है, साथ ही आवश्यकतानुसार इन्हें किसी भी सीमा तक विस्तृत किया जा सकता है

उदाहरण के लिए

600	व्यावहारिक विज्ञान
610	चिकित्सा विज्ञान
611	शरीर विज्ञान
611.1	रक्त संचालन
611.11	परिहृच्छद
611.12	हृदय
611.122	बायां फेफड़ा
611.123	दायां फेफड़ा
611.124	गुहाह
611.1242	दायाँ
611.1243	बायाँ

सामान्य विभाजन वर्ग

निम्नलिखित सामान्य विभाजन-वर्ग को मुख्य विषय की प्रतीक संख्या के साथ जोड़ देने से उस वर्ग का उपविभाजन हो जाता ह

01	दर्शन सिद्धान्त
02	रूपरेखा, डाइजेस्ट, सिलेबस, मैनुअल
03	कोश, विश्वकोश
04	निबन्ध, भाषण
05	पत्रिकाएँ
058	डाइरेक्टरी, शब्दकोश, ईयर बुक
06	सभा, समिति
061	सरकारी संगठन
062	गैर सरकारी संगठन
063	कांफ्रेंस
065	व्यापारिक संख्या
066	पेशा
07	शिक्षा, अध्ययन
074	म्युजियम, प्रदर्शनी
076	पुरस्कार

08 संगृहीत कृति

081 एक लेखक का संगृहीत लेख

082 अनेक लेखकों के संगृहीत लेख

084 एटलस, चार्ट, प्लेट

06 इतिहास

062 जीवनी

सामान्य वर्ग किस प्रकार मुख्य विषय की प्रतीक संख्या में जोड़ा जाता है, उसके कुछ उदाहरण इस प्रकार है.....

(1) विधान सभा का इतिहास...

विधान सभा....328

इतिहास....328+06=328.06

जिस संख्या के अन्त में शून्य हो, उसमें यह योग्य बिना शून्य का होता है जैसे

(2) अंग्रेजी साहित्य का इतिहास

साहित्य	800
अंग्रेजी साहित्य	920
अंग्रेजी साहित्य का इतिहास	820.6

(3) मनोविज्ञान की पत्रिका....

मनोविज्ञान....140

पत्रिका...150.5

(4) यदि दशमलव की बाई और दो शून्य हो और दाहिनी और भी एक शून्य हो तो बाई और का एक शून्य और दाहिनी और का एक शून्य दशमलव सहित हटा दिया जाता है। जैसे...

400 भाषा शास्त्र+.01 सिद्धान्त=401 भाषा शास्त्र का सिद्धान्त

(5) महात्मा गांधी की जीवनी

जीवनी	620
राजनैतिक पृष्ठों की जीवनी...	623
भारतीय पृष्ठों की जीवनी....	62354

इस प्रकार इन सामान्य विभाजनों से प्रत्येक विषय उपविषय और विषयांशें से सम्बन्धितक प्रत्येक अध्ययन-सामग्री यथा स्थान पहुँच जाती है।

अनुक्रमाणिका

इस पद्धति की अनुक्रमाणिक सापेक्षिक है। इस अनुक्रमाणिका में सारिणी के पदों के पर्यायवाची तथा अन्य बहुसंख्यक संलेख दिऐ गए हैं जिनसे वर्गकार को अपना

विषय ढूँढ़ने में सुविधा और सरलता होती है। यह अनुक्रमाणिका अंग्रेजी वर्णमाला के आधार पर वर्णानुसार व्यवस्थित है जिसमें प्रत्येक विषय के अन्तर्गत उससे सम्बन्धित सब उपविषयों की सम्मिलित करने का प्रयत्न किया गया है।

कठिनाइयाँ...

इस पद्धति में पाश्चात्य विषयों की प्रमुख एवं एशियाई शीर्षकों को गौण स्थान दिया गया है। फलस्वरूप प्रायः सभी विषयों के भारतीय पक्षों के वर्गोकरण में कठिनाई होती है। उदाहरण के लिए...दर्शन तथा धर्म के वर्गों में यूरोपीय दर्शन तथा ईसाई धर्म का इतना अधिक महत्व दिया गया है कि भारतीय दर्शन तथा धर्मग्रन्थों के वर्गीकरण में यह पद्धति अनुपयुक्त सिद्ध होती है। भारतीय भाषाओं और साहित्य के साथ भी यही स्थिति है। इसके अतिरिक्त भाषा और साहित्य को एक दूसरे से बहुत दूर कर दिया गया है। भारतीय पुस्तकालयों इसके व्यवहार के लिए इस पद्धति में पर्याप्त संशोधन की आवश्यकता है।

पुस्तकांक

दशमलव पद्धति के अन्तर्गत पुस्तकों का विषयानुसार वर्गीकरण कर एवं तदनुसार उनका वर्गों निश्चित कर लेने के पश्चात् आलमारियों में उन्हें एक शीर्षकके अन्तर्गत क्रमबद्ध व्यवस्थित करने के लिए उनकी अपनी विशिष्टता निर्धारित करने का प्रश्न उठता है। चूँकि पुस्तकालय में एक ही विषयकी बहुत-सी पुस्तकें रहती हैं अतः उन सभी एक वर्गीय पुस्तकों के बीच प्रत्येक पुस्तक का विशिष्ट स्थान निर्धारित करना आवश्यक होता है।

उदाहरण के लिए हिन्दी कविता लें...दशमलव पद्धति के अनुसार इसका वर्गोंक है...861.431। मान लीजिए, किसी पुस्तकालय में हिन्दी कविता को पचास पुस्तकें है, इन सभी पर यही वर्गोंक दिया जाएगा एवं ये सभी पुस्तकें एक स्थान पर एकत्रित होगी। अतः अब यदि हमें 'दिनकर' के 'रश्मिरथी' की आवश्यकता होगी तो इसके लिए हमें उन पचासों पुस्तकों को उलटना होगा। क्योंकि वे पुस्तकें तो किसी क्रम में व्यवस्थित नहीं होगी। अतः इसी कठिनाई को हल करने के उद्देश्य से प्रत्येक पुस्तक का अपना स्थान निश्चित करना पड़ता है। इसके लिए अनेक रीतियाँ अपनाई जाती है, उनमें से मुख्य ये हैं...

1. प्रकाशन वर्ष के क्रम के अनुसार।
2. प्रतिपाद्य विषय के मूल्यांकन के अनुसार।
3. प्राप्ति-क्रमांक के अनुसार।
4. लेखक के आकारादि क्रम के अनुसारे

इनमें से अन्तिम क्रम सबसे अधिक सुविधाजनक माना जाता है।

इसके लिए सर्वप्रथम, पुस्तकों को वर्ग के अनुसार छाँट लेने के पश्चात् उन्हें लेखकों के नाम के अनुसार आकारादि क्रम में व्यवस्थित किया जाता है...कबीर, तुलसीदास, सूरदास, हरिश्चन्द्र। पुनः एक लेखक की एक पुस्तक को दूसरी पुस्तक के अलग करना भी आवश्यक है। इसके लिए वर्गांक के साथ लेखक एवं पुस्तक दोनों की विशिष्टता प्रदर्शित कराने के लिए लेखक-प्रतीक एवं पुस्तक-प्रतीक, दोनों को सम्बद्ध किया जाता है।

लेखकों एवं पुस्तक के नामों के ये प्रतीक अंग्रेजी में (Book No.) नम्बर (पुस्तकांक) कहलाते हैं। चूँकि यह संख्या लेखकों के नाम के प्रतीत रूप में व्यवहृत होती है अतः इसे लेखक-प्रतीक या लेखकांक भी कह सकता है।

डॉ. रंगनाथन के अनुसार...'किसी पुस्तक का पुस्तकांक उसके स्वर्गीय पुस्तक वृन्द के बीच उसका पृथक नामकरण कर देता है।''

लेखकांक को वर्गांक के साथ संयुक्त कर लिखा जाता है। जैसे...

डगमगाते कदम (कहानियाँ)...ले....अनुज शास्त्री के लिए...

861.433	या	861.433
अनुःड		अ 46:ड

वर्गांक और पुस्तकांक दोनों इस तरह संयुक्त होने पर, पुस्तक का क्रामक समंक (Call No.) कहलाता है। यही पुस्तकांक पुस्तकालय में एक वर्ग में किसी विशिष्ट पुस्तक का अन्य पुस्तकों के बीच विशिष्ट एवं सापेक्ष स्थास निश्चित करता है।

लेखक-प्रतीक

लेखक के नामों के लिए प्रतीक प्रस्तुत करने की कई प्रणालियाँ प्रचलित है।

लेखक के नाम के प्रतीक के रूप में...(1) लेखक के नाम के प्रथम दो या तीन वर्ण या (2) नाम एवं उपनाम, दोनों के प्रथम वर्ण या (3) नाम के लिए निर्धारित कुछ अन्य प्रतीक, जैसे...अंक-वर्गा के साथ सम्बद्ध कर दिया जाता है।

इनमें अंकों के रूप में प्रतीक प्रस्तुत करने की प्रणाली अधिक प्रचलितहै। अंग्रेजी भाषा में चार्ल्स एमी कटर महोदय की लेखक-सारिणी सबसे प्रसिद्धत है। इसमें आकारादि क्रम से व्यवस्थित, सभी लेखकों का प्रतीक-अंक निर्धारित किया गया है। नाम के प्रारम्भिक वर्ण लिखकर उसमें नाम के शेष वर्णों के लिए अंक जोड़ दिए जाते हैं। जैसे...

Holmes-H 734

Huxley-H 982

कटर या अन्य ऐसी प्रणालियों का उपयोग पाश्चात्य लेखकों के नाम में सरलतापूर्वक होता है। अधिकांश भारतीय पुस्तकालयों में भारतीय लेखकों के लिए

भी कटर-से ही सहायता ली जाती है। परन्तु इस रीति से हिन्दी पुस्तकों के लेखकों का प्रतीक प्रस्तुत करने में बड़ी असुविधा होती है। क्योंकि इस तरह से ये पुस्तकें देवनागरी लिपि के अनुसार आकारादि क्रम में न रखी जाकर रोमन लिपि के ए. बी. सी. आदि वर्णों के क्रम से रखी जाती है। फलस्वरूप 'उमेश' की पुस्तकें 'यू' वर्ण के अनुसार 'दिनकर' की पुस्तकों के बहुत बाद रखी जाएगी, जबकि 'उ' के अनुसार इसे पहले स्थान मिलना चाहिए था। अतः हिन्दी पुस्तकों के लिए यह प्रणाली अत्यन्त अवैज्ञानिक है।

भारतीय पुस्तकों के लिए लेखकांक या लेखक-प्रतीक निर्धारित करने के लिए कई विद्वान प्रयत्नशील है। श्रीयुत प्रमिल बसु ने बंगला पुस्तकों के लिए लेखकांक-सारिणी तैयार की है। श्रीयुत पारखी ने मराठी पुस्तकों के लिए तथा श्री सोहन सिंह ने उर्दू के लिए नियम बनाए हैं। हिन्दी पुस्तकों के लिए श्री सतीश चन्द्र गुहा ने जो सारिणी प्रस्तुत की है, वह अत्यन्त ही सुगम है। इसके अनुसार अंकों में लेखक-प्रतीक प्रस्तुत करने के लिए सर्वप्रथम लेखक का प्रथम वर्ण लिख जाता है और उसके आगे के वर्ण के लिए अंक दिए जाते हैं। ये अंक यद्यपि नाम नाम के शेष वर्णों का प्रतिनिधित्व करते हैं, पर मूल्यतः नाम के द्वितीय वर्ण के आधार पर ही ये अंक दिए जाते हैं। जैसे-बेचन-च की संख्या 21 है अतः बेचन का अंक...वे 21। दिनकर-न ही संख्या 46 हैं, अतः दिनकर का अंक'...दिप 46 हुआ। गांधी-चूँकि द्वितीय वर्ग धी हैं अतः ध का, 47 और ई. का 3 है। अतः गांधी का 'ग 473' अंक हुआ।

मात्रा सूची (स्वर वर्ण)

अ...कोई चिह्न आवश्यक नहीं।

आ.1	इ.2	ई.3	उ.4	ऊ.5	ए.6	ऐ.7
ओ.8	औ.9	ऋ.10	लृ.11			

वर्ण सूची

क 11	क्ष 12	ख 13	ग14	ख16	ध17	ड16
च 21	छ 23	ज 25	ज 26	झ 27	..ा 6	ट 32
ठ 33	ड 34	ढ 37	ण 36	त 41	थ 03	द
द्म 46	ध 47	न 46	प 51	फ 53	ब 55	भ
म 56	य 61	र 63	ल 65	व 67	श 71	श्री
ष 76	ष्ण 77	स 76	ह 81			

अन्य विधि

अंक के स्थान पर, कुछ पुस्तकालयों में, लेखक प्रतीक के रूप में लेखक नाम के

मात्र दो वर्ण का प्रयोग किया जाता है। जैसे-प्रेमचन्द के लिए 'प्रेम। 'दिनकर' के लिए 'दिन'। कभी-कभी इसमें कठिनाई भी उपस्थित हो जाती है। जैसे...(1) श्याम सुन्दर दास, श्याम सुन्दर घोष, (2) राम कुमार वर्मा, रामनरेश त्रिपाठी। स्थिति. ..प्रथम दो नामों के लिए श्याम दो और श्याम धो प्रतीक देना होगा। बाद के नामों के लिए राम कु या राम न भी दिया जा सकता है। परन्तु ऐसी नामों में उपनाम या जाति सूचक नाम का प्रथम वर्ग संलग्न करना ही उत्तम होती है। जैसे...राम व, राम त्रि।

एक लेखक की एक विषय की एक पुस्तक को दूसरी पुस्तक से अलग करने के लिए लेखक प्रतीक के बाद कोलन देकर पुस्तक के शीर्षक के प्रतीक स्वरूप, शीर्षक का प्रथम वर्ण लिख देना चाहिए। यदि कहीं एक वर्ण से दो शीर्षकों का भेद न किया जा सके, तो वहाँ दो वर्णों का प्रतीक भी प्रयुक्त किया जा सकता है।

जैसे...(1) प्रेमचन्द का गोदान...प्रेमः गो
(2) दिनकर का कुरुक्षेत्र...दिनः कु
(3) अनुज का डगमगाते कदम...अ 46.4 : ड या अनु : ड

जीवन चरित्र

जीवन चरित्र एवं समालोचनात्मक पुस्तकों का पुस्तकांक तैयार करने के लिए विशेष नियम है। जिस व्यक्ति का जीवन चरित्र होता है, उसी के नामा.... प्रतिकांक तैयार किया जाता है ताकि उस व्यक्ति के जीवन सम्बन्धी लेखकों द्वारा लिखित पुस्तकें अलमारी में एक स्थान पर एकत्रित हो। इन पुस्तकों का लेखक से नाता जोड़ने के लिए नामांक के बाद लेखक का प्रथमाक्षर दे दिया जाता है। जैसे...

जगजीवन राम लेखिका-सुमित्रा देवी। गुहा के अनुसार इस पुस्तक का पुस्तकांक हुआ...ज 15 : सु

(1) महात्मा गांधी-लेखक पोलक
(2) सेवाग्राम के सन्त...लेखक देसाई

उपर्युक्त दोनों पुस्तकें गांधी जी की जीवनी है तथा दो विभिन्न लेखकों द्वारा लिखी गई है। दशमलव पद्धति के अनुसार दोनों के वर्गांक 623.54 और लेखकांक (गुहा के अनुसार) ग 47.3 हुआ, पर दोनों के लेखक दो हैं, अतः इनका लेखकांक इस प्रकार हुआ...

623.54	622.58
गाँ 47.3 :पी.	गाँ 47.3 : वे

प्रतीक और अंक

लेखक के प्रतीक स्वरूप लेखक के प्रथम दो वर्ष मात्र या उसमें उपनाम का प्रथम

वर्ण संयुक्त कर प्रस्तुत करना बड़ा सरल है। इनके लिए किसी तरह की सूची बनाने की आवश्यकता नहीं है। पाठक भी सहज में वर्ण-प्रतीक को देखकर लेखक के नाम का अनुमान लगा सकते हैं। वर्ष प्रतीक का प्रयोग एक साधारण से साधारणयता अल्पगठित पुस्तकाध्यक्ष भी कर सकता है। गुहा द्वारा प्रस्तुत अंक भी अत्यन्त सरल है, परन्तु कभी-कभी कुछ लम्बा हो जाता है। जैसे-गांधी-गाँ 47.3। दिनकर का वर्ण प्रतीक दिन होगा, परन्तु अंक में दिन 46। खासकर लम्बाई तब और बढ़ती है जब द्वितीय वर्ण मात्रायुक्त होता है, तो भी अंग्रेजी प्रणालियों से इसका प्रयोग सरल एवं वैज्ञानिक है। पुस्तकाध्यक्ष अपने सुविधानुसार वर्ण-प्रतीक या अंक किसी का भी प्रयोग कर सकते है, परन्तु सदैव यह स्मरण रखना चाहिए कि पुस्तकालय में एक रूपता रखने के लिए किसी एक ही प्रतीक का प्रयोग किया जाए।

11

द्विबिन्दु-पद्धति

आविष्कार : पद्मश्री डॉ. श्री रा. रंगनाथन

भारतीय पुस्तकालय-आन्दोलन के जनक और पुस्तकालय विज्ञाने के आचार्य डॉ. रंगनाथन का जन्म 6 अगस्त, 1862 में हुआ। हिन्दू हाई स्कूल, श्रियाली, जिला तंजौर से अपनी प्रारम्भिक शिक्षा समाप्त कर आपने मद्रास विश्वविद्यालय से 1616 में एम. ए. की उपाधि प्राप्त की और 1617 में एल. टी. परीक्षा भी उत्तीर्ण की। आप 1623 तक मद्रास शिक्षा विभाग में गणित के अध्यापक रहे।

4 जनवरी, 1624 में वे मद्रास विश्वविद्यालय के प्रथम पुस्तकाध्यक्ष नियुक्त हुए। वहाँ से वे पुस्तकालय-विज्ञान की शिक्षा प्राप्त करने इंग्लैंड गए। वहाँ से लौटने पर आपने अपनी वर्गीकरण पद्धति का आविष्कार किया एवं पुस्तकालय-विज्ञान पर बहुत-सी मौलिक पुस्तकों की रचना की।

आपने मद्रास पुस्तकालय संघ की स्थापना 1628 में की। मद्रास पुस्तकालय संघ तथा मद्रास विश्वविद्यालय के सहयोग से आपने पुस्तकालय-विज्ञान में सर्टिफिकेट कोर्स के प्रशिक्षण की व्यवस्था की।

मद्रास विश्वविद्यालयों के अतिरिक्त आप बनारस, दिल्ली, एवं उज्र्जन विश्वविद्यालयों में भी पुस्तकालय-विज्ञान विमाग के अध्यक्ष रह चुके हैं। भारतीय पुस्तकालय संघ की स्थापना में भी आपका प्रमुख हाथ रहा है। आप इसके पाँव वर्ष तक अध्यक्ष रह चुके हैं। आप सभी पुस्तकालय-विज्ञान विषय के कांग्रेस प्रोफेसर तथा डोकुमेंटशन रिसिर्च एण्ड ट्रेनिग सेटर, बंगलौर के आचार्य है।

पुस्तकालय-जगत में भारत की प्रतिष्ठा को बढ़ाने में डॉ. रंगनाथन ने प्रशंसानीय कार्य किया है। आप भारत सरकार द्वारा पद्मश्री की उपाधि से भी विभूषित हुए हैं।

द्विबिन्दु पद्धति की रूपरेख...

इस पद्धति में वर्ग के उपविभागों को जोड़ने के लिए द्विबिन्दु (:) का उप योग किया जाता है, इसलिए इसे कोलन या द्विबिन्दु पद्धति कहते हैं। यह पद्धति भारतीय दर्शन के पंचभूत सिद्धान्त पर आधारित है, जो इस प्रकार है..

Personality–विषय की परिपूर्णता

Matter–पदार्थ

Energy–शक्ति

Time–काल

Space–देश

इन सिद्धान्तों के आधार पर प्रतिपाद्य विषयों का निर्णय किया जाता है। इन्हीं के आधार पर डॉ. रंगनाथन ने सम्पूर्ण ज्ञान को तीन विभागों में विभाजित किया है–

विज्ञान–(Science)

मानविकी–(Humanities)

समाज विज्ञान–(Sccial Science)

आध्यात्मिक अनुभूति और गूढ़ विद्या के लिए ... त्रिकोण तथा सामान्स वर्ग के लिए1 से 6 अंकों को प्रतीक के रूप में प्रयोग किया जाता है।

प्रतीक

इस पद्धति के प्रतीक मिश्रित है, जिसमें (1) 10 अरेबिक अंक (O और 1 से 6): (2) 26 अक्षर मुख्य वर्ग के लिए अंग्रेजी में 26 Capital Letter) तथा (3) ... त्रिकोण चिह्न (4) 23 अक्षर सामान्य उप विभाग के लिए (अंग्रेजी में 23 (Small Letter), विराम चिह्न, कोष्ठक चिह्न आदि प्रतीक होते हैं। प्रतीक-चिह्नों को इतनी अधिक संख्या होने के कारण इस पद्धति में विस्तारशीलता की अधिक गुंजाईश रहती है।

मुख्य वर्ग–

(क) अरेबिक अंकों (1 से 6) से सर्व सामान्य वर्गों की विभाजित किया गया है।

(ख) अक्षरों से मुख्य वर्ग को 26 मुख्य वर्गों (23 शास्त्र एवं 13 शास्त्रतर विषय) एवं त्रिकोण ... चिह्न से योग विज्ञान को विभाजित किया गया है।

क्रामक-समंक (Call No.)–इस पद्धति में किसी पुस्तक का क्रामक-समंक निश्चित करने के लिए–

(क) पुस्तक में वर्णित विशिष्ट विषय के अनुसार वर्गांक निश्चित किया जाता है।

(ख) एवं आवयकतानुसार, सामान्य उपविभाग का प्रतीक वर्गांक के साथ संलग्न कर दिया जाता है; तथा

(ग) अन्त में, पुस्तक की विशिष्टता प्रदर्शित करने के लिए नियमानुसार पुस्तक की विशिष्ट संख्या–पुस्तकांक–दी जाती है।

वर्गांक (Class No.) बनाने की विधि :

प्रत्येक वर्ग के अन्तर्गत पुस्तकों के विषय का निर्णय करने के लिए उसके साथ एक सूत्र दिया गया है जो निश्चित है। प्रत्येक सूत्र के अनेक अंग है जो मूलभूत पाँच सिद्धान्तों पर आधारित है। प्रत्येक अंग मूलभूत सिद्धान्तों के प्रतीकों से संयुक्त किया जाता है। प्रत्येक अंग के अलग-अलग उपविभाजनों का स्थान अंकों के प्रतीकों से निर्धारित किया जाता है। इस प्रकार मुख्य वर्ग के अक्षर-प्रतीक के साथ उनके विभिन्न प्रतीकों को मिलाकर संयुक्त करने पर वर्गांक का निर्माण किया जाता है।

पुस्तकांक (Book No.)...साधारण्तया पुस्तकांक पुस्तक की भाषा, एपं प्रकाशन तिथि के आधार पर निर्धारित की जाती है। किसी विशेष स्थिति में ही इसमें पुस्तक का प्राप्ति-क्रमांक, खण्ड-संख्या या प्रतियों की संख्या आदि सम्मिलित की जाती है।

भाषा की प्रतीक-संख्या 'भाषा विभाग' तालिका से एवं प्रकाशन तिथि की प्रतीक-संख्या, 'पुस्तकांक के लिए काल विभाग' तालिका से निश्चित की जाती है।

द्विबिन्दु वर्गीकरण : मुख्य वर्गों के लिए तर्कसंगत पृष्ठ भूमि

द्विबिन्दु वर्गीकरण में प्रथम स्थान का विज्ञान (सामान्य) की दिया गया है। विज्ञान में सर्वप्रथम स्थान रख गणित का है जिसका उपयोग अन्य विज्ञान एक साधन की तरह करते हैं। उसके पश्चात् ग भौतिक विज्ञान का स्थान आता है जिसमें गणित का उपयोग किया जाता है। इसके बाद घ यन्त्र विज्ञान का वर्ग आता है जिसमें भौतिक विज्ञान और गाणित का उपयोग किया जाता है। उसके बाद च रसायन विज्ञान का वर्ग आता है जो विशेष द्रव्य गुणों से सम्बन्ध रखता है। इस वर्ग के पश्चात् इसका व्यावहारिक रूप छ रसायन कला का वर्ग आता है। ग से छ तक के वर्ग भौतिक शास्त्र और उनके व्यावहारिक उपयोग से सम्बन्ध रखते हैं।

ज जीवन शास्त्र से लेकर ठ आयु शास्त्र तक के वर्ग निसर्ग विज्ञान में आते हैं। झ भूगर्भ शास्त्र का प्रतिनिधित्व करता है जो जीवन के मिटे ध्वंसावशेष से और पृथ्वी से, जिस पर जीवन एक हलचल है, सम्बन्ध रखता है। इसके बाद ट वनस्पति शास्त्र का स्थान आता है और ठ कृषि शास्त्र में इसका व्यावहारिक रूप प्रकट होता है। इसके पश्चात् प्राणियों से जीवन का अध्ययन ड प्राणि विज्ञान में आता है। निसर्ग विज्ञान के अन्तिम क्रम में ठ आयु शास्त्र का स्थान आता है

जिसका सम्बन्ध मानव के जीवित शरीर से है। त उपयोगी कला का प्रतीक है जिसमें विज्ञान के सभी व्यावहारिक प्रयोग आते हैं।

मानविकी का आधा भाग इस प्रकार स्वाभाविक क्रम में नहीं है, जिस प्रकार कि विज्ञान का आधा विभाग है। फिर भी वह उचित क्रम से हट नहीं द साहित्य आता है। साहित्य के पश्चात् ध भाषा विज्ञान का वर्ग आता है। भाषा विज्ञान के बाद न धर्म का स्थान आता है धर्म के पश्चात् मनुष्रू स्वतः के बारे में और सृष्टि के बारे में सोच-विचार करना प्रारम्भ कर देता है। इस प्रकार प दर्शन का निर्माण होता है। इसमें मन का उपयोग होता है और इसी का अध्ययन फ मानस शास्त्र में होता है। इसके पश्चात् युवक मन को शिक्षित करने के लिए उसके व्यावहारिक प्रयोग द्वारा व शिक्षण शास्त्र का जन्म होता है।

थ से लेकर फ तक छः वर्ग मानविकी वर्ग कहलाए जा सकते है। भ से लेकर व तक के वर्ग समाज विज्ञान के अन्तर्मत आ सकते हैं। व शिक्षण शास्त्र को मानवत्व तथा समाज विज्ञान दोनों में रखा जा सकता है।

भ भूगोल का प्रतीक है जो मानव समाज का आधार है। पश्चात् पृथ्वी परं के मानव जीवन का गत और वर्तमान वर्णन आता है जिसे म इतिहास कहते हैं। इतिहास द्वारा किए गए निश्चित वृत्त ये य राजनीति का निर्माण होता है। राजनीति अन्ततः मानव की आर्थिक आवश्यकताओं पर आधरित है। इसलिए इस वर्ग के बाद र अर्थशास्त्र आता है। इसके पश्चात् ल समाज शास्त्र (सामान्य) वर्ग आता है। तत्पश्चात् राजनैतिक तथा आर्थिक संगठन के लिए व विधि का निर्माण होता है।

इस प्रकार इस पद्धति में पूरे वर्गों का व्यवस्थापन तर्कपूर्ण किया गया है।

द्विबिन्दु वर्गीकरण और हिन्दी साहित्य

इस पद्धति में साहित्यिक पुस्तकों के वर्गीकरण के लिए निम्न प्रकार के सूत्र का निर्माण किया गया है...

O [P], [P 2] [P3], [P 4]

O [L], [F] [A], [W]

O [Language], [Form of exposition] [Author], [Work]

द [भाषा], [साहित्यिक रूप] [लेखक], [पुस्तक]

यहाँ पर द साहित्य सम्बन्धी पुस्तकों का प्रतिनिधित्व करता है। साहित्य को भाषा के अनुसार रखने से प्रत्येक भाषा के जानने वाले उस भाषा की पुस्तकें सरलता से प्राप्त हो सकेंगी।

एक भाषा की पुस्तकें एक ही जगह रहने पर भी यह समस्या पूर्णतः हल नहीं हो पाती। प्रत्येक भाषा में कुछ विशेष साहित्यिक रूप प्रचलित हैं...उन साहित्यि क रूपों की तालिका निम्न प्रकार है।

1 काव्य
2 नाटक
3 उपन्यास
4 कथा-कहानी
5 निबन्ध
6 पत्र
7 विनोद, उपहास
8 व्याख्यान
9 अन्य रूप

भाषा-संख्या भाष विभाग से ली जाती है।

साहित्य...द

हिन्दी साहित्य...द 151

हिन्दी काव्य...द 152, 1

हिन्दी काव्य में भी अगिनत कवि हैं। यदि उनके काव्यों को उनके काल के अनुसार रखा जाए तो यह व्यवस्था पाठक के लिए बहुत हो सहायक सिद्ध होगी। लेखकों का काल निश्चित करने के लिए उनकी जन्मतिथि ली जाती है। जन्म तिथि के अनुसार पुस्तकों को रखने से एक लेखक की सभी पुस्तकें एक स्थान पर एकत्रित हो जाती है।

जन्मतिथि के लिए संख्या काल विभाग से ली जाती है। उदाहरणार्थ कबीर की जन्मतिथि 1400 ई. है, इसलिए कबीर का स्थान निम्न प्रकार होगा..

द 152, 1 ट.=कबीर।

इसी तरह मीरा, सूर, तुलसी का...

द 142, 1 ट. 3=मीरा

द 142, 1 ट. 76=सूरदास

द 142, 1 ठ 32=तुलसीदास

यहाँ पर

द =साहित्य

द 1=भारतीय-यूरोपीय साहित्य

द 15=संस्कृत साहित्य

द 152=हिन्दी साहित्य

द 152, 1=हिन्दी काव्य

द 152, 1 ट.=हिन्दी के कवि कबीर जिनका जन्म 1400 ई. में हुआ।

द 152,1 ठ 32=हिन्दीी के कवि तुलसीदास जिनका जन्म 1532 ई. में हुआ।

एक लेखक की सभी पुस्तकों को उनकी रचना के अनुसार एकत्रित किया जा सकता है। उदाहरणार्थ, तुलसीदास के पूरे काव्य ग्रन्थों को उनकी रचना के अनुसार निम्न प्रकार एकत्रित किया जा सकता है=

द 152, 1 ठ 32, 1 रामचरित मानस

द 152, 1 ठ 32, 2 विनय पत्रिका

द 152, 1 ठ 32, 3 कवितावली

द 152, 1 ठ 32, 4 दोहावली

द 152, 1 ठ 32, 5 गोतावली

द 152, 1 ठ 32, 6 पार्वती मंगल

इसका अर्थ होता है=

द 152, 1 ठ 32,=तुसलीदास

द 152, 1 ठ 32, 1=तुलसीदास रचित प्रथम काव्य ग्रन्थ

द 152, 1 ठ 32, 2=तुलसी दास रचित द्वितीय काव्य ग्रन्थ

इसी तरह किसी भी लेखक और कवि का इस पद्धति के अनुसार उनका पृथक स्थान निर्धारित किया जा सकता है।

पुस्तकों की विभिन्न आवृत्तियों को भी पृथक स्थान पुस्तकांक द्वारा दिया जा सकता है। पुस्तकांक की संख्या 'पुस्तकांक के लिए काल विभाग' से ली जाती है। यह संख्या वर्गों से तीन अक्षरों की जगह छोड़ कर लिखी जाती है।

वर्गांक तथा पुस्तकांक दोनों मिलकर पुस्तक का स्थान निश्चित करते हैं। इसलिए इन दोनों को मिलाकर क्रामक-समंक कहा जाता है।

उदहरण के लिए किसी पुस्तक, मान लीजिए 'विनय-पत्रिका' की प्रकाशन तिथि 1651 है तो उसका=

पुस्तकांक=ट 1

क्रामक समंक=वर्गांक+पुस्तकांक=द 141, 1 ठ 32, 2, ट 1

यदि दूसरा संस्करण 1645 में प्रकाशित हुआ तो उसका क्रामक-समंक इस प्रकार होगा=

द 152, 1 ठ 32, 2 ट 4

यदि किसी पुस्तक के दो या दो अधिक खण्ड हो तो उनके पृथकीकरण के लिए पुस्तकांक के आगे एक बिन्दु लगाकर उसके आगे खण्ड संख्या लिखी जाती है। जैसे='मानसरोवर के प्रथम एवं द्वितीय खण्ड का प्रकाशन वर्ष 1646 है तो इस प्रकार पृथक किए जा सकेंगे=

मानसरोवर, खण्ड 1=झ 6.1

मानसरोवर, खण्ड 2=झ 6.2

यदि किसी पुस्तकालय में किसी एक पुस्तक की दो या दो से अधिक प्रतियाँ हो तो उसके लिए प्रकाशन-तिथि के आगे 1, 2, 3 संख्या जोड़ दी जाती है। उदाहरणार्थ 'विनय-पत्रिका' की दो प्रतियाँ है तो=

द 152 1 ठ 32, 2 ट 11

द 152, 1 ठ 32,2 ट 12

सामान्य उपविभाग

सामान्य उपविभागों का भी उपयोग साहित्य के वर्गीकरण के लिए किया जाता है। इसके लिए संख्या 'सामान्य उपविभाग' से ली जाती है। उदाहरणार्थ=

द 152=हिन्दी साहित्य

द 152 फ=हिन्दी साहित्य का इतिहास

द 152 : 6=हिन्दी साहित्य की आलोचना

द 152 ठ=हिन्दी पत्रिका

पुस्तकालय में जिस भाषा की पुस्तकें अधिक हो या पुस्तकालय को जो इष्ट (Favoured) भाषा हो उस भाषा की संख्या को लिखने की आवश्यकता नहीं होती है। उदाहरणार्थ, हिन्दी पुस्तकालय में=हिन्दी साहित्य के लिए द 152 के स्थान पर मात्र द=लिखना ही पर्याप्त होगा और इस तरह=

द—,	हिन्दी साहित्य
द—,1	हिन्दी काव्य
द—,2	हिन्दी नाटक
द—,3	हिन्दी उपन्यास
द—,4	हिन्दी कथा साहित्य।

इस प्रकार हम देखते हैं कि द्विबिन्दु पद्धति द्वारा विश्व की किसी भी भाषा के साहित्य का वर्गीकरण अन्य पद्धतियों की अपेक्षा अधिक सुगमतापूर्वक किया जा सकता है। इस पद्धति में, भारतीय साहित्य, भाषा, धर्म, दर्शन, इतिहास, आदि के वर्गीकरण में बड़ी सुविधा होती है जबकि दशमलव पद्धति में इन्हें उपेक्षित स्थान दिया गया है।

उदाहरणार्थ धर्म को लें...दशमलव पद्धति में धर्म के उपभेद, धर्म के नहीं बल्कि ईसाई धर्म के प्रमेय भूत उपभेद बतलाते हैं। इसमें अन्य धर्मों को बहुत ही उपेक्षित स्थान दिया गया है।

द्विबिन्दु	**शीर्षक**	**दशमलव**
न	धर्म	2
नः 4	धार्मिक कृत्य	217
नः 45	पूजा	261.3
नः 6	धार्मिक संस्थान	261.65
नः 1	वैदिक धर्म	264.5
नः 2	हिन्दू धर्म	264.5
न 3 जैन धर्म	264.4	
न 31	श्वेताम्बर	264.41
न 7	मुस्लिम धर्म	267
नः 21	कुरान	267.12

12

ग्रन्थालय सुरक्षा एवं ग्रन्थालय अभिलेख

ग्रन्थालय सुरक्षा (Library Preservation)—ग्रन्थालय का मुख्य दायित्व न सिर्फ पाठकों को वांछित पाठ्य-सामग्री प्रदान करना है, बल्कि उसमें संग्रहित मानव संस्कृति से सम्बन्धित ज्ञान को सुरक्षा प्रदान करना भी है। मानव अपने द्वारा अर्जित ज्ञान को किसी-न-किसी रूप में सदियों से ग्रन्थालय में अपनी भावी पीढ़ियों के लिए संग्रह करता आ रहा है। आधुनिक ग्रन्थालय में ग्रन्थों के अतिरिक्त अन्य पाठ्य-सामग्रियाँ भी संग्रहित हो रही है। जैसे—फोटोग्राफ, माइक्रकोफिल्म, नक्शा टेप्स एवं पेंटिग आदि। इन सामग्रियों के अनेक शत्रु हैं, जिनसे रक्षा करना ग्रन्थालयाध्यक्ष (Libraian) का परम दायित्व हो जाता है। मानव की तरह ग्रन्थ (Book) के भी शरीर एवं आत्मा है। इसकी बाह्य बनावट जैसे—कागज, इंक, जिल्दबंदी (Binding) आदि शरीर है तथा इसमें अंकित विद्वानों के विचार आत्मा के रूप में प्रतिष्ठित है।

अतः ग्रन्थालयध्यक्ष (Libraian) का यह परम कर्त्तव्य है कि वह ग्रन्थों के शत्रुओं के पहचान कर उनकी उनकी सुरक्षा के प्रति सदैव सतर्क एवं तत्पर रहें।

ग्रन्थ के निम्नलिखित प्रमुख शत्रु माने गए है—

1. कीड़े (Inects)
2. पानी (Water)
3. आग (Fire)
4. धूलकण (Dust)
5. मानव (Wuman Beings)
6. चूहा (Rat)
7. फफूँद अथवा फंगी (Fungus)

(1) **कीड़े-मकोड़े (Insects)**—कीड़े ग्रन्थों के खतरनाक शत्रु माने जाते हैं। ये विभिन्न प्रकार के होते हैं। कुछ तो आँखों से देखे जा सकते हैं, लेकिन कुछ इतने

छोटे होते हैं कि उन्हें आँकड़ें से देख पाना मुश्किल हो जाता है। पाठ्य-सामग्रियों के कुछ प्रमुख हानिकार कीड़े निम्नलिखित हैं–

(1) दीमक (White ants)
(2) रजतमीन (Silver)
(3) झिंगुर (Cricket)
(4) ग्रन्थकीट (Book Worm)
(5) तिलचट्टा (Cockroach)

(1) **दीमक (White ants)**–यह ग्रन्थ एवं अन्य सामग्री का सबसे खतरनाक शत्रु माना जाता है। जहाँ कहीं यह आक्रमण करता है, वहाँ की पाठ्य-सामग्रियों एवं लकड़ी के समानों को पूर्ण रूपेण बर्बाद कर देता है।

मादा, दीमक प्रतिदिन हजार अण्डे दिया करती है। ग्रन्थालय कर्मचारियों को ज्योही दीमक का पता चले, वैसे ही उनको नष्ट करने का प्रयास करना चाहिए, क्योंकि इनका आक्रमण बड़ी तेजी से होता है। तानिक भी असावधानी से गम्भीर क्षति का सामना करना पड़ता है।

सुरक्षा के उपाय

1. इसके उद्गम स्थान को अतिशीर्घ जहरीले रासायनिक पदार्थों से भरकर बन्द कर देना चाहिए। जैसे-कॉल्टर, क्राइवोस्ट तेल आदि।
2. भवन के भीतर जहाँ कहीं दरारें या छिद्र दिखाई पड़े, उसे छड़ एवं सीमेंट देकर बन्द कर देना चाहिए।
3. अगर इसका आक्रमण हो चुका है तो सतह खोदकर रानी दीमक (Queen of Insects) सहित इसे नष्ट कर देना चाहिए।
4. ये कार्बन वाय सल्फाइड या कार्बन टेट्राक्लोराइड के प्रयोग से मर जाते हैं।
5. ग्रन्थालय भवन के निर्माण के समय ही इससे बचाव के लिए नींव के समय ही खोदे गए गड्ढ़े में 20% जिंक क्लोराइड या कॉपर सल्फेट के घोल का छिड़काव करना चाहिए।
6. डी.डी.टी. (D.D.T.) एवं सोडियम ऑरसेनाइट 1.5 के हिसाब से पानी में घोलकर प्रयोग करने से लाभ होता है।
7. दीमक नष्ट करने वाली अन्य दवाएँ–टरमेक्स, आर्सेनियम, लिनडेन आदि।

(2) **रजतमीन (Silver fish)**–यह एक आश्चर्यजनक कीड़ा है, जो दिन में छिपा रहता है। और रात में बाइंडिग (Binding) कागज एवं स्टार्च (Starch) को अपना शिकार बनाता है। ये ग्रन्थों के रंगीन आवरण, उसकी चमक-दमक को नष्ट कर देता है।

सुरक्षा के उपाय

1. ग्रन्थालय की अच्छी तरह सफाई इससे बचने का स्थायी उपाय माना जाता है।
2. निधानी (shelf) पर कपूर एवं फिनाइल की गोलियाँ रखने से यह कीड़ा भाग जाता है।
3. सोडियम फ्लुराइड और आटा (flour) 12:100 के मिश्रण के रूप में तैयार कर उपयोग करने में इससे बचाव किया जा सकता है।

(3) **झिंगुर (Criket)**—यह हमेशा रात में पाठ्य-सामग्रियों को अपना शिकार बनाता है। यह ग्रन्थ की जिल्द एवं रंगीन चित्रों को नुकसान पहुँचाते हैं।

सुरक्षा के उपाय

1. बोरिक पाउडर के प्रयोग से यह भाग जाता है।
2. कैल्सियम अर्सिनेट के प्रयोग से यह मर जाता है, परन्तु इसका प्रयोग सावधानी पूर्वक करना चाहिए क्योंकि यह जहरीला होता है।
3. क्लोरेडैव द्रव को किरासन तेल में 1:60 का घोल बनाकर छिड़काव करने से यह भाग जाता है।

(4) **ग्रन्थ कीट (Book Worm)**—ये कीड़े सीलन एवं धूलकण जमने से ग्रन्थों में उत्पन्न हो जाते हैं। ये ग्रन्थ के अन्दर रहकर कागज में छोटे-छोटे छेद कर देते हैं। और इस तरह ग्रन्थ और आकृति को खराब कर अनुपयोगी बना देते हैं।

सुरक्षा के उपाय

1. विष (Poison) और फ्युमीगेशन (fumigation) इसके विनाश के लिए प्रभावकारी होते हैं। फ्यूमीगेशन चैम्बर—यह एक प्रकार का आलमारी या बॉक्स होता है, जिसमें छोटे--छोटे छिद्र होते हैं। ये छेद एक खाने से दूसरे खाने में गैस को ले जाते हैं। इनके चैम्बर के चारों प्रत्येक खाने में छिद्र क्रम के दोनों और ग्रन्थ रख दिए जाते हैं।

इसमें पैरा-डिक्लोरी बेंजीन, थाइमल तथा कार्बन डाइ ऑक्साइड आदि गैसों के फ्यूमीगेशन किए जाते हैं, जिससे सभी कीड़े नष्ट हो जाते हैं।

(5) **तिलचट्टा (Cockroach)**—ये ग्रन्थों पर रात में आक्रमण करते हैं। ये सिर्फ ग्रन्थ की जिल्द पर लगे कपड़ों को क्षति ग्रस्त कर डालते हैं।

सुरक्षा के उपाय

1. डी.डी.टी. (D.D.T.) के छिड़काव करने से ये भाग जाते हैं।
2. सुहागा के पाउडर के व्यवहारह से ये दूर भाग जाते हैं।

3. सोडियम फ्लोराइट पाउडर तथा आटा (fiour) बराबर भाग में मिलाकर छिड़काव करने से ये भाग जाते हैं।

अतः कोड़े के आक्रमण से ग्रन्थालय को बचाए रखने के लिए निधानियों (Shelves) के सफाई हमेशा करते रहनी चाहिए। निधानियों पर फिनाइल की गोली, कली चूना तथा लोग दालचीनी, गोलमिर्च को मिलाकर पाउडर तैयार कर पोटली में रखे जाने से कीड़े दूर भाग जाते हैं।

(2) **पानी (Water)**—पानी दो तरह से ग्रन्थों को हानि पहुँचाता है। प्रथम तो यह वायुमण्डल में आर्द्रता पैदा कर के ग्रन्थ के कई शत्रु पैदा कर देता है। जैसे—फंगस, कीड़े आदि। ये लोहे आलमारी, कुर्सियाँ आदि को जंग लगाकर बर्बाद कर देता है।

दूसरे तरह से यह वर्षा के पानी द्वारा ग्रंन्थालय की पाठ्य-सामग्रियों एवं अन्य सामानों नुकसान पहुँचाता है। पानी खिड़की द्वारा या छत के चूने से ग्रन्थालय में प्रवेश कर जाता है। ... का पानी भी ग्रन्थालय में प्रवेश कर ग्रन्थालय की पाठ्य-सामग्री तथा अन्य सामानों को नुकसान पहुँचा सकता है।

सुरक्षा एवं उपाय

1. स्टैक रूम में कोयला (Coal) की बालटी (Bucket) रखनी चाहिए।
2. अगर ग्रन्थ पर फंगस (Fungus) का आक्रमण हो गया हो तो उसे तक्ष्मण साफ करो चाहिए।
3. वर्षा ऋतु में बराबर निरानी रखनी चाहिए कि पानी खिड़की या छत से पसीज कर स्टैक रूम में आ तो नहीं रहा है।
4. ग्रन्थालय भवन का निर्माण ऊँचे स्थान पर किया जाना चाहिए जिससे कि कभी बाढ़ भी आ जाए तो ग्रन्थालय के स्टैक रूम में पानी का प्रवेश न हो सके।
5. आर्द्रता निवारण हेतु स्टैक रूम में सूर्य का प्रकाश आने की व्यवस्था होनी चाहिए।

(3) **आग (Fire)**—आग ग्रन्थ एवं ग्रन्थालय के अन्य सामानों को एक प्रबलतम शत्रु है।

सुरक्षा के उपाय

1. स्टैक रूम के सभी समान अग्नि रोधक (fire proof) होने चाहिए।
2. ग्रन्थालय भवन में जगह-जगह अग्निनशामक यन्त्र की व्यवस्था होनी चाहिए।
3. ग्रन्थालय के आस-पास फूस की झोपड़ी या कल-कारखाने नहीं होने चाहिए।

4. ज्वलनशील पदार्थ जैसे–किरासान तेल, पेट्रोल आदि स्टैक रूम से अलग रखना चाहिए।
5. ग्रन्थालय के अन्दर धूम्रपान वर्जित होना चाहिए।
6. बिजली के तारों की समय-समय पर जाँच होनी चाहिए।

(4) **धूलकण (Dust)**–धूलकण ग्रन्थों पर या उसके अन्दर बैठ जाते हैं और कागजजज के जीवन को कम कर देते हैं। धूलकण की वजह से बहुत से कीड़े ग्रन्थ की और आकर्षित होते हैं और उन्हें क्षति पहुँचाते हैं।

सुरक्षा के उपाय

1. ग्रन्थालय में स्टैक रूम की सभी खिड़कियों में शीशे लगे होने चाहिए।
2. समय-समय पर ग्रन्थों पर जमी धूल को साफ करवाते रहना चाहिए।
3. धूल साफ करने वाली मशीन से बराबर ग्रन्थालय की सफाई होनी चाहिए। इसके लिए डस्ट रिमूविंग मशीन (Dust removing machine) का प्रयोग किया जाना चाहिए। यह मशीन बिजली से नियन्त्रित होती है और धूल को खींच कर जमाकर देती है।

(5) **मानव (Human Beings)**–एक और ज्ञान के विकास में मानव का महत्वपूर्ण योगदान है तो दूसरी और उसके विनाश के लिए भी वह जिम्मेवार है। विश्व इतिहास साक्षी है कि जब कभी भी विजेता ने विजित प्रदेश को अपने अधिकार में लिया है तो सबसे पहले सांस्कृतिक केन्द्र ग्रन्थालय को तहस नहस कर दिया है। बिहार में नालन्दा एवं विक्रमशिला विश्वविद्यालय ग्रन्थालय (Library) का खण्डहर सबूत के रूप में सामने है। इसके अतिरिक्त भी मानव कई रूपों में ग्रन्थालय की पाठ्य-सामग्रियों को क्षति पहुँचाते हैं जो निम्नलिखित हैं–

1. **पाठकों द्वारा क्षति**–पाठक भी जाने अनजाने ग्रन्थालय की पाठ्य-सामग्रियों के दुश्मन बन जाते हैं।

कुछ पाठक ऐसे होते हैं, जिन्हें पढ़ने में रुचि कम होती है लेकिन ग्रन्थ को नष्ट करने दिलचस्पी अधिक। ऐसे पाठक ग्रन्थों पर गन्दे-गन्दे चित्र अंकित कर देते हैं। पंक्ति के नीचे लाइने व स्याही छिड़का देते हैं। ग्रन्थ में लगे अच्छे चित्रों को फाड़ लेते हैं। ग्रन्थ के पन्ने फाड़ लेते हैं; जिसमें वह (ग्रन्थ) सदा के लिए उपयोगहीन हो जाता है और ग्रन्थालय को आर्थिक क्षति उठानी पड़ती है। पाठक दुर्लभ ग्रन्थ की चोरी कर लेते हैं। मुक्त प्रणाली व्यवस्था वाले ग्रन्थालय में पाठक टेढ़ी-मेढ़ी स्थिति में निधानी पर छोड़ देते हैं। असावधानी पूर्व ग्रन्थ को निधानी पर से निकलने समय नीचे गिरा देते हैं; जिससे उसकी जिल्द आदि फट जाती है। कुछ पाठक ग्रन्थ को बीच-बीच से मोड़ देते हैं। इससे पन्ने फट जाते हैं।

सुरक्षा के उपाय

1. ऐसे पाठकों पर कड़ी नजर रखी जानी चाहिए। पकड़े जाने पर उन्हें दण्ड जाने चाहिए। उनसे ग्रन्थ का पूरा मूल्य या नया ग्रन्थ कुछ जुर्माने के साथ वसूल करना चाहिए।
2. पाठक शिक्षा कार्यक्रम (Reader s Education Programme) के माध्यम से बतलाना चाहिए। उन्हें इस बात की शिक्ष देनी चाहिए कि ग्रन्थालय एक सामाजिक संस्था है। इसकी सुरक्षा की जिम्मेदारी प्रत्येक नागारिक पर है।
3. ग्रन्थ लौटते समय उसकी जाँच अच्छी तरह से कर लेनी चाहिए।

(2) **कर्मचारी**–कर्मचारी द्वारा भी ग्रन्थ को क्षति पहुचाई जाती है जबकि वह निधानी पर असावधानीपूर्वक रखते समय नीचे गिरा देता है। परिणामतः ग्रन्थ कर्मचारियों द्वारा ग्रन्थों पर धूल नहीं साफ की जाती है, जिससे कीड़े उनके ऊपर आकर्षित होकर क्षति पहुँचाते है।

कर्मचारियों को सुझाव

1. ग्रन्थों की सुरक्षा का पूर्ण दायित्व ग्रन्थालय कर्मचारियों पर है। वे ग्रन्थालय की सामग्रियों की देख-भाल अपनी सम्पत्ति की तरह करें।
2. उन्हें ग्रन्थ को ज़ोर से पटकना नहीं चाहिए।
3. ग्रन्थ निधानी पर रखते समय स्थान का ख्याल रखना चाहिए।
4. समय-समय पर डी.डी.टी. (D.D.T.) और गैमेक्सिन पाउडर बराबर मात्रा में मिला ग्रन्थ के भीतर और निधानी (Shelf) पर छिड़क देना चाहिए।

(6) **चूहे (Rats)**–चूहे भी ग्रन्थालय के ग्रन्थों एवं लकड़ी के सामनों के एक खतरनाक है। ये उन्हें काटकर बेकार बना देते हैं।

सुरक्षा के उपाय

चूहे को जहर देकर समाप्त किया जा सकता है।

1. तूतिया को आटा में मिलाकर छोटी-छोटी गोलियाँ बनाकर रात में चूहे के बिल के पर गिनकर छोड़ देनी चाहिए। दूसरे दिन गोली गिन लेनी चाहिए। अगर गोली कम होना समझ लेना चाहिए कि गोली चूहा ने खा ली है। अतः मरे हुए चूहे को ढूँढ़कर निकल लेना चाहिए।
2. चूहे मारने की दवा बाजार में भी मिलती है। उसका प्रयोग किया जा सकता है।
3. चूहेदानी द्वारा भी चूहे को फँसाकर मार देना चाहिए।
4. चूहे को भगाने के लिए कपूर की गोली का प्रयोग किया जा सकता है।

5. मिट्टी के तेल और त्रियोसोट ऑयल 1:10 के अनुसार मिलाकर फर्श पर छिड़कने से चूहे भाग जाते हैं।

(7) **फफूँद या फंगी (Fungus)**—यह बोलचाल की भाषा में भुआ के नाम से जाना जाता है। यह खासकर चमड़े के जिल्द एवं लकड़ी के बने सामानों पर उजला चिह्न के रूप में प्रगट होता है। यह वायुमण्डल में आर्द्रता या नमी (Humidity) की वजह से उत्पन्न होता है। जब वायुमण्डल में आर्द्रता 70% पहुँच जाती है तब इसका विकास होना शुरू हो जाता है। आर्द्रता जब 90% तथा तापक्रम जब 25^0C से 30^0C के बीच रहते हैं, तब इसका विकास सबसे अधिक होता है।

सुरक्षा के उपाय

1. इससे बचने के लिए ग्रन्थों को नमी एवं पानी से बचाना चाहिए।
2. कमरे में रोशनी (Light) एवं वायुसंचार (Ventilation) की उचित व्यवस्था होनी चाहिए।
3. फूफँद लगी चीजों को अन्य सामग्रियों से अलग हटाकर अतिशीघ्र साफ कर सुखा देना चाहिए।
4. हिथेरींगटन (Hetherington) ने इससे बचने के लिए एक घोल का निर्माण करने की अनुशंसा की है।

उनके घोल के अवयव का निम्नांकित फार्मूला है—

थाइमोल रबा (thymol Cystals) 100 ग्राम, मरक्युरीज वाइक्लोराइड (Mercuries bichloride) 4 ग्राम, इथर (Ether) 200 सी.सी. और बेंजिन (Benzene) 200 सी.सी.

उनका यह दावा है कि सिर्फ एक बार ही इस घोल के प्रयोग से फफूँदी का विकास रूक जाता है। यह जहरीला और ज्वलनशील है। अतः इसका प्रयोग करते समय विशेष सावधानी की जरूरत है।

इसके अतिरिक्त कुछ सामान्य महत्वपूर्ण बातें निम्नांकित हैं जिनके पालन से ग्रन्थों के शत्रुओं से बचा जा सकता है। शत्रुओं से बचने के लिए ग्रन्थालय भवन के निर्माण के समय से ही ध्यान रखना जरूरी है—

1. ग्रन्थालय भवन का निर्माण ऊँची जगह पर किया जाना चाहिए अथवा भवन का फर्श जमीन की सतह से सामान्य से कुछ अधिक ऊँचा कर देना चाहिए। इससे बाढ़ के पानी से बचा जा सकता है।
2. भवन की खिड़कियों में तार की महीन जाली लगानी चाहिए, जिससे धूलकण एवं पाठक द्वारा ग्रन्थ की चोरी रोकी जा सकती है।
3. समय-समय पर ग्रन्थों को कुछ देर के लिए धूप में सुखाना चाहिए।
4. आलमारियों और ग्रन्थों पर जमें धूलकण की सफाई नियमित रूप से करनी चाहिए।

5. ग्रन्थों को निधानी (Shelf) पर रखते या निकालते समय सावधानी रखनी चाहिए ताकि वे (ग्रन्थ) जमीन पर गिरें नहीं।
6. निधानी पर ग्रन्थों को ज्यादा कसकर नहीं रखना चाहिए।
7. ग्रन्थालय के ग्रन्थों के साथ पाठकों को कैसे व्यवहार करना चाहिए, इस सम्बन्ध में उन्हें जानकारी देनी चाहिए।

ग्रन्थालय अभिलेख
(Library Records)

किसी भी संस्था का संचालन सुचारु रूप से करने के लिए विभिन्न प्रकार के अभिलेखों (Record) की आवश्यकता पड़ती है। इन अभिलेखों की सहायता से संस्था के विभिन्न विभागों से सम्बन्धित प्रमाणिक एवं स्थायी सूचनाएँ उपलब्ध कराई जाती हैं। ग्रन्थालय एक समाजिक संस्था है। अतः इनके भी विभिन्न विभागों के कार्यों के सुविधापूर्व सम्पादन हेतु निम्नांकित महत्वपूर्ण अभिलेखों की आवश्कयता पड़ती है।

1. परिग्रहण रजिस्टर (Accession Register)
2. ग्रन्थालय सूची (Libraty Catalogue)
3. निधानी सूची (Shelf list)
4. तकनीकी अभिलेख (Technical Record)
5. सेवा अभिलेख (Service Record)
6. ग्रन्थों का निर्गम आगम अभिलेख (Record of Charging and Discharching of book)
7. पाठकों का अभिलेख (Reader s Record)
8. आगन्तुकों का अभिलेख (Visitors Record)
9. **प्राशासनिक अभिलेख–**
    1. ग्रन्थालय समिति की कार्यवाही (Minutes of library Commitee)
    2 उपस्थिति रजिस्टर (Attendance Register)
    3. कार्य विभाजन चार्ट (Daily Allocation Chart)
    4. आकस्मिक अवकाश रजिस्टर (Casual leave Register)
    5. वेतन रजिस्टर (Salary Register)
    6. विलम्ब शुल्क रजिस्टर (Overdue-fine Register)
10. ग्रन्थों की जिल्दबंदी का अभिलेख (Records of book binding)
11. प्रत्याहरण रजिस्टर (With drawal Register)
12. स्टेशनरी आदि का अभिलेख (Stationnery Register)
13. पत्र-पत्रिका प्राप्ति रजिस्टर (Periodicsl Receipt)

इनमें से कुछ प्रमुख अभिलेखों का उल्लेख यहाँ किया जा रहा है।

1. परिग्रहण रजिस्टर (Accession Register)

ग्रन्थालय में जितने भी ग्रन्थ क्रय (Purchase) या अन्य किसी माध्यम से प्राप्त होते हैं उन्हें जिस रजिस्टर पर अंकित किया जाता है। उसे परिग्रहण रजिस्टर कहा जाता है। यह किसी भी ग्रन्थालय का अत्यन्त महत्वपूर्ण अभिलेख माना जाता है। ग्रन्थालय में ग्रन्थ जिस तिथि क्रम से आते हैं उसी क्रमानुसार उसमें अंकित किए जाते हैं। परिग्रहण संख्या हाथ से या मशीन से अंकित की जाती है।

कार्य–

1. परिग्रहण रजिस्टर पाठकों के प्रयोग के लिए नहीं होता है। यह रजिस्टर किसी ग्रन्थालय में संकलित समस्त ग्रन्थों की संख्या बतलाता है।
2. ग्रन्थ के समस्त इतिहास को बतलाता है, जैसे अमुक ग्रन्थ ग्रन्थालय में कब आए, और किस तिथि को उसकी छंटाई (Withdrawal) की गई।
3. सूची तथा निधानी सूची के नष्ट हो जाने पर परिग्रहण रजिस्टर की सहायता से इन दोनों अभिलेखों को पुनः प्रस्तुत किया जा सकता है।
4. जब किसी पाठक द्वारा ग्रन्थ खो जाता है तो उस ग्रन्थ का मूल्य, प्रकाशक आदि को सूचनपा इस रजिस्टर से प्राप्त की जाती है।
5. ग्रन्थालय के संग्रह सत्यापन (Stock verification) में भी रजिस्टर का उपयोग किया जाता है। यद्यपि संग्रह सत्यापन के समय इस रजिस्टर के फटने की सम्भावना अधिक रहती है, फिर भी विशेषकर छोटे ग्रन्थालयों में इसका उपयोग किया जाता है।

परिग्रहण रजिस्टर का नमूना (Speciman of Register)

परिग्रहण रजिस्टर में मुख्यतः निम्नांकित स्तम्भ (Colum) रहते हैं–

1	2	3	4	5	6	7
तिथि (Date)	परिग्रहण संख्या (Accession No.	लेखक (Author)	आख्या (Title)	प्रकशक एवं प्रकाशन स्थान (Pubisher & Place of Pubication)	मूल्य (Price)	पृष्ठोदिविवरण (Collation)

8	9	10	11	12	13
खण्ड (Volume)	जिल्दबन्दी (Binding)	प्राप्ति का स्रोत (Source of supply	बिल नम्बर, तिथि एवं रकम (Bill No, data and Ammount)	क्रामक संख्या (Call No.)	अभ्युक्ति (Remarks)

जैसे ग्रन्थालय सूची में लेखक और आख्या का उल्लेख किया जाता है, उसी तरह परिग्रहण रजिस्टर में भी किया जाता है। परिग्रहण रजिस्टर के स्रोत स्तम्भ (Source colum) में यदि ग्रन्थ क्रय भी किया गया है, तो जिससे क्रय किया गया है उस ग्रन्थ विक्रेता की दुकान का नाम तथा पता यदि किसी ने दान के रूप में दिया है, तो उसके नाम एवं पता का उल्लेख किया जाता है। अभ्युक्ति (Remarks) के स्तम्भ में जब ग्रन्थ का प्रत्याहरण (withdrawal) किया जाता है तो उसका उल्लेख किया जाता है। कुछ ग्रन्थालयों में परिग्रहण पत्रकों (Accession cards) रजिस्टर के स्थान पर परिग्रहण का प्रयोग किया जाता है, जिन्हें निधानी सूची (shelf list) की तरह पेटिका में परिग्रहण संख्या के क्रमानुसार व्यवस्थित करने रखा जाता है। मेरी समझ में यह उचित नहीं है किसी के द्वारा किसी कारणवश कार्ड इधर हो जाने पर काफी कठिनाइयों का सामना करना पड़ता है।

अतः परिग्रहण रजिस्टर ग्रन्थालय का एक अत्यन्त महत्वपूर्ण दस्तावेज है। यह ग्रन्थालय का एक स्थायी अभिलेख है और इसका अस्तित्व ग्रन्थालय के अस्तित्व के साथ जुड़ा है।

गैर ग्रन्थ सामग्रियों का अभिलेख (Records of Non-Book Materials)

आधुनिक ग्रन्थालय में फिल्में (films), माइक्रोफिल्म, माइक्री कार्ड, मानचित्र (Maps) एटलस (Atlases) आदि गैर ग्रन्थ (Non-Books) पाठ्य-सामग्रियाँ भी पाठकों के उपयोग के लिए संग्रहित की जाती है। इनका भी समुचित विवरण स्थायी रूप से रखना आवश्यक है। इनके लिए निर्मित परिग्रहण रजिस्टर में सामान्य परिग्रहण रजिस्टर से कुछ विशिष्ट स्तम्भ (column) का होना आवश्यक है। जैसे लिपि (script) स्वरूप (format), आकार (size), तथा अन्य बाहर विशेषताएँ (physical features) आदि। यह परिग्रहण रजिस्टर ग्रन्थ परिग्रहण रजिस्टर से अलग होना चाहिए।

2. ग्रन्थालय सूची (Library Catolague)—इसका वर्णन अध्याय 22 एवं 23 में किया गया है।

3. निधानी सूची (Shelf list)—इसका वर्णन अध्यायन 22 एवं 23 में किया गया है।

4. तकनीकी अभिलेख (Technical Record)—ग्रन्थालय के तकनीकी विभाग के वर्गीकरण एवं सूचीकरण के लिए प्रयुक्त प्रणाली एवं कोड (code) में सुविधा की दृष्टिकोण से कुछ स्थानीय परिवर्तन किए जाते हैं। जो कुछ भी परिवर्तन किए जाते हैं उन्हें एक रजिस्टर में अंकित कर दिया जाता है। वर्गीकार और सूचीकार अपने कार्य में एकरूपता रखने के लिए उन्हीं के आधार पर कार्य करते हैं। इस अभिलेख से विभाग में आने वाले नए कर्मचारियों को अपने तकनीकी कार्यों के सम्पादन में मदद मिलती है तथा तकनीकी कार्यों में एकरूपता बनी रहती है।

5. सेवा अभिलेख (Service Record)—यह अभिलेख ग्रन्थालय के उन विभागों, जिसका प्रत्यक्ष रूप से पाठकों अथवा अन्य लोगों से सम्बन्ध रहता है, के लिए आवश्यकत है।

6. ग्रन्थों के निर्गम अभिलेख (Record of Charging and Disharging of book)—इसका विस्तृत वर्णन पीछे के अध्याय में किया गया है।

7. पाठकों का अभिलेख (Readers Record)—ग्रन्थालय में किसी श्रेणी के कितने पाठक पंजीकृत हैं, तथा उनके नाम, पता, व्यवसाय एवं शैक्षणिक स्तर की जानकारी जिस अभिलेख में उल्लिखित रहती है, उन्हें पाठक अभिलेख कहा जाता है। बड़े ग्रन्थालय में यह पत्रक स्वरूप में रखा जाता है तथा छोटे ग्रन्थालय में यह रजिस्टर स्वरूप (form) में रहता है।

8. आगन्तुक अभिलेख (Visitors Register)—ग्रन्थालय में प्रति दिन स्थानीय एवं बाहर के आगन्तुक आते रहते हैं। ग्रन्थालय सेवा के उपयोग के बाद या उसके द्वारा प्रदत्त सेवा एवं उसकी उपयोगिता का अवलोकन कर अपने विचार जिस अभिलेख पर अंकित करते हैं उसे आगन्तुक अभिलेख (Visitor Record) कहा जाता है इससे ग्रन्थालय की उपयोगिता एवं त्रुटियों का पता चलता है। स्थानीय लोगों द्वारा ग्रन्थालय का उपयोग हो रहा है या नहीं इसका पता भी इससे चलता है। यह रजिस्टर दो तरह के होते हैं—एक में प्रतिदिन जितने पाठक ग्रन्थालय में आते हैं उनका विवरण रहता है तथा दूसरा रजिस्टर ग्रन्थालयों में आने वाले विशिष्ट आगन्तुक के लिए रहता है।

आगन्तुक रजिस्टर (Visitors Register)

रजिस्टर का नमूना (Speciman)

1	2	3	4	5	6	7
तिथि (Data)	क्रम संख्या (Sl No.)	आगन्तक का नाम (Name of visitor	पता (Address)	पेशा (Occu-Pation)	आने का उद्देश्य (Purpose of visit)	अभ्युक्ति (Remarks)

9. प्रशासनिक अभिलेख (Administrative Record)—प्रशासनिक अभिलेखों को नियमित रूप से रखना आवश्यक होता है। दैनिक उपस्थिति रजिस्टर से पता चलता है कि कौन-कौन से कर्मचारी नियमित रूप से समय पर आते हैं। इन अभिलेखों की सूची क्रम संख्या (9) में दी गई है।

10. ग्रन्थों की जिल्दबन्दी के अभिलेख (Records of book binding)—ग्रन्थालय के पुराने कटे-फटे ग्रन्थों की जिल्दबन्दी आवश्यक होती है। साल भर में कितने ग्रन्थों की जिल्दब़न्दी हुई तथा उसपर कितना व्यय हुआ इसका ब्यौरा इस अभिलेख में रहता है।

नमूना–

ग्रन्थालय के नाम एवं स्थान (Name of library and place)

1	2	3	4	5
क्रम संख्या (St No.)	डिस्पैच की तिथि (date of	क्रामक संख्या (Call No.) despatch)	लेखक (Author)	आख्या (Title)

6	7	8	9	10
जिल्दबन्दी के प्रकार (kind of Binding)	प्राप्ति की तिथि (Data of Receipt)	जिल्दबन्दी पर लागत (Cost of Binding)	भुगतान भौचर न. एवं तिथि (Payment Voucher No. and Data)	अभ्युक्ति (Remarks)

11. प्रत्याहरण रजिस्टर (Withdrawal Register)—ग्रन्थालय से प्रतिवर्ष कुछ ग्रन्थों का प्रत्याहरण किया जाता है। बिल्कुल उपयोगहीन हो जाने एवं गायब हो जाने पर ग्रन्थों को परिग्रहण रजिस्टर पर से प्रत्यारहित कर दिया जाता है और रिमार्क कॉलम में "वीडेड आउट" लिख दिया जाता है। प्रत्यारहित ग्रन्थों का उल्लेख जिस रजिस्टर पर किया जाता है उसे प्रत्याहरण रजिस्टर कहा जाता है।

12. स्टेशनरी रजिस्टर (Stationery Register)—ग्रन्थ के अतिरिक्त प्रशासनिक कार्य हेतु कलम, कागज अन्य रजिस्टर आदि क्रय किए जाते हैं। यह अभिलेख

उन सामग्रियों का स्टॉक रजिस्टर होता है। इससे उन सामानों के उपयोग का विवरण प्राप्त होता है तथा अलगे वर्ष उन सामानों पर होने वाले व्यय की अनुमानित लागत की जानकारी मिलती है। जिन सामग्रियों की छपाई की जाती है उनके भी विवरण इसमें अंकित रहते हैं जैसे—पाठक पत्रक, सदस्यता पत्रक, आदेश पत्रक, लेटर पैड आदि।

13. पत्रिका प्राप्ति रजिस्टर (Periodical Receipt Register)—ग्रन्थालय में दैनिक, साप्ताहिक, मासिक, त्रैमासिक एवं वार्षिक आदि पत्र पत्रिकाएँ आती रहती है। इनके लिए स्थायी अभिलेख रखना प्रत्येक ग्रन्थालय के लिए आवश्यक समझा जाता है। बड़े ग्रन्थालयों में पत्रक (Card) प्रणाली का प्रयोग किया जा रहा है, परन्तु छोटे ग्रन्थालयों में इस कार्य के लिए रजिस्टर का उपयोग किया जाता है।

नमूना (Specimen)

ग्रन्थालय का नाम

ग्राहक संख्या.......... पत्रिका का नाम.............
अवधि....................

पता....................... प्रकाशन.........................
प्रकाशन तिथि..........

सम्पादक................ आपूर्त्तिकर्ता और पता....
... प्रकाशन तिथि......... वार्षिक शुल्क..........

अंक	संख्या	वर्ष	जनवरी	फरवरी	मार्च	अप्रैल
मई	जून	जुलाई	अगस्त	सितम्बर	अक्टूबर	नवम्बर
दिसम्बर	अनुक्रमाणिका	परि. संख्या	भुगतान विवरण	अभ्युक्ति		

13

ग्रन्थालय समिति

वर्तमान युग में संस्थाओं के सुचारु रूप से संचालन के लिए समितियों का निर्माण आवश्यक समझा जाता है। समितियाँ प्रायः सभी प्रतिष्ठिानों में संगठन के सभी स्तरों पर विभिन्न कार्यों एवं भूमिकाओं के लिए निर्मित की जाती है। समिति व्यक्तियों का वह समूह होती है, जिसे संगठन में कुछ निर्धारित कार्यों को सामूहिक रूप से निष्पादित करने का भार सौंपा जाता है।

समिति की परिभाषा (Definition of Committies)

थियोहैमन के अनुसार "समिति कुछ नियुक्त किए हुए या चुने हुए व्यक्तियों का समूह है, जो उस समिति को आवंटित मामलों पर विचार-विमर्श हेतु एकत्र होते हैं। यह एक समूह के रूप में ही कार्य करती है और इस प्रकार अन्य प्रबन्धकीय विधियों से भिन्न है। किसी समिति में व्यक्तियों का एक वर्ग सम्मिलित होता है जिनके पास सामान्यतः अन्य कार्य होते हैं, और उनका समिति कार्य केवल अंशकालिक होता है।"

समितियों का प्रचलन सरकारी और गैर-व्यावसायिक संस्थाओं में अधिक है। इसके द्वारा शासकीय शक्ति किसी एक व्यक्ति के हाथ में केन्द्रित न करके जन प्रतिनिधियों के हाथों में सौंप दी जाती है, जिससे उस संस्था के प्रशासन में अनेक व्यक्तियों की बुद्धि, चतुराई एवं कार्य अनुभवों का लाभ प्राप्त होता है। "A Committee is a group of persons, either appointed or elected who are to meet for the purpose of considering matters assigned to it. It functions only as a group, as such differs from other managerial devices. A Committee consists of a group of people who normally have other duties and committee work is merely a parttime assigment."

इनके द्वारा अधिकारों का विकेन्द्रीकरण हो जाता है, जिससे अधिकारों का दुरुपयोग नहीं हो पाता है।

ग्रन्थालय एक सामाजिक संस्था है अतः ग्रन्थालय समिति की नियुक्ति ग्रन्थालय सेवा सम्बन्धों नीति-निर्धारण करने तथा उसकी सेवा में सुधार एवं उन्नति हेतु की जाती है। ग्रन्थलयाध्यक्ष को समिति का मार्ग दर्शन एवं संरक्षण प्रदान प्राप्त होता है, जिससे कि वह उचित पाठक को उचित समय पर उचित पाठ्य-सामग्री प्रदान करने में सफल हो पाता है। ग्रन्थालय समिति का निर्माण प्रायः वैधानिक जरूरतों के अनुसार किया जाता है।

जनग्रन्थालय एवं विश्वविद्यालय ग्रन्थालय हेतु समिति निर्माण की व्यवस्था क्रमशः जनग्रन्थालय अधिनियम तथा विश्वविद्यालय ग्रन्थालय अधिनियम में की जाती है। समिति के सदस्यों की संख्य, उनकी नियुक्ति की प्रक्रिया, शक्तियाँ, कर्त्तव्यों आदि का वर्णन सम्बन्धित अधिनियमों (Acts) में उल्लिखित रहता है। सदस्यों की कार्यविधि, सदस्यों की बैठकें आदि का उल्लेख भी अधिनियम में रहता है। जिस राज्य में जगग्रन्थालय अधिनियम लागू नहीं हुआ है वहाँ भी सरकार के आदेशानुसार जनग्रन्थालय हेतु समिति का गठन किया जाता है।

ग्रन्थालय समिति की आवश्यकता एवं उद्देश्य–
(Need and Purpose of Library Committees)

1. ग्रन्थालय की स्थापना आय उपार्जन हेतु नहीं की जाती है। इसका प्रमुख कार्य समाज की सेवा करना है। इसका संचालन जनता द्वारा प्राप्त धन से किया जाता है। अतः जनता के बीच के लोगों द्वारा प्रशासकीय कार्य में मार्ग दर्शन से ग्रन्थालय के प्रति जनता में सद्भावना एवं विश्वास उत्पन्न होता है। उन्हें ऐसा महसूस होता है कि ग्रन्थालय का संचालन न सिर्फ प्रशासनिक अधिकारों द्वारा होता है, बल्कि प्रजातान्त्रिक तरीका का भी प्रयोग होता है।
2. ग्रन्थालय समिति द्वारा प्रशिक्षित एवं अनुभवी गन्थालयाध्यक्ष की नियुक्ति की जाती है तथा उसकी अनुशंसा पर अन्य सुयोग्य कर्मचारी नियुक्त किए जाते हैं, जिससे ग्रन्थालय का संचालन कुशलतापूर्वक किया जाता है।
3. समिति ग्रन्थालय प्रबन्धन (Management) को योजनाओं, कार्यक्रमों एवं नीतियों को लागू करने की शक्ति (Strength) एवं अधिकार (authority) प्रदान करती है जिससे कि वे विश्वास एवं पाबन्दी के साथ अपने दायित्व का निर्वाह करने में समक्ष हो पाते हैं।
4. ग्रन्थालय समिति के सदस्य के पास ग्रन्थालय सेवा के अतिरिक्त अन्य

क्षेत्रों का पर्याप्त अनुभव रहता है, जिससे वे कठिन-से-कठिन समय भी सुचारु रूप से ग्रन्थालय संचालन हेतु बहुमूल्य सलाह देते रहते हैं एवं प्रशासन के मार्ग में आई कठिनाइयों का निदान करते हैं।

5. ग्रन्थालय समिति द्वारा जनता तथा ग्रन्थालय प्राधिकरण (authority) को सुगमता से सन्तुष्ट किया जा सकता है। ग्रन्थालय समिति द्वारा ग्रन्थालय अधिकारियों पर जनतन्त्रात्मक नियन्त्रण रहता है, जिससे उनकी स्वेच्छाचारिता पर अंकुशा लगाया जाता है।
6. ग्रन्थालय की आर्थिक आवश्यकताओं का अनुमान तथा उनको पूरा करने के उपाय की खोज में ग्रन्थालय समिति बहुमूल्य भूमिका निभाती है।
7. विभिन्न उप-समितियों जैसे-कर्मचारी चयन, उपसमिति, वित्त उपसमिति, ग्रन्थ चयन उपसमिति आदि का निर्माण करके ग्रन्थालय समिति द्वारा ग्रन्थालन प्रशासन को अधिक सक्षम बनाया जा सकता है।

अतः ग्रन्थालय समिति का मुख्य उद्देश्य ग्रन्थालय प्रबन्धन को ग्रन्थालय के विकास हेतु सामूहिक सलाह और निर्देश देना है, जिससे कि ग्रन्थालय द्वारा जनता को उत्तम सेवा प्रदान की जा सके। इसके अतिरिक्त समिति ग्रन्थालय द्वारा लागू किऐ जाने वाली योजनाओं, नीतियों एवं कार्यक्रमों की स्वीकृति प्रदान करती है तथा उनके निष्पादन (execution) एवं कार्यान्वयन (mplemantation) पर निगाह रखती है।

ग्रन्थालय समिति के प्रकार (Types of Library Committee)

काबेर्ट (E.V.Carbett) के अनुसार निम्नांकित छः प्रकार की समितियाँ निर्धारित की गई है। ग्रन्थालय के आकार एवं आवश्यकताओं के अनुसार उनका गठन किया जा सकता है।

1. **स्वनिर्मित समिति (Self-perpetuating Committee)**–इस प्रकार की समिति के गठन का आधार ग्रन्थालय अधिनियम होता है। इस प्रकार की समिति सर्वशक्ति सम्पन्न एवं पूर्णरूप से स्वतन्त्र होती है। यह पूर्ण रूप से ग्रन्थालयों की स्थापना, संचालन तथा प्रशासन के प्रति उत्तरदायी होती है।
2. **कार्य-कारिणी समिति (Executive Committee)**–इस प्रकार की समिति भी सर्वशक्ति सम्पन्न होती है। इसे अपने निर्णयों की स्वीकृति के लिए किसी का आदेश लेना नहीं पड़ता है। यह सभी आवश्यक कार्यों में बिना स्थानीय ग्रन्थालय प्राधिकरण (authority) की पूर्व स्वीकृति के निर्णय ले सकती है।
3. **तदर्थ समिति (Adhoc Committee)**–इस प्रकार की समिति ग्रन्थालय

के कार्यों के निरीक्षण एवं नियन्त्रण के लिए तदर्थ रूप से गाठित की जाती है। यह स्थानीय निकायों (Local bodies) से स्वतन्त्र होती है। इस समिति पर राजनैतिक प्रभाव कम रहता है। तमिलनाडु एवं अन्य भारतीया राज्यों के ग्रन्थालय अधिनियमों में इस प्रकार की समिति के निर्माण का प्रावधान है। इस प्रकार की समिति स्वयं ग्रन्थालय प्राधिकरण (authority) भी होती है। अतः ग्रन्थालय प्रशासन की सारी शक्ति इसमें सन्निहित रहती है।

4. **प्रतिवेदनीय समिति (Reporting Committee**—इस प्रकार की समिति पूर्णरूपेण स्वतन्त्र नहीं होती है। वह ग्रन्थालय संचालन हेतु नीति का तो निर्माण कर सकती है, परन्तु उसको अपने निर्णयों की सूचना स्थानीय ग्रन्थालय प्राधिकरण (authority) को भेजने पड़ती है।
5. **अनुशंसात्मक समिति (Recommending Committee)**—यह समिति किसी विषय पर स्वयं निर्णय नहीं ले सकती बल्कि यह स्थानीय ग्रन्थालय प्राधिकरण (authority) को केवल अनुशंसा मात्र ही कर सकती है। इस प्रकार की समिति सबसे कम शक्तिशाली होती है। इस प्रकार की समितियाँ ब्रिटेन में पायी जाती है।
6. **नामजद अथवा निर्वाचित समिति (Nominated or Elected Committee)**— इस प्रकार की समिति किसी-किसी समिति द्वारा निर्वाचित अथवा नामजद की जाती है और इसको कुछ शक्तियाँ एवं कार्य हस्तांतरित कर दिए जाते हैं। इस तरह की समितियों का प्रावधान आन्ध्र प्रदेश जनग्रन्थालय अधिनियम के अन्तर्गत किया गया है।

सभी प्रकार की समितियों का उद्देश्य ग्रन्थालय सेवा को बेहतर बनाना तथा उसे जनतान्त्रिक स्वरूप प्रदान करना होना चाहिए।

ग्रन्थालय समितियों के कार्य (Functions of Library Committee)—ग्रन्थालय समिति के कार्य ग्रन्थालय अधिनियमों के अनुसार भिन्न-भिन्न हैं। वैधानिक समिति, जो कि प्रयोग ग्रन्थालय कार्यकारी प्रबन्धन समिति के नाम से जानी जाती है, के निम्नांकित प्रमुख कार्य निर्धारित किए जाते हैं—

1. ग्रन्थालय की योजनाओं, नीतियों, बजट, वार्षिक प्रतिवेदन एवं अन्य मदों की स्वीकृति प्रदान करना।
2. ग्रन्थालय अधिकारियों को ग्रन्थालय उपयोगकर्त्ता हेतु नए कार्यक्रमों को शुरू करने की सलाह देना। वित्तीय ससांधनों के अनुरूप ग्रन्थालय की विस्तार योजनाओं तथा नवीन शाखाएँ स्थापित करने की योजनाओं पर विचार करना।
3. ग्रन्थालय कर्मचारियों की नियुक्ति, पदोन्नति, बर्खास्तगी तथा कार्य की शर्ते निर्धारित करना।

4. ग्रन्थालय के संचालन हेतु आय की व्यवस्था करना।
5. ग्रन्थालय संचालन हेतु कर द्वारा और प्रत्यक्ष रूप से प्राप्त धन एवं अन्य स्रोतों से प्राप्त आय का उचित व्यय हुआ या नहीं इसके लिए लेखा परीक्षण (auditing) आदि का प्रबन्ध करना।
6. ग्रन्थालय के सुचारु रूप से संचालन के लिए तथा पाठकों को नियन्त्रित रखने के लिए ग्रन्थालय नियमों का निर्माण करना।
7. ग्रन्थालय की उन्नति तथा उसके द्वारा प्रदत्त सेवाओं का मूल्यांकन करना।
8. आवश्यकतानुसार अन्य उप-समितियों की नियुक्ति करना जैसे-ग्रन्थ चयन उपसमिति कर्मचारी चयन उपसमिति आदि।
9. ग्रन्थचय एवं उनके क्रय सम्बन्धी नीति का निर्धारण करना।
10. ग्रन्थालय संचालन के लिए वित्त की व्यवस्था करना तथा उसके सदुपयोग के सम्बन्ध में निर्णय करना।

ग्रन्थालय समिति की बैठकें (Meetings of Library Committee)—ग्रन्थालय में अनेक समितियाँ हो सकती है, लेकिन ग्रन्थालय परामर्शदात्री समिति का स्थान महत्वपूर्ण माना जाता है। समिति का गठन वैधानिक अधिनियमं के अनुसार किया जाता है। समिति की बैठक वर्ष में कितनी बार हो इसकी व्यवस्था ग्रन्थालय अधिनियम में रहती है।

समिति की बैठक की सूचना तथा कार्य सूची (Agenda), समिति की बैठक की तिथि (Data) तथा समय का निर्धारण अध्यक्ष की अनुमति से सचिव द्वारा किया जाता है। ग्रन्थालयध्यक्ष ही समिति का पदेन सचिव होता है। अतः वह बैठक के सम्बन्ध में सदस्यों को सूचना प्रेषित करता है। सूचना प्रायः एक सप्ताह पूर्व पेषित कर देना आवश्यक होता है, जिससे कि समिति के सभी सदस्य निश्चित तिथि एवं समय पर बैठक में सम्मिलित हो सके। बैठक की सूचना के साथ की कार्य सूची भी भेजनी चाहिए, जिससे सदस्यगण उस पर भली-भाँति विचार कर सकें। कार्य-सूची में उन पदों को सम्मिलित किया जाता है, जिन पर उस बैठक में विचार-विमर्श करना होता है।

समिति की बैठक का संचालन—ग्रन्थालय समिति ग्रन्थालय के विकास हेतु निर्णय अपनी बैठक में लेती है। बैठकों का आयोजन तथा उनका संचालन के लिए क्रमशः एक अध्यक्ष एवं एक सचिव की आवश्यकता पड़ती है। सचिव तो ग्रन्थालयाध्यक्ष ही होता है लेकिन पदेन अध्यक्ष एवं उपाध्यक्ष की व्यवस्था अधिनियम में नहीं रहने पर समिति की पहली बैठक में उनका चुनाव किया जाता है। अध्यक्ष एवं सचिव समिति के अत्यन्त महत्वपूर्ण सदस्य होते हैं। ग्रन्थालयाध्यक्ष ग्रन्थालय की आवश्यकओं के अनुरूप काग्र-सूची (Agenda) का निर्माण करता है। वह कार्य-सूची के निर्माण में ग्रन्थालय के विभिन्न विभागों के प्रधानों द्वारा दी गई सलाहों पर विशेष ध्यान

देता है। कार्य-सूची तैयार करने के क्रम में वह समिति के अध्यक्ष से भी विचार-विमर्श कर लेता है। अन्तिम कार्य-सूची समस्त सदस्यों को बैठक की निश्चित तिथि के पूर्व प्रेषित कर दी जाती है।

बैठक शुरू होने से पूर्व सचिव पूर्ण तैयारी कर लेता है, जिसके कि वह कार्य-सूची से सम्बन्धित किसी भी प्रश्न का उत्तर देने में समक्ष हो सके। समिति का सचिव अपनी शैक्षणिक योग्यता एवं तकनीकी प्रशिक्षण के आधार पर अन्य सदस्यों को प्रभावित कर सकता है। सचिव के परामर्श पर ही समिति समस्त कार्य करती है। अध्यक्ष तथा सदस्यगण सचिव को सुझावों तथा परामर्श देने के लिए प्रोत्साहित करते हैं।

बैठक में कार्य-सूची में अंकित प्रत्येक मद (item) पर एक-एक करके विचार-विमर्श किया जाता है और निर्णय लिया जाता है। बैठक में लिए किए गए निर्णयों को सावधानी पूर्वक लिख लिया जाता है। निर्णयों को प्रस्ताव के रूप में तैयार करके समिति की आगामी बैठक में अनुमोदनार्थ प्रस्तुत किया जाता है। समिति की अगली बैठक की कार्य-सूची का पहला मद पूर्व-बैठक में लिए गए निर्णयों की औपचारिक स्वीकृति रहता है।

समिति की सबसे महत्त्वपूर्ण बैठक वह होती है, जिससे बजट पारित किया जाता है। इस बैठक में समिति के सामने विचारार्थ और स्वीकारार्थ माँगे रखी जाती है। उन माँगों को स्वीकृति कराने के लिए समिति के सामने ग्रन्थालयाध्यक्ष (सचिव) को उनके औचित्य सिद्ध करने पड़ते हैं।

बैठक में लिए गए निर्णयों को सावधानी पूर्वक सुरक्षित रखा जाता है, क्योंकि वह ग्रन्थालय के एक महत्त्वपूर्ण अभिलेखीय सामग्री होती है।

ग्रन्थालयाध्यक्ष एवं ग्रन्थालय समिति (Librarian and Library Committee)

ग्रन्थालयाध्यक्ष ग्रन्थालय समिति का सदस्य और उसका पदेन सचिव भी होता है। ग्रन्थालय समिति ग्रन्थालय के विकास में तभी सहायक सिद्ध हो सकती है जब ग्रन्थालयाध्यक्ष एवं उसमें सहयोग एवं सद्भावनापूर्ण सम्बन्ध हो। समिति द्वारा लिए गए निर्णयों को कार्यरूप में परिगत करने ग्रन्थालयाध्यक्ष का ही दायित्व है। ग्रन्थालय के समस्त कार्यों के सफलतापूर्वक संचालन का दायित्व ग्रन्थालयाध्यक्ष पर रहता है। ग्रन्थालायध्यक्ष समिति के निम्नांकित कार्यों का सम्पादन करता है–

1. वह अध्यक्ष के परामर्श से समिति की बैठकी की तिथि एवं समय निर्धारित करता है।
2. वह समिति के सदस्यों को बैठक की तिथि एवं समय तथा कार्य-सूची से सम्बन्धित सूचनाएँ भेजता है।
3. वह ग्रन्थालय के विभिन्न विभागों के प्रधानों से विचार-विमर्श कर कार्य-सूची तैयार करता है तथा बैठकों का संचालन करता है।

4. वह समिति द्वारा ग्रन्थालय विकास से सम्बन्धित लिए गए निर्णयों को अन्य कर्मचारियों के सदयोग से लागू करता है।

अतः ग्रन्थालय समिति का कार्य नीति निर्माण करना तथा ग्रन्थालयाध्यक्ष का कार्य उन नीतियों को क्रियान्वित करना होता है। ग्रन्थालय समिति को ग्रन्थालय के आन्तरिक मामलों में हस्तक्षेप नहीं करना चाहिए। ग्रन्थालय के अन्य कर्मचारियों तथा समिति के बीच सीधा सम्बन्ध नहीं होना चाहिए।

विभिन्न प्रकार के ग्रन्थालयों में समितियाँ (Committee in different types of Libraries)—सभी प्रकार के ग्रन्थालयों के सफलता पूर्वक संचालन हेतु ग्रन्थालय समिति अनिवार्य मानी जाती है। विभिन्न प्रकार के ग्रन्थालयों में ग्रन्थालय समिति का गठन उन ग्रन्थालयों से सम्बन्धित अधिनियमों (Acts) के आधार पर किया जाता है।

1. जनग्रन्थालय (Pubtic Library)—भारत के जिन प्रान्तों में जनग्रन्थालय अधिनियम पारित हो चुका है, वहाँ ग्रन्थालयतन्त्र की भी स्थापना हो चुकी है। उन जनग्रन्थालयतन्त्रों के विभिन्न स्तरों पर ग्रन्थालयय समितियों के गठन की व्यवस्था अधिनियम में की गई है।

अधिनियम के अनुसार ग्रन्थालयतन्त्र का संचालन जनता से प्राप्त धन से किया जाता है। अतः जनता के बीच से विद्वान, अनुभवी एवं विद्याप्रेमी व्यक्तियों को समिति का सदस्य बनाया जाता है। सदस्यों की संख्या, उनकी कार्यविधि, अधिकार आदि का उल्लेख अधिनियम में किया जाता है। राज्य ग्रन्थालय समिति ग्रन्थालयतन्त्र (Library syatem) के विभिन्न स्तरों जैसे—जिला, नगर, प्रखण्ड, ग्राम-पंचायत आदि के ग्रन्थालयों की समितियों का मार्ग-दर्शन करती है। राज्य ग्रन्थालय समिति सरकार को ग्रन्थालय सम्बन्धित सभी मामलों में सलाह देती है। जनग्रन्थालय के सभी स्तरों पर स्थापित ग्रन्थालय समितियों में सम्बन्धित ग्रन्थालय का ग्रन्थालयाध्यक्ष पदेन सचिव एवं संयोजक के रूप में कार्य करता है।

इन समितियों का प्रमुख कार्य ग्रन्थालय के विकास सम्बन्धित योजनाओं एवं नीतियों का निर्माण करना है। इसे ग्रन्थालय द्वारा सम्पादित कार्यों का मूल्यांकन का भी अधिकार होता है।

जिन प्रान्तों में जनग्रन्थालय अधिनियम पारित नहीं किया गया है वहाँ के ग्रन्थालयों का संचालन भी राज्य सरकार द्वारा निर्धारित नियमों के अनुसार ग्रन्थालय समिति का निर्माण कर किया जाता है।

अतः जनग्रन्थालयतन्त्र के राज्य, नगर, जिला एवं निम्न-स्तर तक के ग्रन्थालयों का संचालन एवं उनके कार्यों का मूल्यांकन करना तथा उनके विकास के लिए प्रयत्नशील रहना ग्रन्थालय समिति का प्रमुख दायित्व माना जाता है।

विश्व-विद्यालय ग्रन्थालय (University Library)—विश्व-विद्यालय ग्रन्थालय

समिति का संगठन विश्वविद्यालय अधिनियम के अनुसार किया जाता है। इस समिति का अध्यक्ष कुलपति तथा सचिव विश्वविद्यालय ग्रन्थालय का ग्रन्थालयाध्यक्ष होता है। विश्वविद्यालय के सभी संकायों (Faculties) के अधिष्ठाता (Deans), महाविद्यालयों के प्रचार्य एवं विश्वविद्यालय के कुछ पदाधिकारी समिति के सदस्य होते हैं।

कुलपति की अध्यक्षता में समिति की बैठकों का आयोजन ग्रन्थालयाध्यक्ष (सचिव) द्वारा किया जाता है। यह सर्वोच्च सत्ता प्राप्त समिति होती है जो ग्रन्थालय सम्बन्धित समस्त नीतियों, योजनाओं एवं नियमों का निर्माण करती है। ग्रन्थालयाध्यक्ष का प्रमुख कार्य समिति द्वारा लिए गए निर्णयों को लागू करवाना तथा बैठकां के प्रारूप (Minutes) की सुरक्षित रखना है।

ग्रन्थालय समिति ग्रन्थालय सेवा सम्बन्धित उपसमितियों का भी निर्माण करती है, जैसे—ग्रन्थ-चयन उपसमिति एवं कर्मचारी चयन उपसमिति आदि।

इस तरह विश्वविद्यालय ग्रन्थालय के विकास एवं ग्रन्थालय सेवा के सुधार में ग्रन्थालय समिति महत्वपूर्ण भूमिका निभाती है।

विशिष्ट ग्रन्थालय (Special Libraries)—विशिष्ट ग्रन्थालयों जैसे शासकीय, विभागीय ग्रन्थालयों (Governmental Departmental Libraries), वैज्ञानिक तथा तकनीकी ग्रन्थालयों, व्यावसायिक ग्रन्थालयों में भी ग्रन्थालय समितियों का प्रावधान किया जाता है। संगठन के उच्च-पदाधिकारी समिति के सदस्य बनाए जाते हैं तथा ग्रन्थालय एवं प्रलेख पदाधिकारी इसके पदेन सचिव नियुक्त किए जाते हैं। सभी प्रकार के ग्रन्थालय समितियाँ लगभग उनके कार्यों को सम्पादित करती हैं, जिसकी चर्चा ऊपर की जा चुकी है।

अतः आज के प्रजातान्त्रिक युग में सभी प्रकार के ग्रन्थालयों का संचालन समितियों के माध्यम से किया जाना अनिवार्य समझा जाता है। जन संस्था में जनता के प्रतिनिधित्व से ज़न विश्वविद्यालय बलवती होता है। इससे संस्था का विकास उचित दिशा में होता है।

14

ग्रन्थालय सांख्यिकी

आधुनिक युग में समस्त संस्थाओं एवं संगठनों के सुचारू रूप से संचालन में सांख्यिकी का महत्वपूर्ण स्थान है। यह निर्विवाद है कि विश्व के विकास में संख्याओं का महत्त्व सर्वोपरि रहा है। आज किसी समाज या संस्था के विकास का आकलन सांख्यिकी के आधार पर किया जाता है।

सामान्यतः सांख्यिकी केवल तथ्यों तथा मापों का अध्ययन है। शब्दों में तथ्यों (facts) को चित्रों तथा बिन्दु रेखाओं के द्वारा प्रदर्शन को ही सांख्यिकी की संज्ञा दी जाती है।

सांख्यिकी की परिभाषा

सांख्यिकी की परिभाषा विभिन्न विद्वानों ने भिन्न-भिन्न तरह से की है। यहाँ उनमें से तीन आधुनिक परिभाषाओं का उल्लेख किया जाता है--

1. सेलिगमेन (Seligman) के अनुसार, सांख्यिकी वह विज्ञान है जो किसी विषय पर प्रकाश डालने के उद्देश्य से संग्रह किए गए आकड़ों (data) के संग्रहण, वर्गीकरण प्रदर्शन, तुलना और व्याख्या करने की रीतियों का विवेचन करता है।
2. पी.एच. कारमेल (P.H. Karmel) के अनुसार, सांख्यिकी का विषय उन आकड़ों (data) के संग्रहण, प्रस्तुतीकरण वर्णन और विश्लेषण से सम्बन्ध रखता है जो संख्या के रूप में भाषित किए जाने योग्य हैं।
3. लोविट (Lovet) के अनुसार, सांख्यिकी वह विज्ञान है जो संख्या सम्बन्धी तथ्यों के संग्रहण, वर्गीकरण तथा सारणीयन से सम्बन्ध रखता है, ताकि घटनाओं की व्याख्या विवरण और तुलना के आधार स्वरूप प्रयोग हो सके।

उपरोक्त परिभाषाओं में सभी सांख्यिकी रीतियों को समविष्ट किया गया है, सिर्फ इनमें सांख्यिकी की प्रकृति पर जोर नहीं दिया गया है।

इस तरह हम कह सकते है कि सांख्यिकी कला एवं विज्ञान दोनों है जो किसी समाज या संस्था के विभिन्न क्षेत्रों की समस्याओं से सम्बन्धित आंकड़ों (data) के संकलन, वर्गीकरण, सारणीयन प्रस्तुतीकरण, विश्लेषण, सम्बन्ध स्थापन, निर्वचन एवं पूर्वानुमान से सम्बन्ध रखती है जिससे पूर्व निर्धारित लक्ष्य की प्राप्ति की जा सके।

सांख्यिकी के उद्देश्य (Objects of Statististics)

सांख्यिकी द्वारा तथ्यों को ऑकड़ों के द्वारा प्रस्तुत किया जाता है। यह प्रस्तुतीकरण निष्पयोजन नहीं होता है। ऑकड़ों (data) का अन्तिम उद्देश्य उनके आधार पर कुछ कार्य करना अथवा करने की सिफारिश करना है। अतः सांख्यिकी के उद्देश्यों को निम्न प्रकार से स्पष्ट किया जा सकता है–

1. **परिवर्तन के कारणों को ज्ञात करना**–इसकी सहायता से भूत एवं वर्तमान तथ्यों की तुलना करके परिवर्तन के कारणों को ज्ञात किया जाता है तथा भविष्य में होने वाले परिवर्तन का अनुमान लगाया जा सकता है।
2. **योजना में सहायक**–इसके द्वारा प्रस्तुत ऑकड़ों योजना के निर्माण में सहायक होते हैं।
3. **तुलनात्मक अध्ययन**–ऑकड़ों (Data) के माध्यम से तुलनाकार के निष्कर्ष निकाला जा सकता है।
4. **तथ्यों का अध्ययन**–सांख्यिकी का उद्देश्य वर्तमान एवं भूतकालीन तथ्यों के अध्ययन से भविष्य में सेवाओं एवं कार्यों में सुधार लाना है।

अतः सांख्किी का मुख्य उद्देश्य अज्ञात की खोज एवं समस्याओं पर प्रकाश डालना है। इसलिए ऑकड़ों की तुलना की जाती है, परिणाम निकाले जाते हैं तथा परिवर्तन के कारणों एवं प्रभावों का अध्ययन किया जाता है।

सांख्यिकी के कार्य (Function of Statisties)

वर्तमान युग में सांख्यिकी का प्रयोग दिन प्रतिदिन बढ़ता जा रहा है। आज इसका प्रयोग केवल आर्थिक तथा सामाजिक क्षेत्र तक ही समिति है, बल्कि यह जीवन एवं राष्ट्र के प्रत्येक क्षेत्र से सम्बन्धित समस्याओं के निदान में सहायक सिद्ध हो रहा है।

सांख्यिकी के निम्नांकित प्रमुख कार्य निर्धारित किए जा सकते हैं–

1. सांख्यिकी विभिन्न तथ्यों को संख्या के रूप में प्रगट करती है।
2. यह आम्कड़ों की सहायता से विशाल तथ्यों एवं बड़ी संख्याओं को सरल बनाकर प्रस्तुत करती है जिससे साधारण व्यक्ति भी आसानी से उसे समझ सके।
3. यह एकत्र किए गए तथ्यों का तुलनात्मक चित्र उपस्थित करती है।

4. वह तथ्यों के मध्य पारस्परिक सम्बन्ध दिखलाती है।
5. यह नीति निर्धारण में मार्ग दर्शक का कार्य करती है।
6. आँकड़ों (data) को प्रस्तुत कर यह व्यक्तिगत ज्ञान एवं अनुभव में वृद्धि करती है।
7. यह विभिन्न विज्ञानों द्वारा प्रतिपादित नियमों एवं सिद्धान्तों की सत्यता की जाँच में सहायता करती है।
8. यह आँकड़ों को प्रस्तुत कर समस्या की गहनता का अनुभव करवाती है।
9. इसके द्वारा केवल वर्तमान तथ्यों का ही अध्ययन नहीं किया जाता, बल्कि भविष्य का पूर्वानुमान भी लगाया जाता है।

ग्रन्थालय सांख्यिकी (Library Statisties)

ग्रन्थालय सांख्यिकी ग्रन्थालय के विभिन्न विभागों के कार्यों से सम्बन्धित तथ्यों का ऑकड़ों (data) में विवरण है। यह मुख्य रूप से ग्रन्थालय द्वारा प्रदत्त सूचनाओं, उपयोग कर्त्ताओं, सेवाओं प्रलेखों की प्राप्ति, कर्मचारियों तथा आय-व्यय से सम्बन्धित रहती है।

ग्रन्थालय सांख्यिकी का महत्त्व (Inportance of Library Syatistics)

सांख्यिकी ग्रन्थालय विज्ञान सहित समस्त विज्ञानों के लिए एक उपकरण (tool) है। ग्रन्थालयाध्यक्षों द्वारा सांख्यिकी का उपयोग निम्नलिखित उद्देश्यों की पूर्ति हेतु किया जा सकता है।

1. एक निश्चित अवधि के अन्दर ग्रन्थालय की उन्नति अथवा अवनति का अनुमान लगाने में यह सहायक होता है।
2. ग्रन्थालय में प्रलेखों के संग्रह सम्बन्धित नीति एवं प्रक्रिया के निर्धारण में इससे मदद मिलती है।
3. इससे ग्रन्थालय के विभिन्न विभागों की कार्यकुशलता के आकलन में मदद मिलती है।
4. इससे ग्रन्थालय द्वारा दी जाने वाली नई सेवा की योजना बनाने एवं पहले से दी जा रही सेवाओं में सुधार लाने में सहायता मिलती है।
5. इससे ग्रन्थालय के विभिन्न विभागों में कार्यरत कर्मचारियों की कार्यकुशलता के आकलन में मदद मिलती है।
6. कर्मचारियों का वेतन की ढॉचा एवं विभिन्न विभागों में उनकी संख्या के निर्धारण में इससे मदद मिलती है।
7. यह ग्रन्थालय का वार्षिक प्रतिवेदन तैयार करने में सहायक सिद्ध होती है।
8. एक ही क्षेत्र में अवस्थित एक ही तरह के ग्रन्थालयों द्वारा प्रदत्त सेवाओं के तुलनात्मक अध्ययन में इससे मदद मिलती है।

ग्रन्थालय सांख्यिकी के प्रकार एवं उनके संकलन
(Type of Library Statisties and their Compilation)

ग्रन्थालय सांख्यिकी प्रायः निम्नांकित तीन प्रकार के होते हैं

1. ग्रन्थालय संसाधनों (Resources) से सम्बन्धित सांख्यिकी
2. तकनीकी सेवाओं (Technical Services) की सेवाओं से सम्बन्धित सांख्यिकी।
3. ग्रंथालय उपयोग कर्ताओं की सेवाओं से संबंधित सांख्यिकी।

1. ग्रन्थालय संसाधनों (Resources) से सम्बन्धित सांख्यिकी

इस शीर्षक के अन्तर्गत तैयार की गई सांख्यिकी में ग्रन्थालय के संग्रह (collection), वित्त एवं कर्मचारियों (Staff) को ऑकड़ों (data) के द्वारा अभिव्यक्त किया जाता है।

(1) सांख्यिकी द्वारा ग्रन्थालय संग्रह की अभिव्यक्तिः

(क) ग्रन्थालय संग्रह में वृद्धि सम्बन्धित सांख्यिकी निम्नांकित तालिक द्वारा अभिव्यक्त की जाती है–

पाठ्य सामग्री	1992	1993	1994	1995	1996
ग्रन्थ (Books) पत्र पत्रिकाएँ (जिल्द वद्ध) प्रतिवेदन (report) स्टैंडर्ड, पैंटेंट, पम्पलेट माइक्रो फार्मस					
कुलयोग					

(ख) डी डी सी के आधार पर विषयानुसार ग्रन्थालय संग्रह की अभिव्यक्ति

कुल संग्रह	000	100	200	300	400	500	600	700	800	900
प्रतिशत										

(ग) ग्रन्थालय संग्रह की पाठ्य सामग्रियों के भौतिक स्वरूप के अनुसार सांख्यिकीके माध्यम से अभिव्यक्ति

कुल संग्रह	ग्रन्थ की संख्या	पत्रिकाएँ	प्रतिवेदन की संख्या	स्टैंडर्ड की संख्या	पैंटेट्स, की संख्या	पम्पलेट	माइक्रो फार्मस	अन्य

सामयिक पत्रिकाएँ (Current periodicals) भी ग्रन्थालय संग्रह का एक महत्त्वपूर्ण भार हैं। देश एवं विदेश से मँगवायी जाने वाली सामयिक पत्रिकाओं के संग्रह की सबलता एवं दुर्बलता महीनों एवं वर्षों में उनकी संख्या में वृद्धि एवं प्रत्याहरित (with drawn) पत्रिकाओं की संख्या आदि से सम्बन्धित सांख्यिकी का आज काफी महत्त्व है।

(घ) सामयिक पत्रिकाएँ (Current Periodicals)

महीना	सामयिक पत्रिकाएँ भारतीय-विदेशी	बढ़ायी गई पत्रिकाओं की संख्या भारतीय विदेशी	प्रत्याहृत पत्रिकाओं की संख्या भारतीय-विदेशी
जनवरी 1196			
फरवरी 1996			

इसी तालिका का प्रयोग कर विषयानुसार सामयिक पत्रिकाओं से सम्बन्धित सांख्यिकी तैयार की जा सकती है।

(2) ग्रन्थालय वित्त (Library Finance)

इसमें ग्रन्थालय के दो तीन वर्षों के बजट सम्बन्धित सूचनाएँ दी जाती है, जिसमें ग्रन्थालय के बजट, बजट का आवण्टन एवं व्यय तथा कर्मचारियों के वेतन एवं भत्ता पर व्यय आदि दर्शाये जाते हैं।

(क) ग्रन्थालय बजट (Library budget)

वर्ष (year)	संस्था के बजट Budget of the organisation	ग्रन्थालय के बजट Budget of the Library	प्रतिशत percentage
1995-96			
1994-95			
1993-94			
1992-93			

(ख) बजटरी की आवण्टन और खर्च (Budgetary allocation and expenditure)

मद (Items)	पाठ्य सामग्री		कर्मचारी (Staff)	अन्य (Others)	कुलयोग (Total)
	ग्रन्थ (Books)	पत्रिकाएँ (Periodicals)			
आवंटन खर्च प्रतिशत					

(ग) ग्रन्थालय कर्मचारी (Library Staff)

ग्रन्थालय कर्मचारी सम्बन्धित सांख्यिकी में कर्मचारी का पदानुसार ब्योर, वेतन एवं भत्ता, कुल सृजित पदों की संख्या, रिक्त पद, वर्तमान संख्या आदि सूचनाएँ संकलित की जाती हैं। उपरोक्त सूचनाओं को निम्नांकित सांख्यिकीय तालिका द्वारा दर्शाया जाता है।

तालिका (Table)

पद (Position)	वेतन	पदों की अधिकृत संख्या	रिक्त पद	वास्तविक वेतन भत्ता	खर्च	बचत
ग्रन्थालयाध्यक्ष सहायक ग्रन्थालयाध्यक्ष						
कुल संख्या						

2. तकनीकी सेवाओं (Technical Service) से सम्बन्धित सांख्यिकी–तकनीकी सेवाओं के अन्तर्गत प्रलेखों की प्राप्ति उनके वर्गीकरण एवं सूची कारण, सामयिक पत्रिकाओं की प्राप्ति एवं रखरखाव आदि सूचनाएँ अंकित की जाती हैं।

ग्रन्थालय में क्रम, दान एवं विनियम द्वारा प्रतिदिन प्राप्त प्रलेखों (documents) को तीन श्रेणियों में विभक्त कर निम्नांकित तालिका द्वारा दर्शाया जाता है।

1. प्रलेखों की प्राप्ति (Procurement of documents)

(क) ग्रन्थ, पम्पलेट एवं अन्य वस्तुएँ (Books, pamphlets and others items)

तिथि	क्रम द्वारा प्राप्त प्रलेख			विनियम द्वारा			दान द्वारा प्राप्त प्रलेख			कुलयोग प्राप्त प्रलेख
	ग्रन्थ	पम्पलेट	अन्य	ग्रन्थ	पम्पलेट	अन्य	ग्रन्थ	पम्पलेट	अन्य	

(ख) सामयिक पत्रिकाओं की प्राप्ति से सम्बन्धित सांख्यिकी

तिथि Data	प्राप्त पत्रिकाओं की संख्या No. of Periodical Received		भेजे गए स्मार पत्रों की संख्या No. of Reminders sent	
	भारतीय INDIAN	विदेशी FOREIGN	भारतीय INDIAN	विदेशी FOREIGN

(2) वर्गीकरण एवं सूचीकरण सम्बन्धित सांख्यिकी (Statistics relating to classification and cataoguing)

(क) वर्गीकरण Classification

इस शीर्षक के अन्तर्गत वर्गीकृत ग्रन्थों की संख्या, उनके विष्यानुसार वितरण

आदि से सम्बन्धित ऑकड़े (data) निम्नांकित तालिका द्वारा दर्शाये जाते हैं–

तिथि data	प्राप्त प्रलेख Document Received	वर्गीकृत प्रलेखों की संख्या No. Classified)		शेष बचे प्रलेखों की संख्या No. of balance documents)	
		Tilles	Copies	Titles	Copies

(ख) सूचीकरण (Cataoguing)

सूचीकरण सम्बन्धित सांख्यिकी को निम्नांकित तालिका द्वारा दर्शाया जाता है

तिथि data	प्राप्त वर्गीकृत प्रलेख	सूचीकृत प्रलेखों की संख्या		शेष बचे प्रलेखों की संख्या	
	Received	Tilles	Copies	Titles	Copies

3. ग्रन्थालय उपयोग कर्ताओं की सेवाओं से सम्बन्धित सांख्यिकी–

इसके अन्तर्गत परिसंचरण कार्य (Circulation work), सन्दर्भ एवं प्रलेख सेवाएँ सम्मिलित की जाती है-

(1) परिसंचरण कार्य से सम्बन्धित सांख्यिकी

ग्रन्थालय उपयोग कर्ताओं को घर ले जाकर अध्ययन हेतु प्रलेख देने में जिन कार्यों को सम्पादित करना पड़ता है वे कार्य संचरण सेवा के अन्तर्गत आते हैं।

सदस्य संख्या (Membership)

प्रशासकीय दृष्टि से यह जानकारी रखना आवश्यक समझा जाता है कि वर्तमान समय में ग्रन्थालय में सदस्यों की कुल कितनी संख्या है, कितने सदस्यों की सदस्यता समाप्त हो चुकी है तथा कितने नये सदस्य पंजीकृत किए गए हैं। इन सूचनाओं की सही जानकारी से ग्रन्थालय सेवाओं के सुधार की योजना बनाने में मदद मिलती है।

निम्नांकित तालिका द्वारा इसे व्यक्त किया जाता है।

तिथि data	वर्तमान सदस्य संख्या (Existing Membership)	नये पंजीकृत सदस्यों की संख्या New member Enrolled	प्रत्याहृत सदस्य संख्या Membership withdrawn	व्यास्तविक्र संख्या Actual membership

(2) उपयोग कर्त्ता (Users)

इस शीर्षक के अन्तर्गत ग्रन्थालय में प्रतिदिन, प्रतिमान एवं प्रतिवर्ष आने वाले उपयोग कर्त्ताओं द्वारा अध्ययन किए गए प्रलेखों की संख्या तथा घर पर अध्ययन हेतु ले गए प्रलेखों की संख्या सम्बन्धित ऑकड़ों अंकित किए जाते हैं।

(क) ग्रन्थालय में आगन्तुक (Library Visitors)

तिथि Data	शिक्षक Teachers	अनुसंधानकर्ता Researchers	विद्यार्थी Students		कुलयोग Total
			PG	UG	

(ख) ग्रन्थालय के अन्दर उपयोग किए गए प्रलेखों से सम्बन्धित सांख्यिकी

तिथि	उपयोग किए गए प्रलेखों की संख्या
	000 100 200 300 400 500 600 700 800 900 कुल योग

(ग) उपयोग कर्ताओं द्वारा घर पर ले गए प्रलेखों से सम्बन्धित सांख्यिकी

तिथि	उपयोग किए गए प्रलेखों की सांख्यिकी
	000 100 200 300 400 500 600 700 800 900 कुल योग

(ग) ग्रन्थालय उपयोग कर्ताओं द्वारा वसूले गए विलबन्दण्ड का ब्यौरा

तिथि	विलन्बदण्ड शुल्क			दोषी सदस्यों की संख्या
	कुल	मात्रक	वसूली	

(3) सन्दर्भ सेवा (Reference Service)

इस सेवा से सम्बन्धित सांख्यिकी में उपयोग कर्त्ताओं द्वारा पूछे गए प्रश्नों की संख्या, स्वरूप दिए गए उत्तरों की संख्या, अनूत्तरित प्रश्नों की संख्या आदि दर्शाये जाती हैं।

तिथि	पूछे गए प्रश्नों की संख्या		उत्तरित प्रश्नों की संख्या		अनुत्तरित प्रश्नों की संख्या	
	RR	LRQ	RRQ	LRQ	RRQ	LRQ

RRQ-Ready Refcrence Question, LRQ-Long range Question

(5) प्रलेख कार्य एवं सेवाओं सम्बन्धित सांख्यिकीः इसके अन्तर्गत प्रलेखन कार्य, अनुवाद कार्य एवं रिप्रोग्राफी कार्य सम्मिलित किए जाते हैं। इस सेवा से सम्बन्धित सांख्यिकी निम्नांकित तालिका द्वारा दर्शायी जाती है

(क) प्रलेखन कार्य (Documentation work)

तिथि	इंडेक्सड पत्रिकाओं की संख्या	तैयार प्रविष्टियों की संख्या	सारांशीकृत पत्रिकाओं की संख्या	तैयार किए गए सारांश की संख्या

(ख) अनुवाद कार्य (Translation work)

तिथि	अनुवादित लेखों की संख्या	अनुवादित पृष्ठों की संख्या	वसूले गए अनुवाद शुल्क	अभ्युक्ति

(ग) रिप्रोग्राफी कार्य (Rerprography work)

Data	pages	Copies		वसूले गए शुल्क
	Photocopies	Zerox	Stencil	

इस तरह तैयार की गई सांख्यिकी किसी भी ग्रन्थालय के कार्य से सम्बन्धित एक महत्वपूर्ण दस्तावेज होती है। यद्यपि ग्रन्थालयों के विभिन्न प्रकार हैं, लेकिन उपरोक्त तालिका में सुविधानुसार परिवर्तन किया जा सकता है। इस तरह आवश्यकता पर आधारित सांख्यिकी तैयार की जा सकती है, जो कि उस ग्रन्थालय सम्बन्धित कार्यों का दर्पण साबित होगी।

साख्यिकी की सीमाएँ–सांख्यिकी का क्षेत्र व्यापक है, परन्तु इसका प्रयोग करते समय इसकी सीमाओं पर ध्यान रखना आवश्यक है। इसके निष्कर्ष हर रोग की दवा के रूप में नहीं लिए जाने चाहिए; क्योंकि इसके परिणाम सन्देह से परे नहीं होते है। इसके निष्कर्ष का प्रयोग अत्यधिक सावधानी के साथ करना चाहिए अन्यथा संस्था के विकास पर प्रतिकूल प्रभाव पड़ सकता है। क्राक्स्टन एवं काउडेन (Croxton and Cowden) के शब्दों में, "यह नहीं मान लेना चाहिए कि सांख्यिकी रीति ही अनुसंधान कार्य में प्रयोग की जाने वाली एक मात्र रीति (Method) है न ही इस रीति को प्रत्येक प्रकार की समस्या का हल समझना चाहिए।

निष्कर्ष–इस तरह हम कह सकते हैं कि सांख्यिकी अंकों में तथ्यों का प्रस्तुतीकरण है। ग्रन्थालय सांख्यिकी की ग्रन्थालय अधिकाारियों एवं कर्मचारियों द्वारा दी जाने वाली सेवा का दर्पण है। इसके आधार पर ग्रन्थालय के भविष्य की योजना बनाने में मदद मिलती है। अतः इसका संकलन (compilation) परिशुद्ध (systematic) तरीके से होना चाहिए। इसके संकलन का कार्य सावधानी पूर्वक कुशल कर्मचारियों द्वारा होना चाहिए। सांख्यिकी के उपयोग में भी सावधानी बरतनी चाहिए। प्रो. किंग ने ठीक ही कहा है–"आँकड़ें बहुत ही उपयोगी नौकर हो सकते हैं केवल उन व्यक्तियों के लिए जो उनका उचित उपयोग जानते हैं।"

15

परिसंचरण कार्य

आधुनिक ग्रन्थालय में पाठ्य-सामग्रियों का संकलन एवं संरक्षण पाठकों के उपयोग के लिए किया जाता है। संसार में कुछ ऐसे ग्रन्थालय है जो पाठकों को घर ले जाकर पाठ्य-सामग्री अध्ययन की सुविधा नहीं देते है। वे सिर्फ ग्रन्थालयों के अन्तर्गत पाठ्य-सामग्रियों के अध्ययन की सुविधा प्रदान करते हैं, परन्तु देश एवं विदेशों के अधिकांश ग्रन्थालयों द्वारा आज पाठकों को घरले जाकर सामग्रियों के अध्ययन की सुविधा प्रदान की जाती है। इस सुविधा के सफलता पूर्वक संचालन हेतु जिन क्रिया कलापों का सम्पादन ग्रन्थालय द्वारा किया जाता है वे परिसंचरण क्रिया के अन्तर्गत आते हैं।

परिसंचरण कार्य (Curulation work)–पाठकों को पाठ्य-सामग्री घर ले जाकर अध्ययन हेतु प्रदान करने सम्बन्धित प्रक्रियाओं (Process) एवं सेवाओं (Services) को परिसंचरण क्रिया (Circulaton work) की संज्ञा दी जाती है।

परिसंचरण क्रिया के सफलता पूर्वक सम्पादन हेतु ग्रन्थालय में निम्नलिखित कार्य करने पड़ते हैं–

1. सदस्यों का पंजीकरण (Registration of Members)
2. ग्रन्थों का आदान-प्रदान
3. ग्रन्थों का आरक्षण
4. ग्रन्थों का पुननिगमन (Renewal of Book)
5. अभिलेखों का अनुरक्षण (Maintenanve of Records)
6. ग्रन्थों को वापस माँगना (Recall of Books)
7. कालातीत शुल्क (Charging of overdues)
8. सांख्यिकी का अनुरक्षण (Maimtenance of Stalisties)
9. विविध कार्य (Miscellaneous Jobs)

1. सदस्यों का पंजीकरण (Registration of Members)–ग्रन्थ आदान-प्रदान के पृथक विशेष रूप से जन ग्रन्थालय में सदस्यों का पंजीकरण आवश्यक माना

जाता है। ग्रन्थालय द्वारा सदस्यों से एक फार्म भरवाया जाता है जिसमें सदस्यों से सम्बन्धित सभी सूचनाएँ जैसे—नाम, पता, शैक्षणिक स्तर, उम्र, अध्ययन अभिरुचि आदि रहती है। इसके अभाव में निर्गत ग्रन्थों का पता लगाना या पाठकों को जरूरत पड़ने पर खोजना मुश्किल हो जाएगा। शैक्षणिक ग्रन्थालय ने नामांकन के बाद परिचय-पत्र छात्रों को दिया जाता है। उसी के आधार पर उन्हें ग्रन्थालय का सदस्य बनाया जाता है। इसके लिए सदस्यता रजिस्टर का उपयोग किया जाता है।

2. ग्रन्थों का आदान-प्रदान (Lending of Books or charging and diseherging of Books)—ग्रन्थालय द्वारा पाठकों को ग्रन्थ या अन्य पाठ्य-सामग्रियों प्रदान करने की प्रक्रिया को निर्गम अथवा आदान करना (Charging or issue of books) कहते हैं और प्रदत्त ग्रन्थों या अन्य पाठ्य-सामग्रियों को लौटाने की प्रक्रिया को आगम अथवा प्रदान (Discherging or return of books) कहते हैं।

ग्रन्थालय में किसी भी आदान-प्रादन प्रणाली को लागू करने के पूर्व उसमें निम्नलिखित गुणों को देखना आवश्यक माना जाता है।

1. **शीघ्रता**—ग्रन्थालय द्वारा अपनायी जाने वाले प्रणाली का पहला गुण होना चाहिए कि उसमें कम से कम समय में ग्रन्थों के आदान-प्रदान की क्षमता हो। अन्यथा, आदान-प्रादान काउन्टर पर अनावश्यक भीड़ लग जाएगी।
2. **सस्तापन**—अपने देश के अधिकांश ग्रन्थालयों की आर्थिक स्थिति सुदृढ़ नहीं है। अतएव ऐसी प्रणाली अपनायी जाए जिसमें कम से कम खर्च हो।
3. **सरलता**—व्यवहार में लायी जाने वाली प्रणाली सरल हो ताकि पाठक एवं कर्मचारी उसे आसानी से समझ सके।
4. **स्थानीय आवश्यकता के साथ तालमेल**—ग्रन्थालयों की आवश्यकताएँ भिन्न-भिन्न होती है। अतः अपनायी जाने वाली आदान-प्रदान प्रणाली स्थानीय आवश्यकताओं के अनुरूप होनी चाहिए।

एक आदर्श निर्गम आगम प्रणाली में निम्नांकित सामर्थ्य (Capability) होना चाहिए।

1. निर्गत ग्रन्थों को ढूँढ़ने में सक्षम होना चाहिए, अर्थात् इस बात की सूचना देने में सामर्थ्य होना चाहिए कि अमुक ग्रन्थ ग्रन्थालय के अन्दर है या पाठक के पास है।
2. ग्रन्थ किस पाठक के पास है और कब लौटाया जाएगाा इस बात की जानकारी देने में सक्षम होना चाहिए।
3. किसी खास ग्रन्थ का कितना उपयोग हुआ है इसकी सूचना देने की सामर्थ्य होना चाहिए।
4. ग्रन्थालय द्वारा प्रदत्त निर्गम आगम सुविधा से कोई पाठक कितना लाभान्वित हुआ है, इस बात की सूचना देने में सामर्थ्य होना चाहिए।

विश्व में प्रचलित अनेक आदान-प्रदान प्रक्रियाओं को मुख्यतः चार वर्गों में रखा जा सकता है।

1. रजिस्टर प्रणाली (Register system)
2. पत्रक प्रणाली (Card system)
3. अर्द्ध यान्त्रिक प्रणाली (Semi mechanical system)
4. ओटोमेटेड प्रणाली (Authomated system)

1. रजिस्टर प्रणाली (Register system)—इस प्रणाली में पहले प्रतिदिन ग्रन्थ (Day Books) प्रणाली की शुरूआत हुई। इसके लिए एक रजिस्टर में एक तिथि को जितने ग्रन्थ निर्गत हुए उन्हें एक पृष्ठ में अंकित कर दिया जाता है। जिसमें पाठक ग्रन्थ एवं लेखक का नाम लिख दिया जाता है। बाद में इस प्रणाली को खाता प्रणाली (Ledger system) में परिणत कर दिया गया। खाता प्रणाली में एक रजिस्टर में प्रत्येक पाठक के नाम पर पृष्ठ निर्धारित कर दिए जाते हैं। प्रत्येक पाठक द्वारा निर्गत की गई पाठ्य-सामग्रियाँ उन पृष्ठ पर अंकित रहती है। इससे पता चलता है कि अमुक पाठक ने कौन-कौन से ग्रन्थ निर्गत करवाए हैं। पाठकों के पृष्ठों के संकेत के लिए रजिस्टर के पृष्ठ पर अनुक्रमणी (Index) तैयार की ली जाती है।

पाठकों के लिए निर्धारित पृष्ठों पर निम्नांकित कॉलम बने रहते हैं—

1	2	3	4	5	6	7	8	9
क्रम संख्या	आदान की तिथि	लेखक	आख्या	परिग्रण संख्या	पाठक का हस्ताक्षर	प्राप्ति की तिथि	प्राप्तकर्ता का हस्ताक्षर	अभ्युक्ति

यह प्रणाली आधुनिक बड़े ग्रन्थालयों के लिए बिल्कुल अनुपयक्त हो चुकी है, फिर भी छोड़ ग्रन्थालयों में अभी भी इस प्रणाली का प्रचलन है। पटना विश्वविद्यालय के अधिकांश विभागीय ग्रन्थालयों में यह प्रणाली लागू है। इस प्रणाली का सबसे बड़ा दोष यह है, कि कोई खास ग्रन्थ किए पाठक के पास है यह पता लगाना श्रमसाध्य हो जाता है।

डम्मी प्रणाली (ummy system) लागू करके इस प्रणाली का दोष दूर करने की कोशिश की गई। डम्मी प्रणाली में ग्रन्थ के निर्गत हो जाने पर उसके स्थान पर एक कार्ड बोर्ड (Cash board) पर ग्रन्थ की संख्या, लेखक, पाठक की क्रम संख्या क्रामक संख्या (Call No) तथा निर्गम तिथि अंकित करके रख दिया जाता है।

इस प्रणाली के द्वारा यद्यपि ग्रन्थ किसके पास है यह पता चल जाता है परन्तु ग्रन्थालय के तैयार पर जाकर खोजने की जरूरत पड़ती है। इससे बचने के लिए ग्रन्थ निर्गत करते समय एक मिल तैयार कर ली जाती है। जिसमें निर्गत ग्रन्थ की पूरी सूचा अंकित कर दी जाती है। और उसे आदान-प्रदान काउन्टर पर निर्गत तिथि या आगम तिथि या पाठक के नाम की वर्णानुक्राक व्यवस्थित करके रख दिया जाता है। इस प्रणाली की स्लिप प्रणाली (Slip system) की जाता है।

2. पत्रक प्रणाली (Card system)—आदान-प्रदान की पत्रक प्रणाली में पत्रक व्यवहार अभिलेख (Record) के लिए किया जाता है। इनमें ब्राउन (Browne) एवं न्यूअर (Newark) प्रणालियाँ विश्च में सबसे अधिक प्रचलित है। भारतीय ग्रन्थालयों में भी इन्हीं दो आदान-प्रदान प्रणालियों का सबसे अधिक प्रचलन है।

ब्राउन निर्गम-आगम प्रणाली (Browne charging discharging system)—यह प्रणाली ग्रेट ब्रिटेन, संयुक्त राज्य अमेरिका एवं भारत के अधिकांश ग्रन्थालयों के साथ-साथ विश्व के अनेक देशों में प्रचलित है। इस प्रणाली का आविष्कार अमेरिका के बोस्टन (Boston) नगर के ग्रन्थालय ब्यूरो (Librery Bureau) के ग्रन्थायलाध्यक्ष (Librarian) नीना ई. ब्राउन (Nina E. Browne) द्वारा किया गया है।

प्रयुक्त उपकरण एवं सामग्रियाँ (Equipment and materials used)—सभी पाठकों के पंजीकरण पत्रक (Card) वर्णानुक्रम (alphabetically) में व्यवस्थित रहते हैं।

पाठक टिक (Borrower's Ticket or Pockets)—नियमानुसार प्रत्येक पाठक को उतने टिकट दिए जाते हैं जितने ग्रन्थ निर्गत करने का वह अधिकारी (entiled) होता है। यह टिकट पॉकेट (Pocket) की शक्ल में 3"×2" के आकार का होता है जो दो बगल से खुल सकता है। इस टिकट पर पाठक का नाम पता और सदस्यता समाप्ति की तिथि अंकित रहती है। इस पर पाठक एवं ग्रन्थालयध्क्ष के हस्क्षाक्षर भी रहते हैं।

नमूना—

Borrwer's Ticket or Pocket

Name
Address
Date of Expiry
Signature of the Borrower

ग्रन्थ पत्र (Book Card)—यह 4"×4" आकार का होता है। इसमें ग्रंथ की क्रामक संख्या (Call No.) अधिग्रहण संख्या (Accession Number), लेखक का नाम एवं आख्या (Title) अंकित रहते हैं।

Call No.	ACC
Author	No.
Title	

ग्रन्थ पॉकेट (Books Pocket)—यह 5"×3" के आकार का होता है जो कि ग्रन्थ के पीछे कवर (Cover) के सामने वाले भाग पर चिपकाया रहता है। जब ग्रन्थ परिसंचरण (Circulation) में नहीं रहता है तो ग्रन्थ पत्रक (Card) इस पॉकेट में रखा रहता है।

Brief	Library
Rules	and
Instructions	

तिथि परची (Data Slip)—यह 5"×3" के आकार की होती है जो कि ग्रन्थ के अन्तिम पन्ने के पीछे चिपकायी रहती है। इस पर ग्रन्थ निर्गम की तिथि या ग्रन्थ आगाम की तिथि अंकित की जाती है।

Call No...		Acc.No...
Name of the Library		
The following books were issued/are due on the below mentioned data		
Data of lssue/ due date	data of lssue/ due date	data of lssue/ due date

तिथि स्टैम्प औरक इंकपैड (date stamp and lnk Pad)
तिथि गाइड पत्रक (Date guide Card)
आदान-प्रदान ट्रे (Charging Tray)
परिसंचरण सांख्यिकीय शीट (Circulation statistical sheet)
रिमाइन्डर पत्रक(Reminder card), आरक्षण पत्रक आदि।

निर्गम प्रक्रिया (Charging Procedure)—जिन ग्रन्थालयों में अबोध प्रवेश प्रणाली (Open Access system) की व्यवस्था रहती है वहाँ पाठक स्वयं स्टैक (Stacks) रुम जाकर अपनी आवश्कयता के अनुसार ग्रन्थ निकाल कर निर्गम काउन्टर (Charging Counted) पर जाकर अपने पाठक टिकट के साथ ग्रन्थ को निर्गम सहायक के समक्ष प्रस्तुत करता है। काउन्टर सहायक पाठक की पहचान के बाद ग्रन्थ पॉकेट से ग्रन्थ पत्रक (Card) निकाल लेता है। और उसे पाठक पॉकेट (Reader Pocket) में डाल देता है तथा ग्रन्थ में संलग्न तिथि परची (Date slipe) पर निर्गम या आगम तिथि कलम से स्टैम्प से अंकित कर देती है तथा ग्रन्थ पाठक को सौंप दिया जाता

है। जिस ग्रन्थालय में अबोध प्रवेश प्रणाली की व्यस्था नहीं रहती है वहाँ पाठक परन्तु (Slip) पर इच्छित ग्रन्थों का नाम एवं क्रामक संख्या (Call number) लिखकर ग्रन्थालय कर्मचारी को देता है। कर्मचारी ग्रन्थ को निकाल कर काउन्टर पर लाता है। इसके बाद उपयोग क्रिया द्वारा ग्रन्थ निर्गत किए जाते हैं।

ग्रन्थ निर्गम-आगम का समय समाप्त होने पर कर्मचारी पाठक टिकट या पॉकेट के मत संलग्न ग्रन्थ पत्रक (Book Card) को निर्गम ट्रे (Charging Tray) में परिसंचरण संख्या क्रामक संख्या (Call number) के अनुसार व्यवस्थित कर देताहै। छोटे ग्रन्थालयों में परिश्रम संख्या के कार्ड को व्यवस्थित किया जाता है। लेकिन बड़े ग्रन्थालयों में क्रामक संख्या (number) से पत्रक को व्यवस्थित किया जाता है।

आगाप प्रक्रिया (Discharging Procedure)—जब पाठक को ग्रन्थ लौटाना होता है वह उसे आगम काउन्टर (Discharging Counter) पर प्रस्तुत करता है। ग्रन्थ में संलग्न तिथि परची (Date Slip) से काउन्टर सहायक निर्गम या आगम तिथि निश्चित कर पाठक टिकट संलग्न ग्रन्थ पत्रक जो कि तिथि गाइड परची के साथ निर्गम ट्रे में व्यवस्थित रहता है, निकालने है। पाठक टिकट से ग्रन्थ पत्रक निकाल कर ग्रन्थ पॉकेट में डाल दिया जाता है और पाठंक को पाठक टिकट लौटा दिया जाता है। ग्रन्थ के साथ संलग्न तिथि परची (Slip) पर ग्रन्थ लौटने की वास्तविक तिथि (actuual date) अंकित कर दी जाती है। आगम ग्रन्थ निर्धारित तिथि के बाद लौटायी जाती है तो काउन्टर सहायक द्वारा नियमानुसार विलम्ब दण्ड (Late fine) जोड़कर पाठक के वसूल कर लिया जाता है।

जिस ग्रन्थालय में पाठकों की संख्या बहुत अधिक होती है वहाँ निर्गम एवं आगम काउन्टर अलग-अलग होते हैं।

आरक्षण और पुनर्निगमन (Reservation and Renewal)—कभी-कभी पाठक ग्रन्थ लौटाने की निश्चित अवधि के बाद भी उसे रखना चाहता है। ऐसी परिस्थिति में पाठक को निर्गम काउन्टर पर जाकर ग्रन्थ के पुनर्निगमन के लिए निवेदन करना पड़ता है। निर्गम सहायक ग्रन्थ के पत्रक जो जोकि पाठक टिकट के साथ ट्रे व्यवस्थित रहता है निकाल कर पुनर्निगमन कर देता है। लौटाने की दूसरी आगे की तिथि अंकित कर देता है। अगर उस ग्रन्थ की अधिक माँग रहती है तो काउन्टर सहायक उसका पुननिगमन नहीं करता है।

कुछ ग्रन्थों की अधिक माँग होती है। उनकी निश्चित प्रतियों के कारण अभी पाठकों को एक ही साथ उन्हें प्रदान नहीं किया जा सकता है। ऐसी परिस्थिति में ग्रन्थ आरक्षण करने की व्यवस्था रहती है। इसके लिए पाठक को एक पत्रक पर आरक्षण हेतु आवेदन देना पड़ता है। ऐसे ग्रन्थ के ग्रन्थ पत्रक के साथ निर्गम ट्रे में आरक्षण संकेत की परची लगा दी जाती है। जब ग्रन्थ लौटाया जाता है तो आरक्षण कराने वाले पाठक को सूचित कर दिया जाता है जिससे कि वह उस ग्रन्थ को निर्गत (Issue) करा ले।

विशेषताएँ (Advantages)

1. निर्गम एवं आगम की प्रक्रिया इस प्रणाली में इतनी सरल है कि कर्मचारियों के श्रम एवं समय की काफी बचत होती है। यह अनुमान लगाया गया है कि एक घण्टा में करीब 300 ग्रन्थ निर्गत (Issues) किए जा सकते हैं।
2. तिथि परची पर केवल एक ही तिथि अंकित करनी पड़ती है, अतः आदान-प्रदान कार्य अल्प समय में ही सम्पन्न हो जाता है।
3. इस प्रणाली द्वारा आसानी से यह निश्चित किया जा सकता है कि कौन सा ग्रन्थ किसको दिया गया है और उसने लौटाने की तिथि कब है। अतः आवश्यकता पड़ने पर ग्रन्थों को वापस मँगवाना आसान हो जाता है।
4. ग्रन्थों का आरक्षण सफलता पूर्वक किया जा सकता है।
5. निर्गम या आगम के समय हस्ताक्षरों की कोई जरूरत नहीं पड़ती है।
6. विलम्ब के वापस किए जाने वाले ग्रन्थों का विलम्ब शुल्क आसानी से निश्चित किया जा सकता है।
7. ग्रन्थ निर्गमन की सांख्यिकी आसानी से तैयार की जा सकती है।

हानियाँ (Disadvantages)

1. ग्रन्थ निर्गम (Issue) का कोई स्थायी अभिलेख ग्रन्थालय में उपलब्ध नहीं रहता है।
2. पाठक के पास निर्गत ग्रन्थ का कोई अभिलेख नहीं रहता है।
3. एक पाठक को कितने ग्रन्थ निर्गम किए गए हैं इसका पता लगाना कठिन होता है क्योंकि पाठक टिकट तितर-बितर (Scattered) रहता है।
4. किसी पाठक विशेष ने कितने ग्रन्थों का उपयोग किया यह निश्चित करना कठिन हो जाता है।
5. पाठक टिकट खो जाने पर इसके दुरुपयोग की सम्भावना बढ़ जाती है, क्योंकि इसमें पाठक का हस्ताक्षर आवश्यक नहीं है।
6. कभी-कभी टिकट को ग्रन्थ पत्रक के साथ किसी प्रकार की भूल के कारण ट्रे में गलत स्थान पर लगा देने से उसे खोजने में कठिनाई होती है।
7. इस प्रणाली के प्रयोग से आगम निर्गम अभिलेख को रखने के लिए बहुत अधिक जग्रत की आवश्यकता पड़ती है।
8. भीड़ के समय काउन्टर सहायक द्वारा पत्रक को व्यवस्थित करना असम्भव हो जाता है।
9. ग्रन्थ को किसी प्रकार की क्षति पहुँचाने पर अथवा इसके पन्ने निकाल लेने की स्थिति में क्षति की जवाबदेही निश्चित करना कठिन कार्य है।

ग्रन्थ निर्गम (Issue) के समय ग्रन्थ पत्रक को पाठक टिकट में रखने में काफी सावधानी की आवश्यकता पड़ती है, क्योंकि भूल से किसी दूसरे पाठक के पाठक टिकट (Reader's ticket) में ग्रन्थ पत्रक (Book card) संलग्न हो जाने पर भूल सुधार काफी कठिन हो जाती है। इस प्रणाली में सिर्फ एक ही निर्गम अभिलेख रहता है।

इन त्रुटियों के बावजूद यह प्रणाली सहित सभी कॉमन वेल्थ देशों में प्रक्रिया की सरलता की वजह से काफी लोकप्रिय है। यह प्रणाली पाठकों एवं कर्मचारियों के समय की बचत करती है। भारत के बहुत से जन एवं शैक्षणिक ग्रन्थालयों में स्थानीय परिवर्तन के साथ इन प्रणाली को लागू किया गया है।

न्यूयार्क निर्गम प्रणाली (Newark Charging System—इस प्रणाली का आविष्कार करीब 1900 ई. में अमेरिका के न्यू जेरसी (New Jersey) के राज्य के न्यूआर्क जन ग्रन्थालय (Newark Pubilc Library) में तत्कालीन ग्रन्थालयध्यक्ष (Librarian) डैना (John Cotton Dana) के कार्यकाल में किया गया था। सरलता (Simplicity) एवं नमन शीलता (flexibility) के गुणों के कारण बड़े एवं छोटे ग्रन्थालयों द्वारा यह प्रणाली अपनायी गई है।

प्रयुक्त उपकरण एवं सामग्री (Equipment and materials used)

पाठक पंजी रजिस्टर या फाइल (Borrower's Register or file)—पाठक को पंजीकृत करने के लिए एक रजिस्टर अथवा फाइल (file) का उपयोग किया जाए है, जिसमें पंजीकृत सदस्यों के नाम, पते आदि अंकित रहते हैं। प्रत्येक सदस्य को एक क्रमिक संख्या (Seriel number) प्रदान की जाती है, जिसे सदस्यता संख्या भी कहा जाता है।

पाठक परिचय पत्रक (Borrower's Card or identity card)—इस पत्रक में पाठ्य का नाम, पता, पंजीकरण संख्या (Regestrtion number) एवं सदस्यता समाप्ति तिथि अंकित रहती है। इस पत्रक में ग्रन्थ के निर्गम (Issue) आगम (Return) की तिथि भी अंकित की जाती है। इस पत्रक के ऊपर ग्रन्थालय का नाम लिखा रहता है।

पाठक परिचय पत्रक (Borrower's Card) का नमूना—
NAME OF THE LIBRARY
Borrowers No.
Date of Expiry Non-Transterable

Date of Issue	Date of Return	Due date/Date of	Signature Date of Return
		Issue	

ग्रन्थ पत्रक (Book Card)– यह 4"×2" के आकार का होता है। इस पर ग्रन्थालय का नाम, ग्रन्थ की संक्षिप्त आख्या (Title). क्रामक संख्या (Call number), परिग्रहण संख्या (Accession number) का उल्लेख रहता है।

तिथि परची (Date Silp)–यह ग्रन्थ के अन्तिम पन्ना के पिछले पृष्ठ पर चिपकायी जाती है। इसमें ग्रन्थ के लौटाने की निश्चित तिथि तथा लौटाने की वास्तविक तिथि के स्तम्भ बने रहते हैं।

तिथि परची का नमूना–

Call No... Acc No... Name of the Library This Book was issueed/is due on the date last stamped or marked		

ग्रन्थ पॉकेट (Boos Pocket)–यह 5"×3" के आकार का होता है। यह ग्रन्थ की पिछली जिल्द पर अन्दर के भाग में चिपकाया जाता है। इस पर ग्रन्थ का क्रामक संख्या (Call No.) लेखक का नाम तथा ग्रन्थ की संक्षिप्त आख्या का उल्लेख रहता है।

ग्रन्थ पॉकेट का नमूना–

OPEN FLAP
Name of the Library Brief Library Rules: 1. 2. 3. 4.

इसके अतिरिक्त, पेंसिल, तिथि स्टैम्प, इंक, पैड, डेटर (Dater) आदि सामग्रियों की आवश्यकता होती है। एक दिन के समस्त परिसंचरित ग्रन्थों को व्यवस्थित करने हेतु तिथि गाइड पत्रक (Date guide Card) की भी आवश्यकता होती है। विलम्ब शुल्क अभिलेख परची (Finer record slip) आरक्षण पत्रक, आदि भी इस प्रणाली के लिए आवश्यक सामग्रियाँ हैं।

निर्गम प्रक्रिया (Charging Procedure)–ग्रन्थालय में अबाध प्रवेश प्रणाली की स्थिति में पाठक स्वयं निधानी (Shelf) पर से ग्रन्थ चयन कर अपने पाठक पत्रक (Borrower's Card) के साथ निर्गम सहायक के सामने प्रस्तुत करता है।

जहाँ अबाध प्रवेश प्रणाली लागू नहीं रहती है। वहाँ ग्रन्थालयों कर्मचारी ही पाठक द्वारा माँग की गई पाठ्य-सामग्री निधानी पर से निकालकर निर्गम काउन्टर पर लाता है। निर्गम सहायक ग्रन्थ के निर्गम अथवा आगमन की तिथि पाठक पत्रक (Borrower's Card) ग्रन्थ पत्रक तथा तिथि परची (slip) पर अंकित कर देता है। गन्थ पत्रक (Book Card) में सदस्यता संख्या भी तिथि के सामने अंकित कर दी जाती है। इसके बाद ग्रन्थ तथा पाठक पत्रक (Borrower's Card) पाठक को दे दिए जाते हैं तथा ग्रन्थ पत्रक को तिथि गाइड के अनुसार निर्गम ट्रे (Tray) में व्यवस्थिति कर दिया जाता है।

आगमन प्रक्रिया (Discharging Procedure—पाठक जब ग्रन्थ को लौटाने आता है तो वह पाठक पत्रक (Borrwer's Card) के साथ ग्रन्थ को आगमन सहायक के सामने काउन्टर पर प्रस्तुत करता है। सहायक ग्रन्थ में चिपकी तिथि परची की सहायता से जान जाता है कि ग्रन्थ की निर्गम या आगम तिथि क्या है। इसके बाद वह तिथि निदेशक परची (Date guide Silp) के पीछे लगे ग्रन्थ पत्रक को निकाल लेता है। ग्रन्थ की जाँच के बाद आगमन की तिथि ग्रन्थ पत्रक, पाठकख पत्रक (Borrower's Card) एवं तिथि परची पर अंकित कर देता है और अपना हस्ताक्षर भी कर देता है। जो ग्रन्थ के वापस होने का प्रमाण होता है। अगर ग्रन्थ विलम्ब से लौटाया गया हो तो विलम्ब शुल्क पाठक से वसूल किया जाता है।

इसके बाद पाठक पत्रक पाठक को लौटा दिया जाता है तथा ग्रन्थ पत्रक ग्रन्थ पॉकेट में रख दिया जाता है। इस प्रकार ग्रन्थ आगमन की प्रक्रिया समाप्त हो जाती है।

ग्रन्थों के आरक्षण (Reservation) पुननिर्गम (Reissue) तथा प्रदत्त ग्रन्थों की सांख्यिकी विवरण ब्राउन प्रणाली की तरह ही सम्पन्न किए जाते हैं।

लाभ (Advantages)

1. पाठक को कितने ग्रन्थ एवं कौन-कौन से ग्रन्थ प्रदान किए गए, इसका स्थायी अभिलेख (record) रखना आसान रहता है।
2. ग्रन्थों का आरक्षण सरलता पूर्वक किया जा सकता है।
3. ग्रन्थालय से ग्रन्थ बाह्य रहने के बावजूद भी एक ग्रन्थ कितनी बार निर्गत हुआ है इसका अभिलेख निर्गम काउन्टर पर उपलब्ध रहता है।
4. अमुक ग्रन्थ किसके पास है, कब वापस आएगा, इस बात की जानकारी आसानी से आ पत्रक के द्वारा प्राप्त की जा सकती है।
5. एक ही साथ कई काउंटर सहायक इस कार्य का सम्पादन आसानी से कर सकते हैं।
6. निर्गत ग्रन्थों सम्बन्धित कई प्रकार के आँकड़े एक ही स्थान पर उपलब्ध

हो जाते हैं–जैसे निर्गत ग्रन्थों की संख्या क्या है, किस विषय के ग्रन्थ अधिक निर्गत हुए हैं आदिं

7. इस प्रणाली की एक प्रमुख विशेषता यह है कि एक बड़े ग्रन्थालय तन्त्र के शासक (Branch) ग्रन्थालय में भी पाठक को ग्रन्थ निर्गम करने की अनुमति दी जा सकती है।
8. पाठक द्वारा ग्रन्थालय से उपयोग में लाए गए ग्रन्थों का स्थायी अभिलेख रखना इस प्रणाली में बहुत आसान रहता है।

हानि (Disadvantage)

1. इस प्रणाली में निर्गम एवं आगम के समय अनेक बातों का उल्लेख करना पड़ता है, जिनमें अधिक समय लगता है।
2. पाठक पत्रक (Borrwer's Card) भूलजाने की स्थिति में ग्रन्थों के आदान-प्रदान में असुविधा होती है।
3. पाठकों की अधिक भीड़ होने पर गलती की सम्भावना बढ़ जाती है। अगर भूल से पाठक की सदस्य संख्या ग्रन्थ पत्रक पर गलत अंकित हो जाती है तो अनेक कठिनाईयों का सामना सहायक को करना पड़ता है।

उपरोक्त त्रुटियों के बावजूद यह प्रणाली सुरक्षित (Safe) एवं सुस्पष्ट (Fool Proof) मानी जाती है।

(3) **अर्द्धयान्त्रिक प्रणाली (Semi Mechanical System)**–इस प्रणाली में निम्नांकित विधियाँ प्रचलित हैं।

1. फोटो ग्रफिक निर्गम प्रणाली (Phoyographic System)
2. पंचकार्ड प्रणाली (Puncheel Card System)
3. ऑडियो निर्गम प्रणाली, (Audio Charging System)

(4) **कम्प्यूटर (Computer)**–आज ग्रन्थालय में कम्प्यूटर (Comuter) के प्रयोग ने निर्गम आगम पद्धति को भी काफी प्रभावित किया है, और इस कार्य में इसका सहयोग लिया जा रहा है, परन्तु भारत जैसे विकासशील देश में अभी भी सभी ग्रन्थालयों में कम्प्यूटर का प्रयोग असम्भव नहीं तो कठिन जरूर है।

जहाँ तक सिद्धान्त का प्रश्न है पुस्तकों के चयन में महत्तम निर्णय की आवश्यकता होती है। किसी पुस्तक के चयन करने या उसे निरस्त करने के लिए मस्तिष्क में अनेक सार्थक विचारनीय तत्व होने चाहिए। यह कार्य गम्भीर अध्ययन और निर्णायक शक्ति से ही होता है। सन्दर्भ सेवा से प्राप्त अनुभव इसमें बहुत सहायक होता है। यह कार्य यान्त्रिक मस्तिष्क वाले लोगों द्वारा नहीं हो सकता।

चयन कार्य की विधि भी योजनाबद्ध होनी चाहिए। विचार करके जो विधि अपनाई जाए उसका पालन होना चाहिए।

स्रोत सामग्री की जानकारी तो आवश्यक होती है किन्तु इसमें चयन विधि की क्षमता और पुस्तकों का मूल्यांकन आश्यक नहीं है।

ग्रन्थ चयन का उद्देश्य
(Purpose of Book Selection)

ग्रन्थ, कर्मचारी एवं पाठक ग्रन्थालय के तीन प्रमुख तत्व माने जाते हैं इनमें से ग्रन्थ का प्रमुख स्थान है। ग्रन्थालयों का ग्रन्थ-चयन से सीधा सम्बन्ध है। इसलिए उत्तम ग्रन्थ, अधिकतम पाठक हेतु न्यूनतम मूल्य पर संग्रह करने के सिद्धान्त पर बल दिया गया है। किसी भी ग्रन्थालय की उपयोगिता उसमें संकलित उत्तम पाठ्य सामग्रियों पर ही निर्भर करता है अतः Drury के शब्दों में ग्रन्थ चयन का मुख्य उद्देश्य उचित पुस्तक उचित समय पर उचित पाठक को उपलब्ध कराना है (The right book to right reader at the right time)

यद्यपि पुस्तक-चयन ग्रन्थालय के प्रकार पर निर्भर करता है लेकिन चयन के मूल उद्देश्य एक ही होते हैं उपरोक्त कथन से तीन पद (term) प्राप्त होते हैं।

1. **उचित ग्रन्थ (Right book)**—उचित ग्रन्थ का अर्थ अच्छे (good) ग्रन्थों से भिन्न समझा जाता है। अच्छे ग्रन्थ होने के बावजूद भी उचित ग्रन्थ एक विशेष प्रकार के ग्रन्थालय के लिए नहीं हो सकता है। उचित ग्रन्थ का सम्बन्ध पाठक से है, वैसे ग्रन्थ, उचित ग्रन्थों की श्रेणी में रखे जाते हैं जो पाठक को इच्छित सूचना, मनोरंजन एवं प्रेरणा प्रदान कर सके। उदाहरण के लिए बाइबिल उत्तम ग्रन्थ माना जाता है लेकिन एक हिन्दी भाषी हिन्दू बहुल्य ग्रामीण ग्रन्थालय के लिए यह उचित ग्रन्थ नहीं माना जाएगा।

   अतः ग्रन्थ चयन का आधार उत्तम ग्रन्थ के साथ-साथ उचित ग्रन्थ को भी बनाना चाहिए। तभी चयन के उद्देश्य की पूर्त्ति होगी तथा ग्रन्थालय विज्ञान के समस्त सूत्रों को सन्तुष्टि मिलेगी।

2. **उचित पाठक (Right reader)**—उचित पाठक से आशय पाठकों के विभिन्न श्रेणियों से है। ग्रन्थालय के प्रकार के अनुसार उसके पाठकों की भी अनेक श्रेणियाँ होती है उन्हें उम्र, लिंग, योग्यता, अभिरुचि, पाठ्य रुचि आदि के आधार पर अलग किया जा सकता है। पाठकों की श्रेणियों का प्रभाव ग्रन्थ चयन पर पड़ता है। एक जन ग्रन्थालय में बच्चे, बूढ़े एवं जवान पाठक हो सकते हैं, लेकिन एक विश्वविद्यालय ग्रन्थालय में बच्चा पाठक नहीं हो सकता है। अतः ग्रन्थ चयन के समय उचित पाठक को ध्यान में रखना आवश्यक प्रतीत होता है तभी ग्रन्थालय अपने उद्देश्य की पूर्ति में सफल हो सकता है।

3. **उचित समय (Right time)**—उचिम समय का आशय यह माना जाता है कि पाठकों के द्वारा माँग किए गए ग्रन्थों की पूर्त्ति में अतिशीघ्रता की जाए, यह प्रबन्धकीय कार्यों से सम्बन्धित है। माँग एवं पूर्ति के बीच कम-से-कम समय लगे ताकि पाठकों की पठनीय जिज्ञासा शान्त न हो जाए, आज के वैज्ञानिक युग में विश्व के विभिन्न क्षेत्रों में शोध कार्य किए जा रहे हैं ऐसी परिस्थिति में उचित समय पर शोधकर्ता को वाह्य सामग्री उपलब्ध कराना ग्रन्थालय का परमदायित्व है।

अतः ग्रन्थचयन कर्त्ता को निम्नलिखित तीन तथ्यों को ध्यान में रखते हुए ही ग्रन्थ चयन करना चाहिए तभी ग्रन्थालय अपने पाठकों को उत्तम सेवा प्रदान कर सकता है। तथ्य हैं,-1 ग्रन्थ एवं उसके स्रोत के सम्बन्ध में ज्ञान 2. पाठकों की आवश्यकता का ज्ञान एवं 3. ग्रन्थ प्राप्त करने के प्रशासकीय दक्षता का प्रदर्शन।

मेलविल ड्यूई के ग्रन्थ चयन का सिद्धान्त
(Book Selection principles of Melvil Dewey)

ग्रन्थ चयन का सबसे प्राचीन सिद्धान्त ग्रन्थालय विज्ञान के प्राचीन प्राचार्य Melvil Dewey का है।

"न्यूनतम लागत पर अधिकतम पाठकों के लिए सर्वोत्तम पुस्तकों का चयन करना चाहिए।"

Melvil-Dewey

अंग्रेजी भाषा में इसे इस तरह प्रकट किया गया है "Best reading material for the largest number at the least Cost."

ड्यूई के सिद्धान्त के अनुसार ग्रन्थ चयन के तीन प्रमुख तत्व हैः

1. उत्तम पुस्तक "Best Reading"—इससे तात्पर्य उत्तम पुस्तक से है। यह एक सापेक्ष (Relative) शब्द है। यद्यपि यह कहना कठिन है कि अमुक पुस्तक सर्वोत्तम है। और अमुक नहीं। आज जो पुस्तक उत्तम नहीं है। समय के अन्तराल के बाद वे पुस्तकें उत्तम मानी जाती है। आज सभी विषयों पर भारी संख्या में पुस्तकों का प्रकाशन हो रहा है। उनमें से उत्तम पुस्तकों का चयन करना सागर में से ढूँढ़ कर मोती निकालने के समान है। पुस्तकों का चयन पुस्तकालय के प्रकार पर आधारित होता है। उत्तम होते हुए भी कोई पुस्तक सार्वजनिक पुस्तकालय में नहीं रखी जा सकती है। लेकिन विश्वविद्यालय पुस्तकालय में रखी जा सकती है। उत्तम पुस्तक के निर्धारण के समय इनके निम्नलिखित तीन अंगों पर ध्यान देना चाहिए।

1. शरीर (Physique)
2. ठोस शरीर (Subtle body

3. आत्मा (Soul) के निरीक्षण आवश्यक माना जाता है दूसरे शब्दों में पुस्तक के बहिरंग गुण एवं अन्तरण गुण का निरीक्षण आवश्यक है।

बहिरंगह गुण :

1. पुस्तक का साज-सज्जा आकर्षक हो।
2. भार एवं आकार प्रकार की दृष्टि से वह उपयोग करने में सुविधाजनक हो।
3. कागज सुन्दर और अच्छी किस्म का हो।
4. जिल्द मजबूत एवं पक्की हो।
5. पुस्तकें 12 प्वाइंट में छपी हो।

अन्तरंग गुण :

1. पुस्तक की भाषा सरल और सुबोध हो।
2. प्रचलित शब्दों का प्रयोग हो तथा भावों की अभिव्यक्ति स्पष्ट हो।
3. विषय को स्पष्ट करने के लिए यथा-स्थान चित्र, रेखा-चित्र, चार्ट आदि दिए गए हों।
4. पुस्तक में अनुक्रमाणिका (Index) और विस्तृत विषय-सूची दी गई हो।
5. पुस्तक में प्रतिपादित विषय अपने में पूर्ण हो।
6. आंकड़े और तथ्य अद्यतन (Up to date) और सही हो।
7. पुस्तक प्रेरणादायक। सूंचनादायक, तथा मनोरंजनदायक हो।

उपरोक्त वर्णित बहिरंग एवं अन्तरंग गुणों के आलोक में पुस्तक चयन करना चाहिए तभी उत्तम पुस्तक चयन कर उचित समय में उचित पाठक को प्रदान किय जा सकता है।

2. अधिकतम पाठक (Largest Number)—उत्तम पुस्तक का चयन अधिकतम पाठकों के लिए किया जाना चाहिए। उत्तम पुस्तक तभी तक किसी पुस्तकालय के लिए सार्थक है जब तक अधिकतम पाठक उसको मिलते रहते हैं। उत्तम पुस्तक होने के बावजूद भी यदि अधिकतम पाठक मिलने की सम्भावना न रहे तो उसका चयन नहीं करना चाहिए।

अधिकतम पाठकों के लिए उत्तम पुस्तकों जुटानें का आशय यह है कि उन पाठकों का अध्ययन रुचि की जानकारी प्राप्त की जाए। उनकी माँग का पता लगाया जाए।

किसी भी पुस्तकालय में दो तरह के पाठक होते हैं:

1. वास्तविक (Actual)
2. सम्भावित (Potential)

अतः दोनों तरह के पाठकों की अध्ययन रुचि का पता अनेक विधियों से लगाया जा सकता है। पाठकों की माँग का पता लगाने के निम्न साधन हैं।

1. पंजीयन पत्रक (Registration card)
2. पुस्तकों के लेन-देन का लेखा
3. आरक्षण पत्रक (Reservation Card)
4. सन्दर्भ के रूप में पूछे गए विविध प्रश्नों का लेखा।
5. सुझाव पत्र।

ये सभी पुस्तकालय के अन्दर के सूचनाओं के आधार पर पाठकों की माँग का पता लगाया जाता है। इसके अतिरिक्त पुस्तकालय के बाहर (out side Library) के साधनों से भी पाठकों की अध्ययन रुचि का पता लगाया जा सकता है जैसे–

1. स्थानीय प्रकाशन (Local Pubication)
2. व्यक्तिगत सम्पर्क (Personl Contact)
3. सर्वेक्षण विधि (Survey Method)

इस तरह हम कह सकते हैं कि अधिकतम पाठकों की खोज पुस्तकालयाध्यक्षों द्वारा उपरोक्त तथ्यों को ध्यान में रखकर किया जाना चाहिए जिससे कि उत्तम पुस्तक को अधिकतम पाठक मिल सके।

3. न्यूनतम धन (Least Cost):

न्यूनतम धन का सर्वमान्य अर्थ है कम से कम लागत पर पुस्तकें खरीदी जाए इसका अर्थ यह कदापि न माना जाए कि जिस पुस्तक का कम मूल्य हो उसका चयन किया जाए। पुस्तकें अधिकतम पाठक के लिए खरीदी जाए और उन पर न्यूनतम खर्च हो 1 यह पुस्तक चयन समिति के लिए एक समस्या है। खास कर भारत ऐसे देशों के लिए न्यूनतम लागत (Least Cost) का सिद्धान्त अतन्त महत्वपूर्ण है। सरकार के सामने जब कभी किसी विभाग से सम्बन्धित कटौती की बात आती है तो पुस्तकालय इसका पहला शिकार बनता है। इसके अनुदान में कटौती की जाती है। अतएव पुस्तक चयन समिति के सामने धन की एक विकराल समस्या खड़ी हो जाती है। इसका निदान पुस्तकालय अधिनियम को लागू करके ही किया जा सकता है।

न्यूनतम धन से उत्तम पुस्तकें चयन करने की एक विधि है-सहकारिता प्रणाली। इस प्रणाली का तात्पर्य यह है कि एक स्थान या नगर में जितने पुस्तकालय हैं वे आपस में सहयोग पूर्वक पुस्तक चयन प्रणाली को अपनाए। सभी पुस्तकालय आपस में मिलकर तय कर ले अमुक विषय पर अमुक पुस्तकालय पुस्तक चयन कर संग्रहित करें और अमुक विषय पर अमुक पुस्तकालय। उसके अतिरिक्त पुस्तकालयों को यह प्रयास करना चाहिए कि पुस्तक अधिक से अधिक छूट पर मिले या दान में प्राप्त हो।

इस प्रकार उत्तम पुस्तकें चुनने और खरीदने में समय और धन की बचत होती है और न्यूनतम चयन से उत्तम पुस्तकें खरीदना सम्भव हो पायेगा।

इस तरह हम देखते हैं कि Melvil-Dewey द्वारा प्रतिपादित पुस्तक चयन का सिद्धान्त सौ साल से ज्यादा पुराना है। फिर भी भारत ऐसे विकासशील देश के लिए आज भी इसका महत्व पिछले शताब्दी की तरह ही है।

16

जिल्दबन्दी (जिल्दसाजी) के तत्त्व

ग्रन्थालयों में ग्रन्थों का संग्रह उपयोग के लिए किया जाता है। इसके साथ-साथ इस बात का भी ध्यान रखा जाता है कि ग्रन्थ भावी पीढ़ी के लिए सुरक्षित भी रहे। आधुनिक युग में ग्रन्थों को छपाई कागज पर हो रही है। कागज एक अतिशीघ्र नष्ट होने वाली एवं कोमल (delicate) वस्तु है। पाठकों द्वारा लगातार उपयोग होनेसे उनके पन्ने कट-फटे जाते हैं। अतः, अच्छादन सामग्रियों की सहायता से ग्रन्थों की सुदृढ़ जिल्दबन्दी की आवश्यकता होती है, जिससे लम्बी अवधि तक उसे सुरक्षित तथा साफ सुथरा एवं आकर्षक बनाए रखा जा सके।

उद्देश्य

जिल्दबन्दी के निम्नलिखित उद्देश्य हैं–

1. कटने-फटने से बचाकर ग्रन्थ की जीवन-अवधि (Life span) को बढ़ाना।
2. ग्रन्थों एवं अन्य पाठ्य-सामग्रियों को उपयोग हेतु अच्छी स्थिति में बनाए रखना।
3. ग्रन्थों एवं अन्य पाठ्य-सामग्रियों के सौन्दर्यपरक गुणों (aesthic qualities) को बढ़ाकर आकर्षक आकृति पैदा करना, जिससे उनके प्रति अधिक-से-अधिक पाठक आकर्षित हो सकें।
4. पाठकों की पूर्ण सन्तुष्टि सुनिश्चित करना।

आधुनिक जिल्दबन्दी का विकास मुद्रण कला के साथ-साथ हुआ है। मुद्रण मशीन के आविष्कार के पूर्व ताड़ पत्रों एवं भोज पत्रों पर हस्त लिखित ग्रन्थों को काठ की दो तख्तियों के बीच रखकर बाँध दिया जाता था। उस समय काठ की यही तख्तियाँ उनके लिए जिल्द का काम करते थी।

जिल्दबन्दी से लाभ

1. जिल्दबन्दी ग्रन्थ को नया जीवन प्रदान करती है। देखने में खराब ग्रन्थ जिल्दबन्दी के सुन्दर दिखाई देने लगाते हैं तथा पाठक को आकर्षित करते हैं।
2. नए पेपर बाउंड ग्रन्थों की जिल्दबन्दी सुरक्षित एवं टिकाऊ बनाने के लिए की जाती है।
3. जिल्दबन्दी ग्रन्थों का विभिन्न कीड़ों जन्तुओं-चूहे, दीमक आदि से बचाव करती है।

जिल्दबन्दी की प्रमुख सामग्री (Material)

1. कागज
2. प्रेसिंग मशीन
3. कपड़ा
4. हथौड़ी
5. धागा
6. आरी
7. दफ्ती या गत्ता
8. सुई
9. लेई या गोंद
10. ब्रुस
11. मोम
12. रैक्सिग
13. रसेस पेपर
14. चमड़ा
15. बैकिंग बोर्ड
16. कैंची
17. शिंकजा
18. चाकू
19. स्ट्रा बोर्ड कटर
20. लकड़ी के पटरे, आदि

जिल्दबन्दी की प्रक्रियाएँ

जिल्दबन्दी के कार्यों को दो भागों में विभाजित किया जाता है–

1. अग्रसारण (Forwarding)–ग्रन्थों के अक्षरांकन (Lettering) एवं अलंकरण (Decoration) के पहले जिल्दबन्दी हेतु जो कार्य किए जाते हैं उन्हें अग्रसारण की संज्ञा दी जाती है।

2. परिष्करण (Finishing)–अक्षरांकन (Lettering) एवं अलंकरण (Decoration) के कार्य परिष्कारण के अन्तर्गत आते हैं।

अग्रसारण (Forwarding) क्रिया के अन्तर्गत मुख्यतः निम्नलिखित कार्य सम्पादित किए जाते हैं–

1. मोड़ाई (Folding)–इस क्रिया के अन्तर्गत ग्रन्थ के पन्ने के आकार के अनुसार कागज मोड़ा जाता है। यह काम मशीन से किया जाता है। जहाँ हाथ से यह काम होता है वहाँ बाइंडर हाथ में लकड़ी का पतला टुकड़ा रखता है तथा सामने छपे हुए शीट को रख कर मोड़ाई का काम करता है।

2. संग्रहण एवं मिलान (Gathering and Collating)–एक ग्रन्थ के सभी छपे शीट को मोड़ लेने के बाद बाइंडर प्रत्येक फर्मा की गड्डी को अपने अगल-बगल तथा सामने अर्ध-वृत्ताकार रूप में बायीं और से शुरू करता हुआ सजा कर रखता है। बायीं और पहला फर्मा तथा दाहिनी तरफ अन्त में अन्तिम फर्मा रखा जाता है और वह एक-एक फर्मा को उठाता जाता है। इस क्रिया को संग्रहण (gathering) कहते हैं।

एक जिल्द के लिए सभी फर्मे उठा लेने के बाद सावधानी पूर्वक उसकी जाँच की जाती है कि कोई फर्मा छूटा तो नहीं है। इस बात की भी सावधानी रखी जाती है कि एक ही फर्मा की दो प्रतियाँ एक साथ नहीं उठ जाए। अगर ग्रन्थ की पुनः जिल्दबन्दी (Re-binding) हो रही है तो वैसी स्थिति में ग्रन्थ के पृष्ठों की जाँच कर ली जाती है कि वे सभी क्रम से है अथवा नहीं। इस क्रिया को तकनीकी भाषा में मिलान करना (Collating) कहते हैं।

3. जुज बाँधना–जुज का मतलब होता है जोड़ा, अर्थात् इस तरह की सिलाई में जोड़ा पन्ने का होना जरूरी है। अलग-अलग पन्नों की जुजबन्दी सिलाई नहीं होती। अगर ग्रन्थों में प्लेटों या चित्रों के अलग पन्ने हो तो उसके लिए साटने की विधि अपनायी जाती है।

इस क्रिया में प्रत्येक आठ पृष्ठों, सोह पृष्ठों को मोड़ लिया जाता है। इसी को जुज कहते हैं। इसके सीने की क्रिया को जुजबन्दी कहते हैं।

प्रत्येक जुज को पृष्ठों के क्रम में रख लिया जाता है तथा उन पर क्रमांक नम्बर डाल दिया जाता है। इसके बाद सभी जुजों को एक के ऊपर एक रख दिया जाता है। एक लाल या नीलों पेंसिल से स्केल की सहायता से स्पाइन पर जुजों के ऊपर बीच में तीन इंच का अन्तर रखकर एक इंच के अन्तर की दो-दो लाइनें दोनों नीचे के सिरे पर खींच दी जाती है। पहले जुज को उठाया जाता है और बाहर की

और से लाइन के निशान से अन्दर की और सुई धागा की सहायता से सिलाई की जाती है तथा अन्दर से बाहर की और दूसरी लाइन के निशान की सीध में उसे बाहर निकाल ली जाती है। फिर दूसरे लाइन के बाहर के निशान से सुई अन्दर डाली जाती है और पहली लाइन के अन्दर के हिस्से सेउसे बाहर निकाल ली जाती है। एक तरह दो चक्कर लगाने से जुज बंध जाती है।

4. सिलाई (Sewing)—सिलाई शुरू करने के पहले ग्रन्थ को शिंकजा से कस दिया जाता है और सिलाई का हिस्सा ऊपर रहता है। शिंकजा कस लेने के बाद जहाँ फीता (Chord) रखना होता है वहाँ आरी से खींच बना दिया जाता है। सिलाई की क्रिया शुरू करने के पहले ग्रन्थ के नीचे एक तख्ती रख दी जाती है तथा उसके साथ लकड़ी का एक फ्रेम (Frame) लगा दिया जाता है। फ्रेभ के ऊपर एक गोला डण्डा रहता है जिसके सहारे फीता को कसकर बाँध दिया जाता है और सुझी तागा से सिलाई शुरू कर दी जाती है।

5. पोस्तनी चढ़ाना—सिलाई के बाद पोस्तीन चढ़ाया जाता है जो ग्रन्थ के भीतरी जोड़ और स्तर का काम करता है तथा आख्या (Title) पृष्ठ की सुरक्षा भी प्रदान करता है। अतः पोस्तीन का कागज मोटा और मजबूत होना चाहिए।

6. छँटाई (Trimming)—ग्रन्थ की सिलाई हो जाने के बाद अगर धागा निकला रहता है या सिलाई ऊपर उभरी रहती है उसे ठीक किया जाता है तथा हथौड़े से उसे धीरे-धीरे ठोका जाता है ताकि पन्ने सट जाए और ऊपर नीचे न रहें।

7. किनारे की कटाई (Edge cutting)—इस क्रिया के द्वारा ग्रन्थ के किनारे की कटाई की जाती है। सबसे पहले शिंकजे में ग्रन्थ को दबा दिया जाता है। उसके बाद किनारे को काट कर ग्रन्थ के पन्नों को एक समान कर दिया जाता है। सबसे पहले ग्रन्थ के उस किनारे को काटा जाता है जिधर से वह खुलता है। इसके बाद ग्रन्थ के ऊपर और नीचे के हिस्सों को काटा जाता है। अन्त में कटे हुए भाषा को रेती से चिकना कर दिया जाता है।

8. चिपकाना (gluing)—इस यिा में ग्रन्थ पर सबसे पहले पोस्तीन चिपकाया जाता है। फिर ग्रन्थ के पुट्ठे पर सरेस का हल्का चढ़ा दिया जाता है।

9. गोल करना (Rounding)—इस क्रिया में बाइंडर द्वारा ग्रन्थ के दोनों भागों (sides) पर हथौड़ा से चोट की जाती है। इस क्रिया के सम्पादन के समय बाइंडर को काफी सावधानी रखनी चाहिए क्योंकि ज्यादा गोल करना ग्रन्थ का खुलना कठिन बना देता है।

10. पृष्ठाधान (Bocking)—इस विधि में ग्रन्थ की दोनों तरफ दफ्ती, मोटाई के आकार का पटरा रखकर ग्रन्थ को शिंकजा में इस प्रकार कस दिया जाता है कि पुट्ठा ऊपर रहे। इसके बाद पुट्ठे के दोनों किनारे की लम्बाई में धीरे-धीरे इस तरह पीटा जाता है कि दोनों किनारी पटरी पर चढ़ जाए।

11. दफ्ती (Board)—दफ्ती लगाने का तीराका यह है कि ग्रन्थ के आकार का दो दफ्ती का टुकड़ा ले लिया जाता है। इस दफ्ती की लम्बाई चौड़ाई ग्रन्थ के पन्नों के सब और से करीब से 2 से. मी. अधिक होनी चाहिए। दफ्ती को कड़ा रखने के लिए उसका जो हिस्सा अन्दर रखा जाता है उस पर पतला कागज लेई से साट दिया जाता है। इसके बाद ग्रन्थ के साथ दफ्ती कीं सिलाई की प्रक्रिया शुरू की जाती है।

12. आवरणीकरण (Covering)—ग्रन्थ के पुट्ठे (Sping) पर तथा उसके चारों कोने पर चमड़ा कपड़ा या कागज सीटने के बाद ही आवरण चिपकाए जाते हैं। आवरण सामग्री चमड़ा, कपड़ा; रैक्सीन या कागज (मारबल) का हो सकता है।

सबसे अन्त में पोस्तीन को दफ्ती के भीतर साटते हैं। इस तरह ग्रन्थ की जिल्दसाजी की प्रक्रिया पूरी हो जाती है, सिर्फ कुछ देर दरबार छोड़ दिया जाता है ताकि ग्रन्थ पूर्ण रूप से व्यवस्थित हो जाए।

परिष्करण (Fettering)

अक्षरांकन (Lettering) और अंलकरण (Decoration)—जिल्दबन्दी की क्रिया समाप्त हो जाने के बाद ग्रन्थ को पुट्ठे (Spinr) पर साधारणतः ग्रन्थ का नाम, लेखक का नाम, क्रामक संख्या (Call number) लिखी जाती है। इस क्रिया को अक्षरांकन की क्रिया कहा जाता है। यह काम पीतल के बने अक्षरों से होता है। सुनहरा (golden) अक्षर बनाने के लिए सोना, ताँबा एवं चाँदी का मिश्रित घोल तैयार किया जाता है।

अन्तः ग्रन्थ में मजबूती लाने तथा उसकी आयु लम्बी करने तथा पाठकों को आकर्षित करने के लिए जिल्दबन्छी अत्यन्त आवश्यक समझी जाती है।

अच्छी जिल्दबन्दी (Good Binding)

ग्रथ के लिए जिल्दबन्दी आज के वैज्ञानिक युग में अति-आवश्यक है। मानव जाति की तरह ग्रन्थ के शरीर एवं आत्मा है। जिन पदार्थी से ग्रन्थ का निर्माण होता है उन्हें उसका शरीर (body) एवं उससे सन्निहित विचारों को उसकी आत्मा मानी जाती है।

ग्रन्थ की आत्मा अर्थात् उसमें सन्निहित विचार की सुरक्षा हेतु उसके शरीर की सुरक्षा आवश्यक है। जिल्दसाजी (Binding) के द्वारा ग्रन्थ को सुरक्षा प्रदान की जाती है।

अच्छी जिल्दबन्दी की विशेषताएँ (Importance of good Binding)

1. पतले ग्रन्थ के लिए मशीन द्वारा सीधे सिलाई होना चाहिए।

2. सिलाई हेतु प्रयुक्त नाइलॅन का तागा मजबूत होना चाहिए एवं बिना विरंजित (Un-bleached) होना चाहिए।
3. बिना विरंजित मजबूत कपड़े के फीतों का प्रयोग किया जाना चाहिए।
4. प्लेट, नक्शे, चित्रादि अच्छी तरह अतिरिक्त पृष्ठों से संरक्षित होना चाहिए साथ ही उन्हें भी सिलाई के द्वारा ही ग्रन्थ में प्रयुक्त करना चाहिए। सिलाई के पहले फटे पृष्ठों को अच्छी तरह पैबन्दयुक्त (Mended) होना चाहिए।
5. हाथ से बने हुए कागज की पुस्तक को ज्यादा दबा (Pressed) हुआ नहीं होना चाहिए अच्छे गोंद का प्रयोग पृष्ठों को साटने के कामों में लगाना चाहिए।
6. आच्छादित सामग्री (Covering material) के रूप में कपड़े का प्रयोग होने चाहिए। मोटे की ग्रन्थों की सिलाई प्रत्येक गत्ते को अलग-अलग करके होनी चाहिए।

जिल्दबन्दी के प्रकार (Types of Binding)

ग्रन्थालय में निम्नलिखित प्रमुख जिल्दसाजी (Binding) प्रचलित हैं–

1. प्रकाशकीय आवरण या पेपर बैक (Publisher Cashing or Paper backs)–यह एक हल्का स्ट्रो (Straw) बोर्ड (board) होता है जिसके ऊपर आकर्षक रंगीन कपड़े, रेक्सीन या प्लास्टिक कोड चिपके होते हैं। सस्ते ग्रन्थों के लिए प्रयोग होता है। इस तरह को जिल्दबन्दी (Binding) उपन्यास, बच्चों के ग्रन्थ (Book) पाठ्य-पुस्तकों के लिए की जाती है। ग्रन्थ के लोकप्रिय संस्करण एवं छात्र संस्करण के लिए भी इस जिल्दबन्दी से ग्रन्थ की कीमत कम हो जाती है। मोटे कागज से इसका निर्माण किया जाता है।

2. ग्रन्थालय जिल्दसाजी (Library Binding)–यह एक विशेष प्रकार की जिल्दबन्छी है जिसमें मजबूत एवं आकर्षक जिल्दबन्दी (Binding) सामग्री का प्रयोग किया जाता है। यह ग्रन्थ को अतिरिक्त शक्ति एवं अधिक टिकाऊपन प्रदान करती है। ग्रन्थालय में उपयोग होने वाली पुस्तकों को अनेक हाथों से गुजरना पड़ता है। अगर मजबूत एवं टिकाऊ जिल्दसाजी न हो तो अल्प समय में पुस्तक प्रयोग केल ायक नहीं रह पाएगी। इस तरह की जिल्दसाजी से टेप सिलाई का प्रयोग प्रायः किया जाता है। फ्रेंच ज्वाइंट (Frenh Joint) के साथ स्पीलीट बोर्ड (Split boards) का प्रयोग किया जाता है।

आच्छादन सामग्री कपड़े की होती है। ग्रन्थ के स्पाइन (Sping) पर सुनहरे अक्षरों में ग्रन्थ को आख्या एवं लेखक का नाम अंकित कर दिया जाता है। अगर ग्रन्थों की ग्रन्थालय (Library) से जिल्दसाजी (Binding) की जाती है तो ग्रन्थालय का नाम एवं कॉल नम्बर (Call No.) भी स्पाइनर (Sping) पर लिख दिया जाता है।

3. प्रबलित जिल्दसाजी अथवा जिल्दबन्दी (Reinfoeced Binding)—इस तरह की जिल्दबन्दी में कमजोर पुस्तक के खण्ड को अतिरिक्त पदार्थों का उपयोग करके मजबूत बनाया जाता है।

ग्रन्थ के कोर को अतिरिक्त मजबूत सामग्रियों से टिकाऊ बनाया जाता है। फटे हुए पन्ने को टिशू (Tissue) की मदद से मजबूत बनाया जाता है। इस तरह की जिल्दबन्दी अत्यधिक पुराने कटे-फटे ग्रन्थों के लिए की जाती है।

4. पूर्ण चमड़ा जिल्दबन्दी (Full Leather Binding)—पूर्ण (Full) जिल्दबन्छी से यह तात्पर्य है कि पुस्तक और उसका किनारा (Sides) एक ही पदार्थ से बाँधे गए हों। अगर इसके लिए चमड़े का प्रयोग किया गया हो तो उसे पूर्ण चमड़े की जिल्दबन्दी (Full leather Binding) कही जाएगी।

इस तरह की जिल्दबन्दी के प्रयोग का निर्देश सन्दर्भ ग्रन्थों, शब्दों कोष एवं विश्व कोष के लिए दिया गया है। इस तरह की जिल्दबन्दी महँगी होती है और इसकी सुरक्षा पर काफी ध्यान देना पड़ता है।

5. अर्द्ध चमड़ा जिल्दबन्दी (Half Leather Binding)—इस तरह की जिल्दबन्दी (Binding) में बोर्ड (cover) अंशतः चमड़े से आच्छादित रहते हैं। शेष भाग कपड़े या अन्य आच्छादित सामग्रियों से ढँके रहते हैं। इस तरह की जिल्दबन्दी (Binding) में बोर्ड के पीछे का भाग और कोना (Corner) चमड़े से ढँके रहते हैं। इस तरह की जिल्दबन्दी का प्रयोग पत्र-पत्रकारओं के लिए किया जाता है।

6. पूर्ण कपड़ा जिल्दबन्दी (Full Cloth Binding)—ठीक चमड़ा की पूर्ण जिल्दबन्दी (Full Binding) की तरह कपड़े की पूर्ण जिल्दबन्दी भी ग्रन्थ के बोर्ड (Board) को पूर्णरूपेण ढँके रहती है। साधारणतः उच्च कोटि की पाठ्य-पुस्तक (Taxt Book) के लिए इस जिल्दबन्दी का प्रयोग किया जाता है। हिन्दू धर्म ग्रन्थों में भी इस तरह की जिल्दबन्दी (Binding) का प्रयोग किया जाता है।

7. अर्द्ध कपड़ा जिल्दबन्दी (Half Cloth Binding)—इस तरह की जिल्दबन्दी में ग्रन्थ के बोर्ड (Cover) स्पाइन (Spine), पीछे का भाग, कोना (Corner) कपड़े में आच्छादित किए जाते हैं। शेष भाग मारवल (Marble) कागज या अन्य सस्ते कागज से आच्छादित रहते हैं।

8. संस्करण जिल्दबन्दी (Edition Binding)—इस तरह की जिल्दबन्दी का प्रयोग तेजी से इन दिनों हो रहा है। यह ग्रन्थालय जिल्दबन्दी का एक प्रकार है जिसमें सिलाई का प्रयोग नहीं किया जाता है; केवल साट दिया जाता है। इस जिल्दबन्दी में पृष्ठों को एक दूसरे से चिपका दिया जाता है। इसके लिए चिपकाने वाले जिल्दबन्दी यन्त्र (Adhesive Binding)—इस तरह की जिल्दबन्दी में अतिरिक्त पदार्थों एवं अतिरिक्त प्रक्रियाओं की जरूरत पड़ती है अतएव यह काफी खर्चीली जिल्दबन्दी मानी जाती है। और इसे डिलक्स जिल्दबन्दी (Delux Binding) की संज्ञा दी जाती है।

इसमें सबसे अच्छे मोस्क्कों चमड़े का प्रयोग किया जाता है। साथ ही उसके ऊपर सुनहरी अक्षरों में ग्रन्थ का नाम, लेखक का नाम आदि अंकित रहते हैं। जोड़ पर सिल्क (Silk) के लीफ का प्रयोग किया जाता है। इसमें दोहरी नमनीय (Flexible) सिलाई का प्रयोग किया जाता है। इस तरह की जिल्दबन्दी का प्रयोग सरकार (Goverment) के महत्वपूर्ण दस्तावेज एवं बैंक के दस्तावेजों के लिए किया जाता है।

उपरोक्त जिल्दबन्दी (Binding) का ज्ञान ग्रथालयी (Librarian) के लिए आवश्यक है जिससे कि ग्रन्थ के संग्रह के समय वह उसका उपयोग कर सके।

17

पत्र-पत्रिका विभाग एवं त्रिपत्रक प्रणाली

आज के वर्तमान युग में पुस्तकों की अपेक्षा पत्र-पत्रिकाओं का अत्यधिक महत्व है। अनुसंधान में नवीनतम एवं सूक्ष्म सूचनाओं का विशेष महत्व है। नवीनतम सूचनायें पत्र-पत्रिकाओं के माध्यम से ही प्राप्त होती है। इसलिए पुस्तकालयों में पत्र-पत्रिकाओं का अर्जन आवश्यक समझा जाता है। विभिन्न प्रकार के पुस्तकालयों में पाठकों की माँग के अनुसार पत्र-पत्रिकाओं को अर्जित किया जाता है। इस पत्र-पत्रिकाओं का व्यवस्थापन पुस्तकों के व्यवस्थापन से भिन्न प्रकार का होता है।

पत्र-पत्रिकायें समय से सम्बन्धित होती है जैसे-दैनिक, सप्ताहिक, मासिक, त्रैमासिक आदि होते हैं। उन पत्रिकाओं का लेखा-जोखा रखना पुस्तकालयों के सामने एक समस्या बने रहती है। अतः प्रत्येक पुस्तकायल में इसके लिए एक अलग विभाग की स्थापना की जाती है जिसे पत्र-पत्रिका विभाग कहा जाता है। इस विभाग से सम्बन्धित निम्नलिखित कार्य होते हैं :

1. पत्र-पत्रिकाओं का वित्तीय साधनों को दृष्टिगत रखते हुए चयन करना।
2. चयन किऐ हुए पत्रिकाओं (Periodicals) पर विषय विशेषज्ञों तथा ग्रन्थालय समिति से अनुमोदन देना।
3. चयनित पत्रिकाओं के बिलों का अग्रिम भुगतान करना।
4. चयनित पत्रिकाओं का क्रयादेश देना।
5. आने वाली पत्रिकाओं को प्राप्त करना और उनकी प्राप्ति रसीद भेजना।
6. पत्रिकाओं का रजिस्ट्रेशन करना।
7. पत्रिकाओं का प्रदर्शन-पटल पर प्रदर्शन करना।
8. पत्रिकाओं के आये हुए अंकों को पाठकों को उपलब्ध करना।
9. पाठकों के लिए विभाग में ही अध्ययन की व्यवस्था करना।
10. पत्रिकाओं के वे अंक जो निर्धारित समय पर नहीं आते हैं उनके लिए स्मरण पत्र भेजना।

11. पत्रिकाओं का पूरा खण्ड हो जाने पर उनकी जिल्दबन्दी की व्यवस्था करना।
12. पत्रिकाओं की Indexing and abstractin करना।
13. उपरोक्त कार्यों की सांख्यिकी तैयार करना।
14. पत्रिकाओं (Periodicals) सम्बन्धी सभी अन्य कार्य करना तथा उनसे सम्बन्धित सभी फाइलें रखना आदि।

पत्र-पत्रिकाओं का चयन–पत्र-पत्रिकाओं का चयन करते समय निम्न बातों पर ध्यान देना आवश्यक समझा जाता है।

1. ग्रन्थालय का प्रकार एवं क्षेत्र।
2. ग्रन्थालय के आर्थिक संसाधन एवं स्रोत।
3. पाठकों एवं उपयोगकर्त्ता की आवश्यकता तथा माँग।
4. समीप के अन्य ग्रन्थालयों में विभिन्न पत्रिकाओं (Periodicals) की उपलब्धि।
5. ग्रन्थालय में पूर्व में विद्यमान पत्रिकाओं (Periodivals) की उपलब्धि।
6. विषय विशेषज्ञों, शोधकर्ताओं तथा प्राध्यपकों के सुझाव।

पत्र-पत्रिका के चयन के बाद उनका पत्र-पत्रिका विभाग में रजिस्ट्रेशन (Registeration) किया जाता है। पुस्तकालय में Registeration के लिए विभिन्न प्रकार की पद्धतियाँ अपनायी जाती है:

1. रजिस्टर विधि (Register Method)
2. लेजर विधि (Ledger Method)
3. एक पत्रक विधि (One Card System
4. त्रिपत्रक विधि (There Card System)
5. कार्डेक्स विधि (Cardex system)

त्रिपत्रक प्रणाली
(Three Card System)

रंगनाथन की त्रिपत्रक विधि–पत्र-पत्रिकाओं के पंजीकरण के लिए रजिस्टर विधि एवं एक पत्रक विधि वैसे पुस्तकालयों के लिए उपयुक्त है जहाँ अधिक 50 पत्र-पत्रिकायें अर्जित किये जाते हैं। परन्तु महाविद्यालय, विश्वविद्यालय एवं शोध पुस्तकालयों में 100 से भी अधिक पत्र-पत्रिकायें अर्जित किये जाते हैं वहाँ रंगनाथन का Three Card Method अधिक उपयोगी सिद्ध हो रहा है। पत्रिकाओं का नियमित रूप से आना आवश्यक है। अगर किस Periodical का कोई अंक समय पर नहीं आता है तो उसकी उपयोगिता समाप्त की जाती है। दूसरी समस्या यह है कि विलम्ब से स्मरण पत्र भेजने पर यह आवश्यक है। इसी तथ्य को ध्यान में रखते हुए Dr. Ranganather ने Three Card System का आविष्कार किया।

त्रिपत्रक विधि की प्रक्रिया–इस विधि में 5×3 inch के तीन पत्रकों का उपयोग किया जाता है जिन्हें register card, Check card and classified indx card कहा जाता है।

1. रजिस्टर कार्ड (Register Card)–एक Register Card प्रत्येक पत्रिका (Periodical) के लिए निर्मित किया जाता है। जिसमें Periodical का नाम, प्रकाशन का नाम, आपूर्तिकर्ता; काल अवधि (Frequency), पत्रिका का Subscription दर, भुगतान की तिथि आदि अंकित रहते हैं। इस Card को एक Tray में alphabetically arrange कर दिया जाता है।

आख्या (title)	भुगतान (Payment)	
विक्रेता (vendor)	खण्ड अथवा वर्ष	वाउचर सं. व तिथि
प्रकाशक (Pubisher)	(vol no. or year)	(voucher no. & date
वर्गांक (Class No.)		
आवधिकता (periondicity)		
Order No. and date	Annal Subscripition	
Volume and Number	Date of pubication	Date of receipt

जब किसी पत्रिका का कोई अंक आता है तो इस Card को tray से निकालकर पत्रिका से सम्बन्धित अंक संख्या प्रकाशन तिथि तथा प्राप्ति दिनांक अंकित कर दिया जाता है। यदि बीच में कोई अंक नहीं प्राप्त होता है तो इसके के लिए स्थान छोड़कर अगली पंक्ति में अगले अंक को अंकित कर दिया जाता है entry करने के बाद पत्रक को उचित स्थान पर रखा दिया जाता है।

2. चेक कार्ड Check Card)–इस Card के द्वारा यह निश्चित किया जाता है। कि किसी पत्रिका का अमुक अंक प्राप्त हुआ या नहीं/एक पत्रिका के लिए एक जाँच पत्रक तैयार किया जाती है जिसमें निम्नलिखित प्रारूप होते हैं।

Title		Periodicity
Vol. No.	Date of Reminder	Sigature

इस प्रत्रक का कार्य पत्रिका के अंक निश्चित समय पर प्राप्त न होने पर तत्काल स्मरण पत्र (reminder letter) भेजने में सहायता प्रदान करता है। इन पत्रकों

को रखने के लिए एक वर्ष को 60 सप्ताहों में बाँट दिया जाता है। क्योंकि किसी महीने में पाँच सप्ताह होते हैं यह पहले ही निश्चित कर लिया जाता है कि एक सप्ताह में जाँच किस दिन की जाएगी। 60 सप्ताहों के 60 guide card बना लिए जाते हैं। जनवरी के पहले सप्ताह अर्थात् 1.1 जनवरी के दूसरे सप्ताह 1.2 इसके बाद guid card को tray में रखा दिया जाता है और किसी सप्ताह विशेष में आगामी अंगों की check card को उस सप्ताह के guide card के पीछे लगा दिया जाता है जैसे प्रकाशनों के अंकों के जाँच पत्रक आख्या अनुसार लगा दिए जाते हैं।

यदि किसी प्रकाशन का विशिष्ट अंक प्राप्त हो जाता है तो उसके पंजीयन के बाद उससे सम्बन्धित जाँच पत्रक को वहाँ से निकाल लिया जाता है और अगले अंक के आने वाले guide card के पीछे लगा दिया जाता है। यदि पत्रिका मासिक है तो उसे 10.3 के पीछे और यदि त्रैमासिक है तो 12.3 के पीछे लगा दिया जाता है।

पूर्व के स्थान पर केवल न प्राप्त होने वाले अंकों के Check card रह जाते हैं। उसे निश्चित सप्ताह समाप्त होने वाले दिन अर्थात् जाँच के दिन उक्त समस्त जाँच पत्रकों में स्मरण पत्र सम्बन्धी सूचना अंकित करके अगले सप्ताह के guide card के पीछे लगा कर रखा दिया जाता है और उन पत्रिकाओं का स्मरण पत्र भेज दिया जाता है। यदि उस सप्ताह में भी उसका अंक प्राप्त नहीं होता है तो द्वितीय स्मरण पत्र सम्बन्धी सूचना अंकित करके पत्रक को अगले सप्ताह के guide card के पीछे रख दिया जाता है और स्मरण पत्र भेज दिया जाता है। अन्य तक यही प्रक्रिया चलती रहती है।

3. वर्गीकृत इन्डेक्स कार्ड (Classifed indx card)—पाठकों को यह सूचित करता है। कि किसी खास विषय पर कौन-कौन सी पत्रिका पुस्तकालय में मँगायी जाती है। इन पत्रकों को वर्गीकृत रूप में व्यवस्थित किया जाता है किसी पत्रिका के जब सभी अंक प्राप्त हो जाते हैं तब उन सभी अंकों को एकत्र कर लिया जाता है जो एक पूर्ण खण्ड (Volume) को दर्शाता है तब उसके मुख्य पृष्ठ, विषय सूची तथा तालिका आदि को उचित स्थान पर लगा दिया जाता है। इसके बाद उन्हें accession register में अंकित कर दिया जाता है। उसका विवरण Classified indx card में मध्य स्थान पर कर दिया जाता है। जैसे Call number, Publisher, name, indx आदि। यह पत्रक एक प्रकार से सूची का कार्य करता है जिसे alphabetical order में व्यवस्थिति किया जाता है।

Class No	Annual subscription
Titte	
Vender	
Pubisher	
Volume available	
Index etc.	
Supplement etc.	

लाभ (Advantage)

1. इससे पाठकों एवं कर्मचारियों के समय की बचत होती है। पाठकों को वर्गीकृत तालिका पत्रक से पत्रिकाओं के विषय में अतिशीघ्र सूचना मिल जाती है। दूसरी और कर्मचारी को Check Card के माध्यम से मालूम होते रहता है कि अमुक पत्रिका समय पर आयी या नहीं।
2. पत्रिकाओं के विषय में इसके register card and classified card से अतिशोध्र सूचना दी जा सकती है।
3. इससे स्मरण पत्र (reminder letter) भेजने में सुविधा होती है।
4. इसमें सतत क्रियाशील बनी रहती है।
5. इस पद्धति में कम से कम कर्मचारियों से अधिक से अधिक कार्यों का सम्पादन होता है।

हानि (Disadantage)

1. इस पद्धति के द्वारा पत्रिकाओं को व्यवस्थित करने में प्रशिक्षित कर्मचारी की आवश्यकता पड़ती है।
2. Check card को लगाने में काफी सावधानी की जरूरत पड़ती है। अगर गलत जगह पर वह लग गया है तो पत्रिका मिलने में कठिनाई होती है।

उपरोक्त त्रुटियों के बावजूद बड़े पुस्तकालय में पत्र-पत्रिकाओं को व्यवस्थित करने के लिए त्रिपत्रक प्रणाली ही सर्वश्रेष्ठ सिद्ध हो रही है। इससे समय की बचत के साथ-साथ पाठकों को पत्रिकाओं के बारे में जानकारी अतिशीघ्र मिल जाती है।

18

ग्रन्थालय सहयोग (Library Co-operation)

अंग्रेजी के 'co-operation' शब्द के लिए हिन्दी में सहयोग अथवा सहकारिता शब्द का प्रयोग किया जाता है। सहयोग अथवा सहकारिता का अभिप्राय साथ मिलकर कार्य करने से है। मानव समाज में आदिकला से सहयोग की प्रवृत्ति रही है। सहयोग के अभाव में मानव समाज का विकास असम्भव था।

ग्रन्थालय सहयोग का श्रीगणेश 20वीं सदी की देन हैं। कागज एवं मुद्रण का आविष्कार, विषयों की विविधता, ज्ञान-विज्ञान के विभिन्न क्षेत्रों में नये-नये ग्रन्थों का प्रकाशन तथा समाज के सभी वर्गों के पाठकों की अध्ययन अभिरुचि के अनुसार पाठ्य-सामग्रियाँ उपलब्ध कराने के सिद्धान्त ने प्रत्येक ग्रन्थालय समस्त पाठकों की अध्ययन अभिरुचि को सन्तुष्ट करने में सामग्री नहीं है। ऐसी परिस्थितियों में विभिन्न ग्रन्थालयों के बीच परिस्परिक सहयोग की आवश्यकता महसूस की गई जिसके फलस्वरूप ग्रन्थालय सहयोग की भावना का अभ्युदय हुआ।

ग्रन्थालय सहयोग की आवश्यकता

1. प्रजातन्त्र के आगमन के साथ-साथ शिक्षा मन्दिर के द्वारा समस्त नागारिक के लिए खोल दिए गए जो कि पहले समाज के उच्च वर्गों के लिए ही सुलभ था। ग्रन्थालय सहयोग की पृष्ठ भूमि डॉ. रंगनाथन द्वारा प्रतिपादित ग्रन्थालय विज्ञान के पंच सिद्धान्त ने तैयार की है। "ग्रन्थ उपयोग के लिए है" तथा "प्रत्येक पाठक को उसका अभीष्ट ग्रन्थ मिले" के सिद्धान्त की सन्तुष्टि ग्रन्थालय सहयोग के अभाव में असम्भव है।

2. वर्तमान युग में ज्ञान के विभिन्न क्षेत्रों में क्रान्ति आई है जिसके परिणाम स्वरूप पाठ्य-सामग्रियों के प्रकाशन में काफी वृद्धि हुई है। आज किसी एक ग्रन्थालय

के लिए समस्त प्रकाशित प्रलेखों को संग्रह करना सम्भव नहीं है, जबकि प्रत्येक पाठक की अध्ययन अभिरुचि को सन्तुष्ट करना नितान्त आवश्यक है। ऐसी परिस्थिति में ग्रन्थालय सहयोग की आवश्यकता अनिवार्य प्रतीत होने लगी है।

3. कागज तथा मुद्रण कला के आविष्कार ने प्रलेखों के प्रकाशन में क्रान्ति ला दी है। ऐसा अनुमान लगाया गया है कि संसार में प्रति मिनट 2000 पृष्ठों की सामग्री मुद्रित हो हरही है। परिणामतः 'ज्ञान विस्फोटन' की परिस्थिति उत्पन्न हो चुकी है। अतः बड़े-से-बड़े ग्रन्थालय भी आए स्थान एवं कर्मचारियों की कमी की वजह से ग्रन्थालय सहयोग हेतु मजबूर हो रहे हैं।

4. ज्ञान के विभिन्न क्षेत्रों में तीव्र गति से विकास होने के कारण विशिष्टीकरण (Specialisation) का युग आरम्भ हुआ है। विशिष्टीकरण के कारण अनुसंधान के क्षेत्र में भाषाओं तथा देशों की दीवारें टूट गई हैं परिणामतः पाठकों द्वारा पाठ्य सामग्रियों की माँग भौगोलिक सीमा को समाप्त कर चुकी है। ऐसी स्थिति में ग्रन्थालय सहयोग की आवश्यकता स्थानीय, प्रादेशिक तथा राष्ट्रीय सीमाओं को लाँघकर अन्तराष्ट्रयी स्तर तक पहुँच गई है। अतः विज्ञान, मानविकी और तकनीकी के ग्रन्थालयों में सहयोग की आवश्यकता महसूस की जा रही है।

ग्रन्थालय सहयोग से लाभ

ग्रन्थालय सहयोग से निम्नांकित प्रमुख लाभ होते हैं।

1. धन की बचत
2. पाठकों की सन्तुष्टि
3. तकनीकी कार्यों में एकरूपता

ग्रन्थालय सहयोग के स्तर (Levles)

ग्रन्थालय सहयोग के निम्न स्तर निर्धारित किए जा सकते हैं।

1. स्थानीय (Local)
2. क्षेत्रीय (Regiona)
3. राष्ट्रीय (National) तथा
4. अन्तराष्ट्रीय (International)

ग्रन्थालय सहयोग के प्रकार (types of Library Cooperation)

1. सहकारी ग्रन्थ अर्जन (Cooperative Acqusition)
2. सहकारी प्रस्तुतीकरण (Cooperative processing)
3. सहकारी संचयन (Cooperative storage)
4. सहकारी ग्रन्थ आदान-प्रदान (Cooperative borrowing)

5. अन्तर ग्रन्थायीन निपेक्ष (Inter library deposit)
6. सहकारी विनियम (Cooperative exchange)

1. सहकारी ग्रन्थ अर्जन (Acquisition)

विभिन्न ग्रन्थालयों में सहयोग स्थापित करके ग्रन्थ अथवा प्रलेख (document) का अर्जन कर अधिकांश पाठकों की आवश्यकताओं की पूर्ति की जा सकती है। उदाहरण के लिए एक ग्रन्थालय 'Encyclopaedia Americane' का पूरा सेट (Set) अर्जन कर ले तथा दूसरा ग्रन्थालय 'Encyclopacdia Brritania' के सभी खण्ड अर्जित कर ले और एक दूसरे को आवश्यकता पड़ने पर उपयोग हेतु आदान प्रदान करे तो इससे कम खर्च में अधिक से अधिक पाठकों की सेवा की जा सकती है।

केन्द्रीकृत अर्जन–सहयोग का आरम्भ एक विशाल ग्रन्थालय तन्त्र में केन्द्रीकृत ग्रन्थ अर्जन करके धन, श्रमख एवं समय की बचत की जा सकती हैह। जैसे पटना विश्वविद्यालय के अन्तर्गत एक केन्द्रीय विश्वविद्यालय ग्रन्थालय है। इसके अतिरिक्त इस विश्वविद्यालय के अन्तर्गत सभी महाविद्यालयों का अपना एक-एक ग्रन्थालय है। इसके अतिरिक्त सभी स्नातकोत्तर विभागों (Post Graduate Department) के अपने अलग-अलग ग्रन्थालय हैं। केन्द्रीकृत ग्रन्थ अर्जन के द्वारा समस्त ग्रन्थों एवं अन्य प्रलेखों को केन्द्रीय विश्वविद्यालय में अर्जित किया जा सकताहै तथा उसके केन्द्रीकृत वर्गीकरण एवं सूचीकरण के बाद जो पाठ्य सामग्री जिस विभाग एवं जिस महाविद्यालय के लिए अधिक उपयोगी समझी जाती उसे वहाँ भेज दिया जाता। पाठ्य-सामग्री के अनावश्यक द्विरावृत्ति (duplication) से तो बचा ही जाता, साथ-साथ समय, श्रम एवं धन को भी बचत होती। केन्द्रीकृत ग्रन्थ अर्जन की व्यवस्था पहले पटना विश्वविद्यालय केन्द्रीय ग्रन्थालय में लागू थी, परन्तु इन दिनों कतिपय कारणों से उस व्यवस्था को समाप्त करा दिया गया है।

2. सहकारी प्रस्तुतीकरण (Processing)

ग्रन्थालय ग्रथ प्रस्तुतीकरण अर्थात् वर्गीकरण एवं सूचीकरण के क्षेत्र में सहयोग स्थापित कर सकता है। सहकारी प्रस्तुतीकरण के निम्नांकित उद्देश्य निर्धारित किए गए हैं।

1. वर्गीकरण तथा सूचीकरण कार्य में धन की बचत।
2. वर्गीकरण तथा सूचीकरण में परिशुद्धता (accurary)
3. वर्गीकरण तथा सूचीकरण में एकरूपता तथा मानकीकरण
4. वर्गीकरण तथा सूचीकरण में समय की बचत
5. कर्मचारियों को वर्गीकरण एवं सूचीकरण के कार्यों से मुक्ति
6. वर्गीकरण तथा सूचीकरण कार्य में सुन्दरता तथा स्वच्छता
7. पाठक, प्रकाशक, शिक्षक आदि भी अपनी आवश्यकताओं की पाठ्य

सामग्री का पत्रक खरीदकर के अपने लिए ग्रन्थ सन्दर्भ सूची (biliography) निर्मित कर सकते हैं।

सहकारी प्रस्तुतीकरण से हानि

1. अनेक प्रशिक्षित कर्मचारियों को तकनीकी कार्य से वंचित रहकर ग्रन्थालय साधनों को जानकारी प्राप्त करने से अनभिज्ञ रहना पड़ता है।
2. प्रशिक्षित कर्मचारियों को अपनी तकनीकी दक्षता दिखलाने के अवसर से वंचित रहकर पड़ता है।
3. एक ही प्रकार के वर्गीकरण और सूचीकरण से अनेक ग्रन्थालयों को कठिनाइयों का अपना करना पड़ता है।
4. प्रस्तुतीकरण कार्यों में विलम्ब।

सहकारी प्रस्तुतीकरण हेतु शर्तें :

1. समस्त ग्रन्थालयों द्वारा एक सूची संहिता को अंगीकृत करके के लिए तैयार होना।
2. यदि इस योजना के अन्तर्गत आनेवाले सभी ग्रन्थालयों एक ही वर्गीकरण पद्धति को अपनाने के लिए सहमत हो तो सूचीपत्रक में क्रामक अंक (Call number) भी मुद्रित किया जा सकता है।
3. इस योजना को स्वीकार करने वाले ग्रन्थालय को सूची के भौतिक पत्रक स्वरूप को अपनाने के लिए सहमति।
4. तकनीकी कार्य हेतु ग्रन्थों को प्राप्त करने की एक ऐसी योजना जिसके द्वारा केन्द्रीकृत संस्था को समस्त पाठ्य सामग्री स्वतः प्राप्त हो सके। यह कार्य द्वारा अधिनियम पास करके भली भाँति किया जा सकता है।
5. सहकारी वर्गीकरण एंव सूचीकरण की योजना स्वावलम्बी होनी चाहिए।

सहकारी संचयन (Storage)

सभी प्रकार के ग्रन्थालयों में कुछ ऐसी पाठ्यसामग्री अर्जित की जाती है जो समय के अन्तराल बाद पाठकों द्वारा उपयोग नहीं की जाती है। कुछ प्रलेख गतविधि (Out of date) हो जाते हैं। ऐसी पाठ्य सामग्रियाँ अनावश्यक रूप से ग्रन्थ संग्रहक में स्थान घेरे रहती है। अतः ग्रन्थालध्यक्षों को ऐसी सामग्री को समय-समय पर छाँटकर अलग करने (Weeding out) की सलाह दी जाती है। अतँ एक ऐसा केन्द्रीकृत भण्डार गृह खोलना चाहिए जहाँ विभिन्न ग्रन्थालय अपनी ऐसी पाठ्य सामग्रियों को भेज सकें। उस केन्द्रीकृत भण्डार में संकलित पाठ्य सामग्रियों का आवश्यकताअनुसार उपयोग किया जा सकता है।

सहकारी ग्रन्थ आदान-प्रदान (Cooprative bookorrrwing)

इसे अन्तर ग्रन्थालय आदान-प्रदान की संज्ञा दी जाती है। आज के युग में विशाल से विशाल ग्रन्थालय भी विश्व में प्रकाशित समस्त पाठ्य सामग्रियों का संकलन करने में असमर्थ है। अतः ग्रन्थालय में अन्तर ग्रन्थालीन आदान-प्रदान (Inter libary loan) द्वारा यह सुनिश्चित दिया जाता है कि किसी भी पाठक को ग्रन्थालय के समिति साधनों की वजह से निराश न होना है। इस प्रणाली के अन्तर्गत ऐसी व्यवस्था की जाती है कि ग्रन्थालय पाठक को वांछित पाठ्य सामग्री को अन्य ग्रन्थालयों से मँगवा सकता है।

अनेक ग्रन्थालय अपनी दुर्लभ पाठ्य सामग्री को ग्रन्थालय से बाहर नहीं भेजना चाहते हैं। ऐसी स्थिति में उनकी फोटो कॉपी या अणुचित्र (Microfilm) प्रतियाँ भेजने की व्यवस्था होनी चाहिए। सहकारी ग्रन्थ आदान-प्रदान हेतु संघ सूची एक अत्यन्त महत्वपूर्ण उपकरण साबित होती

5. अन्तर ग्रन्थालयीन निक्षेप (Inter library deposita)

प्रायः यह देखा जाता है कि सावधानीपूवर्क ग्रन्थ चयन के बावजूद भी कुछठ ऐसी पाठ्य-सामग्रियाँ ग्रन्थालयों में संग्रहित हो जाती है जिनका उपयोग वहाँ नहीं हो पाता है। यदि उस पाठ्य सामग्रियों को किन्हीं अन्य ग्रन्थालयों में, जहाँ उनके अधिकतम उपयोग की सम्भावना हो स्थायी अथवा अस्थायी रूप से जमा कर दिया जाए तो ग्रन्थालय विज्ञान के सभी सिद्धान्तों को सन्तुष्टि प्रदान की जा सकती है। संयुक्त राज्य अमेरिका में इसे अनेक ग्रन्थालयों द्वारा व्यवहार लाया गया है। इस प्रकार के निक्षेप (Deposit) तथा विनियम द्वारा परस्पर सहयोग में वृद्धि होते है तथा अध्ययन सामग्री के उपयोग की सम्भावना बढ़ जाती है।

6. सहकारी विनियम (Cooperative exchange)

ग्रन्थों एवं कर्मचारियों के स्तर पर विनियम ग्रन्थालय सहयोग का एक प्रमुख क्षेत्र माना जाता है। ग्रन्थालयों के सफल संचालन हेतु ग्रन्थालय कर्मियों को उच्च शिक्षा के साथ साथ व्यावसायिक प्रशिक्षण अत्यन्त आवश्यक माना जाता है। अन्तर ग्रन्थालीन कर्मचारियों के विनियम कर्मचारियों की कार्य क्षमता में वृद्धि के साथ-साथ सद्भावना, सहयोग तथा प्रेस की भी वृद्धि हेतु है। इस कार्य को क्रियान्वित करने हेतु जन ग्रन्थालयों के लिए राज्य तथा राष्ट्रीय स्तर पर क्रमशः राज्य, केन्द्रीय ग्रन्थालय में एक-एक ब्यूरो की स्थापना की जा सकती है। विश्वविद्यालय ग्रन्थालय के लिए विश्वविद्यालय अनुदान आयोग द्वारा यह उत्तरदायित्व सौंपा जा सकता है। यद्यपि कर्मचारियों के विनियम से ग्रन्थालयों को कुछ असुविधाओं का सामना करना पड़ता है। और इसकी शुरूआत छोटे पैमाने पर करके इसके गुण दोषों को परख देना चाहिए।

ग्रन्थालय सहयोग के आवश्यक तत्व–

इस तरह देखते है कि ग्रन्थालय सहयोग का एक सुव्यवस्थित तथा वैज्ञानिक आधार है। जब एक ग्रन्थालय दूसरे ग्रन्थालय से सहयोग करने लगते हैं तब ऐसा लगता है कि सहयोग ग्रन्थालय एक सुनिश्चित व्यवस्था द्वारा एक दूसरे से जुड़े है। सहयोग की अवस्था में वे प्रत्येक क्षेत्र में स्तर पर यथासम्भव एक-दूसरे का सहयोग करते हैं। ग्रन्थालय सहयोग की सफलता के निम्नांकित तत्व है–

1. ग्रन्थालय अधिकारियों के बीच सहयोग की सुस्पष्ट नीति का निर्धारण।
2. ग्रन्थालय अधिकारियों में सहयोग की इच्छा।
3. सहयोगी ग्रन्थालयों में कुछ समान हितों का पाया जाना;
4. सहयोगाकांक्षी ग्रन्थालय का अन्य ग्रन्थालयों के नियमों एवं साधनों से परिचित होना।
5. संगठित रूप से निश्चित उद्देश्यों की पूर्ति के लिए प्रयत्नशील होना;
6. सहयोग को गतिशील बनाए रखने के लिए सहयोग से प्रभावित होनेवाले क्षेत्रों के यातायात, आवागमन तथा संचार साधनों की सुव्यवस्थित एवं समुचित व्यवस्था होना;
7. ग्रन्थालयों के समिति साधनों के बावजूद पाठकों की वांछित पाठ्य-सामग्रियों की माँग।

ग्रन्थालय सहयोग से लाभ–

1. ग्रन्थालय में आय के साधन समिति होते हैं। कोई ग्रन्थालय अपने समस्त पाठकों की माँग के अनुसार पाठ्य सामग्रियों को उपलब्ध करवाने में अक्षम हैं। ग्रन्थालय सहयोग के द्वारा पाठकों की माँगों की पूर्त्ति आसानी से की जा सकती है।
2. अधिकांश ग्रन्थालयों में उत्तम व्यावयासिक प्रशिक्षण प्राप्त कर्मचारियों की कमी रहती है। अतैव अनुसंधानरत पाठकों का उचित मार्गदर्शक ग्रन्थालय सहयोग के द्वारा मिल सकता है।
3. आज के वैज्ञानिक युग में सन्दर्भ-विभाग का महत्व काफी बढ़ गया है। छोटे ग्रन्थालय के लिए सन्दर्भ विभाग का संगठन सम्भव नहीं है क्योंकि सन्दर्भ विभाग का संगठन समिति आय वाले ग्रन्थालयों के लिए सम्भव नहीं है। ग्रन्थालय सहयोग के माध्यम से छोटे ग्रन्थालय बड़े ग्रन्थालय से सन्दर्भ सूचना प्राप्त कर सकते हैं और अपने पाठकों की जिज्ञासा शान्त कर सकते है।
4. छोटे ग्रन्थालयों में प्रशिक्षित कर्मचारियों का अभाव रहता है। जिसके फलस्वरूप ग्रन्थों के प्रस्तुतीकरण, वर्गीकरण एवं सूचीकरण के कार्यों

का सम्पादन सफलता पूर्वक सम्भव नहीं हो पाता है। ग्रन्थालय सहयोग से बड़े ग्रन्थालयों के प्रशिक्षित कर्मचारियों की सेवा छोटे ग्रन्थालयों को सुलभ हो जाती है।

5. छोटे ग्रन्थालयों में पत्र-पत्रिकाओं की फाइलों को रखना स्थानभाव के कारण एक समस्य मानी जाती है। ग्रन्थालय सहयोग के माध्यम से इस समस्या का समाधान हो जाता है।
6. ग्रन्थालय सहयोग के माध्यम से छोटे ग्रन्थालयों में समय, श्रम एवं पाठकों को सेवा बचत करना असम्भव हो जाता है किन्तु ग्रन्थालय सहयोग के द्वारा बड़े ग्रन्थालयों से श्रव्य दृश्य साधनों का उपलब्ध कर छोटे ग्रन्थालय पाठकों की सेवा कर सकते हैं।
7. छोटे ग्रन्थालयों में साधन की कमी के कारण श्रव्य दृश्य साधनों द्वारा पाठकों को सेवा प्रदान करना असम्भव हो जाता है। किन्तु ग्रन्थालय सहयोग के द्वारा बड़े ग्रन्थालयों से श्रव्य दृश्य साधनों को उपलब्ध कर छोटे ग्रन्थालय पाठकों की सेवा कर सकते हैं।

ग्रन्थालय का मूल उद्देश्य पाठकों की समस्त माँगों की पूर्त्ति करना है। साधन के अभाव में किसी एक ग्रन्थालय के लिए पाठकों की माँग को पूरा करना सम्भव नहीं है। ज्ञान के विस्फोटन की वजह से असमिति संख्य में पाठ्य-सामग्रियों का प्रकाशन हो रहा है। समस्त पाठ्य-सामग्रियों का संचयन किसी भी ग्रन्थालय के लिए सम्भव नहीं है। ग्रन्थालय सहयोग के माध्यम से पाठकों की समस्त माँगों को पूरा किया जा सकता है। वर्तमान युग में ग्रन्थालय सहयोग ही एक ऐसा माध्यम है। जिसके द्वारा प्रत्येक नागारिक को ज्ञान, सूचना, प्रेरणा एवं मनोरंजनदायक पाठ्य सामग्रियों को उपलब्ध कराया जा सकता है।

19

संग्रह सत्यापन

ग्रन्थालय में संग्रहित पाठ्य सामग्रियों का भौतिक सत्यापन ग्रन्थालय प्रक्रिया का एक अनिवार्य अंग है। संग्रह सत्यापन द्वारा ग्रन्थालय की उन वस्तुओं (Articles) का भौतिक सत्यापन करना है जिनका उल्लेख आवश्यक अभिलेखों (Records) में किया गया है। संग्रह सत्यापन सभी सामाजिक सस्थाओं, राजकीय विभागों एवं औद्योगिक संगठनों में प्रचलित है। इसके आधार पर संग्रहित वस्तुओं की वर्तमान स्थिति का पता चलता है।

संग्रह सत्यापन से इस बात की जानकारी मिलती है कि संग्रहित वस्तुएँ संस्था में उपलब्ध है अथवा नहीं। इसके द्वारा प्रलेखों की वास्तविक स्थिति की जानकारी मिलती है।

आवश्यकताः ग्रन्थालय संग्रह-सत्यापन की आवश्यकता निम्नलिखित दो कारणों से महसूस की गई है।

1. पाठकों द्वारा पाठ्य सामग्रियों को चुराना।

2. पाठकों द्वारा पाठ्य साामग्रियों को एक स्थान से हटा कर दूसरे स्थान पर छिपाकर अपने उपयोग के लिए रखना।

इसके अतिरिक्त इस कार्य का प्रचलन तब से चला आ रहा है, जब ग्रन्थ सुरक्षार्थ संग्रहित किए जाते थे। आज जबकि बड़े पैमाने पर ग्रन्थों का प्रकाशन हो रहा है, तो ऐसी स्थिति में बड़े ग्रन्थालयों के लिए यह कार्य मूल्यहीन हो चुका है। कतिपय ग्रन्थालयाध्यक्षों का मत है कि उस कार्य के सम्पादन से श्रम, धन एवं समय का दुरुपयोग होता है। ग्रन्थाय सेवा के आधुनिक सिद्धान्त के अनुसार बड़े ग्रन्थालय में संग्रह सत्यापन का कार्य अत्यन्त कठिन है। यही वजह है कि विकसित देशों में सम्भव सत्यापन अवांछनीय समझा जाता है।

संग्रह सत्यापन से लाभ (Advantages of stock verification)

1. ग्रन्थालय में संग्रहित पाठ्य सामग्रियों में से चोरी चले गए ग्रन्थों की जानकारी मिलती है। चोरी चले गए ग्रन्थों के स्थान पर पुनः नये ग्रन्थ खरीद लिए जाते है।
2. इस्से लोकप्रिय ग्रन्थों की जानकारी मिलती है। फलतः ग्रन्थालय में उनकी संख्या बढ़ोने में मदद मिलती है।
3. ग्रन्थालय कर्मचारियों को संग्रह सत्यापन के अवसर पर ग्रन्थों से अच्छी तरह परिचय हो जाता है। अतः पाठकों को सन्दर्भ सेवा प्रदान करने में सुविधा होती है।
4. इससे स्टाक पर जमी धूल की सफाई हो जाती है तथा ग्रन्थों का पुनः व्यवस्थापन हो जाता है।
5. पाठकों द्वारा एक विषय सामग्रियाँ छिपाकर दूसरे विषय के साथ रख दी जाती है। उन पाठ्य सामग्रियों को उपयुक्त स्थान पर संग्रह सत्यापन के समय रख दिया जाता है। ऐसी समस्या उन ग्रन्थालयों में होती है जहाँ अबाध प्रवेश प्रणाली (open access system) प्रचलित रहती है।
6. संग्रह सत्यापन से अवसर पर उन ग्रन्थों का पता चला जाता है जिनके जिल्द फट रहे हो अथवा पन्ने निकल रहे हो। ऐसे ग्रन्थों को जिल्दसाजी द्वारा नष्ट होने से बचाया जाता है।
7. जिन ग्रन्थों के लेबुल उखड़ जाते हैं उन्हें पुनः चिपका दिया जाता है। इस अवसर पर जिन ग्रन्थों की क्रमाक संख्या (call number) मिट जाती है उन्हें पुनः लेबुल पर लिख दिया जाता है।
8. इससे प्रबन्ध को संग्रह की सबलता एवं दुर्बलता का भी ज्ञान हो जाता है।
9. संग्रह सत्यापन प्रतिवेदन से प्रबन्धक को ग्रन्थालय के कर्मचारियों की दक्षता एवं ग्रन्थ के प्रति की गई निगरानी की भी जानकारी मिलती है। अगर अधिक ग्रन्थों की चोरी हो रही है तो सम्बन्धित कर्मचारियों को अधिक सावधानी बरतने की सलाह दी जाती है।
10. इस कार्य के दौरान कुछ ऐसे ग्रन्थों के बारे में भी जानकारी मिलती है जो ग्रन्थालय में अनावश्यक स्थान घेरे हुए हैं। सुरक्षा एवं स्थान की समस्या की दृष्टि से उन्हें प्रत्साहरण करने में सुविधा होती है।

संग्रह सत्यापन से हानि (Disadvantages of stock verfication)

1. इससे ग्रन्थालय के नियमित कार्य में रुकावट पैदा की जाती है।

2. ग्रन्थालय की पाठक सेवा को सत्यापन के दौरान स्थगित कर दिया जाता है, जिससे उन्हें परेशानी होती है।
3. कुछ ग्रन्थालाध्यक्षों के अनुसार इस कार्य से अनावश्यक रूप से समय, श्रम एवं धन की बर्बादी होती है।
4. बड़े ग्रन्थालयों में इस कार्य के सम्पादन में अधिक कर्मचारियों की आवश्यकता पड़ती है। इससे ग्रन्थालय के दूसरे आवश्यक कार्य बाधित होते हैं।
5. सावधानी पूर्वक संग्रह सत्यापन करने से भी कभी-कभी कुछ ग्रन्थ छूट जाते हैं। अतः खोये हुए ग्रन्थों की वास्तविक संख्या का ज्ञान नहीं हो पाता है।

इन्हीं हानियों को देखते हुए अमेरिकन, ब्रिटिश तथा अन्य यूरोपीय देशों के ग्रन्थालयों में संग्रह सत्यापन को महत्व नहीं दिया जाता है।

खोये हुए ग्रन्थों की जवाबदेही–अबाध प्रवेश प्रणाली व्यवस्था में ग्रन्थों का खोना अवश्यभावी हो जाता है। अधिकांश पश्चिम देशों में ग्रन्थालायध्यक्ष को इसके लिए उत्तरदायी नहीं ठहराया जाता है। भारत में ग्रन्थालयाध्यक्षों अथवा ग्रन्थालय कर्मचारियों को इसके लिए उत्तरदायी ठहराया जाता था, परन्तु अब परिस्थिति में कुछ परिवर्तन आया है। पंजाब के कॉलेजों में एक हजार ग्रन्थों पर तीन ग्रन्थों का खो जाना एक सामान्य क्षति मानकर संग्रह से हटा (written off) कर दिया जाता है। यू.जी.सी. द्वारा नियुक्त ग्रन्थालय समिति ने प्रत्येक एक हजार निर्गत किए गए ग्रन्थों पर दो ग्रन्थ राइट ऑफ (written off) करने का सुझाव दिया है। जहाँ अबाध प्रवेश प्रणाली प्रचलित है वहीं तीन ग्रन्थों की छूट दी गई हैहा।

सत्यापन की विधियाँ (Methods of stock-taking) : संग्रह सत्यापन के लिए निम्नांकित प्रमुख विधियों का प्रयोग किया जाता है–

1. परिग्रहण रजिस्टर के द्वारा (By Accession Register)

यह सबसे आसान विधि है। इस विधि में परिग्रहण रजिस्टर फलकों (shelves) तक ले जाए जाता है। एक व्यक्ति फलक पर रखे ग्रन्थ की परिग्रहण संख्या बोलता जाता है और दूसरा व्यक्ति परिग्रहण रजिस्टर में अंकित सख्या पर चिह्न लगाया जाता है। जब सभी ग्रन्थों की जाँच हो जाती है तब जिस परिग्रहण संख्या पर निशान (tick) नहीं लगा रहता है उसकी खोज की जाती है। नहीं मिलने पर उस ग्रन्थ को खोया मान लिया जाता है।

यद्यपि यह विधि सरल प्रतीत होती है परन्तु इसमें समय एव श्रम अधिक लगता है, क्योंकि फलकों (shelves) पर ग्रन्थ वर्गीकृत रूप में क्रमांक संख्या (call number) के क्रम में व्यवस्थित रहता है और परिग्रहण रजिस्टर में ग्रन्थों की प्रविष्टियाँ संख्या के अनुक्रमक में होती है।

परिग्रहण रजिस्टर द्वारा बार-बार संग्रह सत्यापन से परिग्रहण संख्या पर **निशान** (tick) लगाने से रजिस्टर गन्दा हो जाता है साथ ही बार-बार पन्ना उपलटने **से पन्ना** भी गन्दा एवं फट जाता है। जिस ग्रन्थालय में ग्रन्थों की संख्या अधिक रहती है उसमें इस विधि से संग्रह सत्यापन अत्यधिक कठिन हो जाता है। इस विधि द्वारा छोटे ग्रन्थालयों में ही सत्यापन सुगम होता है।

2. परिग्रहण संख्या के साथ अलग रजिस्टर द्वारा (By using a separate Register with accession number)

पहली विधि में परिग्रहण रजिस्टर का प्रयोग किया गया है। इससे रजिस्टर गन्दा एवं उनके पन्ने फटने लगते हैं। इससे बचने के लिए एक अलग रजिस्टर में परिग्रहण संख्या लिख ली जाती है और उसी प्रकार से सत्यापन किया जाता है। जैसे परिग्रहण रजिस्टर में किया जाता है। फर्क केवल इतना होता है कि इसमें सिर्फ परिग्रहण संख्या से ही ग्रन्थों का मिलान किया जाता है। अन्य विवरण जैसे लेखक, आख्या इसमें नहीं लिखे रहते हैं।

इस विधि में वही त्रुटियाँ हैं जो पहली विधि में थी। इसमें सिर्फ परिग्रहण संख्या ही उपलब्ध रहती है। अतः उस संख्या पर निशान लगाने में भूल होने से काफी परेशानी का सामना करना पड़ता है।

इस विधि में सभी ग्रन्थों की जाँच हो जाने के उपरान्त वैसी संख्या को अलग लिख लिया जाता है जिस पर निशान नहीं लगे रहते हैं। उन संख्या से सम्बन्धित पाठ्य सामग्रियों की सूची परिग्रहण रजिस्टर से तैयार कर ली जाती है। अन्त में जो ग्रन्थ नहीं मिलते हैं उन्हें खोया मान लिया जाता है।

ACC No.	1997	1998	1999	2000	2001
5276	√				
5277					
5278	√				
5279	√				
5280					
5281	√				

3. अलग-अलग पत्रकों पर परिग्रहण संख्या लिखकर अथवा मुद्रित कर ;By sheets having number written or printed on them)

इस विधि में अलग-अलग पत्रकों पर परिग्रहण संख्या छपवा ली जाती है या हाथ से लिख ली जाती है। पूर्व की दो विधियों में एक समय मे दो ही कर्मचारी संग्रह

सत्यापन का कार्य सम्पादित कर सकते थे क्योंकि एक ही रजिस्टर सत्यापन हेतु उपलब्ध रहती है। इस विधि में अलग-अलग सीअ (sheet) पर परिग्रहण संख्या अंकित रहती है अतः अनेक कर्मचारी एक ही समय में इस कार्य में भाग ले सकते हैं। पत्रक में अंकित परिग्रहण संख्या से फलकों पर उपलब्ध ग्रन्थों से मिलना किया जाता है। जो ग्रन्थ उपलब्ध रहते हैं उनकी परिग्रहण संख्या पत्रक (sheet) पर टिक कर दी जाती है अथवा काट दी जाती है। बिना टिक की हुई अथवा बिना काटी हुई संख्या को अलग कागज पर उनकी आख्या, लेखक आदि का विवरण परिग्रहण रजिस्टर से प्राप्त कर लिया जाता है और उन्हें खोया हुआ मान लिया जाता है।

इस विधि में भी समय उतना ही लगता है जितना परिग्रहण रजिस्टर से सत्यापन करने में लगता है, परन्तु अलग-अलग पत्रक रहने के कारण अनेक कर्मचारी इस कार्य को एक साथ कर सकते हैं।

नमूना

1	9	17	25
2	10	18	26
3	11	19	27
4	12	20	28
5	13	21	29
6	14	22	30
7	15	23	31
8	16	24	32

4. संख्या को गिनकर (by numerical Counting)

यह विधि सबसे सरल एवं कम समय लगने वाली है। पश्चिमी देशों में विशेष कर इस विधि का प्रयोग किया जाता है। इस विधि में ग्रन्थालय में उपलब्ध ग्रन्थों को गिन लिया जाता है और कुल ग्रन्थों की संख्या में से उसे घटा लिया जाता है। इससे सिर्फ खोये हुए ग्रन्थों की संख्या ही मालूम हो पाती हैं।

5. फलक सूची के द्वारा संग्रह सत्यापन (Stok verification by shelf list)

यह सबसे सरल, उपयोगी एवं वास्तविक विधि मानी जाती है। इस विधि में फलक सूची (shelf list) का प्रयोग किया जातता है। फलक सूची का व्यवहार गन्थालय के प्रशासनिक कार्य हेतु ही किया जाता है। आम पाठकों को इस सूची से कोई सम्पर्क नहीं रहता है। फलक सूची पत्रकों का व्यवस्थापन उस क्रममें रहता है जिस अनुक्रम में ग्रन्थ फलकों पर व्यवस्थित किए रहते हैं।

सत्यापन के समय फलक सूची की ट्रे (Tray) को फलकों के पास ले जाकर एक व्यक्ति ग्रन्थ की क्रामक संख्या (call number) बोलता जाता है और दूसरा व्यक्ति फलक सूची के पत्रक से मिलान करता जाता है। फलक सूची में सत्यापन हेतु कॉलम (column) बना रहता है उसमें निशान लगाया जाता है। जो ग्रन्थ नहीं मिलता है उसके पत्रक को ट्रे (tray) में खड़ा कर दिया जाता है अथवा ट्रे से निकाल लिया जाता है। ऐसे ग्रन्थों को ग्रन्थालय के अन्य अभिलेखों जैसे बाइंडिंग रजिस्टर या निर्गम टेबुल पर खोजा जाता है। नहीं मिलने पर उनकी सूची तैयार कर ली जाती है। और उन ग्रन्थों को खोया हुआ समझा जाता है।

सत्यापन की यह प्रणाली अत्यन्त सरल एवं कम समय लगने वाली होती है। आवश्यकता पड़ने पर एक से अधिक व्यक्ति इस कार्य को एक ही समय में कर सकते हैं। फलक सूची पूर्ण होती है, अतः सत्यापन के लिए अन्य किसी साधन की आवश्यकता नहीं महसूस की जाती है। परन्तु फलक सूची पत्रकों के खो जाने की स्थिति में सत्यापन कार्य में व्यवधान उपस्थित हो जाता है। अगर पत्रक तथा ग्रन्थ दोनों गायब कर दिए गए हो तो खोये हुए ग्रन्थों का पता लगाना कठिन हो जाता है।

आज ग्रन्थों की उपयोगिता पक्ष पर विशेष ध्यान दिया जाता है अतः संग्रह आवश्यक नहीं माना जाना चाहिए। इसमें केवल समय, श्रम एवं धन का अपव्यय होता है। इससे सिर्फ अधिकारियों को सन्तुष्ट किया जाता है। यही कारण है कि पश्चिमी देशों में संग्रह सत्यापन को महत्व नहीं दिया जाता है। भारतीय ग्रन्थालय में संग्रह परीक्षण को अभी भी महत्व दिया जा रहा है, परन्तु बड़े ग्रन्थालयों में यह कार्य अत्यन्त कठिन है। खोये ग्रन्थ का उत्तरदायित्व निर्धारण करना बड़े ग्रन्थालय में अत्यन्त कठिन है।

ग्रन्थ की चोरी होने से बचाने के लिए ग्रन्थालय के निकास द्वार पर पूर्ण चौकसी रखनी चाहिए। पाठकों को ग्रन्थों की फोटो कॉपी करने की व्यवस्था ग्रन्थालय में होनी चाहिए। विशेष कर शैक्षणिक ग्रन्थालय में परीक्षा के समय विद्यार्थियों के लिए ग्रन्थालय की कार्यविधि बढ़ा देनी चाहिए।

20

वर्गीकरण की आवश्यकता एवं उद्देश्य

आधुनिक वैज्ञानिक युग में ग्रन्थालय ज्ञान सम्प्रेषण (Communication) का एक महत्वपूर्ण केन्द्र माना जाता है। पाठकों को वांछित पाठ्य-सामग्री प्रदान करने के लिए ग्रन्थालय ज्ञान की विभिन्न शाखाओं से सम्बन्धित प्रलेखों का संकलन, संरक्षण एवं व्यवस्थापन करता है। प्रलेखों के सहायक क्रम में व्यवस्थापन का कार्य निम्नांकित कारणों से जटिल हो गया है—

1. विविध प्रकार के प्रलेखों (documents) का प्रतिवर्ष विशाल मात्रा में उत्पादन,
2. प्रलेखों का विभिन्न भाषाओं में प्रकाशन,
3. प्रलेखों का असमान भौतिक स्वरूपों (Physical forms) में उत्पादन,
4. विविध स्वरूपों में प्रस्तुत किए गए प्रलेखों में अंकित विचारों के स्वभाव एवं जटिलता,
5. पाठक द्वारा प्रलेख प्राप्ति के अभिगमों में पायी जाने वाली जटिलता।

अतः विविध प्रकार के प्रलेखों—ग्रन्थ, पांडुलिपियाँ (maniscript), नक्शे, चार्ट, पेटिंग, फिल्में आदि के उत्पादन विशाल मात्रा में प्रतिदिन हो रहे हैं। विभिन्न भाषाओं एवं स्वरूपों (forms) में उनके उत्पादन से सूचना संग्रह एवं पुनः प्राप्ति (Retrieval) के कार्यों को काफी कठिन बना दिया है।

पाठक इन प्रलेखों की माँग मुख्यतः तीन प्रमुख अभिगमों (approacches) द्वारा करते हैं।

वे प्रायः प्रलेख की खोज लेखक, आख्या (Title) या विषय के नाम से करते हैं। इनमें से विषय अभिगम (approach) ही सबसे महत्वपूर्ण अभिगम माना जाता है, क्योंकि आज के विशाल प्रकाशन संसार में पाठकों के लिए किसी ग्रन्थ के लेखक एवं आख्या का सही-सही नाम स्मरण रखना असम्भव नहीं तो कठिन जरूर है।

अतः आधुनिक ग्रन्थालय में विषय के आधार पर प्रलेखों की व्यवस्था अत्यन्त उपयुक्त मानी जा रही है। यह कार्य वर्गीकरण क्रिया के माध्यम से सम्पादित किया जाता है।

वर्गीकरण का तात्पर्य–अँगरेजी का क्लासीफिकेशन (classification) शब्द लैटिन (latin) भाषा के क्लीसीक (classis) शब्द से बना है, जिसका अर्थ समूहीकरण (groupiping) होता है। इस शब्द का प्रयोग प्राचीन रोम में सम्पत्ति एवं महत्व के आधार पर समाज के मनुष्यों की श्रेणियों में भेद करने के लिए किया जाता था। इसी आधार पर तत्कालीन रोमन (Roman) समाज के लोगों को विभक्त किया जाता था–

1. **सम्पत्ति के अनुसार**–धनी एवं निर्धन।
2. **महत्व के अनुसार**–स्वामी एवं सेवक।

वर्ग (class)–सामान्यतः वर्ग (class) शब्द का अर्थ समान गुणों से सम्बन्धित वस्तुएँ हैं, अर्थात् समानता के आधार पर एकत्र की गई वस्तुओं की वर्ग कहते हैं। दूसरे शब्दों में समानता अथवा असमानता के आधार पर वस्तुओं को क्रमबद्ध करना वर्गीकरण (classification) है।

अतः वर्गीकरण एक मानसिक प्रक्रिया है जिसके द्वारा वस्तुओं या विचारों में सन्निहित सामान्य गुणों के आधार पर उन्हें एकत्र अथवा पृथक किया जाता है।

हमें वर्गीकरण का उदाहरण प्रायः अपने दैनिक जीवन में मिलता है। जैसे-दुकानदार दुकान में अपने सामानों को वर्गीकृत रूप में रखता है। कॉस्मेटिक्स का समान एक जगह पर रखता है तो सजावट का समान दूसरी जगह पर। इसी तरह यातायात विभाग में गाड़ी का नम्बर वर्गीकरण के आधार पर दिया जाता है।

ग्रन्थालय वर्गीकरण की परिभाषा (Definition of Library Classification)

ग्रन्थालय विज्ञान के विभिन्न विद्वानों ने वर्गीकरण की परिभाषा निम्नांकित प्रकार से दी है–

मन्न, मार्गेरेट (Mann, Margaret) के अनुसार, वर्गीकरण "समान वस्तुओं को एक साथ रखना अथवा अधिक विस्तार में समानता एवं असमानता के अनुसार वस्तुओं को व्यवस्थित करना ही वर्गीकरण है। ग्रन्थ वर्गीकरण, कुछ सुधारों सहित, ज्ञान का वर्गीकरण है जो ग्रन्थ के बाह्य स्वरूप के कारण आवश्यक हो गया है।" (Classification is, "the arranging of things according to likeness and unikeness. It is sorting and grouping of things, but, in abbition, classification of books is a knowledge classification with adjustments made necessary by the physical from of books.").

सेयर्स, डब्ल्यू सी बी (W.C.B. Sayers के अनुसार ग्रन्थ वर्गीकरण," पुस्तकों

को फलकों पर व्यवस्थित करना है, अथवा पुस्तकों को पाठकों के लिए अत्यधिक उपयोगी बनाने का विवरण है।" ("the arrangement of books on shelves or description of them in the manner which most helpful to those who read.")

रंगनाथन, एस आर (S.R.Ranganathan) के अनुसार, "पुस्तक के विशिष्ट विषय के नाम को अधिमान कृत्रिम भाषा में अनुवाद करना ही ग्रन्थालय वर्गीकरण है। इसके साथ ही वर्गीकरण एक ही विशिष्ट विषय पर असंख्य पुस्तकों का पृथक्करण भी है, जो कुछ क्रमिक संख्याओं की सहायता से होता है।" ("it is the transltion of the name of a book into preferred artificial language of ordinal number which represents some features of the book other than thought content.")

डॉ. रंगनाथन की परिभाषा से ग्रन्थालय वर्गीकरण के सम्बन्ध में दो बातें सामने जाते हैं। प्रथम, यह विशिष्ट विषय के नाम को अधिमान्य कृत्रिम भाषा में अनुवाद करता है।

उदाहरणस्वरूप–

ग्रन्थालय प्रशासन (Library Administration)- $\frac{CC}{2:8}$ $\frac{DDC}{025.1}$

ग्रन्थालय प्रशासन नामक ग्रन्थ जो कि प्राकृतिक भाषा में है, इसका अनुवाद अधिमान्य कृत्रिम CC (कोलन क्लासीफेशन) के अनुसार 2:8 है तथा DDC के अनुसार 0251.1 है। अतः प्रथम पक्ष में ग्रन्थ के वर्गांक (class number) का निर्माण होता है।

द्वितीय, प्रत्येक पाठ्य-सामग्री को ग्रन्थालय के सम्पूर्ण संग्रह में एक स्वतन्त्र व्यक्तिगत प्रदान करता है।

द्वितीय पक्ष से ग्रन्थ संख्या (Book number) का निर्माण होता है, क्योंकि एक ही विषय के ग्रन्थ की कई प्रतियों का वर्गांक (class number) एक ही होगा, जैसे Library Administration की यदि प्राँच प्रतियाँ ग्रन्थालय में उपलब्ध हैं तो सभी वर्गांक (class number) CC से 2:8 अथवा DDC से 025.1 होगा। वर्गांक (class number) से ग्रन्थ को स्वतन्त्र व्यक्तित्व नहीं मिल पाता है। यह सिर्फ ग्रन्थ में अंकित विचारों का प्रतिनिधित्व करता है। ग्रन्थ को एक स्वतन्त्र व्यक्तित्व प्रदान करने के लिए कई विधियों का प्रचलन है; उनमें से एक लेखक के उपनाम के तीन अक्षरों का प्रयोग है जैसे Library Administration, by S.N. Triphathy इसका वर्गांक एवं ग्रन्थ संख्या क्रमशः 2:8 TRI एवं 025.1 TRI होगाह।

इसमें Tripathy के शुरू के तीन अक्षरों का प्रयोग ग्रन्थ संख्या (Book number) बनाने के लिए किया गया है।

अतः वर्गीकरण की उपरोक्त परिभाषाओं से हमें ग्रन्थ के वर्गांक एवं संख्या (Book number) तथा संग्रह संख्या (collevtion number) के निर्माण की प्रेरणा

मिलती है। परिभाषा के प्रथम पक्ष से वर्गांक का निर्माण होता है तथा द्वितीय पक्ष से ग्रन्थ संख्या तथा संग्रह संख्या का निर्माण होता है। अतः कुल तीन तत्व हुए—वर्गांक, ग्रन्थ संख्या एवं संग्रह संख्या। इन तीनों तत्वों (elements) के मेल से किसी ग्रन्थ की क्रामक संख्या (call number) का निर्माण किया जाता है, जो उस ग्रन्थ को संग्रह में स्वतन्त्र व्यक्तिगत प्रदान करने में समर्थ होता है।

क्रमांक संख्या (call number)

डॉ. रंगनाथन के अनुसार क्रामक संख्या (call number) का निर्माण निम्नांकित तरीके से किया जाता है–

1. ज्ञान वर्गीकरण=वर्ग संख्या
knowledge Classification=Class Number
2. ग्रन्थ वर्गीकरण=ग्रन्थ संख्या
Book Classification=Book Number
(3) अनुक्रम वर्गीकरण=संग्रह संख्या
Sequence Classification=Collection Number

इस तरह ग्रन्थालय में उपलब्ध समस्त ग्रन्थों को एक अलग अस्तित्व प्रदान करना सम्भव हो जाता है। इसको निम्न भिन्न द्वारा स्पष्ट किया जा सकता है–

ग्रन्थालय वर्गीकरण=ज्ञान वर्गीकरण+ग्रन्थ वर्गीकरण+अनुक्रम वर्गीकरण
ग्रन्थालय वर्गीकरण=ग्रन्थों की क्रामक संख्या
क्रमांक संख्या (call number)=वर्ग संख्या+ग्रन्थ संख्या+संग्रह संख्या

इस तरह हम देखते है कि डॉ. रंगनाथन के अनुसार क्रामक संख्या का निर्माण निम्न तीन तत्वों से होता है। क्रामक संख्या=वर्ग संख्या+ग्रन्थ संख्या+संग्रह संख्या

Call Number=Class Number+Book Number+Collection Number

प्रायः इसका उल्लेख ग्रन्थों के मुख्य पृष्ठ के पीछे पेंसिल से किया जाता है।

अतः क्रमांक संख्या एक ही विषय से सम्बन्धित असंख्य ग्रन्थों को संग्रह में एक दूसरे से पृथक करने में सफल होती है। क्रामक संख्या का वही कार्य है जो कि वर्गीकरण के कार्य हैं। अर्थात् वर्गीकरण के कार्य को क्रामक संख्या व्यवहारिक रूप प्रदान करती है।

आवश्यकता एवं उद्देश्य (Need and Purpose)

आवश्यकता

1. ग्रन्थालय में संग्रहित समस्त पाठ्य-सामग्रियों का समुचित उपयोग हो इसके लिए वर्गीकरण आवश्यक है।
2. एक ही विषय से सम्बन्धित पाठ्य-सामग्रियों को एक स्थान पर व्यवस्थित करने के लिए वर्गीकरण आवश्यक है।

3. मनुष्य की अभिरुचियों एवं क्रियाकलापों के प्रत्येक क्षेत्र में नित्य जीवन विचारों एवं ज्ञान का आविर्भाव हो रहा है। ये ज्ञान एवं विचार प्रलेखों के विभिन्न स्वरूपों में प्रस्तुत किए जा रहे हैं। उन्हें, ग्रन्थालय में व्यवस्थित करने की दृष्टि से वर्गीकरण आवश्यक है।
4. ग्रन्थालयों में ग्रन्थों की खोज पाठकों द्वारा विषय के आधार पर की जा रही है। ऐसी स्थिति में पाठकों को पाठ्य-सामग्री उपलब्ध कराने में वर्गीकरण (classification) का विशेष महत्व है।
5. ग्रन्थालय विज्ञान के पँच सिद्धान्तों की सन्तुष्टि के लिए ग्रन्थालय वर्गीकरणर नितान्त आवश्यक है।
6. ग्रन्थालय में ग्रन्थ चयन का कार्य वर्गीकरण के अभाव में कठिन है, क्योंकि इसी के आधार पर ग्रन्थालय में संग्रहित पाठ्य-सामग्रियों के संग्रह की सबलता एवं दुर्बलता का पता चलता है।

उद्देश्य

सेयर्स महोदय के अनुसार वर्गीकरण के अभाव में कोई भी ग्रन्थालयाध्यक्ष (Lirbrarian) व्यक्ति ग्रन्थालय की रचना नहीं कर सकता है। किसी भी ग्रन्थालय में समुचित वर्गीकरण के बिना अबाध प्रवेश प्रणाली लागू करना सम्भव नहीं है।

उन्होंने ग्रन्थालय में वर्गीकरण के प्रयोग का निम्नांकित उद्देश्य निर्धारित किया है–

1. समान ग्रन्थ एक स्थान पर एकत्र किए जा सकते हैं।
2. ग्रन्थों की खोज में समय की बचत होती है।
3. ग्रन्थ संग्रह की सबलता एवं दुर्बलता का पता चलता है।
4. सुव्यवस्थित, व्यापक एवं एकरूप ग्रन्थ-चयन में सहायता मिलती है।

भारतीय ग्रन्थालय विज्ञान के जनक डॉ. एस.आर. रंगनाथन ने वर्गीकरण के निम्नांकित उद्देश्य निर्धारित किए हैं–

1. ग्रन्थालय में उपलब्ध किसी ग्रन्थ की पाठक द्वारा माँग की जाने पर उसका अतिशीघ्र स्थान निर्धारित किया जा सके।
2. पाठक द्वारा उपयोग के बाद ग्रन्थ को लौटाने पर उसे पूर्व निर्धारित स्थान पर रखा जा सके।
3. ग्रन्थालय में नवीन की प्राप्ति पर उसे विषय से सम्बन्धित अन्य ग्रन्थों में स्थान प्रदान किया जा सके।
4. ग्रन्थालय में किसी नवीन विषय पर प्रथम ग्रन्थ की प्राप्तिउ पर उसे अन्य विषयों से सम्बन्धित विषयों के साथ रखा जा सके।

उपरोक्त विवरणों के आधार पर ग्रन्थालय वर्गीकरण के निम्नांकित प्रमुख कार्य निर्धारित किए जाते हैं।

21

ग्रन्थालय सूचीः परिभाषा, उद्देश्य, कार्य एवं भौतिक स्वरूप

ग्रन्थालय का मुख्य उद्देश्य अध्ययन एवं अनुसंधान के लिए पाठ्य-सामग्रियों का संकलन एवं संरक्षण करना है, जिससे कि उचित पाठक को उचित समय पर रउचित पाठ्य-सामग्री उपलब्ध करायी जा सके। इस उद्देश्य की पूर्ति के लिए ग्रन्थालय में एक ऐसा उपकरण होना चाहिए। जिसकी सहायता से पाठक निधानी पर मौजूद पाठ्य-सामग्रियों के बारे में सूचना प्राप्त कर सकें। सूची एक ऐसा समक्ष उपकरणहै जो ग्रन्थालय के उपरोक्त उद्देश्यों की पूर्ति में सहायक सिद्ध होता है।

सूची की परिभाषा (Definition of Catalogue)

अंग्रेजी भाषा के "Catalogue" के बदले हिन्दी भाषा में प्रायः सूची शब्द का प्रयोग किया जाता है। 'Catalogue' शब्द की उत्पत्ति ग्रीक भाषा के एक वक्यांश 'KATA-LOGUS' से हुई है। KATA का अर्थ है 'अनुसार' और LOGUS के विभिन्न अर्थ हैं जैसे—'क्रम' शब्द तथा 'विवेक' अथवा 'तर्क संगत' आदि। अतः सूची से तात्पर्य उस शब्द से है जिसमें विवेक अथवाह तर्क बुद्धि अथवा किसी क्रम के अनुसार सामग्री का व्यवस्थापन हो।

विभिन्न विद्वानों द्वारा सूची की निम्न परिभाषाएँ दी गई है–

डॉ. एस.आर. रंगनाथन ने सूची को एक उपकरण मानते हुए इस तरह परिभाषित किया है–

"ग्रन्थालय सूची एक उपकरण है जो पाठकों को ग्रन्थालय में संग्रहित पाठ्य-सामग्री के सम्बन्ध में सूचना प्रदान करता है।" यह दो भागों में विभाजित रहती है।

1. विषयानुसार तथा 2. लेखकानुसार। यह पाठ्य-सामग्री के व्यवस्थापन तथा क्रम जिसके अनुसार कि वह निधानियों पर रखी है, के सम्बन्ध में सूचना प्रदान

करता है। यह पाठक को उसका अभीष्ट ग्रन्थ बिना समय नष्ट किए हुए प्राप्त कराने में सहायक है। यह पाठक तथा कर्मचारियों का समया बचाती है।

जैम्स डफ ब्राउन (James Duff Brown)–महोदय के अनुसार, ग्रन्थों एवं उनमें वर्णित विषय सामग्री खोजने के लिए सूची एक व्याख्यात्मक, तर्क संगत, सुव्यवस्थित तालिका तथा कंजे है और किसी विशिष्ट ग्रन्थालय में संग्रहित ग्रन्थों तक ही समिति रहती है।' ("Catalogue is explanatory logically arranged inventory and key to the books and therir contantants and it is confined to the booka in a particular library").

उपरोक्त परिभाषा से स्पष्ट है कि सूची ग्रन्थालय में संग्रहित सभी प्रलेखों का सुनिश्चित योजनाबद्ध उल्लेखित अभिलेख है जिसकी सहायता से ग्रन्थालय में संग्रहित पाठ्य-सामग्रियों को सरलतापूर्वक खोजा जा सकता है। इसलिए इसे ग्रन्थालय की चाभी कहा गया है। इसमें पाठ्य-सामग्री के सम्बन्ध में समस्त वाङ्मय सूचनाएँ (Bibiographical Informations) दी जाती है। इससे निधानी (shelf) पर ग्रन्थ का स्थान निर्धारण भी होता है। यह किसी विशिष्ट ग्रन्थालय की पाठ्य-सामग्रियों तक ही समिति रहती है।

सूची के उद्देश्य

डॉ. रंगनाथन के अनुसार; सूची का निर्माण इस प्रकार किया जाए जिससे कि–

1. प्रत्येक पाठक को उसका अभीष्ट ग्रन्थ प्राप्त हो जाए।
2. प्रत्येक ग्रन्थ को उसका उपयुक्त पाठक प्राप्त हो जाए।
3. पाठक के समय को नष्ट होने से बचाया जाए तथा इस हेतु
4. कर्मचारियों का समय नष्ट होने से बचाया जाए।''

उपरोक्त उद्देश्य सरल हैं तथा ग्रन्थालय विज्ञान के पंचसूची नियम के आधार पर आधारित है।

कटर (C.A.Cutter) महोदय ने 'Rules for a dictionary cataogue' में अत्यन्त सरल तथा स्पष्ट रूप से सूची के उद्देश्यों का निम्नानुसार वर्णन किया है।

(1) किसी व्यक्ति को अभीष्ट ग्रन्थ प्राप्त करने में सामर्थ्यवान बनाना यदि उसको ग्रन्थ का

(a) लेखक (b) आख्या अथवा (c) विषय ज्ञात हो।

(2) यह प्रदर्शिता करना ही ग्रन्थालय में

(d) एक विशिष्ट लेखक द्वारा रचित (e) एक विशिष्ट विषय से सम्बन्धित

(f) एक विशिष्ट प्रकार के साहित्य पर रचित कौन-कौन से ग्रन्थ उपलब्ध हैं।

(विशिष्ट साहित्य सम्बन्धी उद्देश्य, स्वरूप प्रवृष्टियों द्वारा प्राप्त किया जा सकता है।)

(३) ग्रन्थ चयन करने में सहायता करना जहाँ तक ग्रन्थ के (g) संस्करण; (यह उद्देश्य वर्णनात्मक सूचीकरा (Descripitive Cataloguing) द्वारा प्राप्त किया जा सकता है और (h) लक्षण (इसमें तात्पर्य टिप्पणियों) (Notes) तथा अभिटिप्पणियों (annotation) से हैं, का प्रश्न है।

ग्रन्थालय सूची के कार्य

1. सूची का सबसे महत्त्वपूर्ण कार्य, जिस ग्रन्थ का लेख या सहायक (collaborator) आख्या, (Title) विषय (subject) या ग्रन्थ माला यदि ज्ञात है तो उसके बारे में अविलम्ब यह जानकारी प्रदान करना कि वह ग्रन्थ ग्रन्थालय में उपलब्ध है अथवा नहीं। अगर, वह ग्रन्थ ग्रन्थालय में उपलब्ध है तो कहाँ रखा हुआ है।
2. किसी विशिष्ट विषय पर ग्रन्थालय में कौन-कौन से ग्रन्थ उपलब्ध हैं और वे कहाँ रखे हैं।

इस तरह ग्रन्थालय सूची ग्रन्थालय की चाभी है जो ग्रन्थालय में संग्रहित सामग्रियों के बारे में पाठकों को पूर्ण जानकारी देती है। इसके अभाव में किसी भी ग्रन्थालय का उपयोग कठिन है।

सूची के भौतिक स्वरूप

(Physical Form of Cataogue)

आधुनिक ग्रन्थालयों में ग्रन्थों का संग्रह एवं संरक्षण पाठकों के उपयोग के लिए किया जाता है। ग्रन्थों की उपयोगिता सूची के ब्राह्य एवं आन्तरिक स्वरूपों पर निर्भर करती है। ग्रन्थालय में संग्रहित पाठ्य-सामग्री की जानकारी पाठकों को सूची की सहायता से मिलती है। अतः पाठकों के प्रयोग की सुविधा को ध्यान में रखते हुए सूची के अनेक बाह्य एवं आन्तरिक स्वरूपों को अपनाया गया है। इस अध्याय में सूची के बाह्य स्वरूप अथवा भौतिक स्वरूप पर प्रकाश डाला गया है। सूची के भौतिक स्वरूप से तात्पर्य सूची को प्रदशित करने की पद्धतियों से है।

सूची के भौतिक स्वरूपों का मोटे तौर पर दो वर्गों के अन्तर्गत अध्ययन किया जा सकता है।

1. परम्परागत स्वरूप (Conventional Form)।
2. गैर परम्परागत अथवा आधुनिक स्वरूप (Non Convention or Modern Form)।

परम्परागत स्वरूप (Conventional Form)—सूची के परम्परागत भौतिक स्वरूप निम्नलिखित है।

1. जिल्दबन्द रजिस्टर स्वरूप (Bound Register Form)

2. मुद्रित पुस्तक स्वरूप (Printed Book Form)
3. शीफ या अबद्ध पत्र स्वरूप (Sheaf or Loose Leaf Form)
4. पत्रक स्वरूप (Card form)

(1) **जिल्दबद्ध रजिस्टर स्वरूप (Bound Register Form)**—सूची के इस भौतिक स्वरूप में जिल्दबद्ध रजिस्टर (Register) का प्रयोग किया जाता है। रजिस्टर के पृष्ठों को वर्णमाला के विभिन्न अक्षरों के लिए अलग-अलग निश्चित कर दी जाती है। उन पृष्ठों पर प्रलेखों की प्रवृष्टियाँ हाथ से दी जाती है। प्रविष्टियों का निर्माण अलग-अलग रजिस्टर पर लेखक (Writer), आख्या (Title), एवं विषयों (Subjects) के आधार किया जाता है। सूची का यह सबसे पुराना भौतिक स्वरूप माना जाता है। आज भी छोटे जन-ग्रन्थालय विद्यालय एवं महाविद्यालय ग्रन्थालयों में इसका प्रयोग हो रहा है।

लाभ एवं सीमाएँ (Advantages and Limitation)—आज के युग में सूची के इस भौतिक स्वरूप का लाभ बहुत कम है। सिर्फ इसका उपयोग सरल है। एक साथ कई पाठक इसका उपयोग नहीं कर सकते। हस्तलिखित होने के कारण इसकी बहुत सी प्रतियाँ पाठकों को उपलब्ध नहीं कररायी जा सकती है। सम्बन्धित ग्रन्थों की प्रविष्टियाँ एक जगह व्यवस्थित नहीं की जा सकती। इस भौतिक स्वरूप के द्वारा प्रलेख की अतिरिक्त प्रविष्टियाँ (Entries) निर्मित करना कठिन है कागज पर हस्तलिखित होने से विभिन्न पाठकों द्वारा उपयोग करने के बाद इसके पृष्ठ जल्दी फट जाते हैं। अक्षरों के लिए पृष्ठों को निर्धारित कर दिया जाता है। अब जब वे पृष्ठ प्रविष्टियों से भर जाते हैं तब उन अक्षरों से सम्बन्धित प्रविष्टियाँ अलग पृष्ठों या रजिस्टर पर अंकित की जाती है। इससे सूची के उपयोग कर्त्ता को काफी परेशानी होती हैं।

(2) **मुद्रित पुस्तक स्वरूप (Printed Book Form)**—बड़े-बड़े ग्रन्थालय अपनी सूचियों को मुद्रित करवा लेते हैं। ब्रिटिश म्यूजियम लाइब्रेरी (जिसे अब सिर्फ ब्रिटिश लाइब्रेरी कहा जाता है। लाइब्रेरी ऑफ काँग्रेस तथा भारतीय राष्ट्रीय ग्रन्थालय ने अपनी सूचियों को मुद्रित करवा लिया है। सूची को अद्यतन (up to-date) रखने के लिए वे समय के निश्चित अन्तराल के बाद पूरक सूचियाँ प्रकाशित करते रहते हैं। उनमें 'Nation Union Catalog ue of Library of Congress' विश्व की सबसे महत्त्वपूर्ण मुद्रित सूची मानी जाती है।

लाभ (Advantages)

1. इस सूची में एक ही पृष्ठ पर अनेक प्रविष्टियों को देखा जा सकता है जिससे समय की बचत होती है।
2. इस सूची की वांछित संख्याओं में कई प्रतियाँ प्रकाशित की जा सकती है।

3. यह सूची अन्य सूचियों की अपेक्षा कम स्थान घरेती है।
4. इस सूची का उपयोग करना आसान है।
5. विशेषज्ञों एवं शोधकर्ताओं के सन्दर्भ (Refernce) के लिए यह अत्यन्त उपयोगी है।
6. इसे बेचा जा सकता है, अतः पाठक इसे खरीदकर इसका उपयोग अपने घर पर भी कर सकता है।
7. अन्तर ग्रन्थालयीन आदान (Inter-Library Loan) तथा ग्रन्थालय सहयोगह के लिए यह अत्यन्त सहायक सिद्ध होती है।

दोष (Disadvantages)

1. यह सूची बहुत शीघ्र पुरानी हो जाती है। इसे अद्यतन रखना श्रम-साध्य एवं खर्चीला है। यह कभी भी अद्यतन नहीं हो पाती है।
2. प्रेस में इसकी प्रति तैयार कर मुद्रण के लिए भेजने में काफी समय एवं श्रम लगता है।
3. इन सूची के मुद्रण पर जितना व्यय होता है उतनी ब्रिक्री से आय नहीं होती है।
4. एक बार सूची मुद्रित हो जाने के बाद इसमें नवीन प्रविष्टियों का समावेश सम्भव नहीं हो पाता है। उन्हें केवल परिशिष्टों (Suppliment) के प्रकाशन से ही पूरा किया जा सकता है।
5. इसके मुद्रण पर अत्यधिक व्यय होने के कारण सभी ग्रन्थालय मुद्रित करवाने में समर्थ नहीं हो सकते।
6. ज्यादा उपयोग होने के इसके पृष्ठ कट-फटह जाते हैं।
7. यह सूची ग्रन्थालय के समस्त संग्रहों के बारे में सूचना देने में कभी भी समर्थ नहीं हो पाती है क्योंकि यह सदैव ग्रन्थालय के वर्तमान संग्रह से पीछे रहती है।

शार्प ने ठीक ही कहा है कि 'मुद्रित सूची सामान्यतः जन ग्रन्थालयों में भूतकाल की वस्तु हो गई है।'' इसके बावजूद मुद्रित सूची प्रयोग में सरलता के कारण पाठकों को ज्यादा आकर्षित करती है खासकर विषयानुसार कम्प्यूटर से इसके प्रिंट अल्प समय में निकलने जा सकते हैं। पाठकों के लिए अत्यन्त उपयोगी है।

शीफ या शुद्ध पन्ना अथवा पत्र स्वरूप (Sheaf or Loose Leaf Form)

ग्रन्थालय सूची के शीफ स्वरूप को अबद्ध पत्रक स्वरूप भी कहा जाता है।

इस सूची में प्रत्येक प्रविष्टि को मजबूत मोटे कागज पर हाथ से लिखा जाता है या टंकित किया जाता है। मोटे कागज के टुकड़े का आकार 6"×4" होता है।

कागज के अलग-अलग टुकड़ों पर प्रविष्टि का निर्माण कर लिया जाता है। और उनके बाएँ किनारे पर छेद कर दिए जाते हैं। कागज के टुकड़ें पर निर्मित प्रविष्टियों को क्रम से एक-दूसरे पर रखकर ऊपर-नीचे मोटे बोर्ड लगाकर टैग से बाँध दिया जाता है।

कागज के एक स्लिप या टुकड़े पर सिर्फ एक प्रविष्टि का निर्माण किया जाता है। अतः आश्यकता पड़ने पर उन्हें अलग करना आसान होता है। अगर कोई प्रलेख लाइब्रेरी से हटा लिया जाता है तो उस प्रलेख से सम्बन्धित सभी प्रविष्टियों को निकालना सूची के इस भौतिक स्वरूप से आसान रहता है। सूची का यह भौतिक स्वरूप ब्रिटेन या अन्य यूरोपीय देशों में ज्यादा लोकप्रिय है।

लाभ (Advantages)

1. इस सूची का प्रयोग करना सरल एवं सुविधाजनक है। इसे ग्रन्थालय के किसी भी भाग में ले जाकर देखा जा सकता है।
2. इस सूची में पत्रक स्वरूप तथा पुस्तक स्वरूप के गुण एक साथ सम्मिलित है, अतः नया ग्रन्थों की प्रविष्टियाँ शामिल कर पुराने कटे-फटे ग्रन्थों की प्रविष्टियों निकालने की सुविधा उपलब्ध हैं।
3. इसे सरलतापूर्वक अद्यतन (up to date) रखा जा सकता है।
4. इस सूची की कई प्रतियाँ एक बार में टाइप की जा सकती है।
5. यह पत्रक सूची की अपेक्षा कम जगह घरेती है।
6. नमनशील (Fiexible) स्वभाव के कारण इसमें प्रविष्टियों को आसानी से शमिल किया जा सकता है।

दोष (Disadvantages)

1. कागज के 6"×4" के स्लिप पर सिर्फ एक ही प्रविष्ट का निर्माण किया जाता है जिसमें स्लिप के शेष भाग की बर्बादी होती है।
2. इस दोष को दूर करने के लिए आज कल एक ही स्लिप पर कई प्रविष्टियों का निर्माण किया जाता है। इससे प्रविष्टियाँ अस्पष्ट एवं भद्दी दिखाई पड़ने लगाती है अतएव अलग स्लिप पर प्रविष्टियों का निर्माण करना पड़ता है जिससे श्रम, धन एवं समय का अपव्यय होता है।
3. जिस ग्रन्थालय में शीफ सूची का प्रयोग होता है वह ग्रन्थालय सहकारी सूचीकरण व्यवस्था में सम्मिलित नहीं हो सकता है।
4. यह सूची इतनी टिकाऊ नहीं होती जितनी पत्रक सूची।

(6) **पत्रक स्वरूप (Card Form)**—आधुनिक भारतीय ग्रन्थालयों में सूची का पत्रक स्वरूप अत्यन्त लोकप्रिय है। विकसित देशों में आज सूची के गैर-परम्परागत

स्वरूप का प्रचलन ज्यादा बढ़ गया है। भारत ऐसे विकासशील देश धन की कमी की वजह से ग्रन्थालयों में सूची के गैर परम्परागत स्वरूप के उपयोग में पूर्णरूप समर्थ नहीं है।

उपयोग में सरलता, स्वच्छता एवं टिकाऊपन की वजह से सूची के परम्परागत स्वरूप में यह सबसे श्रेष्ठ माना जाता है। एक कार्ड पर प्रलेख के समस्त वाङ्मय (Bibiographical) तत्त्वों का उल्लेख करना इस स्वरूप में अत्यन्त आसन है। पत्रक (Card) का आकार 5"×3" अथवा 12.5 cm x 7.5 cm होता है। यह मजबूत का बना होता है, जो वांछित क्रमानुसार पत्रक कैबिनेट अथवा ट्रे में व्यवस्थित किया जा सकता है।

लाभ (Advantage)

1. इस सूची में ग्राह्यता का गुण मौजूद है। अर्थात् नए ग्रन्थों की प्रविष्टियों को उपयुक्त स्थान पर सुव्यवस्थित करना अत्यन्त आसान है।
2. इसमें जीर्ण-शीर्ण एवं पुराने तथा चोरी चले गए ग्रन्थों की प्रविष्टियाँ निकालना अत्यन्त सरल हैं।
3. इस स्वरूप में हमेशा सूची को अद्यतन रखना बिल्कुल आसान है।
4. कई पाठक एवं ग्रन्थालय कर्मचारी एक ही समय में सुगमता पूर्वक इसका उपयोग कर सकते हैं।
5. सूची हमेशा स्वच्छ एवं आकर्षक बनी रहती है।
6. जिस ग्रन्थालय में सूची के पत्रक स्वरूप का प्रयोग किया जाता है वह ग्रन्थालय केन्द्रीय और सहकारी सूचीकरण योजना (scheme) में भाग ले सकता है।
7. टंकन की सहायता से एक ही बार में प्रविष्टियों की चार प्रतियाँ तक ठाइप की जा सकती है।
8. इस प्रकार की सूची अधिक टिकाऊ एवं सुदृढ़ होती है।

दोष (Disadvantages)

1. पत्रक-सूची ग्रन्थालय में अधिक जगह घरेती है। बड़े शहरों के बड़े ग्रन्थालयों में स्थान की कमी की समस्या उत्पन्न हो गई है। ऐसे ग्रन्थालयों में जिसमें पाठ्य-सामग्रियों की संख्या एक लाख (1 लाख) से अधिक है तथा प्रत्येक वर्ष 10 हजार के करीब पाठ्य-सामग्रियों संग्रहितस हो रही है, ऐसी परिस्थिति में कार्ड सूची के लिए बहुत अधिक स्थान की आश्यकता पड़ेगा।
2. पत्रकों को पाठकों द्वारा नष्ट करना अथवा निकालकर गायब कर देना अत्यन्त आसान है।

3. इस सूची का निर्माण एवं रख-रखाव खर्चीला है।
4. बड़े ग्रन्थालयों में जहाँ पाठकों की अत्यन्त भीड़ रहती है वहाँ इस सूची का प्रयोग करने में उनका समय अत्यधिक बर्बाद होता है।
5. यह सूची कार्ड कैबिनेट में एक निश्चित जगह में रखी जाती है अतः पाठक इसे अन्यत्र से जाकर प्रयोगह नहीं कर सकते हैं।

उपरोक्त दोषों के बावजूद भी सूची के इस स्वरूप का उपयोग समस्त बड़े ग्रन्थालयों में हो रहा हैं सूची के परम्परागत स्वरूप में अभी इससे अच्छे स्वरूप का विकास नहीं हो पाया है।

(2) **गैर परम्परागत स्वरूप (Non-conventional Form)**—सूची के गैर-पराम्परागत निम्नलिखित स्वरूप है जो भारतीय परिस्थितियों में उपयुक्त नहीं है या बहुत व्यय साध्य (खर्चीला) होने के कारण उनका उपयोग अभी सम्भव नहीं है।

1. प्लेकार्ड सूची (Placard cataogue)
2. सर्वदर्शी सूचक (Visible index)
3. छिद्रित पत्रक (Punch cards)
4. चुम्बकीय फीता (Mangnetic tapes)
5. चुम्बकीय डिस्क (Magnetic disk)
6. कम्प्यूटर (Computer)
7. कार्डेक्स हॉरिजेन्टल कार्ड इन्डेक्स (Cardex horizontal card index)

22

ग्रन्थालय सूची के प्रकार

इस अध्याय में सूची के प्रकार अथवा आन्तरिक स्वरूप पर विचार किया गया है। सूची का आन्तिरक स्वरूप उसके तर्क संगत एवं योजनाबद्ध क्रम मे ं विन्यास से सम्बन्ध रखता है।

सूची की परिभाषा के अनुसार, ग्रन्थालय सूची किसी ग्रन्थालय विशेष अथवा किसी स्थानीय ग्रन्थालय की पाठ्य-सामग्रियों अथवा प्रलेखों की एक तालिका है, जिसमें प्रलेखों की प्रविष्टियों को किसी सुनिश्चित एवं सुनियोजित योजना के अनुसार व्यवस्थित किया जाता है। प्रविष्टियों की मान्यता प्राप्त क्रम व्यवस्था सूची की संरचना एवं आन्तरिक स्वरूप को सुनिश्चित करती है।

सूचीकरण, प्रक्रिया (Process) के अन्तर्गत दो कार्यों का सम्पादन किया जाता है।

1. ग्रन्थालय प्राप्त किए गए प्रलेखों के ग्रन्थ-सन्दर्भात्मक अभिलेखों (Bibliographical Records) का निर्माण करना।

2. निर्मित अभिलेखों (Reocords) को तर्क-संगत एवं सहायक क्रम में संचयन एवं पुनः प्राप्ति (Storage and retrieval) के लिए व्यवस्थित करना।

सूचीकरण प्रक्रिया

(Cataloguing process)

ग्रन्थ सन्दर्भात्मक अभिलेखों की रचना (Creation of Bibiographical Records)	फाइलों में अभिलेखों का व्यवस्थापन (Arrangemement of records into files)

सूची के विभिन्न आन्तरिक स्वरूपों को तीन श्रेणियों में विभक्त किया गया है। ये तीन श्रेणियाँ निम्नांकित तालिका में दर्शायी गई है।

सूची के तीन प्रकार या आन्तरिक स्वरूप

आनतरिक स्वरूप (Inner forms)

आनुवर्णिक (Alphabetical cataogue)		वर्गीकृतसूची (Classified or Classed Cataogue),	आनुवर्णिक वर्गीकृत सूची (Alphabetico Classed cataogue)
लेखक	Author		
नाम	Name		
आख्या	Title	वर्गीकृत भाग	विषय भाग
विषय	Subject	(Classified part)	(Subject part)
सर्वानुवर्णी	Dictionary	वर्णानुक्रमणिका	वर्णानुक्रमणिका
विभाजित	(Divided)	(Alphaetical index)	(Alphabetical index)

आणुवर्णिक (Alphabetical)—पाठक वर्णानुक्रम में व्यवस्थित सूची से सुपरिचित रहते हैं, क्योंकि ऐसी सूचियाँ शब्द कोश भी की भाँति व्यवस्थित रहती हैं। अतः ऐसी सूचियों का उपयोग पाठकों के लिए आसान होता है।

लेखक सूची (Author cataogue)—लेखक सूची में प्रलेखों (documents) की प्रविष्टियाँ लेखक के नाम से निर्मित रहती हैं तथा वर्णानुक्रम से व्यवस्थित रहती हैं। दूसरों शब्दों में लेखक सूची की मुख्य प्रविष्टि (main entry) के अग्र भाग (Leading section) में लेखक का नाम रहता है। लेखक एक व्यक्ति या एक समष्टि निकाय (corporate body) हो सकता है। जो कि प्रलेखों में वर्णित विचारों के लिए उत्तरदायी माने जाते हैं।

अतः ग्रन्थालय में समस्त प्रलेखों को उनके लेखकों के नाम से प्रविष्टियाँ निर्मित कर जब वर्णानुक्रम में व्यवस्थित कर दिया जाता है तब लेखक सूची निर्मित हो जाती है। इस सूची की प्रविष्टि (entey) में लेखक के नाम से अतिरिक्त आख्या, सहारकों (collaborator) के नाम, प्रकाशन सम्बन्धित सूचनाएँ, पृष्ठादि विवरण दिए जाते हैं।

गुण

1. पाठकों को लेखक का नाम ज्ञात रहने पर इस सूची से ज्ञात हो जाता है कि उस लेखक द्वारा रचित अमुक ग्रन्थ ग्रन्थालय में है अथवा नहीं। अगर वह ग्रन्थ ग्रन्थालय में उपलब्ध रहता है। तो उसके सम्बन्ध में पूर्ण सूचना प्राप्त हो जाती है।
2. एक लेखक की सभी कृतियाँ सूची में एक जगह एकत्र हो जाती है; इससे पाठकों को किसी विशिष्ट लेखक की सभी रचनाओं के सम्बन्ध में सूचनाएँ एक जगह मिल जाती है।
3. अनेक ग्रन्थों की आख्याएँ समान होती हैं। ऐसी स्थिति में लेखक सूची द्वारा ही उन्हें पृथक किया जा सकता है।

दोष

1. आज प्रलेखों के प्रकाशन में क्रान्ति आ चुकी है। ऐसी स्थिति में पाठकों को प्रलेख अथवा ग्रन्थ के लेखक का नाम याद रखना सम्भव नहीं है। यह सूची सिर्फ लेखक अभिगम (approach) को सन्तुष्ट करने में सहायक होती है। अतः पाठकों के लिए अन्य अभिगमों द्वारा इस सूची की सहायता से पाठ्य-सामग्री ढूँढ़न9ा सम्भव नहीं है।
2. कभी-कभी पाठकों को जिस नाम रूप (form of name) के अनुसार प्रविष्टि प्रस्तुत की जाती है वह ज्ञात नहीं रहता। ऐसी स्थिति में पाठकों को कठिनाईयाँ होने लगती हैं। यद्यपि इन कठिनाइयों को निर्देशन (guidance) की व्यवस्था द्वारा दूर किया जा सकता है।
3. शुद्ध एवं सरल रूप में लेखक सूची प्रस्तुत करना कठिन होता है, क्योंकि विश्व में विभिन्न स्थानों के लोगों के नाम सांस्कृतिक परम्परा के अनुसार भिन्न-भिन्न प्रकार से लिखे जाते हैं। पश्चिमी देशों के लोगों के नाम, इण्डिक नाम, मुस्लिम नाम, चीनी नाम, जापानी नाम, इत्यादि अनेक कठिनाइयाँ उपस्थित करते हैं। सूची संहिता में उल्लेखित रहता है कि नाम के किस भाग को सूची में पहले उल्लेख किया जाएगा, फिर भी सूचीकार को एकरूपता बनाए रखनो में परेशानी होती है।

ब्रिट्रिश ग्रन्थालय, भारतीय राष्ट्रीय ग्रन्थालय एवं लाइब्रेरी ऑफ काँग्रेस की लेखक सूचियाँ आज भी लोकप्रिय है।

नाम सूची (Name Catalogue)—नाम सूची लेखक सूची का ही रूपान्तरण (Variations) एवं विस्तार है। नाम सूची में एक लेखक द्वारा रचित ग्रन्थों एवं लेखक से सम्बन्धित ग्रन्थों की प्रविष्टियाँ उस लेखक के नाम से निर्मित कर वर्णानुक्रम में व्यवस्थित कर दी जाती है।

दूसरे शब्दों में नाम, सूची एक मिश्रित प्रकार की सूची है जिसमें लेखक सूची और विषय सूची दोनों को मिलाकर एक आनुवर्णिक क्रम (alphabetical order) में व्यवस्थित किया जाता है। विषय प्रविष्टियों का विषय लेखक ही होता है। जैसे-लेखक की जीवनी, लेखक की रचना, सम्बन्धित समालोचना आदि।

उदाहरण :

व्यक्ति लेखक के रूप में :	प्रेमचन्द :	गोदान
	प्रेमचन्द :	गबन
	प्रेमचन्द :	कर्मभूमि
व्यक्ति विषय के रूप में:	प्रेमचन्दः	गोदान एक समीक्षा द्वारा-महीन सिंह
	प्रेमचन्दः	कर्मभूमि के नारी पात्र द्वाराः केदारनाथ आदि।

गुण

1. इस सूची की सबसे बड़ी विशेषता यह हैह कि एक लेखक की समस्त कृतियों एवं दूसरे लेखक द्वारा उस लेख पर रचित समस्त कृतियों की सूचना एक जगह एकत्र पाठकों को मिल जाती है।
2. ऐसी सूची साहित्य के विद्यार्थियों के लिए ज्यादा उपयोगी होती है।

जैसा कि उदाहरण में देखा जा सकता है कि इस सूची में न केवल प्रेमचन्द द्वारा रचित समस्त रचनाएँ एक जगक एकत्र हो जाती हैं, बल्कि दूसरे लेखकों द्वारा प्रेमचन्द पर रचित उनके जीवन चरित्रों, समालोचनाओं तथा सस्मरणों आदि के सम्बन्ध में भी सूचनाएँ वहीं एकत्र हो जाती है।

दोष

यद्यपि नाम सूची निश्चित रूप से लेखक सूची पर सुधार है लेकिन यह भी पाठकों के समस्त अभिगमों (approaches) को सन्तुष्ट करने में असमर्थ है।

आख्या सूची (Title Cataogue)—आख्या सूची में ग्रन्थ की आख्या मुख्य प्रविष्टि के अग्रभाग (Leading Section) में अंकित की जाती है और समस्त ग्रन्थों की प्रविष्टियों को निर्मित कर वर्णानुक्रम व्यवस्थित कर दी जाती है। आख्या सूची का उपयोग अल्पमत (minimal) है, क्योंकि कोई भी पाठक ग्रन्थ में उल्लिखित सही आख्या को व्यक्त करने में समर्थ नहीं हो पाती है, खासकर साहित्यिक आख्याओं के सम्बन्ध में यह कठिनाई और ज्यादा होती है। यह सूची सिर्फ जनग्रन्थालय में साहित्य सम्बन्धित ग्रन्थों के लिए उपयुक्त हो पाती है।

गुण

1. पाठकों को ग्रन्थ की आख्या मालूम रहने पर ग्रन्थालय में उसके सम्बन्ध में आसानी से सूचना मिल जाती है।
2. यह सूची कभी-कभी पाठकों के विषय अभिगम को सन्तुष्ट करने में भी सहायक सिद्ध होती है। जैसेः 'वर्गीकरण एक अध्ययन' आख्या वर्गीकरण विषय की भी सूचित करती है।

दोष

1. यह सूची पाठकों के विषय अभिगमों को सन्तुष्ट करने में असमर्थ रहती है।
2. सही आख्या आज के युग में याद रखनी सम्भव नहीं है। अतः आख्या से ग्रन्थ को ग्रन्थालय में ढूँढ़ना सरल नहीं है।

आनुवर्णिक विशिष्ट विषय सूची अथवा आनुवर्णिक विषय सूची

(Alphabetical Specific Subject Catalogue

or

(Alphabetical Subject Catalogue)

आनुवर्णिक विशिष्ट विषय सूची में प्रलेखों के विशिष्ट विषय के नाम से प्रविष्टियाँ निर्मित को जाती है। विशिष्ट विषय प्रविष्टियाँ वर्णानुक्रम में व्यवस्थित की जाती है।

इस सूची के निर्माण का मौलिक सिद्धान्त यह है कि किसी भी कृति की प्रविष्टि (entry) उसके विशिष्ट विषय के द्वारा ही निर्मित की जानी चाहिए न किसी वर्ग के शीर्षक द्वारा,जिसके अन्तर्गत यह विषय सम्मिलित होता है।

उदाहरणः गुलाब पर एक किताब है। उसकी प्रविष्टि गुलाब (Rose) से निर्मित होगी न कि फूलों (Flowers) या वनस्पति शास्त्र (Botany) के द्वारा।

गुण

आधुनिक युग में पाठकों का विषय अभिग्रम सबसे महत्त्वपूर्ण अभिगम माना जाता है। अधिकांश पाठक विशिष्ट विषयों के आधार पर ही पाठ्य-सामग्रियाँ प्राप्त करना चाहते हैं। यह सूची पाठकों के विशिष्ट विषय अभिगमों को सन्तुष्ट करती है।

दोष

1. विशिष्ट विषय वर्णानुक्रम में व्यवस्थित किए जाते हैं। अतः एक ही विषय पर विभिन्न पाठ्य-सामग्रियाँ सूची में भिन्न भिन्न हो जानी है।
2. अन्य सूचियों की तरह इस सूची से भी पाठकों के सिर्फ विषय अभिगम की ही सन्तुष्टि मिलती है।

सर्वानुवर्णी सूची

(Dietionary Catalogue)

इस प्रकार की सूची में पूर्व वर्णित सभी प्रकार की सूचियाँ जैसे-लेखक, नाम, आख्या, विषय तथा ग्रन्थालय, सहकारक एवं समस्त प्रकार के निर्देश (reference) एक ही वर्णक्रम में व्यवस्थित किए जाते हैं।

दूसरे शब्दों में, यह सूची लेखक, आख्या, विषयों तथा ग्रन्थालय सहकारक सम्बन्ध में सूचनाएँ देती है। एवं एक ही वर्णानुक्रम में व्यवस्थित रहती है।

डॉ. रंगनाथन के अनुसार–"वैसी सूची को सर्वानुवर्णी सूची कहते हैं जिसकी सभी प्रविष्टियाँ शब्द प्रविष्टियाँ (Word entries) हो।"

AARC II के अनुसार–"एक ऐसी सूची जो प्रायः, पत्रकों के रूप में निर्मित

की जाती है, जिसमें समस्त प्रविष्टियाँ—लेखक, आख्या, विषयों, ग्रन्थ मालाओं आदि और उनके सम्बन्धित निर्देश (refernces) एक साथ एक सामान्य अनुवर्णाक्रम में व्यवस्थित की जाती हैं। "A catalogue usnally on card. in which all entries-author, title, subjects series, ete avd their relative refernees are arranged together in one generral alphabets."

यह सूची पाठकों के सभी अभिगमों को सन्तुष्ट करने की दृष्टि से निर्मित की जाती है।

गुण

1. यह सूची वर्णानुक्रम में व्यवस्थित होने के कारण उपयोग करने में अत्यन्त सरल एवं सुगम है। कोई भी व्यक्ति जो 'Dietionnary' से सूचना प्राप्त कर सकता है वह इस सूची से सूचना प्राप्त कर सकता है।
2. एक सामान्य पाठक भी सुगमता पूर्वक ग्रन्थालय में संग्रहित वांछित प्रलेखों को प्राप्त कर सकता है, क्योंकि यह उनके सभी अभिगमों को सन्तुष्ट करती है।
3. एक ही लेखक की सभी कृतियाँ, एक ही आख्या के विभिन्न संस्करणों, एक कृति के विभिन्न भाषाओं में अनुवाद, इस तरह की सभी प्रविष्टियाँ इस सूची में एक साथ लायी जा सकती है। यह वास्तव में पाठकों के लिए बहुत बड़ी सुविधा है।
4. कभी-कभी सम्बन्धित विषयों को एकत्र करने में यह सहायक सिद्ध होती है जो कि वर्गीकृत सूची में छिन्न-भिन्न हो जाते हैं।

जैसे-गुलाब पर विभिन्न प्रलेखों-गुलाब की खेती, गुलाब की सजावट, गुलाब की बागवानी, कृत्रिम गुलाब आदि इस सूची में निम्नानुसार एक जगह एकत्र हो जाते हैं।

गुलाब- खेती
गुलाब- सजावट
गुलाब- बागवानी
गुलाब- कृत्रिम उत्पादन आदि।

5. इसी सूची के उपयोग के लिए पाठकों के लिए वर्गीकरण का ज्ञान होना तनिक भी वांछित नहीं है, क्योंकि प्रविष्टियाँ प्राकृतिक भाषा में निर्मित की जाती है।
6. इस सूची में विषयों को उनके विशिष्ट नाम से अंकित किया जाता है। ऐसी स्थिति में पाठकों के लिए विषय के पक्ष सम्बन्ध (facet relation) जानना सूची के उपयोग के लिए जरूरी नहीं है।

7. नए विषय शीर्षक को बिना मानक विषय शीर्षक की सहायता लिए ही इसमें शमिल किया जा सकता है।

दोष

1. इस सूची में सभी विषयों को एक ही वर्णक्रम में व्यवस्थित करने की वजह से इसका आकार बहुत बड़ा हो जाता है। पाठकों को इसके बड़े आकार होने से ग्रन्थ सम्बन्धित सूचनाएँ प्राप्त करने में काफी परेशानी होती हैं।

   यही वजह है कि इस सूची को आख्या, विषय एवं लेखक के अनुसार विभाजित कर अलग-अलग व्यवस्थित किया जा रहा है।
2. यह सूची वास्तव में उतनी सरल एवं सुगम नहीं है जितनी दिखाई पड़ती है। इसमें विषय असहायक क्रम में छिन्न-भिन्न हो जाते हैं।
3. सूची में जगह-जगह निर्देशों तथा प्रतिनिर्देशों के कारण इसके प्रयोग में कठिनाई तथा भ्रम उत्पन्न होने लगता है।

अपनी तमाम खामियों के बावजूद यह सूची आज सभी उपयोगी है। खासकर भारतीय जन ग्रन्थालय में सूची का यही आनतरिक स्वरूप सबसे ज्यादा प्रचलन में है।

वर्गीकृत सूची
(Classified Catalogue)

वर्गीकृत सूची विषय सूची का ही रूप है, जिसमें प्रविष्टियों का **विन्यास** (arrangement) वर्गांक के अनुसार किया जाता है जो कि प्रलेखों के विषयों का प्रतिनिधित्व करता है।

इसमें ग्रन्थालय द्वारा अपनायी गई वर्गीकरण पद्धति के अनुसार प्रलेखों को दिए गए वर्गांक की किसी वर्गीकरण प्रणाली के अनुसार व्यवस्थित किया जाता है।

डॉ. रंगनाथन के अनुसार "यह सूची है जिसकी कुछ अंक प्रविष्टियाँ (Number entries) है तथा कुछ शब्द (Word) प्रविष्टियाँ हैं।"

साधारणतः आम पाठक वर्गीकरण की जटिलता से परिचित नहीं होते हैं। अतः उनके लिए एक वर्णानुक्रमणिका (alphabetical index) आवश्यक समझी जाती है, जिसमें लेखक, आख्या तथा विषय प्रविष्टियाँ वर्णानुक्रम में हो।

डॉ. रंगनाथन के अनुसार, वर्गीकृत सूची के दो भाग होते हैं–

(1) वर्गीकृत भाग (Classofied Part)–सूची के इस भाग में ग्रन्थों या प्रलेखों की मुख्य प्रविष्टियाँ आनुवर्णिक क्रम (Classified order) में व्यवस्थित रहती हैं।

प्रविष्टि के अग्रभाग (Leading Section) में प्रलेखों (documents) अथवा ग्रन्थों के क्रामक अंक (Call Number) अंकित किए जाते हैं। इसी भाग में प्रलेखों की अन्तविषयी प्रविष्टियों (Cross referenee entries) की मुख्य प्रविष्टियों के साथ आनुवर्गिक क्रम में व्यवस्थित किया जाता है।

(2) आनुवर्णिक भाग (Alphabetical Part—इस भाग को मुख्य आनुवर्गिक भाग की अनुक्रमणिका (Index) भी कहा जाता है। इस भाग में अन्य समस्त प्रविष्टियाँ लेखक, आख्या, सहकारक, ग्रन्थमाला ता नामान्तर निर्देशी प्रविष्टियाँ (cross feference entries) वर्णानुक्रम में व्यवस्थित की जाती हैं। इन सभी प्रविष्टियों के अग्रभाग (Leading section) में प्राकृतिक भाषा यानि अक्षरों में प्रलेखों को व्यक्त किया जाता है।

दूसरे शब्दों में यह भाग लेखक, आख्या एवं विषय प्रविष्टियों का मिश्रित व्यवस्थापन है। इसी भाग में अन्य प्रकार की प्रविष्टियाँ भी व्यवस्थित रहती है। जैसे-वर्ग निर्देशी प्रविष्टियाँ (Class Index entries) आदि। यह भाग पाठकों के सभी अभिगमों (approaches) को सन्तुष्ट करने में सहायक होता है।

गुण

1. इस सूची की सबसे महत्त्वपूर्ण विशेषता यह है कि इसमें एक विषय से सम्बन्धित समस्त प्रविष्टियाँ एक जगह तर्क-संगत क्रम में अपने समस्त सम्बन्धित विषयों के साथ एकत्र हो जाती है।
2. इस सूची में प्रविष्टियों को व्यवस्थापन ग्रन्थालय के निधानी (shelf) पर प्रलेखों के व्यवस्थापन को प्रतिबिम्बित करता है।
3. इस सूची को विषयानुसार मुद्रित करवा आसान है।
4. ग्रन्थालय में विभिन्न विषयों के संग्रह की सबलता एवं दुर्बलता का पता एक ही झलक में चल जाता है।
5. विशिष्ट उद्देश्यों की पूर्ति के लिए इस सूची के माध्यम से विषय सन्दर्भ सूचियों (Subject bibliographies) एवं अध्ययन सूची (Reading list) का संकलन कना आसान है।
6. सर्वानुवर्णी सूची (Dictionary Catalogue) की तरह यह पाठकों के सभी अभिगमों-लेखक, आख्या, विषय, ग्रन्थमाला आदि को सन्तुष्ट प्रदान करने में सहायक होती है।
7. विषयों की शब्दवली (termology) में परिवर्तन होने पर सूची के वर्गीकृत भाग में प्रविष्टियों के व्यवस्थापन पर प्रभाव नहीं पड़ता है।
8. इस सूची के द्वारा किसी ग्रन्थालय में किसी विषय पर उपलब्ध ग्रन्थों की संख्या तत्काल ज्ञात हो सकती है। इसमें ग्रन्थ चयन में मदद मिलती

है। सर्वानुवर्णी सूची (Dietionery Catalogue) में विषय के छिन्न-भिन्न हो जाने की वजह से यह सम्भव नहीं हो पाता है।

9. यह सूची स्वाभाविक रूप में विभाजित सूची है। इसका व्यवस्थापन दो भागों में किया जाता है। इससे पाठकों को प्रलेखों की खोज में कठिनाई नहीं होती है।

दोष

1. इस सूची के प्रयोग के लिए पाठकों को जिस वर्गीकरण पद्धति द्वारा प्रविष्टियों को व्यवस्थित किया गया है, उसका थोड़ा ज्ञान रखना आवश्यक माना जाता है। एक और यह विषयों को तर्क-संगत सहायक क्रम में व्यवस्थित में अत्यन्त सहायक है तो दूसरी और पाठकों को यदि ग्रन्थालय द्वारा अपनायी गई वर्गीकरण पद्धति का ज्ञान न हो तो अनेक कठिनाइयों का सामना करना पड़ता है।
2. यह सूची बिल्कुल वर्गीकरण पद्धति के ऊपर प्रविष्टियों के व्यवस्थापन के लिए निर्भर है। अतः सूचीकार की सहायता इसमें अत्यन्त समिति है।

आज के युग में अनुवर्णित सूची (Classified Catalogue) इन त्रुटियों के अबावजूद भी बहुत लोकप्रिय ही रही है। इसमें सर्वानुवर्णी सूची के प्रायः सभी गुण मौजूद हैं तथा विशेष रूप से विषयों का व्यवस्थापन वैज्ञानिक एवं तर्कसंगत ढंग से किया गया है। अतः शोध, शैक्षणिक एवं विशिष्ट ग्रन्थालयों में इसका प्रयोग विशेष रूप से हो रहा है। इनकी बहुत सी बुराइयों को आनुवर्णिक भाग (Alphabetical part) के प्रयोग द्वारा दूर कर दिया जाता है।

ग्रन्थालय सूची के अनेक आन्तरिक स्वरूपों (Innerforms) में से सर्वानुवर्णी सूची (Dictionary catalogue) एवं वर्गीकृत सूची (Classified eatalogue) सबसे अधिक लोकप्रिय है। सर्वानुवर्णी सूची के प्रणेतों सी.ए.कटर (C.A. Cutter) थे जिन्होंने Rules for Dictionary Catlogue' नामक सूची संहिता की रचना की है। यह सूची ब्रिटिश एवं अमेरिकन ग्रन्थालयों में ज्यादा प्रचलित है। नामान्तर निर्देशी प्रविष्टियों (Cross reference entries) के द्वारा इसे अत्यन्त उपयोगी बनाया गया है। दूसरी और वर्गीकृत या अनुवर्गिक सूची (Classified Catalogue) ने सर्वानुवर्णी सूची के भी गुणों को अपने में सम्मिलित करते हुए प्रलेखों के विषयों को तर्क संगत सहायक क्रम में व्यवस्थित कर अपनी उपयोगिता काफी बढ़ा दी है। इस सूची के प्रबल समर्थक डॉ.एस.आर. रंगनाथन हैं।

सर्वानुवर्णी सूची एवं वर्गीकृत सूची में अन्तर

सर्वानुवर्णी सूची (Dictionary Catalogue)	वर्गीकृत सूची (Classified Catalogue)
1. **विन्यास**–(Arrangement) लेखक, आख्या (Title) विषय आदि को इसमें एक ही वर्णानुक्रम में व्यवस्थित किया जाता है।	इसमें प्रविष्टियों को दो भागों में व्यवस्थित किया जाता है– 1. वर्गीकृत भाग में प्रविष्टियों की व्यवस्था वर्गांक के अनुसार होती हैं। 2. आनुवर्णिक भाषा में प्रविष्टियों को सर्वानुवर्णी अथवा शब्द कोश के भाँति व्यवस्थित किया जाता है।
2. लेखक एवं आख्या का फाइलेशन-एक लेखक की समस्त कृतियाँ, एक ही कृति के विभिन्न संस्करण, कृति के विभिन्न अनुवाद एक साथ रखे जाते हैं।	वर्णानुक्रमणिका (alphabetical index) लेखक एवं आख्या के तर्क-संगत व्यवस्थापन में सक्षम है।
3. विषयों की व्यवस्था-एक ही विषय से सम्बन्धित प्रविष्टियाँ अलग-अलग हो जाती हैं, क्योंकि वे वर्ण-माला के स्वाभाविक क्रम के अनुसार व्यवस्थित रहती है। जैसे-ताप एवं चुम्बकत्व सम्बन्धी विषय हैः परन्तु वर्णक्रम से व्यवस्थित विषय सूची में ये अलग-अलग हो जाएँगे।	इस सूची के वर्गीकृत भाग में विषयों का तर्क-संगत एवं व्यवस्थित क्रम उपस्थित हो जाता है, क्योंकि उसका आधार वर्गीकरण प्रणाली है।
4. निर्माण-इसका निर्माण सरल है, लेकिन ज्यों-ज्यों ग्रन्थालय के संकलन में वृद्धि होती हैंः त्यों-त्यों इसकी विषय अनुक्रमणिका (Index) के निर्माण में जटिलता उत्पन्न होने लगती है।	इस सूची का भी निर्माण सरल है, क्योंकि यह उसी पक्ष का उपयोग करती है जो प्रलेखों के वर्गीकरण में स्पष्ट हो जाता है। संकलन की वृद्धि के साथ-साथ इसकी अनुक्रमणिका के निर्माण की प्रक्रिया भी आसान होने लगती है।
5. विषय अभिगम यह पाठक के विशिष्ट विषय अभिगम को सरलता पूर्वक सन्तुष्ट करती है। परन्तु एक विषय से सम्बन्धित विभिन्न पहलुओं के	यह पाठक के विषय अभिगम को भली-भाँति सन्तुष्टि प्रदानक रती है। इसके लिए पाठकों को सर्व प्रथम इसके आनुवर्णिक भाग को देखना पड़ता है।

बारे में सूचना मिलना इसमें कठिन है।	इस भाग में पाठकों को वर्गीकृत भाग देखने का निर्देश मिलता है, जहाँ उसे उस विषय से सम्बन्धित समस्त रचनाओं के बारे में सूचना एक जगह मिल जाती है। यद्यपि इसमें पाठक को दुहरा कार्य करना पड़ता है।
6. उपयोग-इस सूची का उपयोग पाठक द्वारा आसानी से किया जाता है; क्योंकि इसे देखना अत्यन्त आसान है। जिसे शब्दकोश (Dietionary) देखना आता है वह पाठक इस सूची से अपनी पाठ्य-सामग्री सरलता पूर्वक ढूँढ़ सकता है।	इस सूची को देखने के लिए पाठक को ग्रन्थालय द्वारा अपनायी गई वर्गीकरण पद्धति का ज्ञान आवश्यक समझा जाता है, क्योंकि वर्गीकृत भाग में प्रविष्टियाँ वर्गीकरण की कृत्रिम भाषा में व्यवस्थित रहती है।
7. निर्देशों का योगदान-इस सूची की सफलता निर्देशों की विस्तृत योजना पर आधारित रहती है। अत्यधिक निर्देशों से पाठकों को थकावट महसूस होने लगती है और कभी-कभी उन्हें वांछित पाठ्य-सामग्रियों को ढूँढ़ने में महत्त्वपूर्ण शीर्षक छूट जाते हैं।	इसमें निर्देशों की संख्या कम रहती है। अतः पाठकों को वांछित पाठ्य-सामग्रियों की खोज में बहुत कठिनाइयाँ नहीं महसूस होती हैं।
8. विषय सूची का मुद्रण-इसके द्वारा विषय सूची का मुद्रण अधिक कठिन है।	इसकी सहायता से विभिन्न विषयों की विषय सूची आसानी से मुद्रित की जा सकती है।
9. वृद्धि की दर-विषय प्रविष्टियाँ एवं निर्देशों की संख्या में इसमें अधिक वृद्धि होती है। परिणाम स्वरूप इसका आकार इतना बढ़ जाता है, कि उपयोग में कठिनाई होने लगती है।	इसमें सूची के आकार में सर्वानुवर्णी सूची की तुलना में कम वृद्धि होती है।
10. अन्तराष्ट्रीय सहयोग-इस सूची के द्वारा अन्तराष्ट्रीय सहयोग कठिन है।	इसके द्वारा अन्तराष्ट्रीय सहयोग आसान होता है।
11. संग्रह का ज्ञान-इस सूची के द्वारा किसी खास विषय के संग्रह की सबलता एवं दुर्बलता का पता लगाना कठिन है।	इस सूची की सहायता से ग्रन्थालय में संग्रहित किसी खास विषय के संग्रह की सबलता एवं दुर्बलता का पता आसानी से चल जाता है।

12. वर्गीकरण प्रणाली का योगदान-इस सूची के निर्माण हेतु किसी वर्गीकरण प्रणाली पर निर्भर रहना अनिवार्य नहीं है।	इस सूची का निर्माण किसी वर्गीकरण प्रणाली के आधार पर ही किया जा सकता है।
13. ग्रन्थ चयन में सहायक-ग्रन्थ चयन के कार्य में इससे कम मदद मिलती है।	ग्रन्थ चयन का कार्य इससे सरल हो जाता है, क्योंकि संग्रह की खूबियाँ एवं खामियाँ इस सूची में बिल्कुल स्पष्ट रहती हैं।

इस तरह हम देखते हैं कि दोनों प्रकार की सूचियों की अपनी खुबियाँ एवं खामियाँ है। वर्गीकृत सूची के विषय में जितनी आलोचनाएँ होती है, वे सही नहीं है। वर्गीकृत सूची का व्यवहार भी ग्रन्थालय कर्मचारी के सहयोग से सुगमता पूर्वक सम्भव है। आज जबकि ग्रन्थालयों में पाठकों द्वारा विषय अभिगम (approach) के आधर पर पाठ्य-सामग्रियों की खोज अधिक होती रहते हैं ऐसी स्थित में वर्गीकृत सूची का महत्त्व शोध, शैक्षणिक एवं विशिष्ट ग्रन्थालयों में अधिक बड़ा गया है।

आनुवर्णिक वर्णित सूची
(Alphabetieo-Classed Catalogue)

इस तरह की सूची में समस्त ज्ञान जगत को कुछ प्रमुख वर्गों (Main elasses) में विभाजित कर दिया जाता है जिनकी संख्या सामान्य से अधिक होती है। उन समस्त मुख्य वर्गों को वर्णानुक्रम (Acohabetical order) में व्यवस्थित कर दिया जाता है। इसके बाद प्रतिवर्ग के सभी उपविभागों को उस वर्ग के अधीन वर्गानुक्रम में व्यवस्थित कर दिया जाता है।

इस सूची के लिए DDC का तृतीया सारांश उपयोगी हो सकता है।

यह सूची आधुनिक ग्रन्थालयों के लिए बिल्कुल उपयोगी नहीं है।

23

वाड्मय सूची (ग्रन्थ सन्दर्भ सूची) : आवश्यकता एवं प्रकार

मुद्रणमशीन एवं कागज के आविष्कार ने प्रकाशन जगत् में क्रान्ति ला दी है इनके आविष्कार के पूर्व ग्रन्थों की संख्या समिति थी; क्योंकि वे हाथ से लिख्वा जाते थे। अतः उनके सुरक्षात्मक पहलुओं पर विशेष ध्यान दिया जाता था। आधुनिक युग में ज्ञान मन्दिर का दरवाजा बिना किसी भेद-भाव के आम लोगों के लिए खोल दिया गया है। परिणामतः पाठ्य-सामग्रियों की संख्या के साथ-साथ पाठकों की संख्या में उत्तरोत्तर वृद्धि हो रही है। ऐसी परिस्थिति में समस्त प्रकाशनों के सम्बन्ध में सूचना एकत्र कर उपयुक्त-पाठक को उपयुक्त समय पर उपयुक्त पाठ्य-सामग्री प्रदान करना आवश्यक हो गया है। वाड्मय सूची (Bibliogaphy) इस काम में काफी सहायक सिद्ध हो रही है।

वाड्मयसूची (Bibtiography)—इस शब्द का प्रयोग सर्वप्रथम सेंट चार्ल्स (Louis jacob de Saint charles) ने अपने ग्रन्थ 'बिब्लियो ग्रफिया परिसियाना' (Bibiliographia Parisian, 1645-50) किया था। अंग्रेजी भाषा का बिब्लियोग्राफी ाब्द ग्रीक भाषा के 'बिब्लियोग्रफिक (Biblion) तथा 'ग्रफिन' (graphin) से निर्मित हुआ है। Biblion का अर्थ ग्रन्थ (Book) तथा graphin का अर्थ 'लिखना' है। अतः व्युत्पत्ति के अनुसार 'Bibliography' शब्द का अर्थ 'ग्रन्थ लेखन' है। यह अर्थ 18वीं सदी के अन्तिम काल तक प्रचलित रहा। इसके बाद फ्रांस में इसका अर्थ 'ग्रन्थ लेखन' से बदलकर 'ग्रन्थ के बारे में लिखना कर दिया गया।

अंग्रेजी के 'Bibliography' शब्द के बदले हिन्दी में कई शब्दों का प्रचलन है, जैसे ग्रन्थ विज्ञान प्रलेखन सूची, ग्रन्थकला, ग्रन्थ विद्या एवं वाड्मय सूची। इन

शब्दों में सबसे 'बिब्लियोग्राफी' पद (term) के लिए हिन्दी में दो पदों का प्रयोग किया जाना सवर्था उपर्युक्त है जब यह पद ग्रन्थों के भौतिक स्वरूप (Physical form) का विधिवत अध्ययन करने के पक्ष का द्योतक होता है तो इसे 'ग्रन्थ विज्ञान' (physical bibiography) कहना उपर्युक्त है और जब पाठ्य-सामग्रियों ज्ञान सामग्रियों के तालिकाकरण अथवा तालिका (List) का बोध इस पद से इसे ग्रन्थ-सन्दर्भ सूची की संज्ञा भी दी गई हैं।

परिभाषा (Definition)

1. Oxford English Dictionary के अनुसार इसे ग्रन्थों (Books) का क्रमबद्ध वर्णन कहा गया है जिसमें उनके इतिहास लेखक, मुद्रक, प्रकाशक तथा संस्करण आदि के बारे में परिचय दिया जाता है। दूसरे शब्दों में किसी लेखक, मुद्रक, प्रकाशक, देश अथवा विषय तथा विभिन्न विषयों का विवेचन करने वाली सूची को वाड्मय सूची कहा गया है।

2. एफ, इबर्ट (F.Ebert)—जर्मन ग्रन्थ वैज्ञानिक एफ इबर्ट ने इसे इस रूप में परिभाषित किया है, व्यापक अर्थ में यह साहित्यिक रचनाओं से सम्बन्धित विज्ञान है।"

3. क्लैप **(V.W. Clapp)** के अनुसार, "मानव संम्प्रेषण के अभिलेखों के क्रमबद्ध तालिका कारण को ग्रन्थ विज्ञान कहते हैं।"

"The systematic listing of the records of human communication"

4. ए. जे एवान्स (A.J.Evans)—के अनुसार, "सूचना के अभिलिखित स्रोतों से सम्बन्धित सूचनाओं के किसी संकलन को बिब्लियो ग्राफी कहते हैं।"

(A bibiography is a compilation of infrom regarding recorded sources of information)

5. लुइस शोर्स (Louis Shores)—के अनुसार, "वाड्मय सूची लिखित, मुद्रित तथा अन्य किसी रूप में प्रस्तुत सभ्यता का अभिलेख है जिसमें ग्रन्थों, धारावाहिक, प्रकाशन, चित्र, मानचित्र चलचित्र, दृश्य-श्रव्य साहित्य, संग्रहालय की वस्तुएँ पांडुलिपियाँ एवं सम्प्रेषण (Communication) के अन्य साधन सम्मिलित हो सकते हैं।"

(Bibiliography is a list of written. printed or otherwise produced revords of civilization. which may include books. Serals Picture mapy film. recording museum. objects manuscripts and other media of Communication)

बेस्टर मैन (Theodore Besterman)—के अनुसार, "वाड्मय सूची ग्रन्थों की तालिका होती है, जिसे कुछ स्थायी सिद्धान्तों के अनुसार व्यवस्थित किया जाता है।"

(Bibiliongraphy is a list of book arranged according to some permanent principles)

उपरोक्त परिभाषाओं के अध्ययन से हम इस निष्कर्ष पर पहुँचते हैं कि यह ग्रन्थों अथवा प्रलेखों के लेखकों के नाम, आख्या सम्पादक व अनुवादक के नाम प्रकाशक के नाम एवं पते मूल्य, साइज इत्यादि का व्यवस्थित विवरण है। दूसरे शब्दों में सम्प्रेषण (Communication) के साधनों तथा प्रलेखों (documenty) की तालिका (list) के साथ-साथ इनको निर्मित करने की कला तथा प्रविधियों को वाड्मय सूची कहते हैं।

आवश्यकता (Need)

ग्रन्थों अथवा प्रलेखों के अस्तित्व की खोज के लिए यह अत्यन्त आवश्यक है।

1. आज कोई भी ग्रन्थालय समस्त प्रकाशित पाठ्य-सामग्रियों पर संग्रह करने में समक्ष नहीं है। अतः ग्रन्थ चयन की आवश्यकता महसूस की गई है। इसमें यह सहायक है।
2. ग्रन्थों या प्रलेखों के मूल्य सत्यापन में इससे मदद मिलती है। अतः यह ग्रन्थालय सूचना देने में सक्षम है।
3. यह लेखक की सम्पूर्ण कृतियों के सम्बन्ध में ज्ञान प्राप्त करने में मदद देती है।
4. यह विद्वानों एवं शोधकर्ताओं के नए तथा पुराने ग्रन्थों के बारे में सूचना देती है जिससे उनके विशेष अध्ययन एवं शोध में मदद मिलती है।
5. आज किसी राष्ट्र द्वारा प्रकाशित समस्त साहित्यों के एक जगह विवरण संकलित करने की आवश्यकता बढ़ गई है। क्योंकि, विभिन्न विषयों के ग्रन्थ व प्रलेख विभिन्न भाषाओं में प्रकाशित हो रहे हैं। सूचनाएँ एक जगह संकलित रहने से पाठकों एवं शोधकर्ताओं को अध्ययन सामग्री की खोज एवं उपलब्धता सुनिश्चित हो जाती है।

इस तरह हम देखते हैं कि वाड्मयी सूची से ज्ञान जगत (Universe of knowledge) से सम्बन्धित समस्त साहित्यों का परिचय होता है जिसका अध्ययन एवं शोध में अत्यन्त महत्त्व है।

प्रकार (Types)—वाड्मय सूचियों के अनेक दृष्टिकोणों से अनेक प्रकार से निर्धारित किया गया है।

वाड्मय सूची के विशेषज्ञ इस्डैल (Arundell Esdaile) ने इसके दो प्रकार निर्धारित किए गए हैं।

1. प्राथामिक वाड्मय सूची (Primary Bibiography)
2. द्वितीयक वाड्मय सूची (Secondary Bibiography)

1. प्राथामिक वाड्यम सूची—यह वह सूची है जो अध्ययन एवं अनुसंधान

से सम्बन्धित पाठ्य-सामग्रियों के मूल स्रोत को सूचित करती है। यह सूची निम्न प्रकार की होती है।

1. प्राचीन ग्रन्थों की वाड्मय की सूची (Bibiography of Incunabula)—यह 15वीं सदी तक के प्रकाशित ग्रन्थों की सूची होती है। ऐसे ग्रन्थों को 'इंकुनाबुला' कहा जाता है।
2. सार्वभौमिक वाड्मय सूची (Universal bibiography)—यह विश्व में प्रकाशित समस्त विषयों के ग्रन्थों की सूची होती है।
3. अज्ञात और कल्पित नाम लेखकों की सूची-यह सूची गुमनाम एवं काल्पनिक नामों की सूची होती है।
4. राष्ट्रीय वाड्मय सूची (National bibiographgy)—किसी देश की सभी भाषाओं तथा विषयों में प्रकाशित ग्रन्थों तथा अन्य पाठ्य-सामग्रियों की सूची राष्ट्रीय वाड्मय सूची कहलाती है। जैसे-भारतीय राष्ट्रीय वाड्मय सूची (INB) (Indian National Bibiography) ब्रिटिश राष्ट्रीय वाड्मय सूची (BNB) (British National Bibiography)।

इनका विस्तृत विवरण अगले अध्ययन में दिया गया है।

(6) व्यावसायिक वाड्मय सूची (Trade bibiography)—इस प्रकार की सूची का सम्बन्ध ग्रन्थ् व्यवसाय से होता है। इसका भौगोलिक क्षेत्र राष्ट्रीय तथा अन्तराष्ट्रीय दोनों ही हो सकता है।

जैसे-(क) Cumulative Book Index (CBI) (N.Y)

(1) Indian Books in Print, Delhi, India

(2) Cumulative Book Index-A World of books in English language, New-York, H.W. Wilson. 1898 to date, monthy

इसका प्रकाशन न्यूयार्क (Newyork) से विश्वविद्यालय प्रकाशक H.W.Wilson द्वारा 1898 ई. से हो रहा है। इसका प्रकाशन अगस्त माह छोड़कर प्रति महीने होता है तथा वर्ष के अन्त में पूर्ण संकलन प्रकाशित होता है।

इसमें अंग्रेजी भाषा में प्रकाशित विश्व भर के सभी ग्रन्थों की सूचनाएँ संकलित रहती हैं। इसके अतिरिक्त इसमें संयुक्त राज्य अमेरिका में किसी भाषा में प्रकाशित ग्रन्थों की सूचना भी अंकित की जाती है।

सरकारी प्रलेख, पम्पलेट, मानचित्र (Maps) स्थानयी डायरेक्टी आदि इसमें सम्मिलित नहीं किए जाते हैं। प्रविष्टि (Entries) को लेखक, विषय एवं शीर्षक से वर्णानुक्रम (Alphabetical order) में व्यवस्थित किया जाता है। लेखक प्रविष्टि में ग्रन्थ से सम्बन्धितपूर्ण सूचनाएँ संकलित रहती हैं, जैसे-पूर्ण आख्या (Title), ग्रन्थालय (Series), संस्करण, पृष्ठ संख्या, मूल्य प्रकाशन वर्ष तथा प्रकाशक। इसके अतिरिक्त इसमें ISBN (International standard Book Number) तथा लाइब्रेरी ऑफ काँग्रेस का कार्ड नम्बर दिया रहता है।

यदि कोई ग्रन्थ एक से अधिक देशों में प्रकाशित होता है तो प्रत्येक देश के प्रकाशक का नाम तथा पता एवं उस देश में उस ग्रन्थ का मूल्य उस देश की मुद्राओं में अंकित रहता है।

यह अंग्रेजी भाषा में प्रकाशित ग्रन्थ के चयन के लिए अत्यन्त महत्त्वूपर्ण सन्दर्भ ग्रन्थ है। इसको सबसे महत्त्वपूर्ण विशेषता यह है कि यह 1898 ई. में लगातार प्रकाशित हो रहा है। यह अतुलनीय ग्रन्थ चयन का उपकरण (Tool) है।

Indian Books in Print 1955, Indian Bibiographies Burean, Delhi, India

यह भारत में अंग्रेजी भाषा में प्रकाशित साहित्य की वाङ्मय सूची (bibiography) है। जिसे श्री शेर सिंह एवं एस.एन. साधु द्वारा संकलित की गई है। इसका प्रकाशन इण्डियन ब्यूरो ऑफ बिब्लियोग्राफी द्वारा किया जा रहा है।

इसका 1995 ई. का प्रकाशन तीन खण्डों में है जिसके संकलनकर्ता सिर्फ शेर सिंह हैं।

खण्ड-1	लेखक
(Volume 1)	(Author)
खण्ड-2	आख्या
(Volume 2)	(Title)
खण्ड-3	विषय निर्देश एवं प्रकाशकों की निर्देशिका
(Volume-3)	(Subject guide and Directory of Pubishers)

1995 ई. के प्रकाशन में भारत में अंग्रेजी भाषा में फरवरी 1995 तक प्रकाशित ग्रन्थों की सम्मिलित किया गया है जिसमें करीब 1,21,000 ग्रन्थों के सम्पूर्ण ग्रन्थात्मक विवरणों (bibiographical detaila) को अंकित किया गया है।

प्रथम खण्डःलेखक (Volum 1: Authors)

इस खण्ड में लेखकों का नाम वर्णानुक्रम (Alphabetical order) में व्यवस्थित किया गया है तथा ग्रन्थ सम्बन्धित निम्न सूचनाएँ दी गई हैं आख्या (Title), संस्करण, प्रकाशक, पृष्ठादि विवरण (Collation), चित्रादि विवरण (IIlus trations) तथा मूल्य (Price).

द्वितीय खण्डः आख्या (Volume 2 : Titles)

इस खण्ड में ग्रन्थ की आख्या (Title) वर्णानुक्रम में व्यवस्थित की गई है तथा लेखक, प्रकाशक, पृष्ठादि विवरण, चित्रादि विवरण एवं मूल्य सम्बन्धित सूच ना अंकित की गई है।

तृतीय खण्डः विषय निर्देश (Volume 3 : Subject guide)

इस खण्ड के दो भाग है।

प्रथम भाग (Part 1) इस भाग में ग्रन्थों को डी डी सी (DDC) के अनुसार वर्गीकृत किया गया है तथा निम्न सूचनाएँ दी गई हैं लेखक, आख्या, संस्करण (Editions) प्रकाशक, पृष्ठादि विवरण (Collation), चित्रादि विवरण (IIIustration) तथा मूल्य।

द्वितीय भाग (Part 2) भारतीय प्रकाशकों को पूर्ण पते सम्बन्धित निर्देशिका (Directory) दी गई है।

विशेषताएँ

1. अत्यन्त उत्तम कागज पर इसकी छपाई की गई है।
2. स्वर्ण मुद्रण (Gold printing) के साथ अत्यन्त सुन्दर एवं मजबूत जिल्दसाजी (binding) की गई है।
3. इसकी छपाई अत्यन्त सुन्दर (Superfine) एवं आकर्षक है।
4. इसमें 2589 पृष्ठ हैं।
5. 1995 ई. के प्रकाशन के प्रत्येक खण्ड का मूल्य 1700 रुपये है तथा पूर्ण सेट (set) का मूल्य 4800 रुपए है।

अतः यह भारत में अंग्रेजी भाषा में प्रकाशित ग्रन्थों की अत्यन्त महत्त्वपूर्ण वाड्मय सूची (bibiliographical) है, जिसका संकलन वैज्ञानिक ढंग से किया गया है। यह भारतीय सन्दर्भ में एक विलक्षण प्रकाशन है। यह ग्रन्थ व्यवसायियों, सामान्य पाठकों, विषय विशेषज्ञों तथा शोधकर्ताओं के लिए अत्यन्त उपयोगी सन्दर्भ ग्रन्थ (Reference Book) है। इसका संग्रह प्रत्येक प्रकार के ग्रन्थालयों के लिए लाभदाय है।

द्वितीयक वाड्मय सूची (Secondary Bibliogaphy)

यह वह सूची है जो विशिष्ट विद्वानों एवं शोधकर्ताओं के लिए प्राथमिक वाड्मय सूची से आवश्यकतानुसार ग्रन्थों का चयन कर निर्मित की जाती है। ये निम्नांकित हैं—

(1) विषयगत वाड्मय सूची (Subject Bibliography)—यह किसी एक विषय से सम्बन्धित सूची होती है जो विषय विशेषज्ञ एवं शोधकर्ताओं के लिए अत्यधिक उपयोगी होती है। जैसे-अर्थशास्त्र की वाड्यम सूची आदि।

(2) लेखक वाड्यम सूची (Author Bibliography)—यह किसी लेखक द्वारा तथा अन्य लेखकों द्वारा उस लेखक पर लिखे गए ग्रन्थों की सूची होती है।

(3) वाड्मय सूचियों की वाड्यम सूची (Bibliography of Bibliographies)–यह वाड्मय सूचियों की एक सूची होती है।

(4) चयानात्मक वाउमयसूची (Seleetive Bibliography)–यह किसी विशेष प्रयोजन से चुनी गई सर्वश्रेष्ठ ग्रन्थों की सूची होती है। यह ग्रन्थ चयन के लिए अत्यधिक उपयोगी है। जैसे-Word Best Books'

विभिन्न वाड्यम सूचियों का विभाजन उनकी विशेषताओं के आधार पर निम्न प्रकार से किया गया है।

1. क्रम बद्ध अथवा परिगणनात्मक वाड्मय सूची (Enumerative or sysematic Bibliography)

2. विश्लेषणात्मक वाड्मय सूची (Analytical Bibliography)

इसे पुनः दो भागों में विभाजित किया गया है।

(1) विवरणात्मक वाड्मय सूची (Descriptive Bibliography)

(2) मूल पाठगत वाड्मय सूची (Texual Bibliography)

3. ऐतिहासिक वाड्यम सूची (Historical Bibliography)

उपयोगिता के आधार पर विभिन्न प्रकार की वाड्मय सूचियों को मुख्यतः निम्न भागों में विभाजित किया जा सकता है।

1. सार्वभौम वाड्यम सूची (Universal Bibliography)
2. राष्ट्रीय वाड्मय सूची (National Bibliography)
3. व्यावसायिक वाड्यम सूची (Selective Bibliography)
4. चयनात्मक वाड्मय सूची (Selective Bibliography)
5. दुर्लभ एवं प्राचीनतम ग्रन्थों की वाड्मय सूची (Bibliongraphy of Rare and oldest Books)
6. छद नामों एवं नाम रहित कृतियों की वाड्मय सूची (Biblionngraphy of Anonvmout and Pseudonymous Books)
7. सामयिक प्रकाशनों की सूची (List of Serial Publication)
8. विषय वाड्मय सूची (Subject Bibliongraphy)
9. लेखक वाड्मय सूची (Author Bibliongraphy)
10. शोध प्रबन्धों की वाड्मय सूची (List of Thesis disssertion)
11. वाड्मय सूचियों की वाड्मय सूची (Bibliography of Bibliographies)

उद्देश्य एवं कार्य (Objective and functions)–आवश्यकता आविष्कार की जननी है। प्रकाशन जगत् में क्रान्ति के परिणाम स्वरूप विभिन्न प्रकार की पाठ्य-सामग्रियों का प्रकाशन अधिकतम संख्याओं में होने लगा है। इससे वाड्मयात्मक नियन्त्रण (Bibliograph ical control) की आवश्यकता का उदय हुआ है।

वाड्मय सूची का मुख्य उद्देश्य तथा शोधकर्ताओं को किसी ग्रन्थ अथवा अन्य पाठ्य-सामग्रियों के मुद्रित अवस्था में उपलब्ध होने की जानकारी देना तथा उनकी

पहचान (idenification) में सहायकता प्रदान करना है। ग्रन्थ चयन एवं ग्रन्थ सम्बन्धित प्रमुख विवरणों की जाँच में सहायता प्रदान करना भी इसका महत्त्वपूर्ण उद्देश्य माना जाता है। अतः वाड्मय सूची के निम्न प्रमुख उद्देश्य एवं कार्य हैं।

1. इसके द्वारा ज्ञान जगत् से सम्बन्धित सभी लिपिबद्ध साहित्य की जानकारी मिलती है।
2. इससे किसी ग्रन्थ के लेखक, आख्या (Tifle) प्रकाशक प्रकाशन वर्ष, विषय आदि की जानकारी मिलती है।
3. यह ग्रन्थालय में ग्रन्थ चयन के कार्य को सुगम एवं सरल बनाती है।
4. इसकी सहायता से एक लेखक द्वारा रचित समस्त साहित्य की सूचना एक जगह मिल जाती है।
5. इसके द्वारा किसी एक विषय पर लिखी गई सभी पाठ्य-सामग्रियों की जानकारी एक स्थान पर मिलती है।
6. इसे देखकर किसी ग्रन्थ में विवेचित विषय के बारे में जानकारी मिलती है। वाड्मय सूची व्याख्यात्मक (Annotrated) अथवा आलोचनात्मक (Critical) हो सकती है।
7. इसके माध्यम से शोधकर्ता को उनके शोध के सम्बन्धित साहित्य के बारे में सूक्ष्म से सूक्ष्म सूचनाएँ मिलती रहती हैं, जिनमें उन्हें अत्यधिक लाभ होता है।
8. यह ग्रन्थालय में सन्दर्भ उपकरण (tool) का कार्य करती है। पाठकों द्वारा माँगी गई किसी ग्रन्थ सम्बन्धित सूचना की जानकारी इन्हीं की सहायता से सन्दर्भ सहायक या ग्रन्थालयाध्यक्ष देता है।
9. ग्रन्थात्म विवरणों (bibliograhical details) की जाँच या पहचान के लिए वाड्मय सूची की ही सहायता लेनी पड़ती है। इस कार्य के लिए सर्वप्रथम सामान्य वाड्यम सूचियों का उपयोग करना पड़ता है तत्पश्चात् विशिष्ट वाड्मय सूचियों का सहारा लेना पड़ता है।
10. तकनीकी कार्यों में सहायता-ग्रन्थालय वर्गीकरण एवं सूचीकरण के कार्य में यदि किसी प्रकार की असुविधा होती है तो वाड्यम सूचियों की प्रविष्टियों (Entries) का अवलोकन कर उसे दूर किया जाता है। यह वर्गांक (Class Number) एवं ग्रन्थालय सूची (Library Catalogue) के निर्माण में वर्गीकोर एवं (Cataloguer) एवं सूचीकार (Classifier) की सहायता करती है।

अतः यह सामान्य पाठकों, विषय के विशिष्ट विद्वानों एवं शोधकर्ताओं को समस्त नवीन प्रकाशित साहित्य एवं पुराने साहित्य के बारे में ग्रन्थात्मक (Bibliographical) सूचना प्रदान करती है।

सन्दर्भ सेवा एवं प्रमुख सन्दर्भ स्रोत

मानव सभ्यता के विकास के उपाकाल से आज तक अनवरत ज्ञान की खोज तथा अपने द्वारा अर्जित ज्ञान को भावी पीढ़ी के लिए संकलित एवं सुरक्षित करने का प्रयास करता आ रहा है। मानव का यही प्रयास ग्रन्थालय की उत्पत्ति का कारण रहा है। मानव संस्कृति एवं सभ्यता से सम्बन्धित ज्ञान की धरोहर ग्रन्थालय को माना जाता है। प्राचीन काल में ग्रन्थों की संख्या समिति थी क्योंकि वे हाथ से लिखे जाते थे। अतः उनके सुरक्षा पक्ष पर विशेष ध्यान दिया जाता था। ग्रन्थों की एक से अधिक प्रतियाँ तैयार करना अत्यधिक श्रमसाध्य एवं कठिन समझा जाता था, अतः उन्हें बहुमूल्य वस्तु की तरह सुरक्षित रखा जाता था। ग्रन्थों तक पहुँच समाज के उच्च वर्गों के लोगों की ही थी। ऐसे ग्रन्थों का प्रयोग शाही घराने के लोग, समाज के धनी लोग एवं जिज्ञासु विद्वान ही कर पाते थे। सामान्य लोगों की पहुँच ग्रन्थों तक नहीं के बराबर थी। जिस स्थान पर ऐसे बहुमूल्य ग्रन्थों का संग्रह किया जाता था उसे ग्रन्थालय की संज्ञा दी जाती थी। अतः उनकी सुरक्षा एवं देखभाल करने के लिए जिस व्यक्ति को नियुक्त किया जाता था उसे ग्रन्थालयाध्यक्ष (Librarian) कहा जाता था। उस समय ग्रन्थालयाध्यक्ष का मुख्य कार्य ग्रन्थों को सुरक्षित रखना था। यही वजह है कि उस समय ग्रन्थों को जंजीरों में जकड़ कर रखा जाता था।

पन्द्रहवीं सदी में मुद्रण प्रणाली के आविष्कार ने ग्रन्थ उतपादन में क्रान्ति ला दी। आज किसी में प्रति सेकेण्ड 260 ग्रन्थों का प्रकाशन हो रहा है। आज ग्रन्थालय वैज्ञानिकों के सामने प्रकाशित पाठ्य-सामग्रियों का संग्रह एवं उनका तर्क संगत सहायक क्रम में व्यवस्थापन करना एक बड़ी समस्या है।

आधुनिक काल में ग्रन्थालयो को शैक्षणिक, सामाजिक तथा संस्कृतिक संस्था के रूप में से समाज में मान्यता मिल चुकी है। आज अधिक-से-अधिक पाठकों

की बिना किसी भेद-भाव ग्रन्थालय रूपी ज्ञान गंगा में गोता लगाने का अवसर प्रदान किया जा रहा है। आज जनतन्त्र का विकास एवं राष्ट्र की उन्नति देश के शिक्षित नागारिकों पर निर्भर है। अतः नागारिकों के बौद्धिक नैतिक एवं चरित्रिक विकास के लिए ग्रन्थालय में व्यक्तिगत सेवा को एक मुख्य कार्य माना जाता लगा है। यही व्यक्तिगत सेवा ग्रन्थालय में सन्दर्भ सेवा की उत्पत्ति का कारण बनी है।

सन् 1871 में अन्तराष्ट्रीय ग्रन्थालयाध्यक्षों के सम्मेलन में बोरेस्टर फ्री अमेरिन पब्लिक लाइब्रेरी के लाइब्रेरियन स्वैटग्रनी ने एक आलेख प्रस्तुत किया जिसमें ग्रन्थालयाध्यक्षों एवं पाठक के मध्य व्यक्तिगत सेवा के महत्त्व पर प्रकाश डाला गया। ग्रन्थालयाध्यक्षों द्वारा पाठकों की दी जाए वाली व्यक्तिगत सेवा को सन्दर्भ सेवा की संज्ञा दी गई।

सन्दर्भ सेवा का अर्थ (Meaning of Reference Service) सन्दर्भ सेवा शब्द अंग्रेजी भाषा के 'Reference Service' शब्द का हिन्दी अनुवाद है। संस्कृत धातु "दृभ" में उपसर्ग "सम" लगाकर "सन्दर्भ" शब्द की रचना हुई है। "दृभ" का अर्थ होता है बुनना या बाँधना। संस्कृत भाषा के अनुसाद सन्दर्भ शब्द का अर्थ हुआ एक साथ बाँधना, मिलाना, बुनना तथा संयोजित करना अर्थात् दो या दो से अधिक वस्तुओं का संयोग। ग्रन्थालय के सन्दर्भ में दो वस्तुएँ हैं पाठक एवं पाठ्य-सामग्री तथा इनके मध्य तालमेल स्थापित करने के लिए ही इस शब्द का प्रयोग किया जाता है।

अतः ग्रन्थालय के सन्दर्भ में इसका अर्थ पाठकों तथा पाठ्य-सामग्री के मध्य सम्पर्क स्थापित करवाना है। सम्पर्क कराने की जिम्मदारी ग्रन्थालय के कर्मचारियों की है। अतः इस सेवा की सफलता कर्मचारियों की शिक्षा, प्रशिक्षण एवं सेवा की भावना पर निर्भर करती है।

सन्दर्भ सेवा की परिभाषा–

ग्रन्थालय विज्ञान के विभिन्न विद्वानों ने सन्दर्भ सेवा की निम्नांकित परिभाषाएँ दी हैं।

1. जेम्स आई वायर (Janes I Wyer)–के अनुसार, "अध्ययन एवं अनुसंधान के लिए ग्रन्थालय की पाठ्य-सामग्री के सामग्री के संग्रह की जानकारी के लिए प्रदान की गई प्रत्यक्ष सद्भावना एवं औपचारिक व्यक्तिगत सहायता ही सन्दर्भ सेवा है।"

"Refernce Work is the syspathetic and informed personl aid in interpreting Library collection for study and research."

2. अमेरिकन ग्रन्थालय संघ (American Library Association)–के अनुसार, ग्रन्थालय का वह पहलू या पक्ष जो अध्ययन एवं शोध के लिए ग्रन्थालय में उपलब्ध साधनों का उपयोग तथा सूचना प्राप्त करने में पाठकों की सहायता के लिए प्रत्यक्ष रूप से सम्बन्धित है, सन्दर्भ कार्य कहलाता है।

"That phase of Library wrok which is directly concerned with assiatanee to readers in securing information and in using the resources of the Library in study and research."

3. मारगेट हॉचिन्स (Margret Hatchins)—के अनुसार, ''ग्रन्थालय के अन्दर किसी भी उद्देश्य की पूर्ति के लिए सूचना की खोज में लगे हुए पाठकों की प्रत्यक्ष रूप से दी जाने वाली व्यक्तिगत सेवा या सहायता को एवं सूचनाओं को सरल तरीके से सुलभ कराने के निर्मित लिए जाने वाली विविध क्रिया-कलापों को ही सन्दर्भ कार्य कहते हैं।''

4. विलियम वार्नर विशप (William Warner Bishop)—के अनुसार, ''सन्दर्भ कार्य वह सेवा है जो किसी भी प्रकार के अध्ययन में ग्रन्थालयाध्यक्षों द्वारा दी जाती है। यह सेवा स्वयं में कोई अध्ययन नहीं है, बल्कि वह सहायता है जो किसी भी प्रकार के अनुसंधान में लगे हुए पाठकों को दी जाती है।''

"Reference work is an oganised effort on the part of Libraies in aid of the most expeditious and fruitful use of their Libraries."

5. डॉ. एस.आर. रंगनाथन (Dr. S.R.Ranganathan)—के अनुसार, ''उपयुक्त पाठक और उपयुक्त ग्रन्थ के मध्य ठीक समय पर व्यक्तिगत तरीके से सम्पर्क स्थापित करना ही सन्दर्भ सेवा है।''

"Contavt between the right reader and the right book at the right time and in the right personal way"

अतः उपरोक्त परिभाषाओं से यह निष्कषर्ह निकलता है कि—

1. यह पाठकों को व्यक्तिगत रूप से दी जाने वाली सेवा है।
2. यह पाठ्य-सामग्री एवं पाठक के बीच सम्बन्ध स्थापित करने वाली कड़ी है।
3. यह अध्ययन एवं अनुसंधान में मदद हेतु प्रदान की जाती है।
4. यह कम-से-कम समय में दी जाने वाली सेवा है।

अतः यह सेवा तीन बातों पर आधारित है—

1. मानवता की भावना
2. सेवा की भावना एवं
3. व्यक्तिगत सहायता की भावना

अतः सन्दर्भ सेवा उपयुक्त पाठक को उपयुक्त प्रलेख एवं सूचना प्राप्त करने में उपयुक्त समय पर व्यक्तिगत रूप से दी जाने वाली सहायता है।

आवश्यकता एवं उद्देश्य

प्रकाशन के विस्फोटक के युग में सन्दर्भ सेवा की महत्त्व अत्यधिक बढ़ गया है।

आजकल प्रकाशनों की संख्या में इतनी वृद्धि हो चुकी है कि पाठक असहाय एवं परेशान है। उन्हें एक सुनियोजित सूचना एवं सन्दर्भ सेवा की आवश्यकता है ताकि वे अध्ययन एवं शोध में विविध प्रकार के प्रकाशित साहित्यों से लाभान्वित हो सके। आधुनिक युग में इस सेवा का क्षेत्र इतना व्यापक हो गया है कि इसे सूचना सेवा (Information Service) की संज्ञा दी जाने लगी है।

1. पाठकों की सूचना सम्बन्धित आवश्यकताओं में वृद्धि
2. बड़े पैमाने पर प्रलेखों एवं सूचनाओं का प्रकाशन
3. ग्रन्थालयों का विकास एवं प्रसार
4. शिक्षा का विस्तार एवं प्रसार
5. शोध एवं शोधकर्ताओं की संख्या में वृद्धि
6. ग्रन्थालय एवं सूचना सेवाओं में तीव्रता की आवश्कता।
7. डॉ. रंगनाथन के पाँच सिद्धान्तों को व्यावहारिक रूप प्रदान करने के लिए।
8. पाठकों एवं ग्रन्थालय कर्मचारियों का परस्पर सम्बन्ध स्थापित करने के लिए।

1. पाठकों की सूची सम्बन्धी आवश्यकताओं में वृद्धि सामाजिक एवं आर्थिक प्रगति तथा औद्योगिक विकास के कारण सभी देशों को सूचनाओं एवं ज्ञान के संवर्द्धन की तीव्रता आवश्यकता का अनुभव हुआ है। परिणामतः समाज में कई वर्गों के लोगों के लिए ग्रन्थालय एवं सूचना केन्द्रों की स्थापना हुई है। समाज के निम्न वर्गों के व्यक्तियों के लिए भिन्न-भिन्न प्रकार की सूचनाएँ प्रदान करने हेतु सन्दर्भ सेवा की आवश्यकता है। छात्रों, शिक्षकों, शोधकर्ताओं, अभियन्ताओं, चिकित्सकों, वकीलों एवं जंजों, व्यापारी वर्ग तथा उद्योगपतियों आदि के सन्दर्भ में सूचना सेवाओं सम्बन्धित आवश्यकताएँ एवं उद्देश्य भिन्न-भिन्न है। अतः उपरोक्त वर्गों के लोगों के लिए सन्दर्भ एवं सूचना सेवा केन्द्रों की अत्यन्त आवश्यकता है।
2. बड़े पैमाने पर प्रलेखों एवं सूचना सामग्रीह का प्रकाशनः विशेषकर विज्ञान एवं प्रौद्योगिकी (Seience and technology) के क्षेत्र में बड़े पैमाने पर विभिन्न भाषाओं में प्रलेखों एवं सूचना सामग्रियों का प्रकाशन हो रहा है। शोधकर्ता एवं विषय विशेषज्ञ इन नवीन विकासों से अनभिज्ञ रहते हैं। अतः उन्हें व्यक्तिगत सेवा द्वारा जानकारी प्रदान किया जाना आवश्यक समझा जाता है। यह कार्य सन्दर्भ एवं सूचना सेवा द्वारा सरलतापूर्वक हो सकता है।
3. ग्रन्थालयों का विकास एवं प्रसारः समाज की सभी श्रेणियों के पाठकों की आवश्यकताओं की पूर्ति हेतु विभिन्न प्रकार के ग्रन्थालयों (Libraies)

की स्थापना की गई है। उन ग्रन्थालयों में सूचना संग्रह एवं पुनः प्राप्ति के लिए आधुनिक उपकरणों का उपयोग हो रहा है। ग्रन्थालय संग्रह का विकास, ग्रन्थालय सेवा की तकनीक आदि के बारे में पाठकों को जानकारी सन्दर्भ सेवा के द्वारा देनी आवश्यक समझी जाती है।

4. शिक्षा का विस्तार एवं प्रसारः प्रजातन्त्र के विकास के साथ-साथ शिक्षा प्राप्त करने के अवसर का विकास हुआ है। शिक्षा मन्दिर का दरवाजा जन साधरण के लिए बिना किसी भेदभाव के खोल दिया गया है। परिणामतः छात्रों एवं शिक्षकों की संख्या में वृद्धि हो रही है। शिक्षा के विस्तार के कारण ज्ञान अर्जन एवं सीखने की आवश्यकता एवं प्रवृत्ति में विकास एवं परिवर्तन आया है। अतः, सन्दर्भ सेवा की आवश्यकता अनुभव की जाती है।
5. शोध एवं शोधताओं की संख्या में वृद्धिः ज्ञान के विभिन्न क्षेत्रों में शोध कार्यों एवं शोधकर्ताओं की संख्या में वृद्धि हो रही है। ऐसी स्थिति में ग्रन्थालय के समिति साधनों से शोध सामग्री प्राप्त करना आसान नहीं हैं। विश्व के विभिन्न्न भागों में अनेकों शोध सामग्रियाँ विभिन्न भाषाओं में प्रतिदिन प्रकाशित हो रही है। उनके प्राप्त करने में सन्दर्भ सेवा की आवश्यकता पड़ती है।
6. ग्रन्थालय सेवा एवं सूचना सेवाओं में तीव्रता की आवश्यकताः विश्व में तेजी से ज्ञान के विभिन्न क्षेत्रों में अनुसंधान कार्य कर रहे विद्वानों को उस विषय से सम्बन्धित अन्य भाषाओं में प्रकाशित साहित्य की आवश्यकता पड़ती है। यह कार्य तीव्रगति से सन्दर्भ सेवा से सम्बन्धित ग्रन्थालय कर्मचारियों द्वारा अनुवाद, सूचना, पुनः प्राप्ति आदि के द्वारा करने की आवश्यकता पड़ती है।
7. डॉ. रंगनाथन के ग्रन्थालय विज्ञान के पाँच सिद्धान्तों की सन्तुष्टिः डॉ. रंगनाथन के ग्रन्थालय विज्ञान से सम्बन्धित पाँच सिद्धान्तों की सन्तुष्टि के लिए यह सेवा अत्यन्त आवश्यक है। इस सेवा के द्वारा प्रलेखों के उपयोग को बढ़ाया जाता है। प्रत्येक पाठक को उनकी अभीष्ट पाठ्य-सामग्री प्राप्त होती है, प्रत्येक ग्रन्थ को उसका पाठक मिलता है तथा कर्मचारियों एवं पाठकों के समय की बचत होती है।
8. पाठकों एवं ग्रन्थालय कर्मचारियों का परस्पर सम्बन्धः सन्दर्भ सेवा ग्रन्थालय कर्मचारियों द्वारा पाठकों को दी जाने वाली व्यक्तिगत सेवा है। अतः इस सेवा के माध्यम से पाठक एवं कर्मचारी एक दूसरे के अत्यन्त नजदीक आ जाते हैं। परिणामतः उनके बीच आपसी प्रेम का उदय होता है तथा वे दोनों ग्रन्थालस सेवा की सफलता में एक-दूसरे के पूरक का

कार्य करते हैं। इससे पाठकों की आवश्यकता की पूर्ति आसानी से हो जाती है।

अतः पाठकों की मनोदशा, ग्रन्थालय तकनीकी की जटिलता, शोध एवं शोधकर्ताओं की संख्या में वृद्धि, ज्ञान के विस्फोटन आदि ऐसे प्रमुख कारण है जिनकी वजह से ग्रन्थालय में सन्दर्भ सेवा अत्यन्त आवश्यक हो गई है।

सन्दर्भ सेवा के प्रमुख कार्य (Main Funetion of Refernees Service)—अजीत कुमार मुखर्जी ने अपने सन्दर्भ ग्रन्थ Refernece work and its tools' में सन्दर्भ सेवा के निम्न कार्य बताए हैं।

1. सन्दर्भ पाठ्य-सामग्री का चयन एवं व्यवस्थापन
2. पाठकों द्वारा व्यक्तिगत रूप से उपस्थित होकर, दूरभाष (Telephone) अथवा पत्राचार द्वारा पूछे गए प्रश्नों का उत्तर देने के लिए तत्पर रहना। प्रत्येक स्तर के पाठकों को ग्रन्थालय से उपलब्ध पाठ्य-सामग्री के उपयोग में सहायता प्रदान करना।
3. सूची एवं सन्दर्भ के साधनों की प्रयोग विधि से परिचित कराना इत्यादि।
4. शोधकर्ताओं के लिए सार (Abstract) व अनुक्रमणिका (Index) तैयार करना अर्थात् प्रलेखन कार्य द्वारा अनुसंधान कार्य में सहायता प्रदान करना।
5. पाठकों की माँग पर पाठ्य-सामग्री की विषय सूची (Subject list), अध्ययन सूची व वाङ्मय सूची (Bibliography) इत्यादि का निर्माण करना।
6. ग्रन्थालय सम्बन्धित सामान्य एवं अन्य जानकारियाँ प्रदान करना व शीघ्र सूचनाओं की प्राप्ति की व्यवस्था करना।
7. आवश्यकतानुसार राष्ट्रीय एवं अन्तराष्ट्रीय स्तर पर अन्तर ग्रन्थालय आदान-प्रदान (Inter Library Loan) की सुविधाएँ प्रदान करना।
8. दुर्लभ व अस्थाई पाठ्य-सामग्री को शोध सामग्री के रूप में सुरक्षित रखना।
9. प्रादेशिक, राष्ट्रीय एवं अन्तराष्ट्रीय स्तर के ग्रन्थालयों में उपलब्ध पाठ्य-सामग्री के सम्बन्ध में सूचना एकत्रित करना एवं आवश्यकतानुसार मँगाना।
10. शोधकर्ताओं, वैज्ञानिकों तथा तकनीशियनों को अन्य भाषाओं में जिसमें वे चाहे उस भाषा में पाठ्य-सामग्री उपलब्ध कराना व आवश्यक सूचनाएँ प्रदान करना।
11. शोधकर्ताओं को प्रतिलिपिकरण विधियों (Duplication method) द्वारा पाठ्य-सामग्री की आवश्यकतानुसार प्रतिलिपियाँ तैयार करने की सुविधा प्रदान करना।
12. पाठकों को आवश्यकतानुसार अनुवाद (Translating) सेवा प्रदान करना।

13. शोधकर्ताओं द्वारा चाही गई सूचनाओं को ढूँढ़ना व ग्रन्थ उपलब्ध कराना इत्यादि।
14. पाठकों के प्रयोगार्थ फुटकर साहित्य (Ephemeral material), समाचार कतरन (Press cutting) इत्यादि को सुरक्षित करना।
15. अन्य सन्दर्भ केन्द्रों से सम्बन्ध व सहयोग रखना।
16. विभिन्न प्रकार के आवश्यक प्रलेखों की सूक्ष्म फिल्म (Mierofilm) की चित्र प्रतिलिपि (Photocopy) लेनेवाले इच्छुक पाठकों को प्रतिलिपि तैयार कर उपलब्ध कराना इत्यादि।

सन्दर्भ सेवा की प्रकृति एवं क्षेत्र (nature and scope of Reference Servive)—यह सेवा सभी तरह को पाठकों एवं सभी प्रकार के ग्रन्थालयों के लिए आवश्यक मानी जाती है। इस सेवा के पीदे मानववादी सिद्धान्त कार्य करता है। इस सेवा से मानव समाज का कल्याण होता है।

सभी प्रकार के ग्रन्थालयों के कार्य उद्देश्य तथा उनकी सीमाएँ भिन्न-भिन्न होती हैं। उन्हीं के अनुसार विभिन्न ग्रन्थालयों द्वारा दी जानेवाली सन्दर्भ सेवा का स्वरूप भी भिन्न-भिन्न होता है। पाठकों की वास्तविक माँग एवं सम्भावित माँग को ध्यान में रखकर इस सेवा की तैयारी की जानी चाहिए। सामान्यः किसी भी ग्रन्थालय द्वारा दी जाने वाली सन्दर्भ सेवा की प्रकृति एवं क्षेत्र (Nature and Scope) का निर्धारिण निम्नांकित कारकों (factors) पर निर्भर करता है।

(1) **पाठकों की श्रेणियाँ : बच्चा, छात्र, शिक्षक, अनुसंधानकर्ता, व्यवसायी** (rolesional) आदि।

(2) **ग्रन्थालयों के प्रकार**ः जन (Publie) शैक्षणिक (Aeademic) एवं विशिष्ट (special)

(3) **पाठकों द्वारा माँगी गई सेवा के स्वरूप (quality) एवं स्तर (Level)**—प्रलेखों की खोज से उनके निश्चित स्थान के बारे में पता लगाना, ग्रन्थालय सूची एवं अन्य उपकरणों (tools) के उपयोग के सम्बन्ध में सहायता माँगना, सन्दर्भ ग्रन्थों के उपयोग के बारे में जानकारी माँगना।

इसके अतिरिक्त सामान्य सेवाएँ भी दी जाती हैंः जैसे ग्रन्थ संग्रह कक्ष कहाँ है, पाठ्य-पुस्तक विभाग कहाँ है आदि।

(4) **प्रश्नों के प्रकार (Type of questions)**—तथ्यात्मक (factinding), साहित्य की शोध के विशिष्ट क्षेत्र से सम्बन्धित प्रश्न, औद्योगिक एवं व्यवसाय से सम्बन्धित प्रश्न आदि।

अतः सन्दर्भ सेवा की प्रकृति एवं क्षेत्र ग्रन्थालय के प्रकार एवं पाठकों की रेणियों पर निर्भर करते हैं।

एक सुव्यवस्थित ग्रन्थालय के सन्दर्भ विभाग द्वारा प्रायः निम्न सेवाएँ पाठकों की दी जाती है।

1. अन्तः ग्रन्थालय आदान-प्रदान (Inter Library Loan)
2. प्रलेखों अथवा पाठ्य-सामग्रियों का आरक्षण
3. पाठकों को ग्रन्थालय सेवा एवं ग्रन्थालय की संग्रहित पाठ्य-सामग्रियों के व्यवस्थापन एवं उनसे सम्बन्धित यान्त्रिकता जैसे वर्गीकरण एवं सुचीकरण के बारे में सूचना देना। इस क्रिया को पाठक-दीक्षा (User's education) की संज्ञा दी जाती है।
4. ग्रन्थालय भ्रमणः ग्रन्थालय भ्रमण कार्यक्रम के द्वारा नए पाठकों को ग्रन्थालय के सभी विभागों में ले जाकर घूमना और उन विभागों के कार्यों के बारे में जानकारी देना।
5. ग्रन्थ प्रदर्शनी का आयोजनः ग्रन्थालय द्वारा प्राप्त किए गए नए ग्रन्थ की प्रदर्शनी का आयोजित करना ताकि पाठकों को नई पाठ्य-सामग्री के विषय में सूचना मिल सके।
6. ग्रन्थालय हस्त पुस्तिका का प्रकाशनः सन्दर्भ सेवा विभाग का एक काम यह है कि ग्रन्थालय द्वारा प्रदत्त विभिन्न सेवाओं के बारे में एक हस्त पुस्तिकला का प्रकाशन करें।
7. पाठक परामर्श सेवाः पाठक को पठन-पाठन समस्याओं के समाधान हेतु इस विभाग द्वारा पाठक परामर्श प्रारम्भ करना।
8. अनुक्रमणिका तथा सारांशीकरण सेवा प्रदान करना।
9. वाङ्मय सूची का निर्माण करना, अखबार की कतरनें काटकर विशेष फाइल का निर्माण करना आदि।

ग्रन्थालय द्वारा कभी-कभी दी जाने वाली सन्दर्भ सेवाएँ–

1. नये पत्र-पत्रिकाओं का प्रदर्शन करना।
2. रिप्रोग्राफी सेवा प्रदान करना तथा प्रलेखों के माइक्रो फिल्म का निर्माण करना।
3. प्रलेख सेवा (Documentation Servive) प्रदान करना।

सन्दर्भ विभाग का संगठन एवं सन्दर्भ सहायक अथवा ग्रन्थालयाध्यक्ष के गुण–

सन्दर्भ विभाग ग्रन्थालय में वह विभाग होता है जहाँ पाठकों को सन्दर्भ सेवा प्रदान की जाती है।

अमेरिकन ग्रन्थालय संघ (A L A) के अनुसार, "ग्रन्थालय का यह वह विभाग है जिस पाठ्य-सामग्री घर ले जाकर पढ़ने के लिए नहीं दी जाती है, बल्कि ग्रन्थालय में पढ़ने के लिए प्रदान की जाती है। इसमें पाठकों के प्रश्न के उत्तर ही नहीं दिए जाते हैं बल्कि अन्य प्रकार की सेवा भी दी जाती है। पाठकों को सूचना सेवा प्रदान

करने के साथ-साथ ग्रन्थालय के उपयोगी के लिए पाठकों को सलाह देना है। सन्दर्भ ग्रन्थों का चयन तथा उनका व्यवस्थापन करना है।"

अतः सन्दर्भ सेवा की सफलता के लिए यह अत्यन्त आवश्यक है कि ग्रन्थालय में एक सन्दर्भ विभाग की स्थापना हो। इस विभाग के संगठन हेतु निम्न बातों पर ध्यान देना आवश्यक है।

स्थान–इस विभाग का स्थान ग्रन्थालय में ऐसा होना चाहिए, जहाँ से अन्य विभागों का विभाग से सीधा सम्बन्ध स्थापित हो सके। अतः इस विभाग की स्थापना गन्थालय भवन के स्थल में होनी चाहिए।

साज-सज्जा एवं उपकरण–सन्दर्भ सेवा से सम्बन्धित रैक, कुर्सियाँ आदि के साथ-साथ टेलीफोन, रिप्रोग्राफिक मशनी एवं अन्य आवश्यक उपकरणों की व्यवस्था होनी चाहिए।

सन्दर्भ सेवा सम्बन्धित सन्दर्भ ग्रन्थों की व्यवस्था–जैसे-शब्दकोश, विश्वकोप, गजेटियर, निर्देशिकाएँ, वार्षिका, मानचित्र, ग्लोब आदि की संग्रह करना अत्यन्त आवश्यक समझा जाता है। इन ग्रन्थों के अभाव में सन्दर्भ सेवा विभाग की कल्पना ही नहीं की जा सकती है।

कर्मचारी (staff)–सन्दर्भ सेवा एक व्यक्ति सेवा या सहायता है जो अध्ययन एवं अनुसंधान हेतु पाठकों को ग्रन्थालयाध्यक्ष (Libraion) या सन्दर्भ सहायक द्वारा प्रदान की जाती है। अतः यह सेवा मानवता की भावना पर आधारित सेवा है। इसकी सफलता ग्रन्थालय स्टाफ की योग्यता, कार्यदक्षता एवं पाठकों के प्रति प्रेम की भावना पर निर्भर करती है। इस विभाग के प्रधान को सन्दर्भ ग्रन्थालयाध्यक्ष (Refernece Librarian) अथवा सन्दर्भ सहायक कहा जा सकता है। सन्दर्भ विभाग के प्रधान को समस्त मानवीय गुणों के साथ-साथ विद्वान एवं ग्रन्थ प्रेमी होना चाहिए। इसके अतिरिक्त इस विभाग में अन्य स्टाफों की जरूरत पड़ती है। उनमें भी पाठकों की सेवा की भावना होनी चाहिए।

सन्दर्भ ग्रन्थालयाध्यक्ष/सहायक (Reference Librarian/Assitant)

इस विभाग के प्रधान अथवा रिफरेंस लाइब्रेरियन में निम्नालिखित गुणों का होना अनिवार्य माना जाता है।

1. सन्दर्भ ग्रन्थालयाध्यक्ष/सहायक को उच्च शिक्षा प्राप्त तथा प्रशिक्षित होना चाहिए। उन्हें शारीरिक एवं मानसिक रूप से स्वस्थ्य तथा सम्पूर्ण व्यक्तित्व वाला होना चाहिए।
2. सन्दर्भ ग्रन्थालयाध्यक्ष में सहनशीलता का गुण होना चाहिए। उनका स्वभाव हँसमुख होना चाहिए ताकि वे पाठकों को आकर्षित कर सके।
3. ग्रन्थालय में विभिन्न स्वभाव के पाठक आते हैं। अतः पाठकों की मनोदशा

को समझने की क्षमता सन्दर्भ ग्रन्थालयाध्यक्ष में होनी चाहिए। अतः उसे मनोवैज्ञानिक होना चाहिए।

4. सन्दर्भ ग्रन्थालयाध्यक्ष को अनुभवी एवं कार्य कुशल होना चाहिए। इससे उनकी कार्यक्षमता में वृद्धि होती है।
5. उन्हें अनेक भाषाओं का ज्ञान होना चाहिए। इससे उनकी कार्य क्षमता में वृद्धि होती है।
6. सन्दर्भ ग्रन्थालयाध्यक्ष को ईमानदार एवं चरित्रवान होना चाहिए।
7. उन्हें अध्ययन शील होना चाहिए। अध्ययन प्रिय ग्रन्थालयाध्यक्ष ज्ञान का भण्डार होता है। अध्ययन शीलता के गुण के कारण वे बिना सन्दर्भ ग्रन्थ देखने बहुत से प्रश्नों का उत्तर देने में सक्षम हो जाते हैं।
8. उन्हें पाठकों के साथ सम्मानपूर्वक व्यवहार करना चाहिए तथा बिना किसी भेदभाव के उनके अध्ययन एवं अनुसंधान से सम्बन्धित प्रश्नों का उत्तर देना चाहिए।
9. उनमें दूसरे व्यक्ति की भावनाओं को समझने की शक्ति होनी चाहिए।
10. उन्हें ग्रन्थालय के अन्य विभागों के क्रियाकलापों की जानकारी हमेशा रखनी चाहिए।
11. उन्हें नवीन प्रकाशित सूचना स्रोतों की जानकारी होनी चाहिए तथा सूचना पुनः प्राप्ति के आधुनिक तकनीकी का ज्ञान होना चाहिए।

इस प्रकार सन्दर्भ सेवा प्रदान करने वाला व्यक्ति सभी दृष्टियों से एक पूर्ण व्यक्तित्व वाला आदमी होना चाहिए।

सन्दर्भ सेवा के प्रकार
(Types of Reference Services)

व्यक्तिगत सेवा द्वारा पाठक एवं पाठ्य-सामग्री के बीच सन्दर्भ स्थापित करना ही सन्दर्भ सेवा कहलाता है। इस सेवा को प्रदान करने में समय एक मुख्य कारक है। समय को आधार बनाकर सेवाको मुख्यतः दो भागों में विभक्त किया गया है।

1. तत्कालीन अथवा अल्पकालीन सन्दर्भ सेवा (Ready Refernce Service)

2. दीर्घकालीन सन्दर्भ सेवा (Long Rang Refernce Service)—वह सेवा, जिसके द्वारा पाठक के प्रश्नों का उत्तर अत्यन्त अल्प समय में दे दिया जाता है, उसे तत्कालीन सन्दर्भ सेवा कहा जाता है।

परिभाषा (Definition)

1. अमेरिकन ग्रन्थालय संघ (ALA) के स्टैंडर्ड के अनुसार, "तत्कालीन सन्दर्भ सेवा वह सेवा है जो कि व्यक्तिगत सहायकता द्वारा ग्रन्थालय के पाठकों को उनके विषय से सम्बन्धित वांछित सूचना उपलब्ध करवाती है।"

"Direct reference service consists of personal assitance providny library patrons in pursuit of information"

2. डॉ. एम.आर. रंगनाथन के अनुसार, "तत्कालीन सन्दर्भ सेवा वह सेवा है जो कि आज समय में पूर्ण को जाए, यदि सम्भव हो तो कुछ ही क्षण में।"

"Ready referncnce service is a erference service finised a very ahed time, in a moment if possible"

उपरोक्त परिभाषाओं के आधार पर हम कह सकते हैं। कि तत्कालीन सन्दर्भ सेवा (Ready Rerfernce Service) की अवधारणा समय से सम्बन्धित है। पाठकों द्वारा पूछे गए प्रश्नों का उत्तर बहुत ही अल्प समय में दिया जा सकता है। इस सेवा में सम्बन्धित प्रश्नों का उत्तर सामान्य सन्दर्भ ग्रन्थों की सहायता से अतिशीघ्र दे दिया जाता है। इस सेवा के सम्पादन में निम्नांकित ग्रन्थ तथा अन्य साधन अत्यन्त सहायक सिद्ध होते हैं। शब्दकोश, विश्वकोश वार्षिकी, जीवनी कोश, भौगोलिक कोश, निर्देशिका, मानचित्र, चित्रावली तथा ग्लोब आदि।

तत्कालीन सन्दर्भ सेवा प्रदान करने की प्रक्रियाः किसी भी कार्य के सफलतापूर्वक सम्पादन लिए कुशल संगठन एवं संचालन की आवश्यकता होती है। कार्य के सम्पादन के लिए निश्चित प्रक्रिया एवं विधि का होना आवश्यक है जिससे कि वांछित परिणाम प्राप्त किए जा सके। इस कार्य हेतु ग्रन्थालयाध्यक्ष (Librarian) को तीन चरणों (stage) से गुजरना पड़ता है।

1. तैयारी (Preparation)
2. सेवा (Service)
3. समीकरण (Assimilation)

(1) **तैयारी**–इस सेवा को सफलतापूर्वक सम्पादित करने के लिए यह आवश्यक है कि सन्दर्भ सहायक अथवा ग्रन्थालयाध्यक्ष सभी सन्दर्भ ग्रन्थों का गहन अध्ययन करे। जब तक उन्हें सन्दर्भ ग्रन्थों के व्यवस्थापन, उनके क्षेत्र एवं उनमें संकलित सूचनाओं के बारे में जानकारी नहीं होगी तब तक वे पाठकों द्वारा पूछे गए प्रश्नों का जवाब अतिशीघ्र नहीं दे पाएँगे। अतः तैयारी के लिए उन्हें निम्न प्रकार की पाठ्य-सामग्री से पूर्ण परिचित होना जरूरी है।

(क) नवीन सन्दर्भ ग्रन्थ

(ख) सन्दर्भ ग्रन्थ के नवीन संस्करण

(ग) अस्थाई पाठ्य-सामग्री जैसे समाचार पत्रों की कतरनें, पुस्तिका, विवरण पत्रिका तथा विज्ञान पत्र आदि।

सेवा (Service)–उपरोक्त तैयारी के बाद पाठकों को प्रत्यक्ष सेवा प्रदान करनी ही सेवा है। ग्रन्थालय में कई प्रकार के पाठक आते हैं। ग्रन्थालय कर्मचारियों की अपने ज्ञान का प्रयोग कर पाठकों के दृष्टिकोण से समझना चाहिए और उनके प्रश्नों को मालूम करके उन्हें परामर्श देना चाहिए।

निर्देशों के द्वारा–पाठकों को सन्दर्भ ग्रन्थों की जानकारी तथा उनकी उपयोगी विधि से परिचित कराना भी सन्दर्भ सहायकों का काम है जिससे कि वे स्वयं सूचनाओं को ढूँढ़ने में सफल हो सके।

दूरभाष द्वारा–अत्यन्त व्यक्त पाठकों को सन्दर्भ सहायक स्वयं सूचना खोज कर देता है । वे पाठक ग्रन्थालय में अति व्यस्तता के कारण नहीं आ पाते हैं। उन्हें सन्दर्भ सहायक सूचना खोजकर दूरभाष (टेलीफोन) द्वारा होते हैं।

इसके अतिरिक्त इस विभाग के कर्मचारी का यह कर्त्तव्य है कि जो सूचना एक बार दी गई है उसका लेखा-जोखा करे ताकि उसकी सहायता से भविष्य में आवश्यकता पड़ने पर बिना समय बर्बाद किए पाठकों द्वारा पूछे गए प्रश्नों का उत्तर दिया जा सके।

3. समीकरण (Assimilation)–सन्दर्भ सहायक का यह उत्तरदायित्व होता है कि वह दिन भर पूछे गए प्रश्नों तथा उसके दिए गए उत्तरों को लिख ले। इसके बाद उसे चिन्तन करना चाहिए कि उनके द्वारा दिए गए उत्तर में कोई त्रुटि तो नहीं रह गई है। अगर कहीं कोई त्रुटि रह गई है तो सम्बन्धित पाठकों को अतिशीघ्र सही जानकारी दे देनी चाहिए।

दीर्घकालीन सन्दर्भ सेवा

(Long Range Reference Service)

पाठकों द्वारा पूछे गए कुछ प्रश्नों तो ऐसे होते हैं जिनका उत्तर सन्दर्भ सहायक ग्रन्थालय में उपलब्ध सन्दर्भ ग्रन्थों की सहायता से या स्वयं अपनी जानकारी के आधार पर अति समय में दे देता है। परन्तु बहुत-से प्रश्न पाठकों द्वारा ऐसे भी पूछे जाते हैं, जिनका उत्तर देना सन्दर्भ ग्रन्थों की सहायता से सम्भव नहीं हो पाता है। उनके लिए अन्य ग्रन्थ, शोध ग्रन्थ, पत्र-पत्रिकाओं अथवा विषय विशेषज्ञों की सहायता लेनी पड़ती है। ऐसे प्रश्नों के उत्तर देने में अधिक समय लगता है। सन्दर्भ विभाग द्वारा ऐसे प्रश्नों का उत्तर देने की सेवा की दीर्घकालीन सन्दर्भ सेवा की संज्ञा दी जाती है।

विषय की विभिन्न प्रवृत्ति, वैज्ञानिक अनुसंधान, तकनीकी, वैज्ञानिक एवं औद्योगिक क्षेत्र में प्रतिस्पर्द्धा ने आधुनिक युग में दीर्घकालीन सन्दर्भ सेवा को अत्यन्त महत्त्वपूर्ण बना दिया है। इसी सेवा की वजह से ग्रन्थालय की संज्ञा आज सूचना केन्द्र तथा ग्रन्थालय विज्ञान के साथ सूचना विज्ञान शब्द का भी प्रयोग किया जा रहा है।

परिभाषा–दीर्घकालीन सन्दर्भ सेवा से तात्पर्य उस सेवा में है जिसमें अनुसंधानकर्ताओं एवं विशिष्ट विद्वानों के लिए तथ्य अथवा सूचना को खोजने में अधिक समय लगे तथा अधिक जटिल एवं विस्तृत सन्दर्भ स्रोतों का उपयोग करना पड़े।

प्रबुद्ध पाठकों द्वारा पूछे गए अनुसंधानपरक प्रश्नों के उत्तर में विशेष खोज करनी पड़ती है। उसमें समय अधिक लगता है साथ ही ऐसे प्रश्नों का उत्तर देने क लिए सन्दर्भ सहायक या सन्दर्भ पदाधिकारी को योग्य एवं अनुभवी होना चाहिए। ऐसे प्रश्नों के उत्तर खोजने के लिए विशेष ज्ञान तथा विशिष्ट पाठ्य-सामग्री की आवश्यकता होती है।

अतः दीर्घकालीन सन्दर्भ सेवा प्रदान करने के लिए अधिक समय ही नहीं, बल्कि विशेष ज्ञान, अनुभव एवं सन्दर्भ सामग्री की आवश्यकता पड़ती है।

दूसरे शब्दों में दीर्घकालीन सन्दर्भ सेवा उस सेवा को कहते हैं जिससे विशिष्ट पाठकों के विशिष्ट प्रश्नों का उत्तर देने के लिए विशिष्ट प्रकार के सन्दर्भ स्रोतों की आवश्कयता पड़ती है तथा ऐसे प्रश्नों का उत्तर देने में समय अधिक लगता है।

दीर्घकालीन सन्दर्भ सेवा की विशेषता

1. समय तत्व (Time factor)—इस सेवा की सबसे प्रमुख विशेषता यह है इसमें समय अधिक लगता है। यह कहना कठिन रहता है कि किस प्रश्न का उत्तर देने में कितना समय लगेगा। डॉ. रंगनाथन के अनुसार कुछ प्रश्नों के उत्तर देने में 30 मिनट या उससे अधिक समय लग सकता है, जबकि कुछ प्रश्नों के उत्तर में एक दिन से लेकर एक सप्ताह व महीनों लग सकते हैं।

2. सूचना के स्रोत (Source of Information)—दीर्घकालीन सन्दर्भ सेवा के लिए सामान्य सन्दर्भ ग्रन्थ-जैसे विश्व कोश, वाषिकी, निर्देशिकाएँ भौगोलिक स्रोत के अतिरिक्त यदि सूचना उपलब्ध स्रोतों से नहीं मिल पाती तो इसके लिए अन्य ग्रन्थालयों (स्थानीय, राष्ट्रीय अन्तराष्ट्रीय) से मदद लेनी पड़ती है। अन्य ग्रन्थालयों से सूचना मँगवाने में ज्यादा समय लगना स्वाभाविक हो जाता है। लेखकबद्ध उत्तर कहीं भी नहीं मिलने की स्थिति में उस विषय के विशिष्ट विद्वानों से भी मदद ली जाती है। जिनके पास सम्बन्धित विषय के संचित ज्ञान उपलब्ध रहते हैं।

अतः इस सेवा की सफलता के लिए ग्रन्थालयाध्यक्ष (Lobrarian) को विश्व ज्ञान क्षेत्र में हो रही नई-नई उपलब्धियों की जानकारी होनी चाहिए।

(3) माँगी गयी सूचना की प्रकृति (Nature of Information)—इस सेवा में पूछे गए प्रश्न कठिन एवं विस्तृत प्रकृति तथा विषय की गहराई से सम्बन्धित रहते हैं, जिससे उत्तर देना तत्काल सम्भव नहीं हो पाता है। उसके लिए गहन खोजबीन की जरूरत पड़ती है। प्रश्न पूछने वाले पाठक प्रायः उच्च शैक्षणिक स्तर के होते हैं, अतः सूचना को सरल बनाने के लिए लगातार खोज विधि इस सेवा की आवश्यक शर्त मानी जाती है।

प्रश्न किसी नवीन घटना के बारे में हो सकते हैं जिसके बारे में अभी किसी पुस्तक में नहीं छपा है। कुछ प्रश्न तो ऐसे भी हो सकते हैं जिसका उत्तर किसी

भी पत्र-पत्रिका में नहीं मिल सकता है। कभी-कभी पाठक द्वारा माँगी गई सूचना ऐसी भाषा में मिलती है जिसे सामान्य लोग समझ नहीं सकते हैं। प्रश्न इतिहास से सम्बन्धित हो सकते हैं जिसका उत्तर दूसरे ग्रन्थालयों के सहयोग से हो सम्भव हो सकता है।

अतः इस सेवा से सम्बन्धित प्रश्नों के स्वरूप, विषय की विशालता, विषय का अत्यन्त नवीन या प्राचीन होना, विषय का विभिन्न पक्षों से सम्बन्धित होना, भाषा सम्बन्धी समस्या आदि कारणों से जटिल होते हैं।

(6) पारस्परिक विचार एवं विश्लेषण–प्रश्न की जटिलता के कारण उसका सही उत्तर खोज निकालने के लिए सन्दर्भ सहायक एवं अनुसंधानकर्ताओं के बीच विचार विनियम की जरूरत पड़ती है। जब दोनों के बीच पारस्परिक विचारविमर्श होता है तब सूचना प्राप्ति में सहायता मिलती है। अन्य विषय विशेषज्ञों का सहयोग भी इस सेवा की सफलता के लिए आवश्यक माना जाता है।

दीर्घकालीन सन्दर्भ सेवा की आवश्कता–आधुनिक युग को 'ज्ञान विस्फोटन के युग' की संज्ञा दी गई है। ज्ञान के प्रत्येक क्षेत्र, विशेष कर वैज्ञानिक एवं प्रौद्योगिकी क्षेत्र में साहित्यों के प्रकाशन ने सूचना संग्रह एवं पुनः प्राप्ति के लिए अनेक कठिनाइयाँ उत्पन्न कर दी हैं। प्रकाशन जगक की विशालता को अनुमान यूनेस्को (UNESCO) के सांख्यिकी शब्दकोश (1982) से लगाया जा सकता है, जिसके अनुसार सम्पूर्ण विश्व में प्रति सेकेण्ड 260 पुस्तकें और 4,500 समाचार पत्र छप कर तैयार हो जाते हैं। इसके अतिरिक्त माइक्रोफार्म मैग्नेटिक टेप आदि अनेक प्रलेखों का उत्पादन हो रहा है। आज किसी भी वैज्ञानिक अथवा अनुसंधानकर्ता के लिए यह सम्भव नहीं हैं कि वह अपने खोज से सम्बन्धित साहित्यों का पता अकेले लगा सके। इस समस्या के समाधान के लिए दीर्घकालीन सन्दर्भ सेवा की अत्यन्त आवश्कयता महसूस की जाती है। इस सेवा की आवश्यकता के निम्नांकित कारण है–

1. प्रलेखों की संख्या एंव स्वरूपों में वृद्धि
2. वैज्ञानिक एवं अनुसंधानकर्ताओं के समय की बचत के लिए।
3. प्रकाशित विभिन्न विषयों के साहित्य की विलक्षणता
4. धन एवं श्रम की बचत
5. ग्रन्थालय विज्ञान के पंच सूत्रों की माँग की पूर्ति के लिए।

इस सेवा के प्रमुख स्रोत–इस सेवा के सफलतापूर्वक सम्पादन के लिए तत्कालीन सन्दर्भ सेवा में काम आने वाले सन्दर्भ ग्रन्थों के अतिरिक्त निम्नांकित प्रमुख सन्दर्भ सामग्रियों की आवश्यकता पड़ सकती है।

1. वाड्यम सूचियाँ (Bibliographies)
2. अप्रकाशित साहित्य, शोध प्रबन्ध (Thesis) एवं हस्तलिखित ग्रन्थ
3. प्राचीन प्रकाशित साहित्य (Old published materiats)
4. शोध विशेषज्ञ (Research Expert)

5. प्रलेखन केन्द्र (Documentation centre)
6. अन्तराष्ट्रीय ग्रन्थालय एवं उनके सम्बद्ध केन्द्र (International Library and its centre)
7. सूक्ष्म फिल्म (Microfilm)
8. संकलित सन्दर्भ अभिलेख (Collected refernce records)
9. श्रव्य-दृश्य स्रोत (Audio-Visual Sources)
10. अनुक्रमणिका एवं सार सम्बन्धी पत्रिकाएँ (Indexing and Abstracting periodicals)

सेवा प्रदान करने की प्रक्रिया–इस सेवा के लिए भी तत्कालीन सन्दर्भ सेवा की भाँति तीन प्रक्रियाओं को अपनाया गया है। अन्तर सिर्फ सन्दर्भ स्रोतों को भिन्नता एवं प्रश्नों के स्वरूप में है। इस सेवा में तथ्यपरक सन्दर्भ स्रोतों के अतिरिक्त उपरोक्त स्रोतों की मदद जाती है।

प्रक्रिया के तीन चरण

1. तैयारी (Preparation)
2. सेवा (Service)
3. समीकरण (Assimilations)

तत्कालीन एवं दीर्घकालीन सन्दर्भ सेवा में अन्तर

इस दोनों सेवाओं के मध्य समय, सूचना के स्रोत, सूचना की प्रकृति एवं सूचना तथा सेवा का प्रकार को आधार बनाकर तुलना की जा सकती है।

तत्कालीन सन्दर्भ सेवा (Ready reference service)	दीर्घकालीन सन्दर्भ सेवा (Long Range Refernce Service)
1. **समय (Time)**–इस सेवा में न्यूनतम समय लगता है। कुछ प्रश्नों का उत्तर अल्प समय में दे दिया जाता है, परन्तु कुछ प्रश्नों के उत्तर देने में आधे घण्टे तक का समय लग सकता है।	इस सेवा के सम्पादन में अधिक समय लगता है। आधा घण्टा से लेकर सम्पूर्ण एक दिन व एक सप्ताह व एक महीना लग सकता है।
2. **सूचना के स्रोत (Source of Information)**–इस सेवा के अन्तर्गत अधिकांश प्रश्नों के उत्तर समिति सन्दर्भ ग्रन्थों की सहायता से दिऐ जाते हैं। जैसे, शब्दकोश, विश्वकोष, वार्षिकी, निर्देशिकाएँ, मानचित्र आदि।	इस सेवा के अन्तर्गत प्रश्नों का उत्तर देने के लिए तत्कालीन सन्दर्भ सेवा से सम्बन्धित सन्दर्भ ग्रन्थों के अतिरिक्त अन्य पाठ्य-सामग्री जैसे-पत्र-पत्रिकाएँ, संग्रहालयों, कार्यालयों के फाइल, लघुशोध प्रबन्ध, तथा अप्रकाशित प्रलेख आदि।

3. **सूचना की प्रकृति (Nature of Information)**—इस सेवा के अन्तर्गत पूछे गए प्रश्न मुख्यतः तथ्यात्मक होते हैं, यानि ऐतिहासिक भौगोलिक आदि, जैसे-ब्रिटेन में ग्रन्थालय विज्ञान सम्बन्धित शिक्षा केन्द्रो के बारे में जानकारी।	इस सेवा के अन्तर्गत पूछे गए प्रश्न जटिल एवं विशिष्ट होते हैं। इसमें तत्कालीन सन्दर्भ सेवा सम्बन्धित ग्रन्थ कुछ सीमा तक ही सहायक हो सकते हैं। विशेष कर नवीन विषयों से सम्बन्धित सूचनाएँ सामयिक प्रकाशनों (Periodicals) में ही देखनी पड़ती हैं।
4. **सूचना तथा सेवा का प्रकार (Type of Information and Service)**—इस सेवा में तैयारी और सेवा एक दूसरे से अस्थायी रूप से अलग रहते हैं, क्योंकि पाठक के प्रश्न का उत्तर देते ही दिमाग से प्रश्न का भावदूर हो जाता है। अतः यह केवल तथ्यात्मक सेवा है।	इस सेवा में तैयारी (Preparation) एवं सेवा (Service) एक दूसरे से मिले रहते हैं। जब तक पाठक के प्रश्न का उत्तर नहीं दे दिया जाता तब तक विचार (idea) मस्तिष्क में बना रहता है और समस्या मस्तिष्क में घूमती रहती है। इसके अन्तर्गत निम्नांकित प्रमुख सेवाएँ भी प्रदान को जाती है। 1. अनुवाद सेवा (Translation Services) 2. सारकरण सेवा (Abstracting Service) 3. सामयिक जागरूकता सेवा (Current awareness Service) 4. रिप्रोग्राफी सेवा 5. अन्तर ग्रन्थालय आदान-प्रदान सेवा (Inter Library loan Service) आदि।
5. **पाठक की प्रकृति (Nature of Reader)**—इसके पाठक साधारणतः सामान्‍ य (ganerl) होते हैं।	इसके पाठक सामान्यतः विशिष्ट श्रेणी के होते हैं। यानि शोधकर्ता, विषय विशेषज्ञ तथा वैज्ञानिक आदि।

तत्कालीन सन्दर्भ सेवा एंव दीर्घकालीन सन्दर्भ सेवा के बीच विभाजन रेखा खींचनी कठिन है। जिन ग्रन्थालयों में सामान्य सन्दर्भ सूचना स्रोत उपलब्ध नहीं होते हैं वहाँ तत्कालीन सन्दर्भ सेवा भी दीर्घकालीन सन्दर्भ सेवा बना जाती है। यह सेवा सन्दर्भ सहायकों की विद्वता, दक्षता, लगनशीलता एवं पाठकों के प्रति प्रेम की भावना पर निर्भर करती है। अतः दोनों सेवाओं के बीच अन्तर स्थापित करना कठिन है।

प्रमुख सन्दर्भ स्रोत (Main Reference Source

सन्दर्भ ग्रन्थ (Reference Book)–किसी भी ग्रन्थालयों में सन्दर्भ सेवा प्रदान करने के लिए सन्दर्भ ग्रन्थों का होना अत्यन्त अनिवार्य माना जाता है। इसके अभाव में इस सेवा की कल्पना भी नहीं की जा सकती है। सामान्य अर्थों में सन्दर्भ ग्रन्थ साधारण ग्रन्थ से भिन्न होते हैं। इनमें सूचनाओं का व्यवस्थापन इस प्रकार रहता है कि उपयोगिता अपनी वांछित सूचना सरलतापूर्वक इससे प्राप्त कर सके।

परिभाषा

अमेरिकन ग्रन्थालय संघ के अनुसान, "सन्दर्भ ग्रन्थ वह ग्रन्थ है जो अपने व्यवस्थापन एवं उपयोगिता की विशेषता के कारण निरन्तर आद्योपान्त (आदि से अन्त तक) न पढ़ा जाए, बल्कि किसी सूचना के लिए ही देखा जाए और उसका उपयोग ग्रन्थालय के अन्दर तक ही समिति हो।"

"It is a book designed by its arragment and treatment yo be consulted for defiintic items of information rather than to be read consecutively, and it is a book whose use is restricted to the library builiding"

डॉ. एस.आर. रंगनाथन के अनुसार, "सन्दर्भ ग्रन्थ ऐसा ग्रन्थ है जिसमें ज्ञात सूचनाएँक इस ढंग से एकत्र तथा संगठित की जाए कि उनका उपयोग पूर्ण एवं तत्परता से हो सके।

विशेषताएँ

डॉ. रंगनाथन के अनुसार–

1. इसका उपयोग केवल विशेष तन्वान्वेषण एवं प्रामाणिकता हेतु किया जाता है।
2. इसे आद्योपान्त नहीं पढ़ा जाता।
3. इसमें विविध प्रकार के संक्षिप्त संलेख (entry) ही संकलित रहते हैं।
4. ये ग्रन्थ अध्ययन एवं अध्याय में समय की बचत करते है।
5. इसमें विषयों का प्रतिपादन संक्षेप में सारूप, आँकड़े, रेखाचित्र, मानचित्र, अनुक्राणिका इत्यादि के रूप में किया जाता है।

निम्नांकित प्रमुख सन्दर्भ ग्रन्थ अत्यन्त ही उपयोगी माने जाते हैं–

1. विश्व कोश (Encyclopacdia)
2. शब्द कोश (Dictionary)
3. वार्षिकी या अशब्द कोश (Year book)
4. पंचांग (Almanac)
5. जीवनी कोश (Biographical dietionary)

6.	भौगोलिक कोश	(Geographical dictionnary or gazetter)
7.	निर्देशिकाएँ	(Directories)
8.	मानचित्रावली	(Atlas)
9.	मानचित्र	(Maps)
10.	ग्लोब	(Globe)
11.	हस्त पुस्तिका	(Hand book)
12.	वाङ्मय सूची	(Bibliography)
13.	अनुक्रमणिका	(Index)
14.	क्रमिक प्रकाशन	(Serials)
15.	श्रव्य-दृश्य स्रोत	(Audio-visusal sourveces)

उपरोक्त सन्दर्भ स्रोतों में से कुछ महत्त्वपूर्ण स्रोतों का यहाँ विस्तारपूर्वक किया जा रहा है।

शब्दकोश (Dietionary)

1. Webster's Third New International Dictionary of English Language, 3rd Edition, Unabridged 2 volumes. Springified, Mass, Marraim, 1961. Supplement 1976.

यह एक पुराना एवं लोकप्रिय अमेरिकन शब्दकोश है। इसका प्रथम संस्करण 1909 में Webster International नाम से प्रकाशित हुआ था।

क्षेत्र (Scope)–इसके द्वितीय संस्करण 1934 एवं तृतीया संस्करण 1961 में प्रकाशित हुए। इससके द्वितीय संस्करण में 6,00,000 शब्दों की व्याख्या प्रस्तुत की गई थी, परन्तु तृतीया संस्करण में पुराने एवं अप्रचलित शब्दों को निकाल दियसा गया। वर्तमान संस्करण में 4,50,000 शब्दों की व्याख्या प्रस्तुतत की गई है।

विशेषता (Special feature)–सन् 1934 के संस्करण मं संकेत अक्षरों (Abbreviation)–प्रतीक चिह्नों, संबोधन शब्दों तथा जीवन चरित्र कोश आदि का एक परिशिष्ट दिया गया है। उन्हें 1961 ई. के संस्करण में हटा दिया गया है। परन्तु प्रमुख संकेत अक्षरों को मुख्य वर्गों में सम्मिलित किया गया है। इसके साथ ही मुख्य भाग में कुछ नामों तथा भौगोलिक स्थानों के नामों के सम्बन्ध में जानकारी दी गई है।

प्रस्तुतीकरण (Treatment)–इसमें शब्दों की वर्तनी (Speling) व्याकरण के विविध पक्ष शब्दों की व्युत्पत्ति, परिभाषा, बड़े अक्षरों का प्रयोग, उच्चारण चिह्न, संकेत, विभक्तियाँ स्पष्ट रूप से दी गई है। शब्दों का विन्या वर्णानुक्रम में अक्षर प्रति अक्षर है। शब्दों के बारे में हर सम्भव सूचना देने का प्रयत्न किया गया है।

आकार-प्रकार (Format)—यह दो खण्डों में है। इसमें प्रयुक्त कागज उच्चकोटि का है तथा मुद्रण साफ एवं सुन्दर है। जिल्द मजबूत तथा टिकाऊ है।

यह शब्दकोश प्रत्येक ग्रन्थालय के लिए संग्रहणीय है।

विश्वकोश (Encyclopaedia)

विश्वकोश यह एक सुव्यवस्थित ग्रन्थ है जिसमें सम्पूर्ण क्षेत्र या किसी एक विषय पर सर्वांग प्रामाणिक सामग्री सुव्यवस्थित रूप से अकारादिक्रम के सार रूप में दी गई है। सामायिक घटनाओं और स्थायी प्रकरणों के अतिरिक्त विश्व कोश सभी प्रकार के प्रश्नों के लिए प्रामाणिक स्रोत है।

ये दो प्रकार के होते हैं।

1. सामान्य विश्वकोश जैसे (New Encyclopaedia Britanica

2. विषयगत विश्वकोश जैसे Encyclopacdia of Library and Information Aeience, New York, Marcell Dekker, Inc, 1968, V 1-52.

2. New Encyciopaedia Britannice A new survery of Universal knowled, Edition 15.32 Volumes, Chicago, Encyclopacdia Britannica Inc; 1985, found 1768, Philip W. Goetz, Editor in Chief.

यह लोक प्रिय एवं प्रामणिक अंग्रेजी भाषा में सार्वधिक महत्त्वपूर्ण सामान्य विश्वकोश है। ज्ञान के विभिन्न क्षेत्रों से सम्बन्धित बातें इसमें संकलित है। यह विश्व प्रसिद्ध मौलिक सूचना स्रोत है। इसका प्रथम संस्करण 1768-71 के मध्य Dictionary of Arts Science and general litcrature नाम से तीन खण्डों में एडिन वर्ग स्काटलैंड से प्रकाशित हुआ था। उसके बाद से विभिन्न संस्करण प्रकाशित होते रहे। इसका 14वाँ संस्करण सन् 1929 ई. में संयुक्त राज्य अमेरिकन से 'Encyelopacdia Britannica नाम से प्रकाशित हुआ। इसका पूर्ण संशोधित 15वाँ संस्करण सन् 1974 में New Enyclopacdia Britannice के नाम से तीन भागें में प्रकाशित हुआ।

प्रथम भाग—माइक्रोपिडिया (Micropacdia)-10 खण्डों में

द्वितीय भाग-मैक्रोपिडिया (Macropaedia)-19 खण्डों में

तृतीया भाग-प्रोपिडिया (Propacdia)-1 खण्ड में

इस तरह इसके 30 खण्ड हैं।

सन९् 1985 ई. में इसके पुनरीक्षित संस्करण 32 खण्डों में प्रकाशित हुए हैं जो निम्न प्रकार है—

प्रथम भाग-Micropaedia 12 खण्डों में हे।

द्वितीय भाग-Macropaedia 17 खण्डों में है। इसमें प्रलेखों को विस्तारपूर्वक प्रस्तुत किया गया है।

तृतीया भाग-Propaedia यह एक खण्ड है। इसमें ज्ञान की रूपरेखा है।

प्रथम भाग (Micropaedia)—इसमें 12 खण्ड हैं। इसमें करीब 1,00,000 संक्षिप्त रूप में लेख वस्तुओं विचारों एवं व्यक्तियों से सम्बन्धित है। प्रत्येक लेख अनुमानतः 750 शब्दों में है। प्रविष्टि के अन्त में निर्देश भी दिए गए है जिससे प्रश्नों के उत्तर तत्काल प्राप्त हो जाते हैं।

द्वितीय भाग (Macropaedia)—इसमें 17 खण्ड (13 से 29 तक) है जिनमें 400 से अधिक विद्वानों द्वारा लिखित 4207 विवरणात्मक लेख हैं।

तृतीया भाग (Propaedia)—इसमें ज्ञान की रूप रेखा है। यह एक खण्ड में है यह खण्ड पूरे ग्रन्थ से सूचना प्राप्त करने में मार्ग दर्शक का काम करता है। इसमें समस्त मानवीय ज्ञान को दस भागों तथा अनेक उप भागों में विभाजित किया गया है। प्रत्येक उप विभाग की समझ में क्रोपिडिया में उपलब्ध पूर्ण लेख लेख के अंश तथा जानकारी के लिए निर्देश दिए गए है।

इसके अतिरिक्त दो खण्ड (Vol 30 एवं 30) अनुक्रमणिका (A.k.l-Z) के रूप में हैं जो लेखक एवं विषय से सम्बन्धित है।

व्यवस्थापन (Arrangtment)—इसमें लेखों को वर्णानुक्रम में व्यवस्थित किया गया है। अवस्था शब्द किया गया है। हाइफन, डैस इत्यादि को एक शब्द मानकर व्यवस्थापन किया गया है।

विशेषता (Special feature)—यह सम्पूर्ण सन्दर्भ ग्रन्थ 331 41 पृष्ठों में तथा 20636 चित्रों के साथ है। इसमें आलेखों (Articles) की संख्या 87,000 है। नक्शे 1200 रेखा चित्र 3582 है। इसमें सूचनाओं को देखने के लिए अन्तःनिर्देश (Cross reference) दिए गए हैं।

आकार प्रकार (Format)—इसकी जिल्द आकर्ष तथा मजबूत है। इसकी छपाई उच्च कोटि के कागज पर अत्यन्त सुन्दर ढंग से हुई है।

निष्कर्श (Counclusion)—अतः यह सन्दर्भ ग्रन्थ कई गुणों से परिपूर्ण है। इसमें विशिष्ट विषय के विद्वानों द्वारा लिखित आलेखों की सम्मिलित किया गया है। यह सन्दर्भ ग्रन्थ सभी प्रकार के प्रश्नों के उत्तर देने में सक्षम है। जन, शैक्षणिक एवं विशिष्ट ग्रन्थालयों के लिए यह संग्रहणीय है। वार्षिकायों को प्रकाशित कर उसे अद्यतन किया जाता है। अतः यह एक आदर्श एवं विश्वसनीय विश्वकोश है।

इसके अतिरिक्त Encyclopaedia Americana भी एक संग्रहणीय विश्वकोश है। जिसका नवीनतम संस्करण 30 खण्डां में प्रकाशित है।

जीवनी कोश (Biographical)

3. Webster's Biographical Dictionary—इसका प्रकाशन सर्वप्रथम 1943 में हुआ। इस जीवनी कोश में विश्व के अत्यन्त लोकप्रिय व्यक्तियों की जीवनी

दी गई है। जो अब दुनिया में नहीं है। इसका नवीनतम संस्करण 1972 में Spring fied Massachusettes G.I.C. Merrian द्वारा प्रकाशित किया गया है।

इस जीवनी कोश में अमेरिकन एवं ब्रिटेन के महत्त्वपूर्ण व्यक्तियों को प्रमुखता दी गई है।

जीवन तथ्यों की जानकारी के लिए यह एक महत्त्वपूर्ण सूचना स्रोत है।

4. Dictionary of National Biography—इसका प्रकाशन चार खण्डों में एस. पी.सेन द्वारा 1972-74 में कलकत्ता से हुआ है। इसमें अपने क्षेत्र में विख्यात 350 भारतीयों की जीवनियाँ दी गई है। इसमें कुल 1400 व्यक्तियों की जीवनियाँ हैं। उनका व्यवस्थापन उनके कुल नाम से अकारादि क्रम में किया गया है। सभी जीवनियों के अन्त में उनके लेखकों के नाम भी दिए गए हैं।

इसके अतिरिक्त अन्य जीवनी कोश जैसे India, who, 1969 New Delhi, INFA publication, Annual तथा National Biographical Dictionary by J.S. Sharma. New Delhi Sterling 1972 आदि भी प्रमुख जीवनी कोश है, जो सभी प्रकार के बड़े ग्रन्थालयों के लिए संग्रहणीय है।

5. भौगोलिक सन्दर्भ स्रोत (Geographical Reference Source)—Columbia Iippincott gazetteers of the world, New York Columbia University Press. 1995 with supplement 1962.

यह एक अन्तराष्ट्रीय स्तर का गजेटियर है। इसका सम्पादन Leon E Selzer द्वारा कोलम्बिया विश्वविद्यालय प्रेस के भौगोलिक शोध कर्मियों एवं अमेरिकन भौगोलिक संगठन के सहयोग से किया गया है।

क्षेत्र (Scope)—इसमें विश्व के प्रायः सभी नगरों का उल्लेख संक्षिप्त विवरण के साथ किए गया है। जैसे-जनसंख्या, भौगोलिक एवं भौतिक वर्णन, ऐतिहासिक एव आर्थिक सूचनाएँ रेगिस्तान, पर्वतमाला, उद्योग, व्यापार, प्राकृतिक सम्पदा, संचार साधन इत्यादि का वर्णन किया गया है। इसके अतिरिक्त क्षेत्र विशेष में बोली जाने वाली भाषा, धर्म, निवासियों के विषय में भी विभिन्न प्रकार की सूचनाएँ दी गई है। इसमें मानचित्रों तथा चित्र एवं ग्राफों की कमी है। इसमें प्रवष्टियों की संख्या लगभग एक लाख तीस हजार है।

व्यवस्थापन (Arrangement)—इसमें प्रविष्टियों का व्यवस्थापन (letter by Letter) किया गया है। यह विश्व के सभी स्थानों के बारे में समान बातों की जानकारी देने वाला अत्यन्त महत्त्वपूर्ण सन्दर्भ स्रोत है।

6. Gazetteer of India: India Union—इसका प्रकाशन भारत सरकार के सूचक एवं प्रसारक विभाग द्वारा चार खण्डों में सन् 1965 से 1978 के बीच हुआ है।

इसके प्रथम भाग में देश और जनता के बारे में जानकारी है। दूसरा खण्ड इतिहास एवं संस्कृति के सम्बन्ध में है। तृतीया खण्ड आर्थिक ढाँचा एवं कार्यो के बारे में है तथा चतुर्थ खण्ड प्रशासन एवं जन कल्याण के बारे में है।

इसके अतिरिक्त जिलों के लिए अलग-अलग गजेटियर भी प्रकाशित हो रहे हैं। जिनकी संख्या 300 के करीब होगी।

7. A gazetteer of the world, a complete repoting of knowledge Physical, Statisical. Historical, Ethnographical and geographical, Delhi, gyan Publishing House, 1987, 7 volumes, 6118 pages, 77 illustrations. 91 maps.

8. शब्दकोश एवं वार्षिकी (Year Book and Annual: India-A Referennce annual, 1953-New Delhi, Publication Division, Ministry of Inormation and Broadcasting Govt. of India, 1994 (Annual)

क्षेत्र (Scope)—यह भारत सरकार के सूचना एवं प्रसारण मन्त्रालय के शोध एवं सन्दर्भ विभाग द्वारा संकलित एक अत्यन्त उपयोगों एवं विश्वनीय वार्षिकी है, जिसका प्रथम प्रकाशन 1953 में हुआ था और आज तक प्रतिवर्ष नियमित प्रकाशित हो रही है। यह भारत के सामाजिक, शैक्षणिक, राजनीतिक, भौगोलिक, आर्थिक, सांस्कृतिक गतिविधियों से सम्बन्धित आँकड़ें प्रस्तुत करती है। इस सन्दर्भ ग्रन्थ में भारत से सम्बन्धित सभी महत्त्वपूर्ण विषयों पर सूचनाएँ, जो एक वर्ष में घटित होती है। उन्हें संग्रहित की जाती है।

प्रामाणिक ग्रन्थ होने के कारण यह विद्वानों, छात्रों, अधिकारियों, शिक्षाविदों, पत्रकारों, व्यवसायियों आदि के लिए अत्यन्त उपयोगी है। यह ग्रन्थ हिन्दी एवं अंग्रेजी दोनों भाषाओं में प्रकाशित होता है, यह सभी भारतीय ग्रन्थालय के लिए संग्रहणीय है।

9. Statesman's year book, 1864 London, Macmillan Press, Annual—एक विश्व विख्यात प्रकाशक मैकमिलन प्रेस द्वारा इसका प्रकाशन सन् 1864 से हो रहा है। 1994 में इसका 13वाँ संस्कारण प्रकाशित हुआ है।

क्षेत्र (Scope)—इसमें विश्व के सभी राष्ट्रों की सांख्यिकी सूचना प्रतिवर्ष प्रकाशित होती है। यह एक खण्ड में प्रकाशित होता है लेकिन सूचनाओं का विभाजन दो भागों में रहता है।

प्रथम भाग—अन्तराष्ट्रीय संगठन—इसके प्रथम भाग में अन्तराष्ट्रीय संगठन जैसे ILO, FAO, UNESCO, WHO आदि के बारे में पूर्ण विवरण दिया जाता है इसके बाद अन्य अन्तराष्ट्रीय संगठन जैसे International Trade Union, European Organisation, Common Wealth, अरब लीग, आदि।

द्वितीय भाग—संसार के विभिन्न राष्ट्र-दूसरे भाग में विश्व के सभी देशों में बारे में सूचनाओं का वर्णानुक्रम (A to Z) में वर्णन किया गया है। देशों के सम्बन्ध में आवश्यक सूचनाएँ जैसे-संक्षिप्त इतिहास, क्षेत्रफल एवं जनसंख्या, जलवायु, प्रशासिनक ढाँचा, धर्म, शिक्षा, स्वास्थ्य, न्याय, वित्त, रक्षा योजना, कृषि, जंगल, परिवहन, पोस्ट, बैंकिग नाप-तौल, मुद्रा, विनियम दरें आदि रहती हाँ प्रत्येक देश के अन्त में उनसे सम्बन्धित वाड्यम सूचियाँ (Bibliographies) दी गई है।

अन्त में स्थानों एवं अन्तराष्ट्रीय संगठनों एवं उत्पादनों की अनुक्रमणिका (Index) दी गई है।

उपयोगिता–इस सन्दर्भ ग्रन्थ में दी गई सूचनाएँ सही एवं विश्वसनीय है इसका उपयोग सभी देशों के लिए लाभदायक है।

आकार-प्रकार–यह अद्यतन वार्षिकी है, जिसमें दुनिया भर के देशों के आँकड़ं एक जगह मिल जाते हैं। इसकी छपाई कागज पर हुई है तथा इसकी जिल्द मजबूत एवं टिकाऊ है। छपाई सुन्दर बारीक एवं सुथरी है।

यह सन्दर्भ ग्रन्थ सभी प्रकार के ग्रन्थालयों के लिए अत्यन्त उपयोगी है। इसका संग्रह सन्दर्भ सूचना के लिए आवश्यक है। यह सन्दर्भ ग्रन्थ तत्कालीन सन्दर्भ सेवा प्रदान करने में अत्यन्त सक्षम है।

10. निर्देशिकाएँ (Directories)-World of Learning-London, Europa Publication, 1947-Annual, 2vols, 1994 यह निदेशिका विश्व विख्यात यूरोप प्रकाशन लन्दन से प्रतिवर्ष सन् 1947 से प्रकाशित हो रही है। वर्तमान में इसका संस्करण 1994 में प्रकाशित हुआ है।

क्षेत्र (Scope)—विश्व स्तर पर यह एक मात्र मानक एवं प्रामाणिक वार्षिक निर्देशिका है, जिसमें मुख्यतः संसार भर की शिक्षण संस्थाओं, ग्रन्थालयों, संग्रहालयों, विद्वत् परिषदों (Learned society) शोध संस्थाओं एवं कला दीर्घाओं के नाम पते तथा अन्य क्रियाकलापों के विवरण दिया गया है। वर्तमान संस्करण में 26,000 से अधिक विश्वविद्यालय, महाविद्यालयों, शोध संस्थानों विद्वत् परिषदों आदि के बारे में सूचनाएँ दी गई है। तथा इन संस्थाओं में कार्यरत 1,50,000 वैज्ञानिक तथा सांस्कृतिक संगठनों के बारे में भी सूचनाएँ दी गई है।

व्यवस्थापन–इसमें सूचनाएँ देने के लिए विश्व के सभी देशों के नामों को वर्णानुक्रम में व्यवस्थित किया गया है तथा राष्ट्रों के अन्तर्गत उनसे सम्बन्धित सूचनाएँ पुनः वर्णानुक्रम में व्यवस्थित है।

आकार-प्रकार–इसमें प्रयुक्त कागज मजबूत एवं टिकाऊ है। मुद्रण स्पष्ट तथा सुन्दर है। शीर्षकों एवं महत्त्वपूर्ण सूचनाओं को मोटे अक्षरों में मुद्रित किया गया है।

यह एक अत्यन्त ही उपयोगी सन्दर्भ ग्रन्थ है। प्रत्येक विश्वविद्यालय एवं उच्च शिक्षण संस्थाओं के लिए आवश्यक एवं उपयोगी है।

11. University Hand book: India-Delhi, Association of Indian Universities. 1975-Biennial-यह भारतीय विश्वविद्यालयों से सम्बन्धित विविध सूचनाएँ प्रदान करती है इसका संग्रह भी सभी विश्व विश्वविद्यालय ग्रन्थालयों के लिए अत्यन्त अनिवार्य है।

12. Ulrich's International Periodical Directory ineluding irregular serials and annuals, 30th edn, 1991-92, 3 volumes New-Jersey. R.R. Bowke& Co, 1926

यह सन्दर्भ ग्रन्थ विश्व प्रसिद्ध प्रकाशक आर.आर.ब्रोकार (R.R.Bowker) द्वारा 1926 ई. से प्रकाशित हो रहा है। इसमें प्रथम बार 6000 सामयिक प्रकाशनों की सूची प्रकाशित हुई थी। विश्व में प्रकाशित सभी विषयों के सामयिक प्रकाशनों (Periodicals) की यह बहुत निर्देशिका है जिसमें 200 से अधिक देशों में प्रकाशित हो रही सामयिकों (Periodicals) को इसमें सम्मिलित किया गया है।

इस निर्देशिका का वर्तमान 30वाँ संस्करण 1991 में तीन खण्डों में प्रकाशित हुआ है। प्रथम व द्वितीय खण्ड में सामयिक प्रकाशनों व विषयों की वर्गीकृत सूची है तथा तृतीय खण्ड में अनुक्रमणिका (Index) है।

प्रथम खण्ड-A-G जिसमें 1 से 2122 पृष्ठ हैं।

द्वितीय खण्ड H-Z जिसमें 2123 से 4506 पृष्ठ हैं।

तृतीय खण्ड-अनुक्रमणिका है जिसमें 4507 से 6344 पृष्ठ हैं।

उस निर्देशक को किस प्रकार उपयोग में लाया जाएगा इसके लिए भी निर्देश दिए गए हैं। इसमें 1,18,500 से अधिक सामयिक प्रकाशन, जो सम्पूर्ण विश्व में प्रकाशित होते हैं, उन्हें 696 शीर्षकों के अन्तर्गत व्यवस्थित किया गया है। प्रत्येक सामायिक प्रकाशन की प्रविष्टि (entry) में निम्न सूचनाएँ दी गई हैं, DDC वर्गांक संख्या, देश की कोड संख्या, अन्तराष्ट्रीय मानक ग्रन्थ संख्या आख्या (Title) अनुवादित आख्या, उपशीर्षक, पत्रिका की मूल पाठकीय भाषा, प्रथम प्रकाशन वर्ष, प्रकाशन अवधि, आवृत्ति, वार्षिक शुल्क, प्रायोजक संगठन अथवा निकाय, प्रकाशक का नाम एवं पता, प्रकाशन, स्थान, सम्पादकीय नाम, समीक्षकों की सूचना, सारांश भाग, ग्रन्थ सूची, चार्ट मानचित्र, चित्रण, मूल्य आदि।

सूचनाएँ विषय, व पत्रिका के नाम से खोजी जा सकती है।

आकार-प्रकार (Format)—इसकी जिल्द चमड़े की हो मुद्रण एवं कागज अच्छे है।

यह शोधकर्ताओं, विषय विशेषज्ञों, विश्वविद्यालयों एवं महाविद्यालयों तथा जन ग्रन्थालयों के लिए उपयोगी है। सूचना अद्यतन एवं नियमित रूप से संशोधित होती रहती है। पत्रिका चयन का भी यह महत्त्वपूर्ण स्रोत है।

वाङ्मय सूची (Bibliography)—वाङ्मय सूची को हिन्दी में ग्रन्थ सूची या प्रलेख सूची भी कहते हैं। जिसमें प्रकाशित ग्रन्थ के सम्बन्ध में पूर्ण विवरण जैसे-आख्या, लेखक, प्रकाशक, मूल्य, साइज आदि रहते हैं।

13. India National Bibloigaphy (INB) Central Reference Library Calcutta. 1957—यह सन्दर्भ ग्रन्थ 1957 में सेन्ट्रल रेफेन्स ग्रन्थालय कलकत्ता द्वारा प्रकाशित किया जा रहा है। शुरू में इसका त्रैमासिक प्रकाशन होता था, परन्तु 1964 से मासिक प्रकाशन होने लगा तथा वर्ष भर के प्रकाशनों को एक साथ संकलित कर वार्षिक प्रकशन शुरू हुआ।

भारत सरकार के (Delivery of books (Public Libraries) Act 1954 संशोधित

ACT 1956 के अनुसार सभी भारतीय प्रकाशकों को अपने प्रकाशित ग्रन्थों की पाँच प्रतियाँ भेजनी पड़ती है। इनमें से दो प्रतियाँ राष्ट्रीय ग्रन्थालय कलकत्ता तथा एक-एक प्रतियाँ दिल्ली, मद्रास एवं बम्बई के जन ग्रन्थालयों को भेजनी पड़ती हैं। 1956 से पत्र-पत्रिका को इस एक्ट में सम्मिलित कर लिया गया है।

क्षेत्र (Scope)—इसमें भारतीय संविधान द्वारा मान्यता प्राप्त 14 भाषाओं में प्रकाशित समस्त ग्रन्थों को सूची बद्ध किया गया है। ये भाषाएँ निम्न हैं। हिन्दी, अंग्रेजी, असमी, बंगाली, गुजरती, कन्नड़, मलयालम, मराठी, उड़िया, पंजाबी, संस्कृत, तमिल, तेलुगू एवं उर्दू।

इस सूची में निम्नलिखित सामग्रियों को सम्मिलित नहीं किया गया है।

1. मानचित्र
2. संगीतात्मक कृति
3. सामयिक प्रकाशन (केवल उनके प्रथम अंक के विषय में ही एक बार सूचना दी जाती है।
4. पाठ्य-पुस्तकों की कुंजियाँ
5. अस्थायी मूल्य की सामग्री, निम्न स्तर के उपन्यास, व्यापारिक सूचियाँ आदि।

इस सूची की लिपि रोमन है। इसमें शासकीय प्रकाशनों को भी सम्मिलित किया गया है।

व्यवस्थापन (Arrangement)—शुरू में यह ग्रन्थ दो भागों में विभाजित किया गया था। प्रथम भाग में गैर सरकारी प्रकाशन तथा द्वितीय भाग में सरकारी प्रकाशन को सम्मिलित किया गया था।

प्रारम्भ में प्रथम भाग में दो उपभाग किए गए, परन्तु सन् 1973 के जनवरी के अंक के बाद दोनों उपभागों को मिलाकर एक कर दिया गया है।

अब इन्हें दो भागों में विभक्त किया गया है—

1. आनुवर्गिक भाग (Classified Pert)—इस भाग में प्रविष्टियों का व्यवस्थापन विषयानुसार किया गया है, जिसमें ग्रन्थ के पूर्ण विवरण जैसे लेखक का नाम, आख्या, प्रकाशन स्थान एवं प्रकाशक, प्रकाशन वर्ष, मूल्य, पृष्ठों की संख्या, साइज, ग्रन्थमाला, जिल्द की प्रकृति एवं टिप्पणी आदि। इन प्रविष्टियों में दशमलव वर्गीकरण पद्धति (DDC) का प्रयोग किया गया है साथ ही कोलन वर्गीकरण पद्धति के वर्ग अंक भी प्रविष्टि की दाहिनी तरफ दिए गए हैं। विषयानुमणिका में श्रृंखला प्रक्रिया से विषय शीर्षक निर्मित किए गए हैं।

2. आनुवर्णिक भाग (Alphabetical Part)—इस भाग में प्रविष्टियाँ लेखक, आख्या, ग्रन्थमाला, सहकारक आदि द्वारा निर्मित की गई हैं जिन्हें एक ही अनुक्रम वर्णानुक्रम में व्यवस्थित किया गया है।

उपयोगिता—प्रकाशन के शुरू में इसे ब्रिटिश नेशनल बिब्लियोग्राफी (BNB)

के आधार पर प्रकाशित करने की योजना बनाई गई थी पर ऐसा नहीं हुआ। चौदह भाषाओं में प्रकाशित ग्रन्थों की यह बहुत सूची है और रोमन लिपि में है। यद्यपि यह एक अपूर्ण एवं अनियमित ग्रन्थ सूची हैं, फिर भी ग्रन्थ चयन एवं अन्य सन्दर्भ कार्यों के लिए यह अत्यन्त उपयोगी है। भारतीय प्रकाशनों की यह एक मात्र बृहत् सूची हैं।

इसका मूल्य अधिक होने के कारण छोटे ग्रन्थालय इसे खरीदने में असमर्थ है। इसकी भाषावार प्रकाशन की योजना है, जिससे सुविधा एवं आवश्यकता के अनुसार कोई भी ग्रन्थालय खरीद सकता है।

इसकी जिल्द मजबूत है तथा कागज एवं छपाई अच्छी है। यह सभी प्रकार के बड़े ग्रन्थालयों के लिए संग्रह करने योग्य है।

14. British National Bibliography (BNB), London, Britist Library Bibiographie Servies Divison, 1950-Weekly ed. by Aj wells, Annuals. 1950.

यह ग्रेट ब्रिटेन में प्रकाशित समस्त ग्रन्थों की शासकीय सूची है। इसका प्रथम प्रकाशन साप्ताहिक के रूप में सन् 1950 में हुआ था। इसका प्रकाशन कौंसिल ऑफ ब्रिटिश नेशनल बिब्लियोग्राफी द्वारा हो रहा है। ब्रिटिश म्यूजियम को ब्रिटिश लाइब्रेरी कॉपीराइट एक्ट 1911 के अनुसार प्राप्त ग्रन्थों के आधार पर इसका प्रकाशन होता है।

इसमें निम्नांकित पाठ्य-सामग्रियों को सम्मिलित नहीं किया जाता है।

1. मानचित्रावलियाँ
2. आयरलैंड' एवं ब्रिटिश शासकीय प्रकाशन
3. संगीतात्मक प्रकशन
4. पत्र पत्रिकाएँ (प्रथम अंक एवं बदली हुए आख्या (Title) वाले प्रकाशनों को सम्मिलित किया जाता है।
5. गैर ब्रिटिश प्रकाशन
6. पुर्न मुद्रित कृतियाँ
7. सस्ते प्रकाशन एवं निम्न श्रेणी के उपन्यास आदि व्यवस्था (Arrangement) शुरू मे इस ग्रन्थ सूची को दो भागों में विभाजित किया गया–

1. सामान्य प्रकाशन
2. सरकारी प्रकाशन

1973 ई. के अंक के बाद दोनों भागों को मिलाकर इसके पुनः भाग

(अ) अनुवार्णिक भाग (Classified Part)

(य) आनुवर्णिक भागः इस भाग में डी.डी.सी (DDC) को थोड़ा संशोधित कर उसके अनुसार वर्गांक दिए गए हैं। ग्रन्थों का सूचीकरण AAC12, 1967 के द्वितीय संस्करण के आधार पर किया गया है। इसमें ग्रन्थ सम्बन्धित समस्त सूचनाएँ–जैसे लेखक का नाम, आख्या, प्रकाशक, प्रकाशन वर्ष, प्रकाशन का स्थान, साइज, पृष्ठ,

मूल्य, चित्र, नक्शे आदि दिए गए हैं। इसके अतिरिक्त मानक ग्रन्थ संख्या तथा (BNB) नम्बर दिया गया है।

(ब) आनुवर्णिक भागः इस भाग की प्रविष्टियों में लेखक, आख्या तथा ग्रन्थालयों के नामों के अन्तर्गत अनुक्रमणिका दी गई है। महीने के अन्तिम सप्ताह में पूरे महीने में छपे ग्रन्थों के लेखकों एवं विषयों की दो अलग-अलग अनुक्रमणिकाएँ (index) दी जाती हैं जिनमें महीना के पूर्व के सप्ताहों में प्रकाशित समस्त प्रकाशनों को सम्मिलित किया जाता है। अनुलेख अनुक्रमणिका के अन्तर्गत लेखकों के नाम एवं यदि नामों के स्वरूपों में कोई भिन्नता है तो अन्तरनिर्देश (Cross refernece) के साथ प्रविष्टियाँ दी गई है। विषय अनुक्रमणिका (index) प्रविष्टि (Entry) में विषय के नाम के साथ वर्ग संख्या भी अंकित की गई है। विषय शीर्षक एवं अन्र्तशीर्षक की प्रविष्टियाँ (Cross refernece entry) विस्तृत रूप से दी गई है।

इसका प्रकाशन 1950 ई. से नियमित हो रहा है। इसका संकलन मासिक, त्रैमासिक, वार्षिक एवं पाँच वर्ष पर हो रहा है।

आकार प्रकार (Format)—यह साफ सुन्दर एवं अच्छे कागज पर मुद्रित किए जाते हैं। इसकी जिल्द मजबूत एवं टिकाऊ है।

मूल्याकंनः यह सन्दर्भ ग्रन्थ साधारणत पाठकों, शोधकर्ता एवं विषय विशेषज्ञों को अंग्रेजी भाषा में प्रकाशित समस्त साहित्यों की अद्यतन (up to date) सूचना देता है। यह ग्रन्थ चयन का अत्यन्त महत्त्वपूर्ण उपकरण (tool) है। यद्यपि इसमें ब्रिटेन में प्रकाशित साहित्य का 60 प्रतिशत ही सम्मिलित हो पाता है। फिर भी यह ब्रिटेन में प्रकाशित साहित्य का एकमात्र विश्वसनीय सन्दर्भ ग्रन्थ है।

यह सन्दर्भ ग्रन्थ वर्गीकरण एवं सूचीकरण में भी मदद करता है, क्योंकि इसमें वर्गांक एवं सूची का निर्माण अत्यन्त अनुभवी एवं प्रशिक्षित व्यक्तियों द्वारा किया जाता है। इसकी सहायता से विषयानुसार वाड्मय सूची का निर्माण सरलतापूर्वक किया जा सकता है।

इसमें विषय शीर्षकों के निर्माण करने हेतु श्रृंखला प्रक्रिया (chain procedure) का उपयोग किया जाता था परन्तु PRECIS प्रयोग करने के बाद उसको बन्द कर दिया गया।

इसकी सबसे बड़ी विशेषता इसका नियमित प्रकाशन है। यह सन्दर्भ ग्रन्थ अत्यन्त ही महत्त्वपूर्ण है। इसमें ग्रन्थ सम्बन्धित सूचनाएँ अद्यतन रहती हैं। इसमें विस्तृत विषय अनुक्रमणिका तथा प्रकाशक सूची भी सम्मिलित की गई है, जिससे इसकी उपयोगिता अत्यधिक बढ़ाई गई है। इस सन्दर्भ ग्रन्थ के प्रारम्भ में उपयोग के लिए निर्देश, स्वीकृत वर्गीकरण पद्धति की रूपरेखा आदि दिए गए हैं। अन्य ग्रन्थालयों में वर्गीकरण एवं सूचीकरण में यह मार्ग दर्शक का काम करता है।